Regina Bouchehri
Translation von Medien-Titeln

Dörte Andres / Hartwig Kalverkämper / Larisa Schippel (Hg.)
unter Mitarbeit von Martina Behr

TRANSÜD.
Arbeiten zur Theorie und Praxis des Übersetzens und Dolmetschens
Band 53

Regina Bouchehri

Translation von Medien-Titeln

Der interkulturelle Transfer von Titeln in Literatur, Theater, Film und Bildender Kunst

Frank & Timme
Verlag für wissenschaftliche Literatur

Umschlagabbildung: © Dunja Bouchehri

Die Drucklegung wurde durch die FAZIT-Stiftung gefördert.

ISBN 978-3-86596-400-7
ISSN 1438-2636

Zugl. Dissertation Humboldt-Universität zu Berlin, 2012.

Herstellung durch das atelier eilenberger, Taucha bei Leipzig.
Printed in Germany.
Gedruckt auf säurefreiem, alterungsbeständigem Papier.

www.frank-timme.de

Für Davud.
In Liebe.

Mein großer Dank gilt

meinem Vater und meiner Mutter für ihre liebevolle Unterstützung

meinem Doktorvater Professor Dr. Dr. h.c. Hartwig Kalverkämper für die kontinuierliche Begleitung und Betreuung meines Vorhabens

der Konrad-Adenauer-Stiftung für die Förderung meiner Dissertation im Rahmen eines Promotionsstipendiums

der Fazit-Stiftung für die Förderung der Publikation durch einen Druckkostenzuschuss

Monika Grundmann für ihre Hilfe beim Korrekturlesen

Jenny Metzig für ihre Unterstützung bei Formatierung und Layout

Dunja Bouchehri für die Gestaltung der Umschlagabbildung

und

meinem Mann Davud. Für alles.

Regina Bouchehri Berlin, im August 2012

Inhaltsverzeichnis

1. Einleitung

„Der Titel ist eine wahre Kleinigkeit“, schreibt Lessing (1839: 77) in seiner Hamburgischen Dramaturgie. Eine Kleinigkeit mit weitreichender Wirkung. Weil ein Titel wie *Kreidefelsen auf Rügen* uns die Einordnung des Dargestellten erleichtert oder aber seine Interpretationsmöglichkeiten erweitert, wie beispielsweise bei Paul Klees *Lenkbarem Großvater*. Weil ein Titel wie *Vom Winde verweht* uns fasziniert und uns vielleicht dazu bewegt, den Film anzuschauen. Oder weil ein Titel wie *Der Zauberberg* sich in unser Gedächtnis einprägt und das Zentrum der Erinnerungen bildet, die uns von der Lektüre dieses Romans bleiben.

Die Funktionen des Titels sind vielfältig und die Titelfindung oft entsprechend schwierig, obwohl – oder vielleicht gerade weil – der Titel im wahrsten Sinne des Wortes eine „Kleinigkeit“ ist, „ein kurzer Text, der einen anderen, meist längeren Text bezeichnet“, wie Rothe (1986: 13) es in seinem grundlegenden Werk zum literarischen Titel definiert. Es ist daher auch wenig verwunderlich, dass sich die Titelforschung, die sog. Titrologie, in den 70er und 80er Jahren des vergangenen Jahrhunderts zu einer eigenständigen Disziplin entwickelt hat, die am interdisziplinären Schnittpunkt zwischen Linguistik, Poetik, Onomastik und Fachkommunikationsforschung verortet werden kann, immer wieder aber auch in andere Bereiche wie Soziologie, Psychologie und Rechtswissenschaft, Literatur-, Kunst-, Musik- oder Filmwissenschaft sowie Medien- und Kulturwissenschaft hineinreicht.

Mindestens ebenso kompliziert wie die Titelfindung selbst stellt sich die Titeltranslation dar: Was passiert, wenn ein Werk der Literatur, der bildenden Kunst oder der Musik seine Heimat verlässt und im Sinne eines interkulturellen Transfers in eine neue Kultur aufgenommen wird? Wenn das MOMA in New York die berühmten *Nymphéas* des französischen Impressionisten Claude Monet ausstellt. Wenn Goethes Werke, beispielsweise seine *Wahlverwandschaften*, ins Englische übersetzt werden. Oder wenn in den Kinos weltweit der Hollywood-Film *Blue Velvet* laufen soll.

Wer ist für den interkulturellen Transfer all dieser Medien-Titel verantwortlich? Wie könnte ein mögliches Titeltranslat aussehen? Welche Strategien stehen zur

Verfügung, welche Konventionen müssen berücksichtigt werden? Und wie reagiert schließlich die Gesellschaft der Zielkultur auf die Konfrontation mit den Titeltranslaten?

All diesen Fragen widmet sich die vorliegende Arbeit und versucht dabei einen möglichst umfassenden Überblick über theoretische und praktische Aspekte der Titeltranslation in unterschiedlichen medialen Bereichen zu geben. Ausgehend vom Titel selbst bilden die Grundlage der Studie umfangreiche, stichprobenartig zusammengestellte Korpora, die Titel von Texten und Werken aus unterschiedlichen medialen Bereichen sowie die zugehörigen Translate umfassen. Im Fokus stehen dabei die Bereiche

- **Literatur**, hier v.a. Prosa und Lyrik des Höhenkamms (literarische Titel) wie auch der Massenkultur (Unterhaltungs-/Trivialromane)
- **Darstellende Kunst** (Titel von Theaterstücken und Spielfilmen)
- **Musik** (hier insbesondere Titel von Werken aus dem Bereich des Musiktheaters wie Opern, Operetten und Musicals) sowie
- **Bildende Kunst** (Malerei, Bildhauerei, Installationskunst),

wobei sprachlich der Schwerpunkt in erster Linie auf dem deutschen, dem französischen und dem englischen Sprachraum liegt.[1] In einem ersten Schritt werden die englischen, französischen und deutschen Originaltitel unter formalen und funktionalen Aspekten analysiert, um so, eingebunden in den jeweiligen medialen Rahmen, die kulturspezifischen Titelkonventionen der untersuchten Sprachräume genauer zu bestimmen.

Diese kulturvergleichenden Studien bilden die Grundlage für den zweiten Schritt, die translationswissenschaftliche Untersuchung von Medien-Titeln im interkulturellen Transfer. Hier werden zunächst die Transferstrategien, die bei der interlingualen Verbreitung der Titel Anwendung finden, beschrieben und systematisiert, um die Fülle der Vorkommen auf eine modellierende Struktur rückführen zu können. Dann wird überprüft, welche Faktoren die Titeltranslati-

[1] Lediglich für den Bereich Musiktheater/Oper wurde das Italienische als vierte Sprache hinzugezogen, da diese Sprache für diese Gattung prägend ist und nur durch eine solche Erweiterung die Translation von Operntiteln sinnvoll erforscht werden kann.

on beeinflussen: Wie gestaltet sich die Distribution der Translationsstrategien in den verschiedenen medialen Bereichen? Lassen sich sprachenpaarspezifische Besonderheiten oder kulturspezifische Einflüsse erkennen? Gibt es formale oder funktionale Faktoren, die eine bestimmte Transferstrategie nahelegen?

Dies sind die zentralen Fragen, die es im Rahmen einer umfangreichen und detaillierten Korpusanalyse zu beantworten gilt. Jenseits dieser titrologisch-translationswissenschaftlichen Untersuchungen, die den Kern der vorliegenden Arbeit darstellen, wurden schließlich noch Befragungen mit Titeltranslatoren durchgeführt, also all jenen Personen und Instanzen, die für den interkulturellen Transfer der Titel verantwortlich sind, um so meine Darstellungen zur Titelübersetzung durch praktische Aspekte und angewandte Fragestellungen zu vervollständigen.

Ziel der Arbeit ist es, in der Zusammenschau verschiedener medialer Bereiche und Kulturräume, den Titel in seiner interlingualen Präsenz unter formalen, funktionalen sowie vor allem translationswissenschaftlichen Aspekten zu erfassen, um so die Zusammenhänge des interkulturellen Transfers von Medien-Titeln umfassend zu erforschen.

2. Grundlagen

2.1. Forschungsgegenstand

2.1.1. Funktionale Definition: Der Titel als Name

Wir alle kennen Titel. Viele Titel sogar. Sie begegnen uns im Alltag an allen möglichen Orten und in den unterschiedlichsten Kontexten. Auf Büchern natürlich, auf CD-Hüllen und Kinoplakaten, im Museum ebenso wie in Zeitungen und Zeitschriften, aber auch im Fernsehen, im Radio und im Gespräch mit Freunden oder – in besonderer Masse – im Onlinekatalog der Bibliothek. Was aber genau ist eigentlich ein Titel?

Schlägt man das Stichwort „Titel" bzw. das englische „title" oder auch das französische „titre" in gängigen Lexika nach, finden sich – für den hier relevanten Gegenstandsbereich[2] – beispielsweise die folgenden Definitionen:

1. „Name eines Buches, einer Schrift oder eines Werkes der Musik oder bildenden Kunst." (Brockhaus 1993: Bd. 22)

2. „***a*:** the distinguishing name of a written, printed, or filmed production, ***b*:** a similar distinguishing name of a musical composition or a work of art." (Britannica Dictionary)[3]

3. „Mot, expression, phrase, etc. servant à désigner un écrit, une de ses parties, une œuvre littéraire ou artistique, une émission, etc. à en donner le sujet." (Larousse 2003)

Auch die meisten linguistischen Ansätze gehen in eine ähnliche Richtung. So wird der Titel bei Rothe (1986: 13) beispielsweise definiert als „kurzer Text, der einen anderen, meist längeren Text bezeichnet. Das Bezeichnen hat er mit jedem Namen gemein, und so kann man ihn denn auch, wie oft geschehen [...] als Namen des Texts betrachten."[4]

---

2 Welche weiteren Bedeutungen der Begriff Titel in anderen Bereichen, wie insbesondere Recht und Finanzwirtschaft, hat, soll an dieser Stelle nicht näher erläutert werden.

3 Vgl. http://www.britannica.com (Stand: Mai 2009).

4 Vgl. hierzu auch: Weiss (1970: 608), Wulff (1985³: 159 ff), Genette (1989: 81), Nord (1993a: 27), Bosredon (1997: 93 ff), Moennighoff (2000: 25) Hoek (2001: 36) sowie Hoek (1981: 206), der hier zudem zahlreiche weitere Belegstellen anführt.

Diesen Definitionsversuchen zufolge handelt es sich offenbar bei Titeln um eine spezielle Form des Namens.[5] Sie dienen dazu, einen zugehörigen Namenträger zu benennen oder zu bezeichnen („désigner"), ihn zu identifizieren und ihn damit gleichzeitig von anderen unterscheidbar zu machen („distinguish"), wie die englische Definition präzisiert. Schließlich wird der Begriff „Name" seinerseits im deutschen Sprachgebrauch definiert als „Bezeichnung für eine einzelne, als Individuum oder individuelles Kollektiv gedachte Person oder Sache zum Zweck der eindeutigen Identifizierung und Benennung" (Brockhaus 1993: Bd. 15).

Dennoch ist das Konzept des Titels als Eigenname eines Textes in der titrologischen Forschung nicht unumstritten. Einige, wie vor allem Hellwig (1982: 158 f), versuchen, es ganz zu verwerfen, andere, wie beispielsweise Moeninghoff (2000: 16 ff) oder Wulff (1985³: 160 ff), es zumindest einzuschränken. Als Argument gegen die Namentheorie des Titels wird dabei oft ins Feld geführt, „daß Titel im Unterschied zu Eigennamen semantische Merkmale haben" (Moennighoff 2000: 19). Titel dienen daher nicht nur zur Benennung und Identifizierung des zugehörigen Werkes, sondern tragen aufgrund ihres semantischen Gehaltes auch zu seiner Charakterisierung bei, während Eigennamen „nichts über individuelle Eigenschaften der Namensträger prädizieren" (Moennighoff 2000: 18).

Wulff verweist zur Untermauerung dieser These darauf, dass Titel eben aufgrund ihrer semantischen Transparenz anders als Eigennamen übersetzbar seien: „Echte Namen werden normalerweise nicht übersetzt" (Wulff 1985³: 164).[6]

5 Bosredon (1997: 97) bezeichnet Titel als „hyponyme", also einen Unterbegriff der Kategorie Eigennamen. Zwischen beiden Begriffen besteht eine „relation asymétrique dans laquelle *titre* peut être remplacé par *nom* (*quel est le* titre / nom *de ce tableau* ?) mais que l'inverse n'est pas possible (*quel est le* nom / *titre *de ce pont* ?)."

6 Ähnliche Aussagen zur Übersetzung von Eigennamen finden sich auch schon bei Bréal (1897: 197): „ils [les noms propres] passent d'une langue à l'autre sans être traduits."
Moennighoff (2000: 18 f) stimmt dieser These zwar nicht zu, sondern kommt zu dem Schluss, „daß es genausogut Namen wie Titel gibt, die nicht übersetzbar sind, und daß es Namen und Titel gibt, die übersetzbar sind." Dessen ungeachtet hält er an seiner Einschränkung der Namenstheorie des Titels fest.

Problematisch an dieser Aussage ist zunächst einmal, dass Wulff, zumindest an dieser Stelle, eine Erklärung schuldig bleibt, was genau er unter „echten Eigennamen“ versteht. Vermutlich bezieht er sich auf den prototypischen Vertreter der Kategorie Nomen proprium, nämlich Anthroponyme und hier insbesondere nicht lexikalisierte Vor- oder Nachnamen.[7] Diese werden in der Tat gemäß unserer heutigen Translationskonventionen meist nicht übersetzt, sondern höchstens „durch artikulatorisch-phonetisch/phonologische und orthographische […], also formale […] Assimilation“ (Kalverkämper 1978: 86) an das System der Zielsprache angepasst.

Nun können Vornamen, wie Moennighoff (2000: 18) selbst einräumt, aber durchaus eine semantische Bedeutung haben, auch wenn diese bei vielen der heute gängigen Namen nicht immer sofort ersichtlich oder eindeutig belegbar ist.[8] Davon zeugen zahlreiche Bücher und Internetseiten, wie z.B. www.vornamen.com oder www.onomastik.com,[9] die werdenden Eltern bei der Namenauswahl helfen oder Aufschluss über die Bedeutung des eigenen Namens geben sollen. Auch die Erforschung der Herkunft und Bedeutung von Familiennamen scheint gerade in jüngster Vergangenheit ein wahrer Modetrend zu sein.[10] Allerdings erwartet man hier, wie Rothe (1986: 14) bemerkt, zumindest vom modernen Standpunkt aus keineswegs „einen aussagekräftigen Zusammenhang zwischen Namen und Namensträger.“ Aus historischer Sicht war es jedoch durchaus so, dass viele Nachnamen eben auf der Basis eines solchen charakteri-

---

7 Diese Vermutung liegt vor allem angesichts der Beispiele nahe, die er im Folgenden selbst nennt („*Nana, Herzog, Buddenbrooks*“, Wulff 1985³: 164); bei diesen Anthroponymen handelt es sich gleichzeitig um Romantitel.

8 In anderen Sprach- und Kulturkreisen ist die semantische Transparenz von Vornamen oft größer. So werden im Persischen beispielsweise häufig Appellativa wie Märchen (= „Afsaneh“), Frühling (= „Bahar“), Freude (= „Shadi“) oder auch Welt (= „Donja“) als Nomina Propria verwendet. Zur semantischen Transparenz von Nomina propria vgl. auch Kalverkämper (1978: 69 ff).

9 Vgl. http://www.vornamen.com bzw. http://www.onomastik.com (Stand: März 2010).

10 Seit 1998 bietet z.B. der rbb-Radiosender „radio1“ im Rahmen der Sendung „Numen Nomen Namen“ Hörerinnen und Hörern regelmäßig die Möglichkeit, sich (ihren) Familiennamen von Namensforscher Jürgen Udolph, ehem. Professor für Onomastik an der Universität Leipzig, erklären zu lassen. Von 2005 bis 2007 gab es zudem mehrere Fernsehauftritte von Udolph mit ähnlichem Hintergrund (vgl. auch Udolph/Fitzek (2005).

sierenden Zusammenhangs, wie beispielsweise den Beruf, den Wohnort oder auch körperliche Eigenschaften des Namenträgers, entstanden sind (vgl. Kalverkämper 2006: 142 f).

Dass auch Eigennamen entgegen der Auffassung Moennighoffs eine, wie er es nennt, „prädizierende Dimension" (Moennighoff 2000: 19) haben können und damit ähnlich wie Titel Aufschluss über charakteristische Merkmale des Namenträgers geben können, wird noch deutlicher, wenn man das Feld der Anthroponyme vom prototypischen Bereich der Vor- und Nachnamen erweitert in Richtung der Kosenamen oder Beinamen (vgl. Kalverkämper 1978: 26). So werden als Beiname meist Appellativa verwendet, die eben etwas über die Eigenschaften des Namenträgers *prädizieren* sollen, wie z.B. bei Alexander dem Großen, Richard Löwenherz, Iwan dem Schrecklichen etc. Ähnliches zeigt sich auch bei einem Blick auf die Propriaklasse Toponyme, also Orts- und Gewässernamen (vgl. Kalverkämper 1978: 26). Auch hier finden sich zahlreiche Beispiele für Namen (etwa Schwarzwald, Ärmelkanal oder Nordsee), die nicht nur semantisch transparent sind, sondern auch auf charakteristische Eigenschaften der zugehörigen Namenträger hinweisen und zudem in der Regel übersetzt werden.

Auf die Probleme einer solchen Namenübersetzung, bei der es sich, wie Kalverkämper (1996: 1022) zu Recht bemerkt, eigentlich um einen „Namenersatz" und damit um einen zielsprachlichen „Neunamen" handelt, wird noch genauer einzugehen sein. Die Frage nach der Semantizität von Titeln und Eigennamen und damit verbunden ihrer Übersetzbarkeit ist jedoch letztlich insofern nicht relevant, als dieser Faktor überhaupt nicht Teil der Definition von Namen (s.o., vgl. hierzu auch Kalverkämper 2006: 127) ist und damit meines Erachtens auch nicht als Abgrenzungskriterium herangezogen werden sollte.

Ein weiterer Einwand, der gegen die Namenhaftigkeit von Titeln vorgebracht werden kann, ist, dass Titel durch die mehrfache Vergabe des gleichen Titels ihre Unterscheidungs- und Identifikationsfunktion nicht erfüllen. Gemeint sind damit Fälle von Homonymie, also mehrere gleichlautende Titel für unterschiedliche Werke, die insofern für Verwirrung sorgen, als hier die eindeutige Identifikation nicht mehr gewährleistet ist. Doch obwohl es eigentlich im Widerspruch zu ihrer Definition steht, die ja eben diese „eindeutige Identifizierung" (s.o.,

Brockhaus 1993: Bd. 15) verlangt, kommen Fälle von Homonymie sowohl bei Titeln als auch bei anderen Formen von Eigennamen durchaus häufig vor. Besonders hoch ist ihre Frequenz aus titrologischer Perspektive bei Titeln, die aus reinen Gattungsangaben bestehen, wie sie gerade im Bereich der Lyrik üblich sind (vgl. Rothe 1986: 37 sowie Genette 1989: 78). So finden sich in den dieser Studie zugrunde liegenden Korpora französischer Gedichttitel[11] beispielsweise fünf verschiedene Werke mit dem Titel *Stances*, ebenso fünf Gedichte mit dem Titel *Élégie*, viermal taucht der Titel *Sonnet* auf, dreimal der Titel *Chanson* sowie schließlich immerhin noch je zweimal die Titel *Hymne*, *Ode* und *Rondeau*.[12]

Die Beispiele für Titelhomonymien reichen jedoch weit über reine Gattungsangaben hinaus:

- Im englischsprachigen Lyrikkorpus sind zwei Gedichte mit dem Titel *Ulysses* verzeichnet, einmal von Alfred Lord Tennyson und einmal von Robert Graves
- Im französischen Lyrikkorpus finden sich sogar gleich drei Gedichte mit dem Titel *Au Roi*, nämlich von Clément Marot, Olivier de Magny sowie, in variierter Schreibweise (*Au Roy*), aber immer noch homophon, von François de Malherbe
- Zwei italienische Opern tragen den Titel *Dafne*. Sowohl dem Werk von Jacopo Peri als auch jenem von Marco di Zanobi da Gagliano liegt das Libretto von Ottavio Rinucci zugrunde
- Auch der Operntitel *Il Barbiere di Siviglia* taucht zweimal auf. Neben dem berühmten Werk von Gioacchino Rossini gibt es eine weitere Oper mit dem gleichen Titel von Giovanni Paisiello. Hier wurden unterschiedliche Libretti (von Cesare Sterbini bzw. von Giuseppe Petrosellini) verwendet; beide basieren allerdings auf der Komödie von Pierre Augustin Caron de Beaumarchais mit dem französischen Originaltitel *Le Barbier de Séville ou La Précaution inutile*, wes-

---

[11] Der Umfang der französisch-deutschen und französisch-englischen Lyrik-Teilkorpora beträgt insgesamt etwa 600 Titel. Für genaue Angaben zur Erstellung und Zusammensetzung der Korpora vgl. Kap. 2.3.2.

[12] Nicht mitgezählt wurden dabei natürlich Titel, die aus einer Kombination von Gattungsangaben und weiteren spezifizierenden Zusätzen bestanden, wie beispielsweise die Titel *Hymne à la beauté* von Charles Baudelaire oder auch *Hymne à la volupté* von Jean de La Fontaine, da hier die distinktive Funktion erfüllt wird.

halb die beiden italienischen Operntitel wiederum unter dem Original-Obertitel *Le Barbier de Séville* ins Französische rückübersetzt wurden

- Theaterstücke mit dem Titel *Antigone* gibt es sowohl zweimal im französischen Korpus, nämlich von Jean Cocteau und Jean Anouilh als auch einmal im deutschen Korpus, hier von Walther Hasenclever
- Insgesamt drei Gemälde aus dem französischensprachigen Kunstkorpus, von Edouard Manet, Claude Monet und Alain Jacquet, tragen den Titel *Le Déjeuner sur l'herbe*
- Im Korpus der englischsprachigen Filmtitel sind drei Filme mit dem Titel *Anna Karenina* verzeichnet. Bei allen drei Filmen, die aus den Jahren 1935, 1947 und 1996 stammen, handelt es sich um Literaturverfilmungen des gleichnamigen Romans von Leo Tolstoi

Obwohl sich also durchaus einige Fälle von Homonymie im Bereich der Titel finden lassen, ist davon auszugehen, dass dieses Phänomen hier längst nicht so häufig ist wie bei Anthroponymen. Vermutlich liegt das daran, dass die offizielle Vergabe von Personennamen anders als die Titelgebung zumindest heutzutage durch gesetzliche Regelungen eingeschränkt ist – man kann sich nicht einfach einen neuen Nachnamen zulegen, nur weil man wie Hunderttausende andere Deutsche Müller, Meyer oder Schulz heißt – die Möglichkeiten innerhalb dieser Grenzen, insbesondere bei der Wahl des Vornamens, aufgrund modischer Tendenzen oder Phantasielosigkeit der Namengeber jedoch noch nicht einmal voll ausgenutzt werden.[13]

„Die Welt der Eigennamen ist einfach eine sprachlich ziemlich arme Welt, wo Fälle von Homonymie äußerst häufig sind" (Eco 1972: 105). In diesen Fällen müssen dann, um die Identifikation zu gewährleisten, der Kontext genutzt oder weitere Daten hinzugezogen werden. Bei Menschen ist dies beispielsweise die Kombination aus (mehreren) Vor- und Nachnamen sowie im Bedarfsfall zusätzlich das Geburtsdatum, bei Titeln der Name des Autors bzw. Künstlers oder

[13] Im Gegensatz dazu kann man Titel, wenn auch nur in sehr beschränktem Maße, sogar durch Titelschutz rechtlich vor Nachahmern und damit vor Homonymie schützen lassen. Zum Titelschutz vgl. z.B. Sayiner-Fraser of Lovat (2010), Baronikians (2008) und Kupka (2004).

aber, insbesondere in der Bildenden Kunst, wo es durchaus auch vorkommt, dass mehrere Werke eines Künstler denselben Titel tragen, das Datum der Produktion.[14]

Besser geeignet zur eindeutigen Identifizierung von Menschen wie auch von Büchern, Filmen, Kunstwerken etc. wären, wie in diesem Zusammenhang gern vorgeschlagen wird,[15] Kennmarken, bestehend aus reinen Buchstaben- oder Ziffernkombinationen, was in manchen Verwendungskontexten auch durchaus stattfindet. So wurde in Deutschland beispielsweise zum 1. Juli 2007 die sogenannte „Steuer-Identifikationsnummer" eingeführt, die die eindeutige steuerliche Erfassung aller in Deutschland gemeldeten Bürger ermöglichen soll und von Geburt an bis 20 Jahre über den Tod hinaus Gültigkeit besitzt. Ähnliches leistet auch die Sozialversicherungsnummer, unter der Erwerbstätige in Deutschland bei der Rentenversicherung registriert werden.[16]

Im Kontext titrologischer Forschung wird hier immer wieder auf die ISBN, die Internationale Standardbuchnummer (oder auch International Standard Book Number) verwiesen (vgl. z.B. Wulff 1985³: 161 sowie Moennighoff 2000: 27), mittels derer Textausgaben auf dem internationalen Buchmarkt eindeutig gekennzeichnet werden. Auch die Signaturen, mit denen Bibliotheken ihre Bücher, CDs und Videos/DVDs zu kennzeichnen pflegen (vgl. Wulff 1985³: 161 f) oder die numerischen Codes, die in Museen oft zur Katalogisierung der Bestände verwendet werden, haben einen ähnlichen Hintergrund.

Nun ist es allerdings so, dass all diese numerischen Kennzeichnungssysteme die Eigennamen bzw. die Titel nicht ersetzen, sondern lediglich parallel dazu in dem

---

14 Mit besonderer Häufung findet sich dieses Problem bei Vertretern der romantischen Landschaftsmalerei, wie z.B. John Constable, die mehrfach das gleiche Motiv gemalt haben, welches dann zur Betitelung des Werkes herangezogen wurde. So tragen beispielsweise je drei seiner im englischsprachigen Kunstkorpus (BK19/E) verzeichneten Gemälde den Titel *Old Sarum* (1811, 1829, 1824) bzw. *Weymouth Bay* (1816, 1819, 1819), wobei letzteres Beispiel zeigt, dass auch durch das Produktionsdatum noch längst nicht immer die eindeutige Identifizierung gewährleistet werden kann.

15 Vgl. hierzu beispielsweise Wulff (1985³: 160 ff) sowie Fleischer (1964: 371).

16 Auf ein einheitliches Personenkennzeichen (PK), wie Kalverkämper (1978: 43 ff) es ausführlich diskutiert, wurde bislang in Deutschland aus verfassungsrechtlichen Gründen verzichtet.

jeweils dafür vorgesehenen Verwendungskontext die eindeutige Identifizierung der Namenträger unterstützen. Zur **Benennung** der Namenträger werden sie hingegen in der Regel nicht verwendet. Dabei ist es durchaus möglich, Ziffern als Namen oder auch als Titel zu verwenden. Rothe (1986: 13) verweist hier auf die römische Tradition, die eigenen Kinder „durchzunummerieren" und mit Namen wie Tertius, Quartus, Quintus etc. zu benennen. Im Bereich der Literatur finden sich reine Zifferntitel häufig als Kapitelüberschriften oder als Titel von Gedichten im Rahmen von Zyklen oder anderen Lyriksammlungen.[17] Und auch in der Bildenden Kunst werden, insbesondere seit dem 20. Jahrhundert, Werke immer wieder mit Ziffern oder Kombinationen aus Ziffern und Buchstaben (sowie u.U. auch Sonderzeichen/Symbolen) betitelt, wie die folgenden Beispiele aus dem Korpus belegen:

17.7.69 (BK20/E)
5-4-3-2-1 (BK20/E)
T. 21A. 79. 1979 (BK20/F)
1960-F (BK20/E)
 # 051 (BK20/E)

Wollte man nun aber die Titulierungskonventionen dahingehend verändern, dass als Titel ausschließlich Ziffernfolgen verwendet werden, um eine eindeutige Identifizierung der betitelten Werke zu gewährleisten, müsste man, um tatsächlich sicherzustellen, dass jede dieser Kennmarken nur genau einem Namenträger zugeordnet wird, sehr lange Ziffernfolgen erstellen. Dies wäre aber insofern noch weniger mit der Definition von Namen vereinbar, als ein solches System der Möglichkeit der Benennung der Werke entgegenstünde. Denn schließlich muss der Akt der Benennung in Situation, also im Rahmen von Kommunikation und Interaktion funktionieren. Eine lange Ziffernfolge würde nicht nur den ökonomischen Prinzipien von Sprache widersprechen, sondern vor allem auch die Kommunikationsteilnehmer, insbesondere im Hinblick auf ihre Gedächtnisleis-

---

[17] Moennighoff (2000: 26) schließt derartige Titel aus seiner Definition des Titelbegriffs aus und ordnet sie lediglich als „Titelsubstitute" ein. Ich sehe jedoch angesichts der hier postulierten Titeldefinition keinen Grund für eine solche Abgrenzung und schließe mich damit der Auffassung Wulffs (1985³: 177) und Rothes (1986: 34) an.

tung, mit Sicherheit überfordern.[18] Lieber also einige Einschränkungen bei der Eindeutigkeit der Identifizierung in Kauf nehmen, als die Möglichkeit der Benennung ganz einzubüßen. Schließlich sind Fälle von Homonymie, wenn man sie nicht bewusst aus Listen herausfiltert, im Alltag gar nicht so häufig. Wie viele Menschen kennen wir denn, die exakt den gleichen Namen tragen? Und wie viele gleichlautende Titel, die wir nicht mit Hilfe irgendeines präzisierenden Kontextes mühelos dehomonymisieren könnten?

Vielleicht muss daher die Definition von Name und Titel dahingehend korrigiert werden, dass Namen im Allgemeinen wie auch Titel im Speziellen gleichzeitig sowohl zur Identifizierung, wobei man das Attribut „eindeutig“ in Klammern setzen oder durch das von Kalverkämper (1978: 41) vorgeschlagene „ökonomisch“ ersetzen sollte, als auch – und vielleicht sogar vor allem – zur Benennung des Namenträgers dienen.

Jenseits des Namenkonzepts werden in einigen Definitionsversuchen für Titel noch weitere Eigenschaften und Funktionen zur Begriffsbestimmung gefordert. So wird bereits im Rahmen der oben zitierten französischen Lexikondefinition gefordert, der Titel solle nicht nur zur Bezeichnung eines Werkes dienen, sondern auch seinen Gegenstand angeben („en donner le sujet“). Ähnlich äußert sich auch Hoek in seiner Definition zum Titel in der Bildenden Kunst: „Le titre d’une œuvre d’art est aperçu comme une sorte de nom propre elliptique, qui résume verbalement l'information iconographique contenue dans l’œuvre“ (Hoek 2001: 36).[19] Um eine zusätzliche Funktion erweitert wird Hoeks Definition des literarischen Titels, der neben der Benennung und Identifizierung nicht nur den allgemeinen Inhalt angeben soll, sondern zudem auch noch dazu dient, das Zielpublikum anzulocken. Demnach ist ein Titel „l’ensemble des signes linguistiques (mots, phrases, voire textes) qui peuvent figurer en tête d’un texte pour le désigner, pour l’identifier, pour en indiquer le contenu global et pour allécher le public visé“ (Hoek 1981: 17).

---

[18] Vgl. hierzu Kalverkämper (1978: 37).

[19] Vgl. hierzu auch Bosredon (1997: 93): „Les titres de peinture assument deux fonctions sémantico-référentielles principales: une fonction de légende d’une part, une fonction appellative d’autre part.“

Natürlich ist es richtig, dass Titel über die Identifikation und Benennung des zugehörigen Werkes hinaus weitere kommunikative Funktionen wie beispielsweise die geforderte Darstellungsfunktion (Angabe des Inhalts oder Beschreibung des Dargestellten, vgl. Kap. 3.2.3) oder auch die Appellfunktion (Verführung des Publikums, vgl. Kap. 3.2.6) erfüllen (können), doch längst nicht jeder Titel tut dies in gleichem Maße.[20]

Daher können und müssen diese zusätzlichen Funktionen, gerade wenn man eine gattungsübergreifende Perspektive einnimmt und Titel aus unterschiedlichen Bereichen berücksichtigt, nicht Teil einer Definition des Titelbegriffs sein, denn letztlich ist, mit Genette gesprochen, „die Identifizierung [...] in der Praxis die wichtigste Funktion des Titels; im äußersten Fall könnte auf alle anderen verzichtet werden“ (Genette 1989: 82).

2.1.2. Formale Definition: Der Titel als Text

Neben diesem funktionalen Ansatz des Titels als Namen gab es immer wieder auch Versuche, formale Definitionen zu finden. Genette (1989: 58 ff) beispielsweise versucht, den Titelbegriff über seine formalen Eigenschaften und seine „konstituierenden Elemente“ wie „Titel“, „Untertitel“ oder „Gattungsangabe“ (Genette 1989: 60) zu fassen. Natürlich gibt es formale Titulierungskonventionen und typische Titelstrukturen, die im Folgenden (vgl. Kap. 3.1) noch genauer zu untersuchen sein werden. Doch eine formale Definition des Titelbegriffs ist schwierig, insbesondere wenn man sich nicht auf eine Titelgattung beschränkt, sondern Titel aus verschiedenen medialen Bereichen, die z.T. große strukturelle Unterschiede aufweisen, in die Definition einbeziehen will. Der Titel selbst kann schließlich, wie bereits die französische Lexikon-Definition (s.o., Kap. 2.1.1) nahelegt, ein Wort, ein Ausdruck, ein Satz, „etc.“ sein, was, vor allem angesichts des et cetera, nicht besonders aufschlussreich ist. Oder noch deutlicher ausgedrückt:

---

[20] Vgl. auch Wulff (1985^3: 174 ff)

> „Ein Sprachzeichen hat propriale Kommunikationsfunktion inne und ist somit dann ein Eigenname, wenn es
>
> - als solcher intendiert (Sprecher-Perspektive) und
> - über geeignete (kon-)textuelle und situative (pragmatische) Signale auch als ein solcher zu verstehen (Hörer-Perspektive) ist."
>
> (Kalverkämper 2006: 127, ähnlich auch schon Kalverkämper 1978: 386)

Damit kann also grundsätzlich jedes sprachliche Zeichen Name sein, wenn es als solcher verwendet und verstanden wird. Diese Definition von Eigennamen gilt entsprechend – und vielleicht sogar in besonderem Maße – für die Namensorte Titel, da hier die Benennungskonventionen weniger ausgeprägt sind, es also anders als beispielsweise bei der Propriaklasse „Vornamen", von denen wir doch viele wie Christopher, Arthur oder Amalia auch ohne weiteren Kontext sofort in die entsprechende Kategorie einordnen können, kaum Sprachzeichen gibt, die wir per se als Titel erkennen. Zu den wenigen Ausnahmen gehören hier Titel, die durch bestimmte Prä- oder Suffigierungen wie das *Anti-* in Lessings *Anti-Goeze* und in Friedrichs des Großen *Anti-Machiavel* oder die Endungen *-iade* bzw. *-iana* in Ronsards *Franciade*, Gryphius *Messiade* oder auch Thornton Wilders *Alcestiad* (in der deutschen Übersetzung als *Alkestiade* betitelt) eindeutig als solche gekennzeichnet sind (vgl. Rothe 1986: 25 sowie Wulff 1985³: 173). Rothe (1970: 7) verweist hier außerdem auf den klassischen Doppeltitel, bei dem zwei Teiltitel mit der Konjunktion *oder* verbunden werden, wie in Lessings *Minna von Barnhelm oder das Soldatenglück*, Frischs *Don Juan oder Die Liebe zur Geometrie*, Voltaires *Candide ou L'optimisme* oder auch De Sades *Les 120 journées de Sodome ou L'école du libertinage*. Eine solche Titelformulierung sei, da sie durch die ungewöhnliche Verwendung der Konjunktion *oder* eine „sprachliche Anomalie" darstelle, ebenfalls „von vornherein als Titel zu erkennen und stellt insofern einen idealen Titeltyp dar" (Rothe 1970: 7). Allerdings sind diese Titel, wie Wulff (1985³: 174) zu Recht zu bedenken gibt, „sehr selten", was ein Blick auf die für die vorliegende Studie erstellten Korpora bestätigt,[21] und zudem in erster Linie dem Bereich der Literatur vorbehalten.[22]

---

[21] Die Frequenz von Doppeltiteln beispielsweise liegt in allen hier untersuchten Titelsegmenten bei weniger als 10%, vgl. Kap 3.1.1.2.

Deutlich häufiger und ebenfalls auch ohne Kontext eindeutig als Titel identifizierbar sind Titelformulierungen, die sich aus einer Gattungsangabe kombiniert mit einer Ziffer, einer Opuszahl und/oder einem Hinweis auf die Tonart zusammensetzen, wie beispielsweise Edmund Spensers *Sonnet LXX*, Schumanns *Klavierkonzert op. 54* oder auch Beethovens *Sinfonie Nr. 7 A-Dur op. 92*. Allerdings werden diese, wie die Beispiele zeigen, nur im Bereich der Lyrik und der Musik verwendet.

Die große Mehrheit der Titel aber lässt sich keinem so eindeutigen Schema zuordnen, denn letztlich kann eben jede sprachliche Wendung Titelstatus haben und dann kann oft nur durch die Kommunikationssituation geklärt werden, wann „P.S. Ich liebe dich" der Nachsatz in einem Brief und wann ein Filmtitel ist, wann „Für Elise" die Aufschrift auf einem Geschenkkärtchen und wann der Titel eines Klavierstücks von Beethoven ist.

Dadurch wird ein grundlegender Aspekt von Titeln deutlich: Ein Titel ist keine autonome Größe, er kann nicht allein existieren, sondern er braucht immer ein zugehöriges Werk, sei es nun ein Buch, ein Bild, eine Oper oder auch eine Fernsehsendung (vgl. Wulff 1985[3]: 166 ff). Diese charakteristische Eigenschaft von Titeln lässt sich sehr anschaulich durch einen kurzen Blick auf die Etymologie des Wortes erklären. So geht das deutsche Wort „Titel" ebenso wie auch das französische „titre" oder das englische „title" auf den lateinischen Begriff „titulus" zurück, was u.a. so viel bedeutet wie Inschrift oder Aufschrift. Synonym zu dem Wort „index" meinte „titulus" ursprünglich den Pergamentstreifen, der in den antiken Bibliotheken zur Kennzeichnung der Buchrollen an diesen befestigt waren. Auf diesen Etiketten wurden der Verfasser des Werkes und Angaben über seinen Inhalt sowie ggf. sein Titel vermerkt, so dass für diese Informationen die Papyrusrollen nicht extra entrollt werden mussten (vgl. Hoek 1981: 5 sowie Wulff 1985[3]: 133 f). Hätte sich also ein solcher „titulus" von seiner Buchrolle gelöst, wäre er nutzlos gewesen.

---

[22] Lediglich der Doppeltitel ist auch gelegentlich im Bereich der Fachliteratur (vgl. Nord 1993a: 58) sowie sehr vereinzelt im Bereich der Filmtitel anzutreffen, beispielsweise bei *Muriel ou Le Temps d'un retour* (F/F).

Ganz so eng ist die Verbindung zwischen Titel und betiteltem Text im heutigen Wortsinn nicht mehr und so ist es keineswegs notwendig, dass Titel und zugehöriges Werk immer gemeinsam auftreten. Schließlich kennt sicherlich jeder viele Titel von Büchern, die er noch nie gelesen hat. Es ist noch nicht einmal erforderlich, dass es das zugehörige Werk tatsächlich bereits gibt, wenn beispielsweise bei einer Filmproduktion der Titel schon feststeht, der Film aber noch gedreht werden muss. Wenn Baudelaire etwa 150 Titel notiert hat, die Gedichte dazu dann aber nicht zustande gekommen sind (vgl. Moennighoff 2000: 22). Oder wenn eine Titelagentur, wie es sie vor allem in den USA gibt, bereits auf Vorrat Titel produziert, die dann verkauft und einem Buch oder einem Film zugeordnet werden (vgl. Hoek 1981: 270). Anders herum ist es auch denkbar, dass ein Titel allein zurückbleibt, weil das zugehörige Werk verloren gegangen ist, wie beispielsweise die Gedichte von Fleming, auf die Moennighoff verweist, die „dem Autori teils auf wehrenden Reisen weggekommen“ (Lappenberg 1865: 537, zit. nach Moennighoff 2000: 22). Man denke auch an die vielen Bilder und Gemälde, die vom nationalsozialistischen Regime als „Entartete Kunst“ eingestuft, aus den deutschen Museen entfernt und zum Teil im März 1939 verbrannt wurden, so dass heute nur mehr ihre Titel in den Verlustlisten geblieben sind.[23] Anders als in den antiken Bibliotheken muss es also keine materielle Verbindung zwischen Titel und Text geben, vielmehr reicht es bereits aus, wenn „die Existenz eines betitelten Texts mitgedacht wird“, wie Rothe (1986: 25) es formuliert.

Doch auch wenn die Titulierungskonventionen recht frei und formale Begriffsbestimmungen daher schwierig oder gar unmöglich sind – einen entscheidenden formalen Aspekt von Titeln gilt es festzuhalten: Titel sind Texte, und zwar Texte, die sich durch ihre „Bezeichnungsrelation“ (Wulff 1985³: 167) auf andere Texte beziehen. Damit handelt es sich beim Titel um einen Metatext[24] der ge-

---

[23] Vgl. www.geschkult.fu-berlin.de/e/db_entart_kunst/index.html (Stand: Jan. 2011).

[24] Von anderen sog. Metatexten, wie Textkommentaren, Rezensionen etc. unterscheidet sich der Titel meines Erachtens durch sein besonders enges Verhältnis zum Objekttext, weshalb sich gerade Rezensionen u.ä. meist auf Text **und** Titel beziehen und damit eigentlich „Metametatexte“ sind.

meinsam mit dem zugehörigen Objekttext,[25] also dem Werk, das er betitelt, ein Textpaar bildet.

Auch wenn sich diese Auffassung in der Titrologie weitgehend durchgesetzt hat[26] – selbstverständlich ist sie keineswegs. So könnte man, gerade bei einem Titel, der als Überschrift direkt über einem Text steht, wie dies z.B. bei Gedichten oder Erzählungen häufig der Fall ist, davon ausgehen, dass der Titel der erste Satz oder die erste Sequenz eines Textes ist. Diese Möglichkeit negiert Hoek (1981) jedoch mit folgender Begründung:

> „Les règles de cohérence logico-sémantique qui existent entre le titre et son co-texte, ne sont pas identiques à celles qui permettent à deux phrases quel conques de se suivre. Le titre forme à lui seul une articulation du discours qui entretient des rapports avec le corps entier du co-texte." (Hoek 1981: 151)

Dennoch ist auch aus rechtlicher Sicht nicht eindeutig geklärt, ob der Titel als Werkteil oder als eigenständiges Sprachwerk zu betrachten sei, wie Kupka (2004: 17 ff) am Beispiel von Filmtiteln im Hinblick auf die juristischen Konsequenzen dieser Frage für den Titelschutz erläutert. Um hier Klarheit zu schaffen, versucht Nord (1993a: 30 ff), die textuelle Unabhängigkeit des Titels anhand eines „Textualitätstests" nachzuweisen. Dabei beruft sie sich auf die Textualitätskriterien, die in dem Modell von de Beaugrande/Dressler angegeben werden: Kohäsion, Kohärenz, Intentionalität, Akzeptabilität, Informativität, Situationalität und Intertextualität.[27] Diese Kriterien wendet sie dann sowohl auf die Titel selbst, als auch auf das Verhältnis zwischen Titel und Text an, wobei ihre Untersuchungen sie zu folgendem Ergebnis bringen:

> „Der Titel ist potentiell isolierbar und nicht durch Anaphora bzw. Kataphora mit dem Ko-Text verbunden. Das bedeutet, daß er – die Exhaustivität der genannten Merkmale vorausgesetzt – ein selbständiger Text neben anderen (und neben dem

---

[25] Hoek (1981: 18) führt in Anlehnung an Petöfi (1971) für den Objekttext den Begriff „co-texte" bzw. „Ko-Text" ein (vgl. auch Nord 1989: 519 bzw. Nord 1993a: 27).

[26] Vgl. z.B. Hoek (1981: 17), Wulff (1985³: 166 f), Rothe (1986: 13), Nord (1993a: 30 ff).

[27] Zu diesem Textverständnis vgl. de Beaugrande/Dressler (1981: 3-13): „Wir definieren einen Text als eine kommunikative Okkurenz [...], die sieben Kriterien [s.o.] der Textualität erfüllt. Wenn irgendeines dieser Kriterien als nicht erfüllt betrachtet wird, so gilt der Text nicht als kommunikativ." (de Beaugrande/Dressler 1981: 3).

Ko-Text) ist. Er unterscheidet sich jedoch von anderen Texten durch die Tatsache, daß er seine Funktion, Titel zu sein, nicht ohne einen Ko-Text erfüllen kann." (Nord 1993a: 40 f)

Titel und Text stehen damit in einem Spannungsfeld, das Hoek (1981: 152) folgendermaßen beschreibt: „Comme il s'agit de deux textes autonomes mais non pas indépendants, on peut admettre l'hypothèse que le titre et le co-texte entretiennent une relation de dépendance contextuelle et d'indépendance textuelle."

Diese von Hoek und Nord postulierte „indépendance textuelle", also die Unabhängigkeit des Titels auf Textebene, wird vielleicht noch klarer, wenn man den Bereich des literarischen Titels verlässt und sich dem Titel in anderen medialen Bereichen, wie der Musik oder der Bildenden Kunst, zuwendet.[28] Hier zeigt sich die Trennung von Titel und Text auch dadurch, dass Titel und Text unterschiedlichen semiotischen Systemen angehören. Während der Titel hier, wie überall, sprachlicher Natur ist, werden für das zugehörige Werk andere Ausdrucksformen wie Musik oder Form und Farbe verwendet.[29] Denn während „der bezeichnende Text („Titel" oder „Titeltext") grundsätzlich verbaler Art sein muß, [kann] der bezeichnete Text auch einem anderen Medium entstammen – so daß man auch von Bilder- und Fototiteln, von Titeln von Musikstücken, Filmtiteln usw. sprechen kann" (Wulff 1985³: 167).

Titel als eigenständige Texte zu definieren, scheint also nicht nur sinnvoll und legitim zu sein, sondern ist für eine titrologische Studie wie diese, die sich in erster Linie auf Titel, und zwar in der Regel ohne genauere Betrachtung der zugehörigen Werke, bezieht, eine unabdingbare Voraussetzung.

---

28 Bei der Verwendung des Medien-Begriffs orientiere ich mich an Borstnar/Pabst/Wulff (2002: 11), die Medium definieren als „ein System der Informations- und Zeichenverarbeitung." Jedes Medium „verfügt dabei über jeweils ganz eigene Bedingungen und Normen der Produktion, Vermittlung, Verbreitung (Distribution), Rezeption und Verarbeitung bzw. Weiterverarbeitung seiner Inhalte." (Bortsnar/Pabst/Wulff (2002: 11).

29 Eine Ausnahme bilden hier Werke der Bildenden Kunst, die sprachliche Elemente enthalten, wie z.B. Roy Lichtensteins *Blam!* (BK20/E) oder auch *Ach Alma Manetro* von Raymond Hains und Jacques Mahé de la Villeglé. Diese sind zwar, wie in diesen beiden Fällen, häufig mit dem Titel identisch, erfüllen aber im Bild eine andere Funktion als in ihrer Eigenschaft als Titel.

2.2. Stand der Forschung

Schon früh hat das Phänomen Titel – vor allem wohl wegen seiner im wahrsten Sinne des Wortes prominenten Position – Aufmerksamkeit erregt. Als einer der ersten äußerte sich der humanistische Gelehrte Julius Caesar Scaliger in seiner 1561 erschienenen Schrift *Poetices libri septem* zu diesem Thema (vgl. Rothe 1986: 150). Erste ausschließlich dem Titel gewidmete Abhandlungen, wie z. B. Georg Trinckaus *De ineptis librorum titulis* (Jena 1668) oder Johann Gottlieb Bidermanns *De insolentia titulorum* (Freiberg 1751), entstanden etwa ab der Mitte des 17. Jahrhunderts (vgl. Rothe 1986, S. 150 f). 1804 legte Barda mit seiner *Critik der Titel, oder wie soll man Büchertitel einrichten? Ein Versuch zum Vorteil der Litteratur* die erste umfassende Monographie zum Thema vor. Doch auch in breiter angelegten Studien und Abhandlungen, wie insbesondere Gottscheds *Versuch einer critischen Dichtkunst* (1751: 546 f) oder Lessings *Hamburgischen Dramaturgie* (1767), wird auf die Titelproblematik eingegangen. Dabei handelte es sich zunächst, wie auch die Titel dieser dem Titel gewidmeten Schriften ganz offensichtlich erkennen lassen, vor allem um kritische Kommentare und normativ-präskriptive Hinweise zur Gestaltung von Buchtiteln.[30]

Bis in die 2. Hälfte des 20. Jahrhunderts blieb die Titelforschung ein Teilgebiet der Literaturwissenschaft und beschäftigte sich entsprechend in erster Linie mit Titeln aus diesem Bereich, so z.B. Mühlenweg (1960) und Volkmann (1967) mit ihren Dissertationsprojekten zum Romantitel oder auch Kuhnen (1953) und Wilke (1955) mit ihren Arbeiten zum Gedichttitel. Zu einem eigenständigen Forschungsbereich entwickelte sich die **Titrologie** erst, wie Weinrich (2001: 101 f) bemerkt, mit der Entstehung der Textlinguistik in den 70er Jahren des 20. Jahrhunderts. Geprägt haben diese Disziplin – wie übrigens auch ihren Namen[31] – vor allem Leo H. Hoek mit seinem programmatischen Beitrag *Pour une sémiotique du titre* (1973) und seiner umfassenden Titelstudie *La marque du*

---

[30] Eine ausführliche kommentierte Bibliographie zur Titelforschung von ihren Anfängen bis in die 80er Jahre des 20. Jahrhunderts findet sich bei Wulff (1985²), weshalb an dieser Stelle darauf verzichtet werden soll.

[31] Weinrich (2001: 101) schlägt den Ausdruck „Titelforschung“ als Übersetzung des frankophonen Begriffs vor.

titre (1981) sowie Claude Duchet mit seiner ebenfalls 1973 erschienenen titeltypologischen Betrachtung *La Fille abandonnée et la Bête humaine*. Einen ersten Überblick über die Ergebnisse der titrologischen Forschung liefert Wulff (1979 bzw. in einer dritten, erweiterten Auflage 1985) mit seiner Arbeit zur *Textsemiotik des Titels*, insbesondere mit der darin enthaltenen kommentierten Bibliographie. Funktionale Aspekte von Titeln stehen im Fokus von Arnold Rothes Arbeit *Der literarische Titel* (1986), ebenfalls eines der grundlegenden titrologischen Werke.[32] Erwähnt sei an dieser Stelle außerdem Gérard Genette, der dem Titel in seinem 1987 erschienenen Text *Seuils*, dem „Buch vom Beiwerk des Buches"[33] ein eigenes, als kleiner Einblick in die Titelforschung äußerst interessantes Kapitel widmet.

Gemein ist all diesen Arbeiten, dass ihr Forschungsschwerpunkt nach wie vor im Bereich der Literatur und hier vor allem auf dem **Romantitel** liegt. Lediglich Rothe (1986) widmet sich ausführlicher auch den Gattungen Lyrik und Dramatik und wagt sogar hin und wieder kurze Ausblicke auf die Trivialliteratur und in die Filmwelt.[34] Im Vergleich zum Roman sind die beiden anderen literarischen Gattungen unter titrologischen Gesichtspunkten allerdings bis heute deutlich schlechter erforscht. So sind zu den beiden Arbeiten zum **Gedichttitel** von Kuhnen (1953) und Wilke (1955) aus den 50er Jahren in den vergangenen Jahrzehnten nur einige Einzelstudien hinzugekommen, wie beispielsweise Scheuermanns Arbeit zum Verhältnis von Titel und Text bei Arthur Rimbaud (1982), Moennighoffs Studie zu den Gedichttiteln Goethes (2000) oder auch Schröders Untersuchung zur Geschichte lateinischer Gedichtüberschriften (1999). Eine umfassende Arbeit speziell zum **Dramentitel** liegt meines Wissens bislang nicht vor (vgl. auch Wulff 1985^3: 61).

Als eine der wenigen Titelsorten aus dem nicht literarischen Bereich hat die **Schlagzeile** im Sinne der Überschriften von Zeitungsartikeln schon früh ein gewisses, vor allem linguistisch geprägtes Forschungsinteresse ausgelöst (so

---

32 Einen frühen Beitrag zur Titrologie hatte Rothe (1970) auch schon mit seinem Aufsatz zum Doppeltitel geliefert.

33 So der Untertitel der deutschen Übersetzung, die 1989 unter dem Haupttitel *Paratexte* veröffentlicht wurde.

34 Der Rolle des Titels in der Trivialliteratur widmen sich ausführlich Kaczmarek/Wulff (1985^2: 241-272).

z.B. Sandig 1971, Mårdhi 1980 oder auch Hellwig 1982). Verstärkt ins Blickfeld der titrologischen Forschung rückt Nord (1993a) dann Titel nicht literarischer Texte jenseits von Pressetexten und Schlagzeile in ihrer kulturvergleichenden, translationswissenschaftlichen Studie *Einführung in das funktionale Übersetzen.* Gleichzeitig eröffnet sie mit dieser Studie als erste eine grundlegende interkulturelle Perspektive auf das Phänomen Titel.[35] Ähnlich wie später Weinrich (2001: 101 ff) kontrastiert Nord dabei literarische Titel aus den Bereichen Belletristik, Lyrik und Kinderliteratur mit **Titeln wissenschaftlicher Texte** in Form von Sachbuchtiteln und Überschriften von Fachartikeln.[36] Ausschließlich dem Bereich der Fachliteratur widmet sich schließlich Dietz in seiner Arbeit zum *Titel wissenschaftlicher Texte* (1995).

Seit den 70er Jahren wurden auch nicht sprachliche Texte wie Bilder, Musikstücke und Filme, Gegenstand der Kommunikationswissenschaften, wodurch auch die Titel solcher Textsorten ein verstärktes titrologisches Forschungsinteresse wachriefen.[37] Nach wie vor kaum erforscht ist dennoch meines Wissens der **Titel in der Musik**. Titrologische Studien liegen bis auf den kurzen Beitrag von Weiss (1970) gar nicht vor und auch die Musikwissenschaft hat sich bislang in den wenigen, dem Titel gewidmeten Arbeiten lediglich auf Einzel- und Sonderfälle konzentriert, so z.B. Aulich (1966) und Berkowitz (1975²).[38]

Auch der **Titel in der Bildenden Kunst** ist, abgesehen von einigen Einzelstudien aus den 60er Jahren insbesondere zu den Bildtiteln bei Paul Klee und Max

---

35 Die Grundgedanken finden sich bereits in Nord (1989). Weitere dem Titel gewidmete Arbeiten sind auch Nord (1991a, 1993b und 1998).

36 Weinrich (2001) beschränkt sich allerdings auf einen Vergleich zwischen Romantiteln und den Titeln wissenschaftlicher Aufsätze.

37 Zu dieser Definition des Textbegriffs vgl. Wienold (1972: 146): „Text bezieht sich also nicht nur auf sprachliche Texte allein; auch Photographien, Filme, Theateraufführungen, Hinweiszeichen usw. sollen alle unter den Bereich 'Texte' fallen."
Ähnlich auch Kallmeyer et. al. (1974: 45): „Text ist die Gesamtmenge der in einer kommunikativen Interaktion auftretenden kommunikativen Signale. Dieser Textbegriff ist so weit gefasst, dass alle kommunikativen Äußerungen darunter fallen, gleichgültig, ob sie sprachlicher oder nicht sprachlicher Art sind."

38 Sicherlich hat die Musikwissenschaft die Titel einzelner Komponisten, insbesondere ihre Entstehung und Bedeutung, im Zusammenhang mit deren Leben und Werk genauer erforscht. Dabei handelt es sich jedoch meist eher um musikgeschichtliche und weniger um genuin titrologische Untersuchungen.

Ernst (u.a. Faust 1972 und 1974 sowie Kröll 1968 und Leffin 1988), lange Zeit unbeachtet geblieben, bis schließlich um die Jahrtausendwende gleich eine ganze Reihe von Arbeiten zu diesem Themenbereich erschienen ist, insbesondere Welchman (1997): *Invisible Colors. A visual history of titles*, Bosredon (1997): *Les titres de tableaux. Une pragmatique de l'identification*, Hoek (2001): *Titres, toiles et critique d'art. Déterminants institutionnels du discours sur l'art au dix-neuvième siècle en France*, Mit (2002): *El título en las artes plásticas, la imagen desvelada por el nombre* und schließlich Bruch (2005): *Der Bildtitel. Struktur, Bedeutung, Referenz, Wirkung und Funktion. Eine Typologie.*

Der **Filmtitel** wird zwar u.a. bei Rothe (1986) wie auch bei Nord (1993a: 48 f und 254) in verschiedenen Zusammenhängen erwähnt und zu Vergleichen mit dem literarischen Titel herangezogen. Auch wurde bereits 1970 von groupe μ ein erster kurzer Beitrag zu Funktionen und Leistungen von Filmtiteln vorgelegt und Kaczmarek/Wulff haben sich in einem 1985 veröffentlichten Beitrag dem Spezialfall des Pornotitels gewidmet.[39] Die erste wirklich umfassende titrologische Arbeit im Bereich Filmtitel wurde aber erst in den 90er Jahren von Schreitmüller (1994a) vorgelegt. Bouchehri (2008) greift dieses Titelsegment auf, erforscht es aber vor allem unter interkulturellen Fragestellungen.

Ebenso wird auch die **Titeltranslation** in vielen titrologischen Arbeiten (so z.B. bei Rothe 1986, Schreitmüller 1994a und Dietz 1995) als Problem mit interessantem Forschungspotenzial erkannt und benannt. Bis auf die Studie von Nord (1993a), die jedoch vornehmlich die kultur- und sprachimmanenten Voraussetzungen für einen möglichen Titeltransfer analysiert, den eigentlichen Transferprozess dann aber weitgehend außen vor lässt, und die Arbeiten von Bouchehri (2008, 2009 und 2011) zum Titeltransfer in Film und Fernsehen, steht eine umfassende Erforschung dieser interkulturellen Zusammenhänge bislang noch aus.[40]

---

[39] Erste Untersuchungen zur Übersetzung von Filmtiteln finden sich auch in den Arbeiten zur Übersetzung von Filmen von Hesse-Quack (1969) und Müller (1982).

[40] Dies zeigt sich auch daran, dass Wulff in seiner annotierten Bibliographie der Titelübersetzung kein eigenes Kapitel widmet, sondern die einzige bei ihm erwähnte Arbeit zur Titelübersetzung von Schober (1976) unter dem Punkt „4. Sprachwissenschaftliches“ (Wulff 1985²: 68 f) aufführt.

2.3. Eigene Forschungsschwerpunkte

2.3.1. Ziele und Methoden

Ausgehend vom derzeitigen Stand der Forschung versucht die vorliegende Arbeit zweierlei: Zum ersten und vor allem den Ausbau der **translationswissenschaftlichen Perspektive** auf die Titelforschung, wie sie bei Nord (1993a) begonnen und bei Bouchehri (2008) für den Bereich der Filmtitel vertieft wurde.

In unserer Welt des 21. Jahrhunderts, die durch die technologische Entwicklung der vergangenen Jahrzehnte immer näher zusammenrückt, ist die Überwindung von Sprachbarrieren eine wichtige und alltägliche Herausforderung geworden, die auch den interkulturellen Transfer von Werken aus Kunst und Kultur einschließlich der zu diesen Werken gehörenden Medien-Titel betrifft. Dem soll hier umfassend Rechnung getragen werden, indem titrologische Transferprozesse auf der Basis moderner translationswissenschaftlicher Theorien[41] grundlegend untersucht und analysiert werden. Dabei sollen intrakulturelle Ausgangsbedingungen der Titeltranslation ebenso berücksichtigt werden wie translationspraktische Aspekte. Insbesondere aber sollen vor diesem Hintergrund die Transferstrategien, die bei der interkulturellen Verbreitung von Titeln Anwendung finden, beschrieben und systematisiert werden, um die Fülle der Vorkommen auf eine modellierende Struktur rückführen zu können und so einen detaillierten deskriptiven Überblick über die Möglichkeiten der Titeltranslation anzubieten.

Zum zweiten will diese Studie sich jedoch nicht auf nur eine bzw. zwei bis drei benachbarte Titelgattungen beschränken, sondern unternimmt den innovativen Versuch, Titel aus ganz unterschiedlichen medialen Bereichen in die Studie einzubeziehen und diese im Sinne einer **kontrastierenden Zusammenschau unterschiedlicher Titelsorten** miteinander zu vergleichen, um so den Blick auf Aspekte zu lenken, die bei Einzelbetrachtungen einer Titelsorte leicht übersehen werden. Die Perspektive der Untersuchung ist dabei genuin titrologisch, d.h.

---

41 Als besonders ertragreich hat sich hierbei die Translationstypologie von Prunč (2000) erwiesen, vgl. Kap. 4.1.

allein der Titel steht im Fokus der vorliegenden Untersuchung.[42] Dabei sind zur Erarbeitung der titeltheoretischen Grundlagen und zur Einordnung gattungs- oder medienspezifischer titrologischer Besonderheiten permanente Ausgriffe auf all jene Kunst-, Kultur- und Medienwissenschaften, aus denen die zu den Titeln gehörenden Werke stammen, wichtig und notwendig. Es sollen aber anders als z.B. bei literaturwissenschaftlichen Arbeiten, die den Zusammenhang zwischen einem einzelnen Titel und dem zugehörigen Text erforschen – Rothe (1986: 4 ff) unternimmt einen solchen Versuch beispielsweise für Balzacs Roman *Le Père Goriot* – hier vielmehr die Zusammenhänge zwischen ganzen Titelgruppen und den zugehörigen Textsorten untersucht werden.

Ziel ist es, im Rahmen einer solchen titrologischen Vergleichsstudie, die medienspezifischen Besonderheiten beim interkulturellen Transfer, wie insbesondere die Affinität einzelner medialer Bereiche zu bestimmten Transferstrategien herauszuarbeiten und ihre Hintergründe zu erforschen. Grundlage für diesen Forschungsansatz bilden umfangreiche Titelkorpora,[43] in denen Originaltitel und zugehörige Titeltranslate[44] von Texten und Werken aus den zu untersuchenden medialen Bereichen verzeichnet wurden, um so die Medien-Titel in ihrer interlingualen Präsenz zu erfassen.

In einem ersten Schritt werden zunächst die Originaltitel intrakulturell unter formalen, rhetorisch-stilistischen Aspekten analysiert, um mittels quantitativer Verfahren die kultur- und medienspezifischen Titelkonventionen insbesondere im Hinblick auf Titellänge, Titelgliederung und Titelsyntax zu ermitteln. Desgleichen werden im Rahmen dieser intrakulturellen Untersuchung die kommunikativen Funktionen von Titeln sowie ihre medienspezifische Gewichtung unter Berücksichtigung des pragmatischen Kontexts sowie typischer Kommunikationssituationen genauer untersucht, um so neben den formalen auch die funkti-

---

[42] Damit eine solche Studie sinnvoll ist, muss vorausgesetzt werden, dass Titel unabhängig von dem betitelten Werk als eigenständige Texte definiert werden (vgl. Kap. 2.1.2).

[43] Zur Auswahl des Titelmaterials sowie zu Umfang und Struktur der Korpora vgl. Kap. 2.3.2.

[44] Zum Begriff des Translats und weiteren translationswissenschaftlichen Grundbegriffen vgl. Kap. 4.1.

onalen Eigenschaften der Textsorte Titel zu erfassen und damit die Ausgangsbedingungen für ihre Translation näher zu bestimmen.

In einem nächsten Schritt werden dann tatsächlich die Titel in ihrer interlingualen Präsenz, also sowohl die in den Korpora verzeichneten Originaltitel als auch die zugehörigen Titeltranslate, in den Blick genommen. Im Rahmen einer interkulturellen Analyse werden die Transferstrategien, die bei der internationalen Verbreitung von Medien-Titeln Anwendung finden, untersucht, systematisiert und mittels eines differenzierten translationswissenschaftlichen Instrumentariums kategorisiert. Anschließend werden mit Hilfe statistisch-quantitativer Verfahren die Frequenz und Distribution der Translationsstrategien in den unterschiedlichen medialen Bereichen ermittelt.[45] Die Ergebnisse dieser Analyse werden unter Rückgriff auf die formalen und funktionalen Voruntersuchungen interpretiert und translationsdeterminierende Faktoren durch medienkontrastive Zusammenfassungen herausgearbeitet. Um dabei auch textexterne Faktoren und translationspraktische Aspekte nicht zu vernachlässigen, werden die Korpusanalysen durch Hinweise, Aussagen und Stellungnahmen von Titeltranslatoren ergänzt, die im Rahmen einer umfangreichen Befragung all jener Personen und Instanzen, die in der Praxis für die Translation von Medien-Titeln verantwortlich sind, gesammelt wurden (vgl. Kap. 2.3.3).

Damit eröffnet die vorliegende Arbeit ein immenses interdisziplinäres Forschungsfeld, das im Rahmen einer Dissertation nicht in seiner Gesamtheit erfasst und abgearbeitet werden kann. Immerhin aber soll die Auswahl der untersuchten medialen Bereiche und Gattungen, die Wahl der beobachteten Sprachrichtungen und Kulturräume sowie die Auswahl der dargestellten zeitlichen Ausschnitte prägnante Einblicke in ein bislang kaum erforschtes Thema liefern.

---

[45] Die statistischen Analysen wurden mit Hilfe des Computerprogramms EXCEL durchgeführt.

2.3.2. Auswahl des Titelmaterials

Grundsätzlich beschränkt sich die vorliegende Arbeit auf den Bereich der Kunst und Kultur. Auf eine durchaus interessante Ausweitung der titrologischen Vergleichsstudie auf andere Bereiche, in denen Titel anzutreffen sind, wie beispielsweise den Bereich der wissenschaftlichen Literatur, Pressetexte oder auch andere sog. Gebrauchsliteratur wird hier verzichtet, um dem Thema trotz seiner Breite einen klaren Rahmen zu geben.

Entsprechend aber werden Titel aus sämtlichen Teilbereichen der Kunst, nämlich **Literatur, Musik, Bildende Kunst** und **Darstellende Kunst** in die Untersuchung einbezogen. Dabei werden in erster Linie Textsorten ausgewählt, die für den jeweiligen künstlerischen Bereich als typische Erscheinungsformen gelten können, um nicht nur Randbereiche zu beleuchten, sondern tatsächlich relevante Aussagen über Hauptvertreter dieser Kunstgattungen treffen zu können.

Zudem werden insbesondere Titel aus den folgenden drei gegensätzlichen Kategoriepaaren berücksichtigt, um so den Einfluss dieser Faktoren auf die Titeltranslation überprüfen zu können:[46]

1. Titel sprachlicher Texte ↔ Titel nicht sprachlicher Texte[47] (z.B. Romantitel und Gedichtüberschriften im Vergleich zu Titeln in der Bildenden Kunst)
2. Titel der Hochkultur ↔ Titel der Populärkultur (z.B. Romantitel der Höhenkammliteratur im Vergleich zu Titeln von Trivialromanen oder Filmtiteln)

---

[46] Diese Kategoriepaare sind nicht als Dichotomien, sondern vielmehr als zwei Pole einer Skala zu verstehen, zwischen denen es unterschiedliche graduelle Abstufungen gibt. So wären z. B. in der ersten Kategorie „sprachlich versus nicht sprachlich" die Bereiche Drama (im Sinne eines Bühnenereignisses und nicht der bloßen literarischen Textvorlage), Film und auch Oper/Operette/Musical als komplexe semiotische Systeme mit unterschiedlicher Gewichtung von verbalen und nonverbalen Anteilen zwischen diesen beiden Polen anzusiedeln.

[47] Zu diesem erweiterten Textbegriff vgl. die Definitionen von Wienold (1972: 146) und Kallmeyer et al. (1974: 45), s.o., Kap. 2.2.

3. Titel selbständiger Texte ↔ Titel unselbständiger Texte (z.B. Dramentitel oder Operntitel im Vergleich zu Gedichtüberschriften)

Entscheidend war darüber hinaus für die Auswahl der Titelsegmente aber auch ein ganz praktisches Kriterium: Es musste durch sorgfältige Recherche sichergestellt werden, dass für die zur Auswahl stehenden Gattungen Quellen mit *mehrsprachigem* Titelmaterial (beispielsweise in Form von Nachschlagewerken, Katalogen und Datenbanken) zur Verfügung stehen, um entsprechend dem Konzept dieser Studie Korpora aus Originaltiteln und zugehörigen Titeltranslaten erstellen zu können.

Nach umfassender Überprüfung der Quellenlage wurden folgende Gattungen und Titelsorten ausgewählt:

- **Romantitel** als moderner Prototyp des Buchtitels und damit als klarer Vertreter der Kategorie „Titel selbständiger Texte", wobei der Schwerpunkt auf der Höhenkamm-Literatur liegt. Zu Vergleichszwecken zwischen „Hochkultur" und „Populärkultur" wurden aber auch Titel von Trivialromanen untersucht[48]
- **Gedichttitel** als ein weiterer Hauptvertreter der Literatur, diesmal aber ein typisches Beispiel der Kategorie „Titel unselbständiger Texte", da Gedichte meist in Form von Sammlungen, Anthologien, o.ä. veröffentlicht werden
- **Dramentitel** als Vertreter aus dem Grenzbereich zwischen Literatur und Darstellender Kunst, da die Titel nicht nur für die dem Bereich der Literatur zuzuordnenden schriftlichen Textvorlage, sondern auch für das Bühnenereignis im Sinne eines komplexen semiotischen Systems mit sprachlichen und nicht sprachlichen Anteilen genutzt werden[49]

---

48 Für den Bereich der Trivialromane musste ich mich aufgrund der Gegebenheiten des modernen Buchmarktes auf die Sprachrichtungen Englisch-Deutsch und Englisch-Französisch beschränken. Zwar gibt es auch durchaus französische Trivialromane, die ins Deutsche und Englische übersetzt werden, oder deutsche Romane, die ins Französische und Englische übersetzt werden, allerdings längst nicht in vergleichbarer Masse.

49 Vgl. hierzu Esslin (1989: 159 f). Zum semiotischen System des Theaters vgl. außerdem Fischer-Lichte (1988²: 27 f).

- **Filmtitel** mit Beschränkung auf Kinospielfilme als weiterer Vertreter aus dem Bereich der Darstellenden Kunst, der jedoch anders als Dramentitel eher dem Bereich der Populärkultur zugeordnet wird
- **Operntitel** sowie Titel von Operetten und Musicals als einzigem und in diesem Fall nicht sehr typischem Vertreter der Kunstgattung Musik, da das Musiktheater ebenfalls im Grenzbereich der Darstellenden Kunst anzusiedeln ist,[50] und schließlich
- **Bildtitel** sowie vor allem im Bereich der Gegenwartskunst, Titel von Skulpturen und Installationen, als Prototyp des Titels in der Bildenden Kunst und gleichzeitig eindeutigem Vertreter der Kategorie „Titel nicht sprachlicher Texte“

Was die untersuchten Sprachrichtungen und Kulturräume anbelangt, so war die Entscheidung hier vor allem von meinen eigenen Sprachkenntnissen abhängig. Mit **Englisch**, **Französisch** und **Deutsch** und den daraus sich ergebenden insgesamt sechs Sprachpaarungen können umfangreiche Untersuchungen zu drei großen Sprachräumen[51] angeboten werden, die auch für viele Leser nachvollziehbar sein dürften.[52]

Im Hinblick auf zeitliche Aspekte bei der Titelauswahl weisen die Korpora zwar eine diachrone Struktur auf, in dem Sinne, als je nach Bereich Titel ab dem 16. Jahrhundert bis zur Gegenwart berücksichtigt wurden, die Perspektive aber ist vorwiegend synchron, d.h. es geht vor allem darum, die Medien-Titel und ihre Translate so, wie sie uns heute als kulturelles Erbe vorliegen, in ihrer interlingualen Präsenz zu beschreiben. Ausblicke auf diachrone Veränderungen und

---

[50] Die Absicht, weitere Vertreter aus dem Bereich der Musik in die vorliegende Studie einzubeziehen, konnte angesichts mangelnder Quellen mit mehrsprachigem Titelmaterial nicht realisiert werden.

[51] Bei den englischen Titeln wurden sowohl Titel aus den USA als auch aus Großbritannien sowie teilweise auch aus weiteren englischsprachigen Ländern wie Irland oder Australien berücksichtigt, bei den deutschen Titeln teilweise (insbesondere im Bereich der Literatur) auch Titel aus Österreich und der Schweiz.

[52] Für den Bereich Oper wurde außerdem das Italienische als Ausgangssprache hinzugenommen, da es sich dabei um die prägende Sprache für diese Gattung handelt und daher ohne eine solche Ausweitung der berücksichtigten Sprachrichtungen für diesen Bereich eine sinnvolle Untersuchung nicht möglich. gewesen wäre.

translationshistorische Entwicklungen können, zumal der Zeitpunkt der Titeltranslation nicht immer mit dem Zeitpunkt der Entstehung des Werkes identisch und oft schwer zu ermitteln ist, nur am Rande verfolgt werden.

2.3.2.1. Erstellung der Korpora

Da die Ausgangsbedingungen in den einzelnen Bereichen sehr unterschiedlich sind, sowohl was die Grundgesamtheiten, d.h. alle in diesem Bereich existierenden Titel und Titeltranslate, als auch was die Quellenlage, also das praktisch zur Verfügung stehende Titelmaterial, anbelangt, musste das Verfahren zur Erstellung der Teilkorpora je nach Kunstbereich und Sprachrichtung etwas variiert werden. Grundsätzlich galt es dabei, die Auswahl des Titelmaterials unabhängig von subjektiven Einflüssen der Autorin nach zufälligen Kriterien vorzunehmen und gleichzeitig eine ausreichende Größe der Korpora sicherzustellen, um eine möglichst hohe Repräsentativität der Stichproben zu erreichen.[53]

Relativ unkompliziert war die Erstellung der Korpora für die Titelgattung **Romane der Höhenkammliteratur**, da bereits durch Literaturlexika eine überschaubare Auswahl an Titeln aus der Grundgesamtheit vorlag.[54] Auf der Basis von Wilperts *Lexikon der Weltliteratur* (1993)[55] wurden zunächst das englisch-deutsche und das französisch-deutsche Teilkorpus unter Berücksichtigung sämtlicher hier verzeichneter Originaltitel englischsprachiger (v.a. britischer, US-amerikanischer sowie irischer) und französischer Romane beginnend mit dem 18. Jahrhundert bis zum Ende des 20. Jahrhunderts sowie der dazu angegebenen deutschen Titeltranslate erstellt. Die so registrierten Originaltitel wurden dann

---

[53] Vgl. Hochstädter (1991: 338 f).

[54] Eine Vorauswahl an Titeln aus der Grundgesamtheit, wie sie durch Lexika, Literaturführer und ähnliche Nachschlagewerke bereitgestellt wird, ist insofern als Grundlage für repräsentative Stichproben gut geeignet, als die Einträge nicht nach titrologischen Gesichtspunkten ausgewählt werden, sondern nach Relevanz der zugehörigen Werke. Damit sind in diesen Kontexten vor allem Titel vertreten, die auch im kulturellen Bewusstsein der jeweiligen Gesellschaft besonders präsent sind.

[55] Wenn auch die Begriffe Weltliteratur und Höhenkammliteratur nicht vollkommen synonym sind, so wird doch, um in ein derartiges Lexikon aufgenommen zu werden, eine gewisse literarische Qualität vorausgesetzt, die in der Regel eine Zuordnung zur Literatur des Höhenkamms legitimieren dürfte.

zur Erstellung der englisch-französischen und der französisch-englischen Teilkorpora weiterverwendet, indem mit Hilfe der Onlinekataloge der Bibliothèque nationale de France (BnF)[56] bzw. der Harvard University Library[57] die entsprechenden Titeltranslate ergänzt wurden, soweit Übersetzungen in die jeweilige Sprache vorlagen. Da dies nicht immer der Fall war, fallen die so erstellten Korpora etwas kleiner aus. Was die deutschsprachigen Originaltitel anbelangt, wurde zunächst das deutsch-französische Teilkorpus erstellt, wobei sämtliche in dem Literaturlexikon verzeichneten Originaltitel deutschsprachiger (d.h. auch schweizerischer und österreichischer) Autoren aufgenommen wurden, zu denen in der Bibliotheksdatenbank der BnF ein französisches Titeltranslat verzeichnet war. Dieses Korpus wurde dann wiederum als Basis für das deutsch-englische Korpus verwendet, indem die entsprechenden englischen Titeltranslate soweit vorhanden mit Hilfe der Datenbank der Harvard University Library ergänzt wurden. Auch in diesem Fall fällt dadurch das deutsch-englische Korpus etwas kleiner aus.[58]

Eine solche Vorauswahl aus der Grundgesamtheit wie für den Bereich der Höhenkamm-/Weltliteratur lag für den Bereich der **Trivialromane** nicht vor. Hinzu kommt, dass Werke der Trivialliteratur in der Regel ein wesentlich kürzeres Verfallsdatum aufweisen, da sie, in Massen auf den Markt „geworfen", meist bereits nach kurzer Zeit wieder verschwinden und eben nicht in den Kanon der zu konservierenden Literatur aufgenommen werden. Bei einem Großteil der in Deutschland und Frankreich veröffentlichten Romane handelt es sich zudem um Übersetzungen aus dem Englischen (und hier vorwiegend aus dem US-amerikanischen Raum), während andere Übersetzungsrichtungen kaum vorzufinden sind. Dass deutsche Trivialromane ins Französische oder französische ins Deutsche übersetzt werden, kommt zwar durchaus vor, ist jedoch vergleichsweise selten.

---

56 http://www.bnf.fr (Stand: Januar 2009).

57 http://discovery.lib.harvard.edu (Stand: Januar 2009).

58 Lagen zu einem Titel mehrere divergierende Translate vor, wurde stets nach dem Zufallsprinzip das erstgenannte bzw. in der ersten Quelle genannte Titeltranslat verzeichnet, da eine Überprüfung der Übersetzungen im Hinblick auf ihre Aktualität und Verbreitung kaum möglich ist.

Angesichts dieser Voraussetzungen wurden für die vorliegende Studie in diesem Bereich nicht alle sechs Sprachenpaare berücksichtigt, sondern lediglich ein englisch-deutsches und ein englisch-französisches Titelkorpus erstellt. Beide weisen im Vergleich zu den Höhenkamm-Korpora eine eher synchrone Struktur auf, da die hierfür verwendeten Verlagskataloge in erster Linie aktuelle Titel von ca. 1990 bis 2010 umfassen. Für die Erstellung des englisch-deutschen Teilkorpus wurden die Onlinekataloge der Verlage Droemer-Knaur, Blanvalet, Heyne und Diana ausgewertet, wobei Werke aus den Kategorien Schicksal, Romantik und Frauenromane bzw. Krimi/Thriller berücksichtigt wurden.[59] Um trotz der relativ großen Differenzen beim Umfang der Verlagsprogramme eine gleichmäßige Gewichtung aller vier Verlage zu erzielen und dadurch mögliche verlagsbedingte Einflüsse bei der Wahl der Transferstrategien auszuschließen, wurden die Titellisten zunächst nach Autornamen sortiert und dann entsprechend vorheriger Schätzungen alle (bei dem sehr kleinen Verlagsprogramm des Diana Verlags) bzw. jeder zweite, dritte, fünfte, sechste oder zehnte Originaltitel sowie das zugehörige deutsche Titeltranslat erfasst. Das so erstellte englisch-deutsche Teilkorpus wurde dann wiederum als Basis für das englisch-französische Korpus genutzt, indem mit Hilfe des Onlinekatalogs der BnF die zugehörigen französischen Titeltranslate ergänzt wurden, soweit diese vorlagen.[60] Da dies nicht immer der Fall war, wurden z.T. alternative Originaltitel und Translate der gleichen Autoren in das Korpus aufgenommen, so dass die Originaltitel in den beiden Teilkorpora nicht vollkommen identisch sind, aber dennoch eine große Schnittmenge aufweisen.

Für den Bereich **Lyrik** wurde das Titelmaterial mit Hilfe mehrsprachiger Lyrikanthologien zusammengestellt.[61] Aufgrund der Quellenlage und der relativ unübersichtlichen Struktur des zur Verfügung stehenden Titelmaterials war es

---

[59] Quellenangaben s. Überblick (Kap. 2.3.2.2) sowie Anhang (Kap. 6.5).

[60] Quellenangaben s. Überblick (Kap. 2.3.2.2) sowie Anhang (Kap. 6.5).

[61] Berücksichtigt wurden dabei auch Verstitel, also Titel, die mit dem Gedichtanfang identisch sind, und zwar unabhängig davon, ob es sich dabei um echte Titel oder lediglich um Titelsubstitute (vgl. Moennighoff 2000: 26 f) handelt, die nur in bestimmten Verwendungskontexten, beispielsweise im Inhaltsverzeichnis, zur Identifizierung titelloser Werke verwendet werden. Im Rahmen der Analysen wurden diese allerdings z.T. gesondert untersucht (vgl. Kap. 4.3.2.2).

hier nicht möglich, die Originaltitel miteinander (also beispielsweise zwischen dem deutsch-französischen und dem deutsch-englischen Teilkorpus) abzugleichen. Immerhin aber wurde versucht, zumindest bei den berücksichtigten Dichtern eine möglichst große Schnittmenge zu erreichen. Daher wurden i. d. R. nur Werke von Autoren ab dem 16. Jahrhundert berücksichtigt, die mit mindestens drei Einträgen in dem jeweiligen Gedichtband vertreten waren. Von diesen wurden dann je nach Gesamtumfang der Sammlung mindestens diese drei bis maximal fünf bzw. sieben Titel berücksichtigt, um andererseits eine zu starke Gewichtung einzelner Dichter zu vermeiden. Werke von Autoren mit weniger als drei Einträgen wurden nur dann berücksichtigt, wenn diese bereits in dem entsprechenden Parallelkorpus vertreten waren.[62]

Die Titelkorpora für den Bereich **Theater** konnten wiederum ähnlich erstellt werden wie die Romantitelkorpora, nämlich mit Hilfe von Schauspielführern und Theaterlexika, die eine übersichtliche Auswahl aus der Grundgesamtheit anbieten. Neben deutschen Quellen standen hier auch französische und englischsprachige Lexika zur Verfügung.[63] In Ergänzung dazu wurde auch für diesen Bereich auf die Datenbanken der BnF und der Harvard University Library zurückgegriffen. Dadurch konnte gewährleistet werden, dass die jeweiligen Parallelkorpora, die für das Deutsche und Französische Werke ab dem 17. Jahrhundert, für das Englische bereits ab dem Ende des 16. Jahrhunderts beinhalten, zwar nicht vollkommen identisch sind, aber doch zum Großteil aus den gleichen Originaltiteln bestehen.[64]

Ähnlich konnte auch im Bereich **Musiktheater** vorgegangen werden, da hier ebenfalls Opern-, Operetten- und Musicalführer in allen drei Sprachen zur Verfügung standen.[65] Da für die Gattung **Oper** jedoch traditionell das Italienische

---

62 Quellenangaben s. Überblick (Kap. 2.3.2.2) sowie Anhang (Kap. 6.5). Bei den englischsprachigen Originaltiteln lagen zur Erstellung des englisch-französischen Teilkorpus keine Quellen zur amerikanischen Lyrik vor. Für das englisch-deutsche Parallelkorpus hingegen konnten auch Titel amerikanischer Gedichte, vorwiegend ab dem 19. Jahrhundert, erfasst werden.

63 Quellenangaben s. Überblick (Kap. 2.3.2.2) sowie Anhang (Kap. 6.5).

64 Wie beim Roman wurden auch hier Werke von Autoren aus dem gesamten deutsch- bzw. englischsprachigen Raum berücksichtigt.

65 Quellenangaben s. Überblick (Kap. 2.3.2.2) sowie Anhang (Kap. 6.5).

die wichtigste Ausgangssprache darstellt (vgl. Hiller 2001: 39), wurden hier neben den sechs Sprachenpaaren zudem drei weitere Korpora mit italienischen Originaltiteln und den entsprechenden deutschen, französischen und englischen Titeltranslaten erstellt. Berücksichtigt wurden dabei Werke vom 17. bis zum 20. Jahrhundert und durch einen genauen Abgleich der jeweiligen Parallelkorpora untereinander konnte auch in diesem Fall dafür gesorgt werden, dass diese eine große Anzahl identischer Originaltitel umfassen. Bei der Gattung **Operette** handelt es sich vor allem ein französisches bzw. ein deutsch-österreichisches Phänomen, so dass für die Ausgangssprache Englisch hier keine Originaltitel zusammengestellt werden konnten.[66] Stattdessen wurde für das Englische die Gattung **Musical** hinzugezogen, wobei hier für französische Titeltranslate keine so umfassenden und zuverlässigen Quellen vorlagen, weshalb das englisch-französische Korpus deutlich kleiner ausfällt.[67] Während bei der Operette vor allem Werke aus der zweiten Hälfte des 19. sowie der ersten Hälfte des 20. Jahrhunderts verzeichnet werden konnten, stammen fast alle erfassten Musicals aus dem 20. Jahrhundert. Da insgesamt die Anzahl der Werke des Musiktheaters im Vergleich zu anderen Bereichen relativ gering ist (vgl. Hiller 2001: 39), kann davon ausgegangen werden, dass die erstellten Korpora trotz ihres vergleichsweise kleinen Umfangs durchaus als repräsentativ für die Grundgesamtheit gelten können.

Durchaus kompliziert war die Erstellung der Korpora für den Bereich **Bildende Kunst**, da hier die Grundgesamtheit aller Titel sehr groß und zudem relativ unübersichtlich ist. Dies liegt daran, dass sowohl die Originaltitel als auch vor allem die Titeltranslate häufig ad hoc für bestimmte Verwendungskontexte, beispielsweise eine Ausstellung oder eine Publikation, formuliert werden und es deshalb besonders wichtig ist, sicherzustellen, dass das Translat sich auch tatsächlich auf den verzeichneten Originaltitel bezieht und nicht ein alternativer Originaltitel der Übersetzung zugrunde liegt. Daher wurde in diesem Bereich besonders darauf geachtet, dass nur zusammengehörige Titelpaare verwendet wurden, indem Quellen, wie Museums- und Ausstellungskataloge, Künstlermonographien oder auch kunstgeschichtliche Darstellungen verwendet wurden, die

---

[66] Quellenangaben s. Überblick (Kap. 2.3.2.2) sowie Anhang (Kap. 6.5).
[67] Quellenangaben s. Überblick (Kap. 2.3.2.2) sowie Anhang (Kap. 6.5).

entweder mehrsprachig verfasst waren oder als Paralleltexte in verschiedenen Sprachen vorlagen.[68]

Anders als in den Bereichen Roman, Theater und Musiktheater konnte bei diesem Titelsegment nicht auf eine überschaubare Vorauswahl an Titeln aus der Grundgesamtheit in Form von Lexika oder anderen Nachschlagewerken zurückgegriffen werden, weshalb zudem zunächst eine Auswahl getroffen werden musste. Da die meisten der zur Verfügung stehenden Quellen ohnehin einen starken Epochenbezug aufwiesen, lag es nahe, sich bei der Erstellung der Korpora ebenfalls an ausgewählten Epochen als Anhaltspunkt für den Aufbau der Titelkorpora zu orientieren.[69] Dabei galt es allerdings zu berücksichtigen, dass nicht in allen drei hier untersuchten Sprach- und Kulturräumen in allen Epochen gleichermaßen international bedeutende Kunst hervorgebracht wurde, was die Voraussetzung für einen Translationsprozess ist, so dass für die jeweiligen Ausgangssprachen zum Teil unterschiedliche Epochen ausgewählt wurden. Hinzu kommt, dass gerade im Bereich der Bildenden Kunst die Titelgebung und damit auch die Titeltranslation eine besonders tiefgreifende Veränderung erlebt hat, die Hoek (2001: 117) zufolge etwa im Übergang vom 19. zum 20. Jahrhundert verortet werden kann, so dass darauf geachtet werden musste, dennoch vergleichbare zeitliche Ausschnitte zu wählen. Für das 19. Jahrhundert wurden daher Titel der englischen und deutschen Romantik sowie des französischen Impressionismus in einem ersten Teilkorpus erfasst. Für das 20. Jahrhundert wurden für alle sechs Sprachenpaare Werke ab 1940 in einem zweiten Teilkorpus verzeichnet, um so zeitgenössische Kunst im weitesten Sinne untersuchen

---

[68] Auch die Bezeichnungen *Ohne Titel* bzw. *Untitled* oder *Sans titre*, ggf. ergänzt durch weitere spezifizierende Zusätze, die vor allem in der zeitgenössischen Kunst weit verbreitet sind, wurden, obwohl ihre Einordnung als Titel umstritten ist und sie vielleicht eher dem Bereich der Titelsubstitute zuzuordnen sind (vgl. Bruch 2005: 29 ff) in den Korpora verzeichnet, da sie in der Regel im interkulturellen Transfer wie echte Titel behandelt werden. Zum Phänomen „Ohne Titel" vgl. ausführlich Vogt (2006).

[69] Dieses Verfahren lehnt sich an das Prinzip der geschichteten Stichprobenerhebung an, vgl. Hochstädter (1991: 346).

zu können.[70] Allerdings war es hier wie bei sämtlichen Kunstkorpora aufgrund der Quellenlage nur sehr bedingt möglich, übereinstimmende Originaltitel für die jeweiligen Parallelkorpora zu erfassen.[71],

Für den Bereich der **Filmtitel** schließlich wurde die Zusammenstellung der Korpora insofern vereinfacht, als hier zumindest für die Sprachrichtungen Englisch-Deutsch und Englisch-Französisch auf bereits vorhandene Korpora zurückgegriffen werden konnte, die für Bouchehri (2008) erstellt worden waren.[72] Für das Deutsche und das Französische mussten hingegen vier weitere Teilkorpora erstellt werden, wobei auch für diese Sprachrichtungen sowohl Lexika und Nachschlagewerke in den drei Sprachen als auch elektronische Datenbanken verwendet wurden.[73] Dadurch ist es gelungen, für das französisch-englische und das französisch-deutsche Korpus lediglich identische Originaltitel zu berücksichtigen. Für das deutsch-englische und das deutsch-französische Korpus wurde dies ebenfalls versucht, allerdings konnten hier nicht alle englischen Titeltranslate auch im Französischen bestätigt werden, so dass dieses Teilkorpus einen etwas geringeren Umfang aufweist. Dass die vier neu erstellten Teilkorpora insgesamt deutlich kleiner ausfallen als die beiden englischsprachigen Korpora entspricht der Tatsache, dass englischsprachige Filme – und hier natürlich insbesondere US-amerikanische – in deutlich größerer Zahl exportiert und dementsprechend auch übersetzt werden.

Ergänzend zu diesen Erläuterungen soll die folgende Tabelle einen genauen Überblick über den Umfang, die Quellen und die Zeitstruktur der dieser Studie zugrunde liegenden Korpora liefern.

---

70 Englischsprachige Originaltitel aus dem US-amerikanischen Raum wurden nur bei der Gegenwartskunst erfasst, während die Titel zur Epoche der Romantik ausschließlich auf englische Werke beschränkt sind.

71 Übereinstimmende Originaltitel konnten nur durch dreisprachige Quellen erfasst werden, wie sie vor allem mit Laclotte/Lucie-Smith (1984a und b) für die französische Kunst des Impressionismus vorlagen. Weitere Quellen s. Überblick (Kap. 2.3.2.2) sowie Anhang (Kap. 6.5).

72 Quellenangaben s. Überblick (Kap. 2.3.2.2) sowie Anhang (Kap. 6.5). Vgl. auch Bouchehri (2008: 13).

73 Quellenangaben s. Überblick (Kap. 2.3.2.2) sowie Anhang (Kap. 6.5).

2.3.2.2. Überblick über die erstellten Korpora

<table>
<tr><th>Kategorie</th><th>Sprach-richtung</th><th>Um-fang</th><th>Zeit-struktur</th><th>Hauptquellen</th></tr>
<tr><td rowspan="6">Romane (Höhen-kamm)</td><td>D-E</td><td>260</td><td rowspan="6">18. Jhd. - 20. Jhd.</td><td rowspan="6">• Wilpert (1993)
• www.bnf.fr (Stand: Januar 2009)
• discovery.lib.harvard.edu (Stand: Januar 2009)</td></tr>
<tr><td>D-F</td><td>350</td></tr>
<tr><td>E-D</td><td>460</td></tr>
<tr><td>E-F</td><td>440</td></tr>
<tr><td>F-D</td><td>290</td></tr>
<tr><td>F-E</td><td>260</td></tr>
<tr><td rowspan="2">Romane (Trivial)</td><td>E-D</td><td>400</td><td rowspan="2">ca. 1990 - 2010</td><td rowspan="2">• www.droemer-knaur.de/buecher (Stand: Februar 2009)
• www.randomhouse.de/blanvalet (Stand: Februar 2009)
• www.randomhouse.de/heyne (Stand: Februar 2009)
• www.randomhouse.de/diana (Stand: Februar 2009)
• www.bnf.fr (Stand: Februar 2009)</td></tr>
<tr><td>E-F</td><td>380</td></tr>
<tr><td rowspan="6">Lyrik</td><td>D-E</td><td>380</td><td rowspan="6">16./17. Jhd. - 20. Jhd.</td><td>• Forster (1957), Thomas (1966), Hamburger (1977), Grimm/Hunt (2001)</td></tr>
<tr><td>D-F</td><td>400</td><td>• Lefèbvre (1993), Lasne/Rabuse (1943)</td></tr>
<tr><td>E-D</td><td>390</td><td>• Gelfert (2000), Kemp (2000), Koppenfels (2000), Meller (2000), Hesse (2000)</td></tr>
<tr><td>E-F</td><td>360</td><td>• Bensimon (2005)</td></tr>
<tr><td>F-D</td><td>360</td><td>• Klammer (1957), Böschenstein (1962), Gsteiger (1977), Kemp (1990), Helbling (1990), Böschenstein (1990)</td></tr>
<tr><td>F-E</td><td>250</td><td>• Woledge (1975), Simpson (1997)</td></tr>
</table>

Kategorie	Sprach-richtung	Um-fang	Zeit-struktur	Hauptquellen
Theater	D-E	410	16./17. Jhd. - 20. Jhd.	• Kienzle (2005), Hensel (1986), Kienzle (1996), Gregor (1986/89/93/96/99/03/07) • Hawkins-Dady (1994), Chambers (2002), Kennedy (2003) • Corvin (1995) • www.bnf.fr (Stand: Juni 2008) • discovery.lib.harvard.edu (Stand: Juni 2008)
	D-F	470		
	E-D	470		
	E-F	400		
	F-D	390		
	F-E	350		
Oper	I-D	80	17. Jhd. - 20. Jhd.	• Steiert (1999), Fath/Würz (2002), Csampai (2006) • Anderson (1989) • Tranchefort (1978), Brunel/Bailbé (1980)
	I-E	90		
	I-F	90		
	D-E	60		
	D-F	60		
	E-D	20		
	E-F	20		
	F-D	40		
	F-E	40		
Operette	D-E	50	19./20. Jhd.	• Wagner (1997), Fath/Würz (2002) • Lubbock (1962), Anderson (1989) • www.musicaltheatreguide.com (Stand: Oktober 2008) • anao.pagesperso-orange.fr (Stand: Oktober 2008) • comedie-musicale.jgana.fr (Stand: Oktober 2008)
	D-F	50		
	F-D	30		
	F-E	30		
Musical	E-D	110	vorw. 20. Jhd.	• Axton (1989), Bartosch (1995) • anao.pagesperso-orange.fr (Stand: November 2008)
	E-F	50		
Film	D-E	270	20. Jhd.	• Neubauer (2000) • Bergan (1992) • www.imdb.com (Stand: März 2009) • www.ofdb.de (Stand: März 2009) • www.kino.de (Stand: März 2009) • www.bifi.fr (Stand: Mai 2006/ März 2009)
	D-F	200		
	E-D	1540		
	E-F	1540		
	F-D	750		
	F-E	750		

Kategorie	Sprach-richtung	Um-fang	Zeit-struktur	Hauptquellen
Bildende Kunst	D-E	200	19. Jhd.: Romantik (ca. 1800 - 1860) Impressio-nismus (ca. 1860 - 1900)	• Vaughan (1972), Hartley (1995), Burwick (1996), Prager (2007), Rewald (2001)
	D-F	170		• De Keyser (1965a u. b), Cogniat (1967 u. 1982), Claudon (1980a u. b), Börsch-Supan (1987 u. 1989)
	E-D	170		• Walker (1976 u. 1978), Reynolds (1983a u. b)
	E-F	170		• Brown (1999), Wat (2002)
	F-D	150		• Laclotte/Lucie-Smith (1984a), Madeline (2005)
	F-E	150		• Laclotte/Lucie-Smith (1984b), Room (2000)
	D-E	260	20. Jhd. Gegenwart (ca. 1940 - 2000)	• Joachimides (1985), Züchner (1991), Hartley (1995), Room (2000), Kruszinsky (2003)
	D-F	290		• Joachimides (1984), Ferrier (1990 a u. b), Domino (1994), Duplaix (2007), Soutif (2005), Til (2006b)
	E-D	320		• Campton (1986), Joachimides (1993), McCarthy (2001), Demilly (2007)
	E-F	220		• Domino (1994), Centre Georges Pompidou (1996), Lecomte-Depoorter (2001), Soutif (2005),
	F-D	180		• Grohmann (1966), Ferrier (1990a u.b), Joachimides (1997), Poderos (2002a), Rave (2002), Til (2006a)
	F-E	160		• Dennison (1986), Lauter (2002), Poderos (2002b), Kruszinsky (2003)

2.3.3. Aufbau und Durchführung der Translatorenbefragung

Um über eine reine Korpusstudie hinaus auch translationspraktische Überlegungen und angewandte Fragestellungen in die vorliegende Arbeit einbeziehen zu können, wurden Befragungen mit Titeltranslatoren, also all jenen Personen und Instanzen durchgeführt, die in der Praxis für die Titeltranslation verantwortlich sind. Titeltranslatoren – das sind in vielen der hier untersuchten medialen Bereiche nicht unbedingt Übersetzer im engeren Sinne. Am ehesten gilt dies vielleicht noch für den Bereich der Lyrik, wo der Titel eines Gedichts in der Regel gemeinsam mit dem gesamten Werk von einem (Literatur-)Übersetzer, einem Literaturwissenschaftler, vielleicht auch einem Literaturliebhaber übersetzt und dann auch tatsächlich als Titeltranslat verwendet wird.

Auch in der Bildenden Kunst sind häufig professionelle Übersetzer für den Transfer der Werktitel verantwortlich, zumal wenn es darum geht, über die Titel hinaus die Textpassagen in einem Kunstbuch oder einem Ausstellungskatalog zu übersetzen. Geht es nur um die Beschilderung einer Ausstellung, wird die Titeltranslation indes häufig von den Museen selbst, also den Kuratoren oder den wissenschaftlichen Mitarbeitern, geleistet. Eine klare Trennung zwischen Translator und Auftraggeber ist in diesen Fällen kaum möglich.

Ähnliches gilt auch für andere Bereiche, beispielsweise den Roman oder das Theater. Zwar wird der Titel hier in der Regel ebenfalls zunächst von dem Übersetzer des zugehörigen Werkes mitübersetzt, die Entscheidung über die Betitelung des übersetzten Werks aber trifft der Verlag, wobei sich das letztlich gewählte Titeltranslat weit von dem ursprünglichen Vorschlag des Übersetzers wegbewegen kann. Beim Film schließlich wird ohnehin kein Übersetzer in die Titeltranslation einbezogen. Die Titelfindung, die Gestaltung des Titeltranslats obliegt allein dem Verleih, der dabei, wenn überhaupt, eher durch eine Marketing-Agentur denn durch einen Übersetzer unterstützt wird.

Entsprechend dieser Voraussetzungen wurden die Ansprechpartner für die Befragungen ausgewählt. Dies waren

- 75 **Kunstmuseen** und -sammlungen in Deutschland sowie 11 **Kunstverlage** in Deutschland und der Schweiz für den Bereich Bildende Kunst

- 35 **Theaterverlage** in Deutschland, Österreich und der Schweiz für den Bereich Theater
- 37 **Belletristik-Verlage** in Deutschland, Österreich und der Schweiz für den Bereich Literatur sowie
- 38 **Filmverleiher** in Deutschland für den Bereich Film

Unter Berücksichtigung der Ergebnisse der Korpusanalyse wurde ein Fragebogen mit insgesamt fünf Fragen ausgearbeitet, der je nach Bereich in Abhängigkeit von der medienspezifischen Translationssituation etwas variiert wurde. Im Fokus standen dabei die Übersetzungsverantwortung, der Ablauf des Translationsverfahrens, die Kriterien bei der Wahl der Transferstrategie sowie mögliche Übersetzungsprobleme.

Viele der angeschriebenen Personen und Institutionen beantworteten die Anfrage schriftlich (meist via Email) oder fernmündlich (im Rahmen eines Telefoninterviews).[74] Mit durchschnittlich etwa 35% war der Rücklauf der Befragung seitens der Filmverleiher und Belletristik-Verlage etwas schwächer, seitens der Kunstmuseen und Theaterverlage deutlich stärker, aber insgesamt zufrieden stellend. Nach sorgfältiger Auswertung der Antworten konnten die Ergebnisse der Befragung in die Untersuchung der translationsdeterminierenden Faktoren einbezogen werden. Einige besonders interessante sowie vor allem typische Bewertungen der Situation werden darüber hinaus an entsprechender Stelle direkt in der Arbeit vorgestellt.

---

74 Eine Übersicht über die geführten Email- und Telefoninterviews findet sich im Anhang, Kap. 6.4.

3. Intrakulturelle Untersuchungen: Formale und funktionale Aspekte

3.1. Strukturelle Eigenschaften von Titeln

Von *1913* bis *Run! – Es geht um dein Leben*, von *Carmen* bis *"Disent les imbéciles,"* von *K* bis *Die Verfolgung und Ermordung Jean Paul Marats, dargestellt durch die Schauspielgruppe des Hospizes zu Charenton unter Anleitung des Herrn de Sade*: Die Erscheinungsformen von Titeln sind vielfältig. Entsprechend zahlreich sind die Versuche, sich diesem Phänomen zu nähern und Titel nach ihren strukturellen Eigenschaften zu klassifizieren und zu typisieren, sie dabei entweder nach normativen Kriterien zu bewerten oder aber sie mittels zum Teil recht aufwändiger deskriptiver Verfahren zu systematisieren (vgl. z.B. Duchet 1973, Grivel 1973 sowie v.a. Hoek 1981).

Für die vorliegende Studie sind die strukturellen Eigenschaften von Titeln vor allem insofern interessant, als die Form eines Titels bei seinem interkulturellen Transfer von entscheidender Bedeutung sein kann. Typische Erscheinungsformen, ihre Frequenz und Distribution herauszuarbeiten, ist eine wichtige Grundlage für eine translationswissenschaftliche Untersuchung, um den Einfluss dieser Faktoren auf den Translationsprozess beurteilen zu können. Schließlich muss davon ausgegangen werden, dass beispielsweise medienspezifische Unterschiede formaler Aspekte eine Ursache für medienspezifische Besonderheiten bei der Distribution der Transferstrategien sein können oder dass kulturspezifische Unterschiede eine Herausforderung bei der Translation darstellen, indem z.B. bestimmte Titelstrukturen in einer Sprache weniger üblich sind als in einer anderen, weshalb Titeltranslatoren dann möglicherweise dazu tendieren, diese Strukturen an die kulturspezifischen Titulierungskonventionen der Zielkultur anzupassen, was ebenfalls die Wahl der Translationsstrategie beeinflusst.

Deshalb geht es an dieser Stelle auch nicht darum, einen detaillierten Klassifizierungsversuch zu unternehmen. Vielmehr sollen im Rahmen dieser kulturimmanenten Analysen grundlegende formale Eigenschaften wie Titelgliederung, Titellänge und Titelsyntax mittels quantitativer Verfahren auf ihre Medien- und Kulturspezifik hin überprüft werden.

3.1.1. Titelgliederung

3.1.1.1. Möglichkeiten der Gliederung

Einen guten Überblick über die Möglichkeiten der Gliederung von Titeln liefert meines Erachtens Nord (1993a: 52 ff), weshalb ich mich weitgehend ihrer Terminologie anschließen möchte. Sie unterscheidet vier Typen, nämlich Einfachtitel, Doppeltitel, Titelgefüge sowie Titelreihen.

Einfachtitel bestehen aus nur einer Titel-Einheit, weisen also neben dem Haupttitel keine weiteren Titelbestandteile auf:

Pi (F/E)
Tosca (O/I)
Septembermorgen (L/D)
The Winter's Tale (T/E)
Groß und Klein (T/D)
Un bar aux Folies-Bergère (BK19/F)
Twenty-five Colored Marilyns (BK20/E)
À la recherche du temps perdu (R/F)
In einer dunklen Nacht ging ich aus meinem stillen Haus (R/D)

Doppeltitel sind hingegen deutlich stärker strukturiert. Sie bestehen aus einem Haupt- und einem Nebentitel, verbunden durch die disjunktive Konjunktion „oder", so dass dem Rezipienten „eigentlich zwei verschiedene Titel zur Wahl" angeboten werden (Rothe 1970: 7). Zusätzlich kann diese Konstruktion auch noch durch einen Untertitel erweitert werden, wie z.B. bei *Ada Or Ardor: A Family Chronicle* (R/E).

In vielen Fällen besteht der Haupttitel aus einem Eigennamen, meist dem des Protagonisten, der beim klassischen Typ des Doppeltitels darüber hinaus auf einen literarischen oder mythologischen Stoff verweist (vgl. Rothe 1970: 20). In anderen Fällen kann der Haupttitel auch „eine Personen- oder Sachbezeichnung" (Rothe 1970: 20) in Form eines Appellativums beinhalten oder eine Kombination aus Eigennamen und Sachangabe, wie es insbesondere beim französischen Romantitel des 18. Jahrhunderts verbreitet war.

Hamlet oder Die lange Nacht nimmt ein Ende (R/D)
Sybil, or The Two Nations (R/E)
George Dandin ou Le Mari confondu (T/F)
Professor Unrat oder Das Ende eines Tyrannen (R/D)
Histoire de Juliette ou Les prospérités du vice (R/F)
Cher Antoine ou L'amour raté (T/F)
The Marble Faun, or: The Romance of Monte Beni (R/E)
Die Umsiedlerin oder das Leben auf dem Lande (T/D)

Entstanden ist der Doppeltitel bereits in der Antike,[75] fand dann vor allem ab dem 16. Jahrhundert in der französischen Literatur Verbreitung, zunächst im Drama, später auch im Roman und findet sich heute, zumindest vereinzelt, jenseits der Literatur auch in den Kunstformen Film und Musiktheater (vgl. Kap. 3.1.1.2) sowie laut Nord im Bereich der Sachliteratur (Nord 1993a: 53):[76]

Adolphe ou L'âge tendre (F/F)
Nicht versöhnt oder Es hilft nur Gewalt, wo Gewalt herrscht (F/D)
Fra Diavolo ou L'hôtellerie de Terracine (O/F)
Fidelio oder Die eheliche Liebe (O/D)
Oberon, or The Elf King's oath (O/E)

Titelgefüge setzen sich aus einem Haupttitel sowie einem oder manchmal auch mehreren Untertiteln zusammen. Anders als Haupt- und Nebentitel beim Doppeltitel sind die beiden Titelteile hier jedoch nicht gleichrangig. Vielmehr stellt der Untertitel eine Ergänzung des Haupttitels dar, die, meist syntaktisch unverbunden an diesen angeschlossen, entweder die bereits im Haupttitel gegebene Information vertieft oder zusätzliche Informationen über das zugehörige Werk bereitstellt. So dienen Untertitel häufig zur metasprachlichen Charakterisierung des Objekttextes, beispielsweise durch eine explizite Bezeichnung der Textsorte.

---

75 Rothe (1970: 8) führt den Doppeltitel auf die platonischen Dialoge zurück. Zur Geschichte des Doppeltitels vgl. Rothe (1970: 8-19).

76 In der literarischen Gattung Lyrik ebenso wie im Bereich der Bildenden Kunst ist der Doppeltitel Rothe zufolge bestenfalls in Ausnahmefällen anzutreffen (vgl. Rothe 1970: 14). Dies wurde auch durch die Korpusanalyse bestätigt (vgl. Kap. 3.1.1.2).

Ähnlich Nord (1993a: 54) und anders als Rothe (1986: 300) zähle ich reine Gattungsangaben wie Roman, Komödie etc. ohne Artikel oder weitere spezifizierende und individualisierende Zusätze allerdings nicht als Untertitel, da diese, wie Genette (1989: 94) es beschreibt, nicht eigentlich Bestandteil des Titels sind, sondern lediglich ein „mehr oder weniger fakultatives und autonomes Anhängsel des Titels" darstellen. Dementsprechend werden sie keineswegs immer gemeinsam mit dem Titel aufgeführt, sondern in vielen Verwendungskontexten vernachlässigt (vgl. Rothe 1986: 300) – so beispielsweise auch in einigen der hier für die Erstellung der Korpora verwendeten Quellen.

Zur Abgrenzung der einzelnen Titelbestandteile gibt es verschiedene Möglichkeiten. Auf dem Titelblatt, auf CD- und DVD-Hüllen oder auf Plakaten etc. wird die Trennung meist durch typo- oder topographische Hinweise wie Schriftgröße, Schrifttyp und/oder Zeilengrenze realisiert sowie ggf. zusätzlich durch Interpunktion. In referierender Funktion, also in Texten über Texte sowie insbesondere in Lexika und anderen Nachschlagewerken bleibt davon meist nur die Möglichkeit der Interpunktion, also die Verwendung von Satzzeichen wie insbesondere Punkten, Doppelpunkten, Kommata oder Gedankenstrichen, gelegentlich auch Parenthesen:

Holzfällen. Eine Erregung (R/D)

The Vicar of Wakefield: A Tale. Supposed to be written by Himself (R/E)

Middlemarch, A Study of Provincial Life (R/E)

Madame Bovary. Mœurs de province (R/F)

Woman in mind (December bee) (T/E)

M – Eine Stadt sucht einen Mörder (F/D)

Das Kreuz im Gebirge (Tetschener Altar) (BK19/D)

Coyote. I Like America and America Likes Me (BK20/D)

Light and Colour (Goethe's Theory) – The Morning after the Deluge – Moses Writing the Book of Genesis (BK19/E)

Cremaster 1: Goodyear Field (BK20/E)

Les Aveugles: Le beau j'en ai fait mon deuil (BK20/F)

Made in Japan – La Grande Odalisque (BK20/F)

Die Möglichkeiten der Interpunktion sind, wie die Beispiele zeigen, nicht nur vielfältig und uneinheitlich, sondern offensichtlich auch keineswegs verbindlich.

So findet man häufig für ein und denselben Titel je nach Quelle unterschiedliche Varianten, weshalb eine quantitative Auswertung dieses Phänomens schwierig ist. Verstärkt wird es beim interkulturellen Transfer von Titeln dadurch, dass, bedingt durch kulturspezifische Tendenzen bei der Verwendung der Satzzeichen, nicht nur die Translate sondern oft auch die fremdsprachigen Originaltitel an die eigenen kulturellen Konventionen angepasst werden.[77]

Zudem gilt es zu bedenken, dass gerade der Gedankenstrich oder das Komma, aber auch der Doppelpunkt nicht immer eindeutige Kennzeichen für eine Gliederung des Titels in Haupt- und Untertitel darstellen. Diese Satzzeichen sind gelegentlich auch innerhalb eines Einfachtitels anzutreffen:

Kleiner Mann – was nun? (R/D)
Die Artisten in der Zirkuskuppel: Ratlos (F/D)
Albert – Warum? (F/D)
Hampstead Heath, Looking Towards Harrow (BK19/E)

Andererseits liegt manchmal trotz fehlender Interpunktion eine Gliederung des Titels in Haupt- und Untertitel vor, wie beispielsweise bei Heiner Müllers *Germania Tod in Berlin* und *Germania 3 Gespenster am Toten Mann*, weshalb eine Einordnung nicht immer eindeutig ist. Hinzu kommt, dass Titelgefüge vor allem im mündlichen Sprachgebrauch meist nicht vollständig verwendet werden, was vermutlich mit der kaum vermeidbaren Länge solcher Konstruktionen sowie den verschiedenen Funktionen von Haupt- und Untertitel zu tun hat (vgl. Kap. 3.2). Dies führt bisweilen dazu, dass im Lauf der Zeit der Untertitel ganz verloren geht oder zumindest auch in vielen schriftlichen Quellen nicht mehr genannt

[77] Ähnliches gilt übrigens auch für den Doppeltitel. Als gängige Interpunktionsform verweist Rothe (1970: 7) die Möglichkeit, dass der erste Teiltitel „durch ein Komma vom nachfolgenden, der zweite durch Großschreibung vom vorangehenden Text abgesetzt“ wird. Gerade in englischsprachigen Quellen findet sich jedoch häufig die Interpunktionsvariante Semikolon vor, Komma und Großschreibung nach der Konjunktion, also beispielsweise *Saint Valentine's Day; or, The Fair Maid of Perth*, während in anderen Quellen auf jegliche Form der Strukturierung durch Interpunktion verzichtet wird.

wird. Daher kann es durchaus sein, dass einige der in diesem Korpus als Einfachtitel verzeichneten Titel ursprünglich als Titelgefüge konzipiert waren.[78]

Titelreihen schließlich, die Nord als vierten Gliederungstyp aufführt, sind ein äußerst seltenes Phänomen, das Nord (1993a: 55) vor allem im französischen und spanischen Sprachraum feststellt und bei dem mehrere Einfachtitel durch die Formulierung „précédé de“ bzw. „precedido de“ oder „suivi de“ bzw. „seguido de“ miteinander kombiniert werden, wie beispielsweise *Le Colonel Chabert suivi d'El Verdugo, d'Adieu et de Le Réquisitionnaire* (zit. nach Nord 1993a: 55). Da es sich hierbei jedoch nicht um Titel von einzelnen Werken handelt, sondern um Titel von Textsammlungen, die mehrere Einzelwerke (in dem zitierten Beispiel handelt es sich um einen Roman und drei Novellen von Honoré de Balzac) beinhalten, und derartige Makrotexte bei der Auswahl der Titelsegmente hier nicht berücksichtigt wurden, ist dieser Titeltyp in den vorliegenden Korpora nicht verzeichnet.

3.1.1.2. Medien- und Kulturspezifik der Gliederungstypen

Betrachtet man die Frequenz, mit der Einfachtitel, Doppeltitel und Titelgefüge in den untersuchten Kulturräumen und Titelsegmenten auftreten, ergibt sich folgendes Bild:[79]

---

78 Dies gilt übrigens auch für den Nebentitel beim Doppeltitel, wenn auch angesichts der engeren syntaktische Verknüpfung nicht in gleichem Maße.

79 Titelsubstitute und Grenzfälle, wie insbesondere Verstitel im Bereich Lyrik und die Bezeichnung *Ohne Titel* im Bereich Bildende Kunst wurden, anders als bei den translationswissenschaftlichen Untersuchungen in Kap. 4 in die folgenden formalen Analysen nicht einbezogen, um die Bestimmung der Titelkonventionen nicht durch den Einfluss dieser Sonderfälle zu beeinträchtigen.
Die Analyse der englischsprachigen Filmtitel erfolgte auf der Basis der Korpora aus Bouchehri (2008), bei deren Erstellung ausschließlich Einfachtitel berücksichtigt wurden (vgl. Bouchehri 2008: 51). Da mehrgliedrige Filmtitel auch in den beiden anderen Sprachen kaum eine Rolle spielen, wurde auf eine mühsame und wenig fruchtbringende Erweiterung des englischsprachigen Filmtitel-Korpus verzichtet, weshalb für englische Titel in dieser Frage keine Ergebnisse vorliegen.
Ein Überblick über die dieser Grafik zugrunde liegenden Werte findet sich im Anhang, Kap. 6.3.

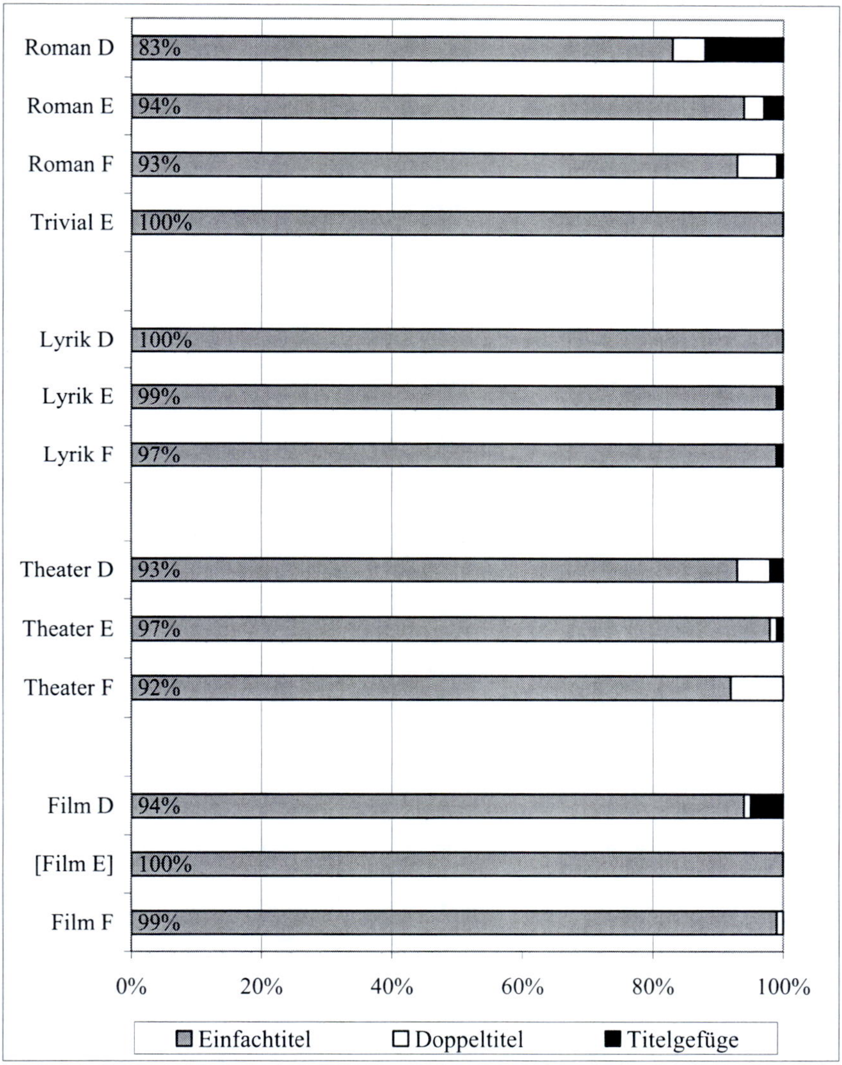

Abb. 1 Frequenz der Gliederungstypen nach Kulturräumen und Titelbereichen

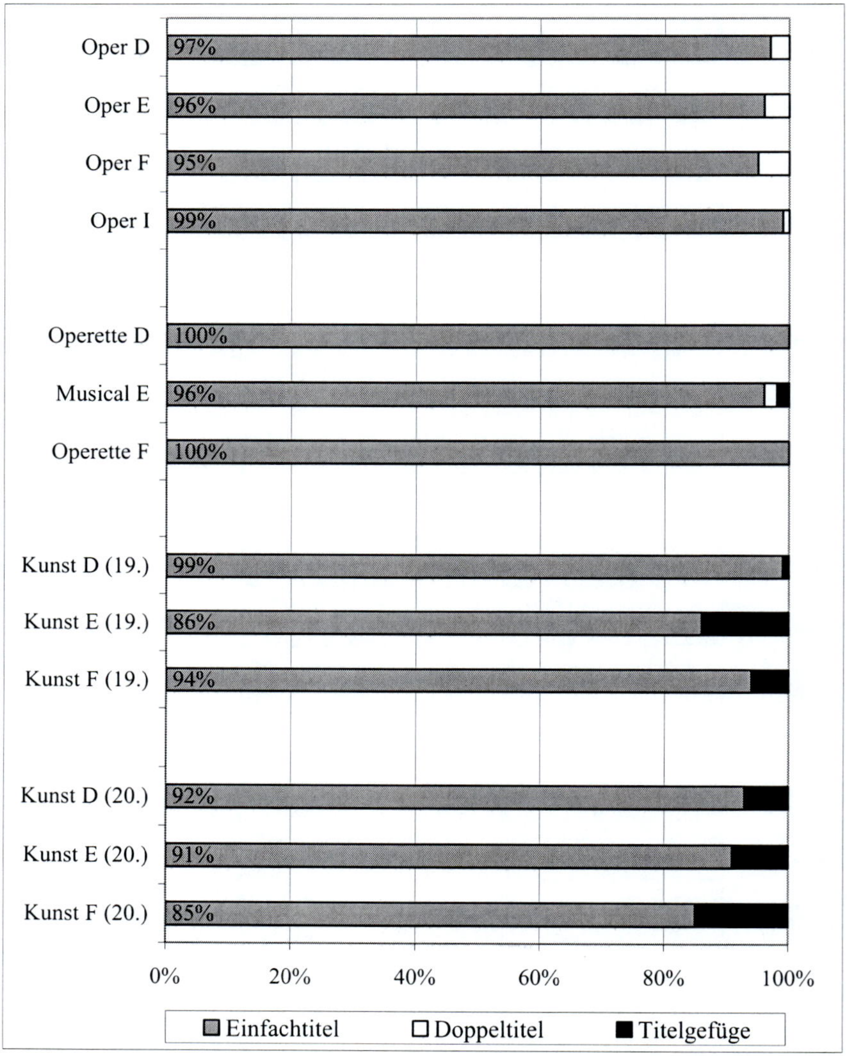

Abb. 2 Frequenz der Gliederungstypen nach Kulturräumen und Titelbereichen (Fortsetzung)

Jenseits der offensichtlichen Tatsache, dass eingliedrige Titel in allen untersuchten Segmenten und Sprachen mit über 80%, oft sogar weit über 90% überall die große Mehrheit der Titel darstellen, lassen sich dennoch einige interessante medien- und kulturspezifische Besonderheiten feststellen.

So treten mehrgliedrige Titel vor allem beim Roman, beim Theater sowie in der Bildenden Kunst auf, wobei im letzteren Fall ausschließlich Titelgefüge eine Rolle spielen. Lediglich die Titel der deutschen Romantik liegen hier deutlich hinter den anderen Sprachen und Epochen zurück. Das ist insofern etwas überraschend, als es in einigen anderen Bereichen gerade im Deutschen eine vergleichsweise starke Tendenz zu Titelgefügen zu geben scheint. Besonders ausgeprägt ist diese beim Romantitel ebenso wie beim Film und auch beim Theater.

Doppeltitel hingegen scheinen ein typisch französisches Phänomen zu sein (vgl. Rothe 1970: 11 f). So erreichen die französischen Titel vor allem beim Theater und beim Roman, aber auch bei der Oper, der Lyrik und beim Film die jeweils höchsten Werte verglichen mit den anderen Sprachen in den entsprechenden Kategorien.

Da insgesamt die mehrgliedrigen Titel aber überall nur eine untergeordnete, oft gar keine Rolle spielen, soll das Hauptaugenmerk der folgenden Untersuchungen und Analysen auf Einfachtitel gerichtet sein.

3.1.2. Titellänge

3.1.2.1. Bedeutung

Häufig wird in ganz unterschiedlichen Kontexten über Titel gesagt, dass sie kurz seien oder es zumindest sein sollten.[80] Nun ist „kurz" aber ein relativer Begriff und nur selten wird explizit definiert, wie kurz ein Titel denn genau sein soll. So gibt es durchaus Titel – Moennighoff (2000: 28) verweist hier auf Brechts Gedichttitel *Die Entstehung des Buches Taoteking auf dem Wege des Laotse in die Emigration* – die länger sind als mancher Text derselben Gattung, beispielswei-

---

[80] So z.B. in der Titeldefinition bei Rothe (1986: 13): „Der Titel ist ein kurzer Text […]." Vgl. auch Rothe (1986: 15 f).

se viele der Gedichte von Giuseppe Ungaretti (vgl. Moeninghoff 2000: 28). Es scheint allerdings so zu sein, dass der Titel immer kürzer ist als der jeweils zugehörige Text und zwar in den meisten Fällen sogar deutlich kürzer.[81]

Für die vorliegende Studie ist die Titellänge nun vor allem insofern interessant, als dieser formale Aspekt nicht nur eng verknüpft ist mit verschiedenen Titelfunktionen (vgl. Kap. 3.2), sondern vor allem auch anzunehmen ist, dass es sich dabei um ein wichtiges translationsdeterminierendes Kriterium handelt. So entscheidet die Länge eines Titels einerseits über sein Informationspotenzial im Sinne der Darstellungsfunktion (vgl. Kap. 3.2.3), d.h. je länger ein Titel ist, desto mehr kann über den zugehörigen Text gesagt werden, andererseits aber auch über seine Memorierbarkeit im Sinne der phatischen Funktion (vgl. Kap. 3.2.2), denn je länger ein Titel ist, desto schlechter kann man ihn sich in der Regel merken. Was die Merkbarkeit anbelangt, verweist Weinrich (2001: 111) auf die Forschungsergebnisse des Psychologen George A. Miller, der die Kapazität des Kurzzeitgedächtnisses auf 7±2 Informationseinheiten beziffert,[82] wobei Weinrich für Titel sogar eher die untere Grenze, also fünf Einheiten, für realistisch hält. Und in der Tat scheinen diese Zahlen, wie die folgende Auswertung sämtlicher Teilkorpora zeigt, im Rahmen der Titulierungskonventionen berücksichtigt zu werden.

3.1.2.2. Medien- und Kulturspezifik der Titellänge

Bei den meisten Titelsegmenten bewegt sich die durchschnittliche Länge von Einfachtiteln in allen drei Sprachen in einem Bereich von etwa drei Wörtern:[83]

---

[81] Ein solcher Vergleich der Länge zwischen Titel und Text ist problematisch, wenn der zugehörige Text nicht verbaler Art ist, also beispielsweise in der Bildenden Kunst oder der Musik.

[82] Vgl. Miller (1956).

[83] Im Anschluss an Nord (1993a: 104 ff) wurde als Einheit zur Bestimmung der Titellänge das Wort als graphische Einheit gewählt. Zur Problematik der Bestimmung der Titellänge vgl. auch Dietz (1995: 14).

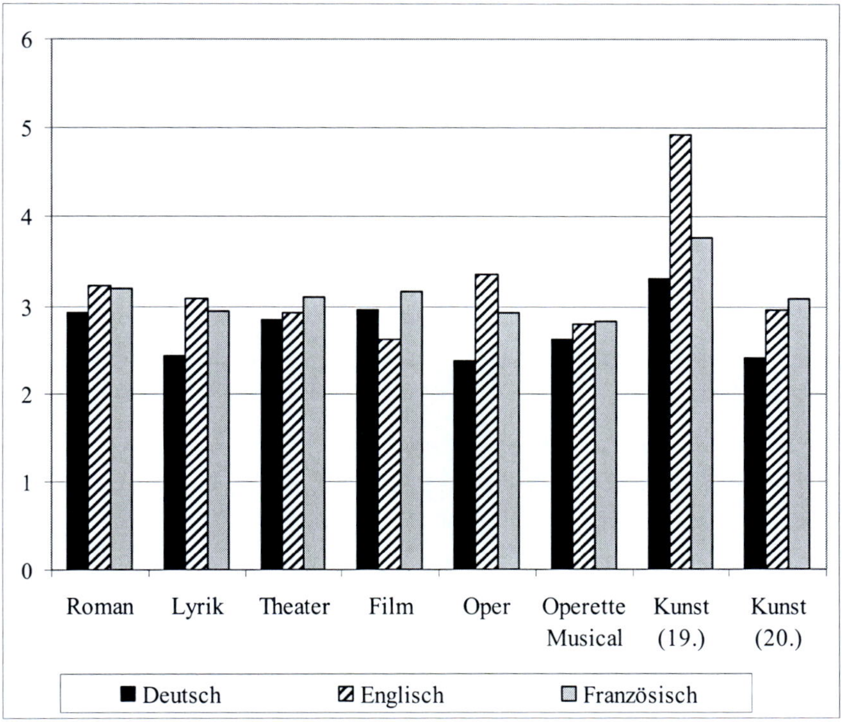

Abb. 3 Durchschnittliche Länge von Einfachtiteln (in Wörtern)[84]

Groß sind die kultur- und medienspezifischen Schwankungen dabei nicht. Lediglich bei Titeln der Bildenden Kunst des 19. Jahrhunderts ergibt sich eine deutliche Abweichung nach oben, insbesondere bei den Titeln der englischen Romantik, die mit einem Durchschnitt von fast fünf Wörtern offensichtlich besonders lang ausfallen. Die Titel der französischen Impressionisten bewegen sich bei ihrer durchschnittlichen Länge knapp unterhalb der 4-Wort-Marke, sind also ebenfalls außergewöhnlich lang. Und auch die Titel der deutschen Romantik sind mit einem Durchschnitt von mehr als drei Wörtern, wenn auch deutlich kürzer als die englischen, so doch immer noch die längsten Titel im Vergleich zu den deutschen Titeln anderer Segmente.

---

[84] Ein Überblick über die dieser Grafik zugrunde liegenden Werte findet sich im Anhang, Kap. 6.3.

Auffällig ist, dass hier, wie auch bei allen anderen medialen Bereichen mit Ausnahme des Films, die deutschen Titel grundsätzlich etwas kürzer ausfallen als die französischen und englischen in den entsprechenden Kategorien. So tendiert die durchschnittliche Länge deutscher Titel in den Bereichen Lyrik, Oper und Kunst des 20. Jahrhunderts sogar eher in Richtung von zwei Wörtern. Die relative Kürze deutscher Titel ist dabei wohl vor allem auf die Möglichkeit des Deutschen zur Bildung von Komposita zurückzuführen, die es weder im Englischen noch im Französischen in gleichem Maße gibt. Auch deutsche Titeltranslate fallen dadurch, was die Wortzahl anbelangt, oft kürzer aus als die jeweiligen französischen oder englischen Ausgangstitel, ohne dass dabei ein Informationsverlust auftritt:

Morning Scene → *Morgenszene* (L/E-D)
The Love Letter → *Der Liebesbrief* (L/E-D)
Chant d'automne → *Herbstgesang* (L/F-D)
La Nuit de mai → *Die Mainacht* (L/F-D)
The Sea Wolf → *Der Seewolf* (R/E-D)
The Anatomy Lesson → *Die Anatomiestunde* (R/E-D)
Vol de nuit → *Nachtflug* (R/F-D)
Le désert de l'amour → *Die Einöde der Liebe* (R/F-D)

Dass sich die durchschnittliche Länge von Titeln also offensichtlich in allen untersuchten Kategorien in einem Bereich von etwa zwei bis fünf Wörtern bewegt, soll allerdings nicht darüber hinwegtäuschen, dass Titel, und zwar nicht nur Titelgefüge, sondern auch Einfachtitel durchaus deutlich länger ausfallen können:

Leben und Abenteuer der Trobadora Beatriz nach Zeugnissen ihrer Spielfrau Laura (R/D)

The Life and Strange Surprising Adventures of Robinson Crusoe of York, Mariner (R/E)

Histoire de la grandeur et de la décadence de César Birotteau (R/F)

The Goddess of Discord choosing the Apple of Contention in the Garden of the Hesperides (BK19/E)

Le Foyer de la danse à l'Opéra de la rue Le Peletier (BK19/F)

Die Verfolgung und Ermordung Jean Paul Marats, dargestellt durch die Schauspielgruppe des Hospizes zu Charenton unter Anleitung des Herrn de Sade (T/D)

Diskurs über die Vorgeschichte und den Verlauf des lang andauernden Befreiungskrieges in Viet Nam als Beispiel für die Notwendigkeit des bewaffneten Kampfes der Unterdrückten gegen ihre Unterdrücker, sowie über die Versuche der Vereinigten Staaten von Amerika die Grundlagen der Revolution zu vernichten (T/D)

Titel, die wie diese Beispiele mehr als zehn Wörter, im Extremfall des letzten Beispiels sogar 42 Wörter umfassen, sind aber die Ausnahme. Denn ihre Merkbarkeit ist aufgrund ihrer Länge stark eingeschränkt, weshalb derartige Titel gerade in mündlichen Kommunikationssituationen häufig durch Abkürzungen wie *Robinson Crusoe*, *Marat/Sade* oder auch *Vietnam-Diskurs* ersetzt werden. Um dem vorzubeugen, besteht etwa die Hälfte der Titel in fast allen medialen Bereichen von vornherein aus nicht mehr als zwei bis drei Wörtern. Die von Weinrich (2001: 111) angesetzte Grenze von fünf Einheiten wird in fast allen Segmenten von mehr als 90% der Titel nicht überschritten,[85] wie die folgende Übersicht über die Länge der Titel zeigt:[86]

---

[85] Einzige Ausnahme bilden dabei wiederum Titel der Bildenden Kunst des 19. Jahrhunderts aus England und Frankreich.

[86] Ein Überblick über die dieser Grafik zugrunde liegenden Werte findet sich im Anhang, Kap. 6.3.

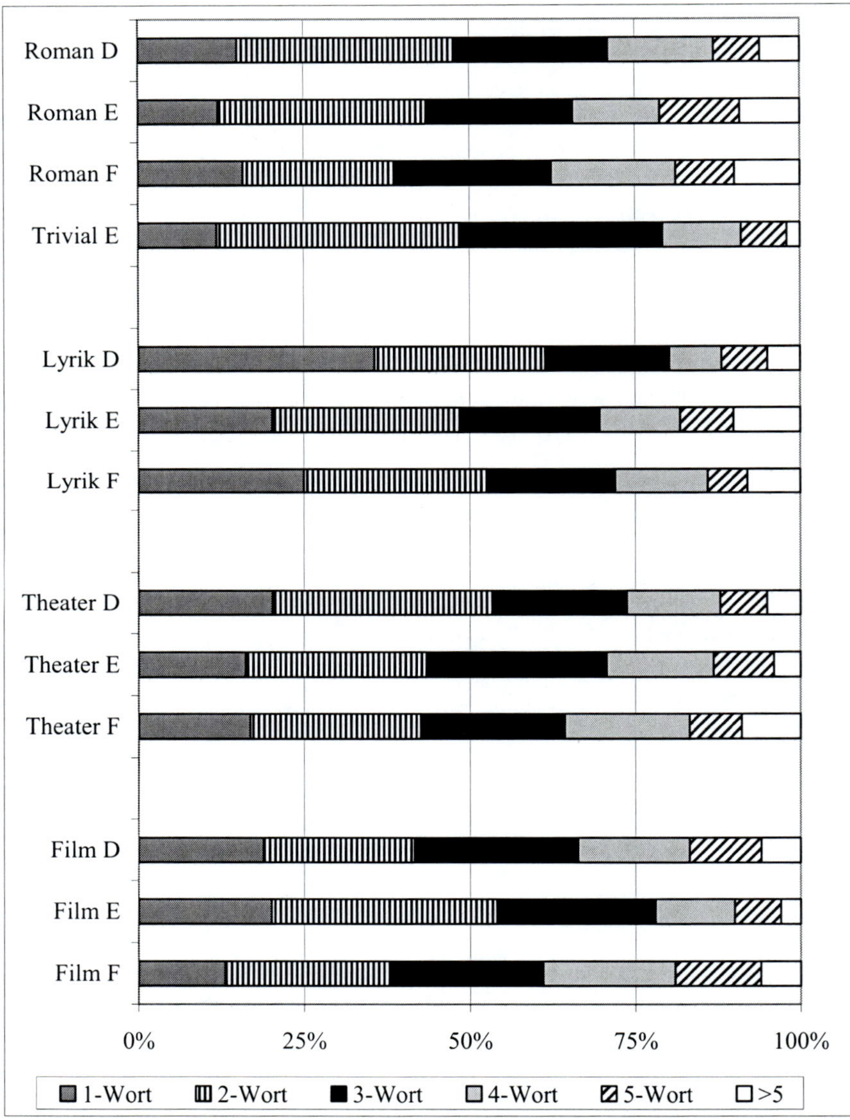

Abb. 4 Überblick über die Länge von Einfachtiteln in Wörtern

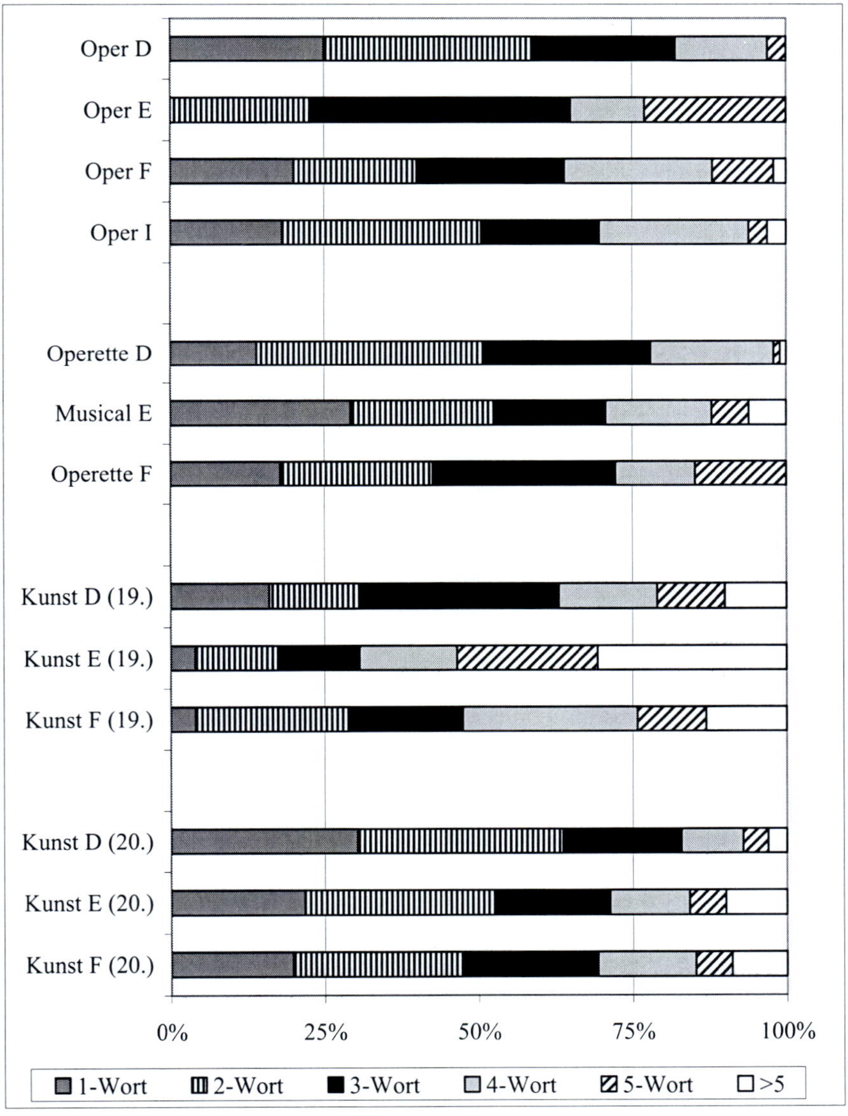

Abb. 5 Überblick über die Länge von Einfachtiteln in Wörtern (Fortsetzung)

3.1.3. Titelsyntax

3.1.3.1. Überblick über die syntaktischen Strukturen von Titeln

Ähnlich wie schon bei der Einteilung der Gliederungstypen soll auch zur Systematisierung der Titelsyntax auf das von Nord (1993a: 59-83) vorgeschlagene Modell zurückgegriffen werden, da es ein detailliertes, aber dennoch vergleichsweise überschaubares Instrumentarium zur Beschreibung der syntaktischen Strukturen von Titeln bietet. Nord schlägt eine Einteilung in die folgenden sechs Kategorien vor:

Nominale Titel bestehen aus einer Nominalphrase (NP), also entweder einzelnen oder aber einer Kombination mehrerer Nomina propria oder Appellativa, letztere häufig ergänzt durch einen Artikel oder gelegentlich auch ein Possessivpronomen. In vielen Fällen sind diese Nominalkerne zudem prä- oder postdeterminiert durch Adjektive, Appositionen, Genitivattribute und/oder adverbiale Bestimmungen sowie gelegentlich auch erweitert durch Relativsätze, Infinitivergänzungen oder Partizipialkonstruktionen etc. Auch Pronomen, wie insbesondere Personalpronomen u.ä. werden angesichts ihrer substantivischen Verwendung zu dieser Kategorie gezählt (vgl. Hoek 1981: 74):

Elle (NP: Pronomen; T/F)
Parsifal (NP: Eigenname; O/D)
Abschied (NP: Substantiv; L/D)
Der Fettstuhl (NP: Substantiv + Artikel; BK20/D)
Mon homme (NP: Substantiv + Possessivpronomen; F/F)
Moses und Aaron (NP + NP; O/D)
A Cart and two Horses (NP + NP; BK19/E)
La vie, l'amour, la mort (NP, NP, NP; F/F)
Étoile errante (NP + Adjektiv; R/F)
Le Bourgeois gentilhomme (NP + Apposition; T/F)
Die Leiden des jungen Werthers (NP + Genitivattribut; R/D)
Die Frau ohne Schatten (NP + adverbiale Bestimmung; O/D)
Der Mann, der nicht alt werden wollte (NP + Relativsatz; R/D)
8 million ways to die (NP + Infinitivergänzung; F/E)
Salisbury Cathedral Seen Above the Close Wall (NP + Part.-Ergänzung; BK19/E)

Satzförmige Titel können aus einem Haupt- oder einem Nebensatz, gelegentlich sogar aus einem Satzgefüge, einer Satzreihe oder mehreren Sätzen bestehen und enthalten somit in jedem Fall eine finite Verbform. Neben Aussage- und Aufforderungssätzen sowie direkten oder indirekten Fragesätzen finden sich beispielsweise auch Relativ-, Temporal-, Konditional-, Kausal- oder Modalsätze:

Les dieux ont soif (Aussagesatz; R/F)
Enivrez-vous (Aufforderungssatz; L/F)
Wo warst du, Adam? (Fragesatz; R/D)
For Whom the Bell Tolls (Relativsatz; R/E)
Als er sie schlafend fünde (Temporalsatz; L/D)
Ich will doch nur, dass ihr mich liebt (Satzgefüge; F/D)
If Life's a Lousy Picture, why not Leave Before the End (Satzgefüge; L/E)
„Comment va le monde, Môssieu?" – „Elle tourne, Môssieu!" (Satz + Satz; T/F)
I do! I do! (Satz + Satz; M/E)

Adverbiale Titel bestehen entweder aus einem reinen Adverb, (ggf. auch einer Kombination mehrerer Adverbien), oder aber, was deutlich häufiger der Fall ist, aus einer Lokal-, Temporal- oder Modaladverbialen, die in der Regel mit einer Präposition oder einem Adverb eingeleitet wird.[87] Entsprechend fallen auch Widmungstitel und Titel mit Themenangabe in diese Kategorie.[88]

Himmelwärts (Adverb; T/D)
Vorher/Nachher (Adverb + Adverb; T/D)
Still here (Adverb + Adverb; L/E)
Far from the Madding Crowd (Lokaladverbiale; R/E)
Am Ziel (Lokaladverbiale; T/D)
Après le bain (Temporaladverbiale; BK19/F)
Suddenly Last Summer (Temporaladverbiale; T/E)

---

87 Adverbiale Bestimmungen können auch ohne Präposition gebildet werden, insbesondere bei Zeitangaben wie in *Des Morgens* (L/D) oder auch in *Fin août, début septembre* (F/F).

88 In Anlehnung an Nord (1993a: 76) wurden auch solche Widmungstitel zu dieser Kategorie gerechnet, die ohne Präposition formuliert werden und stattdessen allein durch den Kasus auf den Empfänger verweisen, z.B. *Den Toten* (L/D).

Ohne Warum (Modaladverbiale; L/D)

Quer zum Licht (Modaladverbiale; BK20/D)

In Memoriam A.H.H. (Widmungstitel; L/E)

A une passante (Widmungstitel; L/F)

Aus dem Leben eines Taugenichts (Thematitel; R/D)

Of Human Bondage (Thematitel; R/E)

Adjektivische Titel werden aus einem oder mehreren Adjektiven gebildet und können darüber hinaus zur näheren Bestimmung des Adjektivs auch durch Adverbien ergänzt oder durch Präpositional- und Infinitivkonstruktionen, gelegentlich auch einen Vergleich erweitert werden. Zudem zählen auch Partizip-Perfekt-Formen, die häufig adjektivisch gebraucht werden, zu dieser Titelform.

Unsühnbar (Adjektiv; R/D)

Cleansed (Adjektiv/Perfektpartizip; T/E)

Cruel and tender (Adjektiv + Adjektiv; T/E)

Up, Close and Dangerous (Adjektiv, Adjektiv, Adjektiv; TR/E)

Einfach kompliziert (Adjektiv + Adverb; T/D)

Nackt unter Wölfen (Adjektiv + Präpositionale Ergänzung; F/D)

Stärker als die Nacht (Adjektiv + Verlgleich; F/D)

Ein Wiegenlied, bei Mondschein zu singen (Adjektiv + Infinitivergänzung; L/D)

Verbale Titel enthalten einen infiniten Verbalkern, also ein Verb im Infinitiv, ein Präsenspartizip oder ein Gerundium (im Unterschied zu den satzförmigen Titeln, die eine finite Verbform enthalten). Dieser Verbalkern kann durch ein Objekt, ein Adverb, eine präpositionale Ergänzung oder einen Vergleich erweitert werden.

Vivre (Verb; L/F)

To Have and Have Not (Verb + Verb; R/E)

Malen = Verbrennen (Verb + Verb; BK20/D)

Staying alive (Verb + Adverb; F/E)

To kill a mockingbird (Verb + Objekt; F/E)

En effeuillant la marguerite (Verb + Objekt; F/F)

Nachdenken über Christa T. (Verb + Präpositionale Ergänzung; R/D)

Interjektionsförmige Titel schließlich sind Interjektionen und Exklamationen aller Art wie Stoßseufzer, Ausrufe der Ver- bzw. Bewunderung oder auch der Verärgerung, häufig gekennzeichnet durch die Verwendung von Ausrufungszeichen, Apostrophen, Gruß-, Abschieds- oder Glückwunschformeln sowie phrasenhafte Aufforderungen ohne Verbform. Im Anschluss an Hoek (1981: 83) sollen auch Onomatopoetika zu dieser Kategorie gezählt werden.

Ah, Wilderness! (T/E)
Mensch Meier (T/D)
Oliver! (M/E)
Chère Louise (F/F)
Allo (L/F)
Farewell, my lovely (F/E)
Welcome to Our City (T/E)
Herzliche Grüße aus Grado (T/D)
Happy Birthday to me (F/E)
Your Attention Please (L/E)
Blam! (BK20/E)

3.1.3.2. Medien- und Kulturspezifik der Titelsyntax

Betrachtet man die Distribution der syntaktischen Strukturen in den untersuchten Segmenten und Sprachen, stellt sich folgendes Bild dar:[89]

[89] Ein Überblick über die dieser Grafik zugrunde liegenden Werte findet sich im Anhang, Kap. 6.3. Im Hinblick auf Roman- und Lyriktitel vgl. auch die Syntaxanalyse bei Nord (1993a: 59 ff).

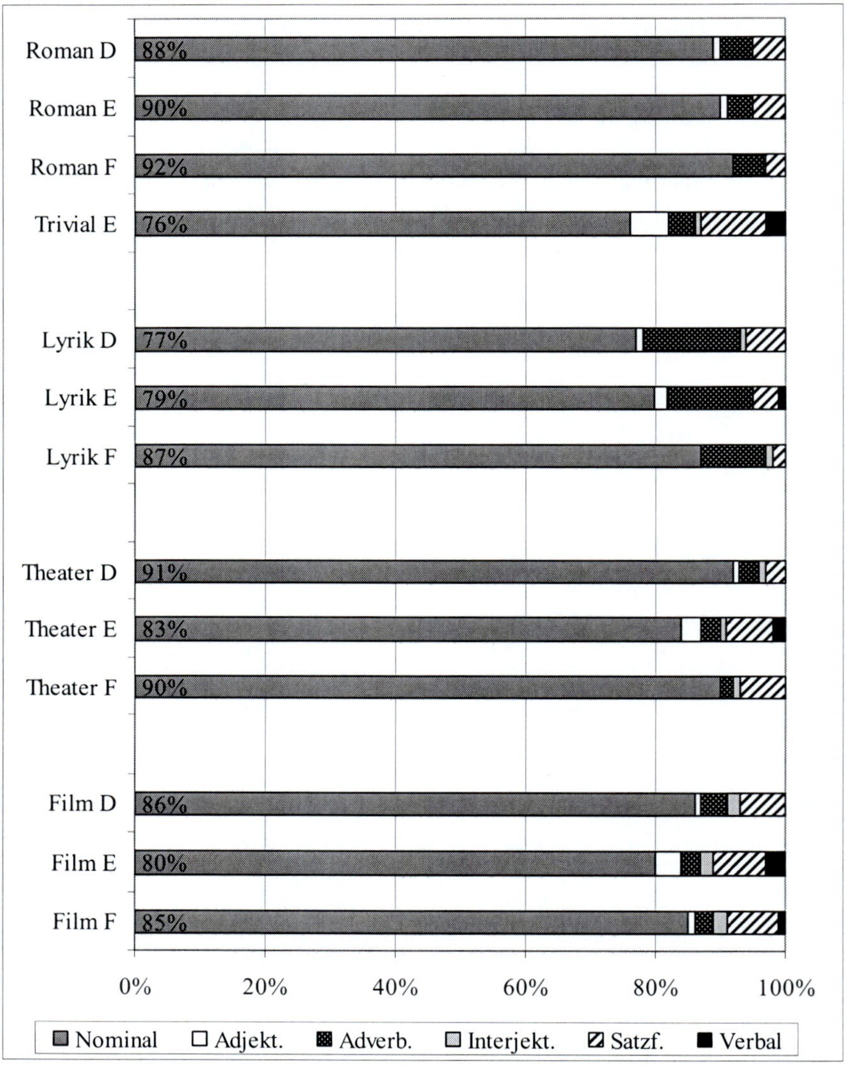

Abb. 6 Distribution der syntaktischen Strukturen bei Einfachtiteln

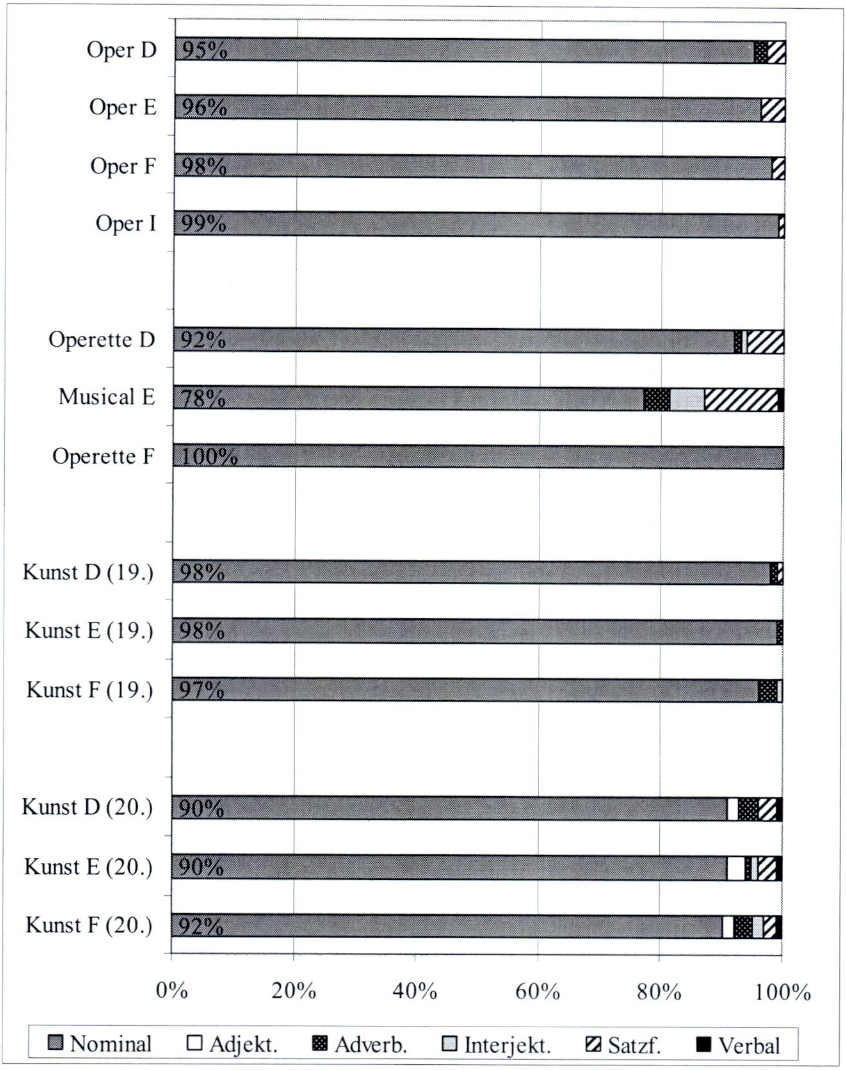

Abb. 7 Distribution der syntaktischen Strukturen bei Einfachtiteln (Fortsetzung)

Dass nominale Titel die wichtigste Form darstellen, ist unübersehbar. Mindestens drei Viertel aller Titel macht dieser Syntaxtyp aus – in allen Sprachen und allen Segmenten. In einigen Bereichen, insbesondere bei der Oper oder auch der Bildenden Kunst des 19. Jahrhunderts, aber liegt seine Frequenz sogar bei weit über 90%. Überhaupt scheinen die Differenzen bei der Distribution der syntaktischen Strukturen eher medienspezifischer denn kulturspezifischer Natur zu sein. So nimmt die Bandbreite der Syntaxformen in allen drei untersuchten Kulturräumen bei der Kunst des 20. Jahrhunderts deutlich zu, beispielsweise in Form satzförmiger, aber auch adjektivischer und adverbialer Titel.

Adverbialtitel treten außer in der Kunst zwar in allen drei literarischen Gattungen sowie im Film auf, scheinen aber besonders typisch zu sein für den Bereich der Lyrik. Außergewöhnlich häufig werden hier nämlich in Form einer adverbialen Bestimmung Ort und Anlass der Textproduktion, das Thema des Textes oder sein Adressat im Titel verbalisiert, so dass der adverbiale Titeltyp hier in allen drei Kulturräumen mit über 10% die zweitwichtigste syntaktische Form nach den Nominaltiteln darstellt. Darüber hinaus finden sich auch interjektions- und vor allem satzförmige Titel gelegentlich in der Lyrik, wobei es sich dabei meist um Zitate aus dem zugehörigen Text handelt.[90]

Ansonsten sind interjektionsförmige Titel vor allem typisch für Bereiche, in denen die gesprochene Sprache eine Rolle spielt, nämlich Film, Theater und vor allem Musicals. Mit überdurchschnittlicher Frequenz sind in diesen Bereichen außerdem satzförmige Titel zu finden, insbesondere im Bereich der Musicals, wo sie mit rund 12% gleich nach den nominalen Titeln auf Platz zwei rangieren. Satzförmige Titel spielen darüber hinaus auch bei den Unterhaltungsromanen eine wichtige Rolle, wo sie mit immerhin 10% ebenfalls die zweitwichtigste Syntaxform darstellen.

Insgesamt bestätigt sich bei der Unterhaltungsliteratur, was sich bereits beim Musical, in gewissem Maße auch bei der deutschen Operette sowie beim englisch-amerikanischen Film gezeigt hat, der stärker als deutsche und französische

---

[90] Wären auch Verstitel, also Gedichtüberschriften, die mit dem Gedichtanfang identisch sind, bei dieser formalen Analyse der Titelkonventionen berücksichtigt worden, würde der Anteil satzförmiger Titel in der Lyrik deutlich höher ausfallen.

Filme der Massenkultur zuzuordnen ist: Populäre Kulturformen scheinen bei ihren Titeln eine größere Vielfalt hinsichtlich der syntaktischen Strukturen aufzuweisen. Zwar finden sich satzförmige Titel durchaus auch bei Höhenkamm-Romanen, ihre Frequenz aber ist deutlich geringer.

Hinzu kommt bei Unterhaltungsromanen ein relativ hoher Anteil adjektivischer Titel. Ihr Gebrauch scheint allerdings nicht nur medien-, sondern auch kulturspezifisch beeinflusst zu sein. So sind adjektivische Titel nicht nur bei den Höhenkamm-Romanen, sondern auch beim Film, beim Theater, in der Lyrik und in der Bildenden Kunst im Englischen jeweils etwas häufiger belegt als im Deutschen und im Französischen.

Eindeutig sprach- und kulturabhängig ist zudem die Verwendung verbaler Titel. Wenn auch diese syntaktische Form insgesamt nicht besonders häufig ist, so lässt sich doch feststellen, dass sie im Englischen ebenfalls oft einen etwas höheren Wert erreicht als im Französischen und Deutschen, insbesondere in den Bereichen Theater und Film sowie in der Unterhaltungsliteratur, aber auch in der Lyrik und in der Bildenden Kunst des 20. Jahrhunderts.

Weitere kulturspezifische Unterschiede werden deutlich, wenn man den wichtigsten Titeltyp, den Nominaltitel, etwas genauer betrachtet, und zwar hinsichtlich der Artikelverwendung:[91]

[91] Ein Überblick über die dieser Grafik zugrunde liegenden Werte findet sich im Anhang, Kap.6.3. Zur Artikelfrequenz in Roman- und Lyriktiteln vgl. auch die entsprechende Auswertung bei Nord (1993a: 69 f).
Zur Bedeutung des Artikels im Titel vgl. Weinrich (1976: 195 f) und Weinrich (2001: 111 ff).

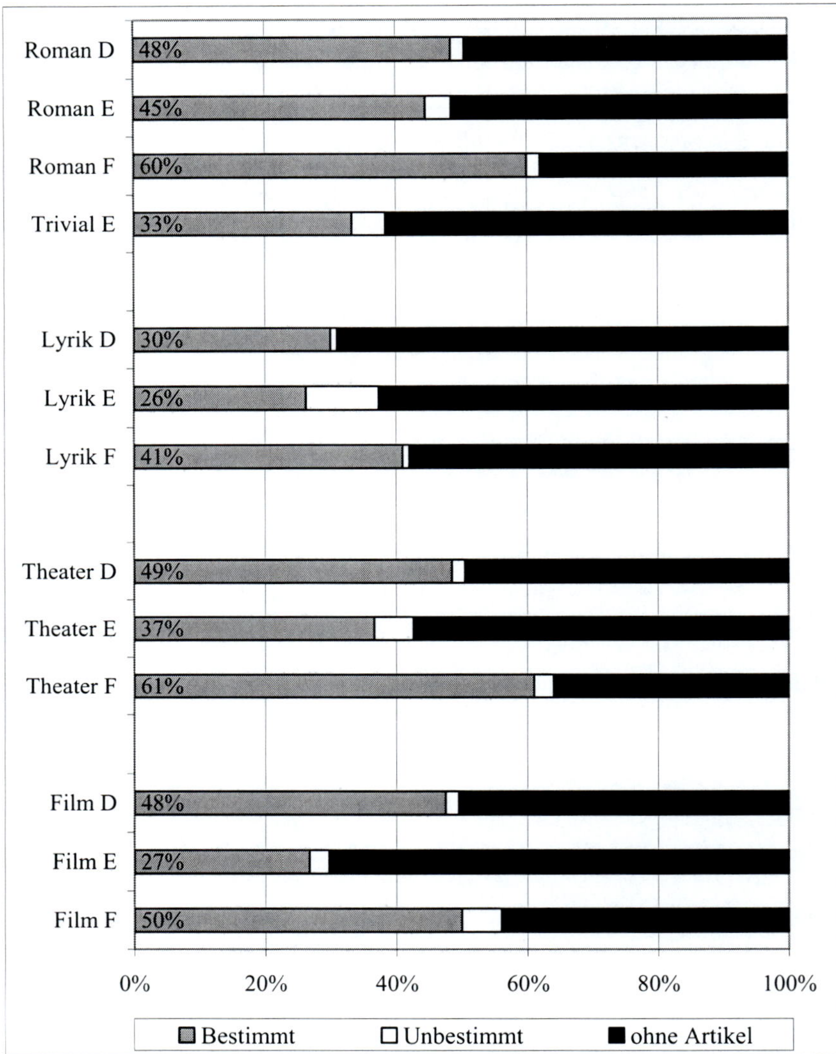

Abb. 8 Frequenz des bestimmten und unbestimmten Artikels bei Nominaltiteln

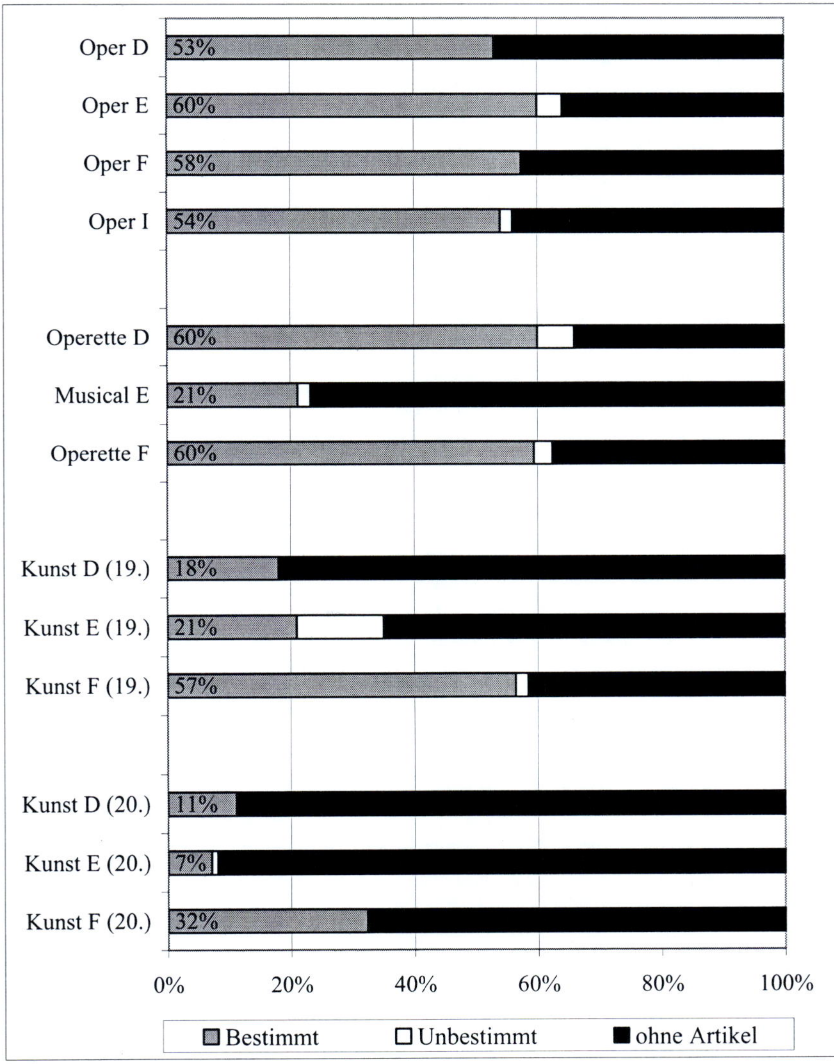

Abb. 9 Frequenz des bestimmten und unbestimmten Artikels bei Nominaltiteln (Fortsetzung)

Wie die Grafiken zeigen, gibt es bei diesem Phänomen nicht nur medienspezifische, sondern vor allem auch starke kulturspezifische Unterschiede. So ist die Frequenz des bestimmten Artikels in allen Bereichen mit Ausnahme der Oper bei französischen Titeln immer etwas höher als bei den deutschen und englischsprachigen Titeln der entsprechenden Kategorie. Im Englischen hingegen erreichen Titel mit bestimmtem Artikel außer in der Oper und der Bildenden Kunst des 19. Jahrhunderts immer die geringsten Werte. Dafür gibt es in einigen Titelsegmenten im Englischen eine besonders starke Tendenz zur Verwendung des unbestimmten Artikels. Dieser ist mit einem Anteil von etwa 11% bzw. 14% vor allem in der Lyrik sowie in der Kunst der Romantik im Englischen deutlich überrepräsentiert – eine interkulturelle Differenz der Titelkonventionen, die es im Rahmen des Titeltransfers nicht selten auszugleichen gilt.

3.1.4. Zusammenfassung

Fasst man alle Ergebnisse der Strukturanalyse zusammen, stellt sich der typische Medien-Titel als Einfachtitel mit nominaler Syntax und einer Länge von etwa ein bis vier Wörtern dar. Die kulturellen Differenzen sind dabei nicht sehr groß.

Zwar lässt sich im Deutschen in einigen Bereichen eine leicht verstärkte Tendenz zu Titelgefügen feststellen, im Französischen ist dagegen eine etwas erhöhte Frequenz von Doppeltiteln zu verzeichnen. Außerdem fallen deutsche Einfachtitel in fast allen Segmenten etwas kürzer aus als die französischen und englischen Titel der entsprechenden Kategorien, was jedoch weniger auf unterschiedliche Titelkonventionen, als vielmehr auf sprachstrukturelle Unterschiede zurückzuführen ist. Auch die Verwendung der syntaktischen Formen ist in allen untersuchten Kulturen ähnlich. Lediglich das verstärkte Auftreten verbaler Titelformen im Englischen lässt sich in den beiden anderen Sprachen so nicht feststellen. Zudem weisen englische Titel sowohl beim Film als auch beim Theater eine etwas größere Bandbreite syntaktischer Formen auf als die entsprechenden deutschen und französischen Titel, während bei der französischen Lyrik die Tendenz zum Nominaltitel stärker ausgeprägt ist als im Englischen und Deutschen.

All diese kleinen Abweichungen dürften aber bei der Titeltranslation keine allzu großen Hindernisse darstellen, da die Rahmenbedingungen für die Betitelung von Werken in den untersuchten Kulturräumen hinsichtlich der Möglichkeiten und Konventionen insgesamt eher durch Gemeinsamkeiten denn durch Unterschiede geprägt sind. Nicht ohne Auswirkungen bleiben lediglich die doch recht großen kulturspezifischen Differenzen bei der Artikelverwendung im Titel, die in vielen Fällen eine Anpassung der Translate an die eigenen, zielkulturellen Konventionen erforderlich machen.

Ansonsten zeichnen sich sowohl bei der Titelgliederung als auch bei der Titellänge und insbesondere der Titelsyntax eher medienspezifische Differenzen ab, die in engem Zusammenhang mit der Funktion der Titel in den jeweiligen medialen Bereichen zu sehen sind.

3.2. Funktionale Eigenschaften von Titeln

Form und Funktion von Titeln bedingen sich gegenseitig. Neben ihren strukturellen Eigenschaften stellen daher auch ihre kommunikativen Funktionen einen wesentlichen translationsdeterminierenden Faktor dar. So können die Mittel der Funktionsrealisierung sowie insbesondere ihre Frequenz und Gewichtung kulturspezifische Differenzen aufweisen, die bei interkulturellen Kommunikationsprozessen berücksichtigt werden müssen. Gleichzeitig kann auch eine medienspezifische Ausprägung der Funktionshierarchie den Transferprozess von Titeln beeinflussen, denn nicht alle Transferstrategien sind in gleichem Maße geeignet, die unterschiedlichen Titelfunktionen zu transportieren. Dementsprechend muss davon ausgegangen werden, dass die jeweilige Funktionsgewichtung großen Einfluss auf die Wahl der Translationsstrategie hat.

Im Folgenden soll daher ein kurzer Überblick über die kommunikativen Funktionen von Titeln gegeben werden, wobei ähnlich wie bei den strukturellen Eigenschaften auch hier kultur- und medienspezifische Besonderheiten im Vordergrund stehen.[92] Im Anschluss an Rothe (1986: 29 f) und Weinrich (2001: 104 ff) dient als Basis dieser Funktionsanalyse das Jakobsonsche Kommunikationsmodell (Jakobson 1979: 88 ff),[93] da es im Vergleich zu anderen, rein titrologischen Modellen, wie sie beispielsweise von Genette (1989: 77 ff) und Wulff (1985[3]: 176 ff) vorgeschlagen werden, die umfassendsten Ergebnisse liefert.

Jakobson, dessen Theorie eine Erweiterung des Bühlerschen Organon-Modells darstellt (Jakobson 1979: 90, vgl. Bühler 1934), unterscheidet die folgenden sechs Funktionen, die sich aus den für die sprachliche Kommunikation konstitutiven Elementen ableiten lassen:

---

[92] Eine umfassende Darstellung der kommunikativen Funktionen von literarischen Titeln liefert Rothe (1986: 29-266). Zu den Funktionen von Titeln in der Bildenden Kunst vgl. u.a. Bruch (2005: 321-336), zum Filmtitel vgl. ausführlich Schreitmüller (1994a: 85-168) sowie Bouchehri (2008: 24-42).

[93] Ähnlich auch Nord (1993a: 85 ff), deren Darstellung der Titelfunktionen sich ebenfalls an das Jakobsonsche Modell anlehnt. Allerdings findet bei ihr die poetische Funktion keine Berücksichtigung. Stattdessen erweitert sie das Modell mit der sog. „distinktiven Funktion" (vgl. Nord 1993a: 87 ff) um eine eigenständige titelspezifische Kategorie.

> „Der SENDER macht dem EMPFÄNGER eine MITTEILUNG. Um wirksam zu sein, bedarf die Mitteilung eines KONTEXTS, auf den sie sich bezieht (Referenz in einer anderen, etwas mehrdeutigen Nomenklatur), erfaßbar für den Empfänger und verbal oder verbalisierbar; erforderlich ist ferner ein KODE, der ganz oder zumindest teilweise dem Sender und dem Empfänger (oder m.a.W. dem Kodierer und dem Dekodierer der Mitteilung) gemeinsam ist; schließlich bedarf es auch noch eines KONTAKTS, eines physischen Kanals oder einer psychologischen Verbindung zwischen Sender und Empfänger, der es den beiden ermöglicht, in Kommunikation zu treten und zu bleiben." (Jakobson: 1979: 88)

Daraus ergeben sich

- die auf den **SENDER** bezogene **emotive Funktion** (oder in Anlehnung an das Organon-Modell von C. Bühler auch **Ausdrucksfunktion** genannt, vgl. Bühler 1934)
- die auf den **EMPFÄNGER** gerichtete **konative Funktion**, oder auch **Appellfunktion**
- die auf den **REFERENTEN** (d.h. Gegenstand, Sachverhalt, Handlungszusammenhang, vgl. Kalverkämper 2006: 149 f) bezogene **referentielle** bzw. **Darstellungsfunktion**
- die auf den **KANAL** bezogene und damit auf Kontaktstiftung, Kontakterhalt oder Kontaktbeendigung abzielende **phatische Funktion**
- die auf die **SPRACHLICHE MITTEILUNG** als solche gerichtete **poetische Funktion** sowie schließlich
- die **metasprachliche Funktion**, die sich auf den sprachlichen **KODE** bezieht. Da Titel sich immer auf den zugehörigen Text und dessen Kode beziehen, dieser allerdings, wie beispielsweise in der Bildenden Kunst, nicht unbedingt sprachlicher Natur sein muss, scheint es sinnvoller, im Falle von Titeln eher von der **metatextuellen Funktion** zu sprechen.[94]

Da es sich bei Jakobsons Ansatz um ein allgemeines Kommunikationsmodell handelt, das grundsätzliche auf alle sprachlichen Äußerungen angewendet werden kann, gilt es selbstverständlich für alle Titelsorten unabhängig von der me-

---

94 Weinrich (2001: 106) schlägt alternativ den Begriff „metakommunikative Funktion" vor.

dialen Gattung, in der sie auftreten, was angesichts des medienkontrastiven Konzepts dieser Untersuchung eine wichtige Voraussetzung ist. Die Allgemeingültigkeit dieses Modells führt aber natürlich auch dazu, dass nicht alle dieser sechs Funktionen für die Textsorte Titel gleichermaßen relevant sind, wobei auch zwischen den einzelnen Titelgattungen medienspezifische Unterschiede in der Gewichtung dieser Funktionen bestehen. Hinzu kommt, dass Kommunikation immer in Situation und damit auch im Rahmen des jeweiligen kulturellen Kontextes statt findet (vgl. Kalverkämper 2006: 149 f). Daher versucht die folgende Darstellung der kommunikativen Funktionen von Titeln nicht nur, die unterschiedlichen Funktionen und ihre Realisierung in Titeln zu erläutern und anhand von Beispielen aus dem Korpus zu veranschaulichen, sondern auch, ihre kultur- und medienspezifischen Ausprägungen zu berücksichtigen und ihre Relevanz in typischen Verwendungskontexten aufzuzeigen.

3.2.1. Die metatextuelle Funktion

Was genau unter der metatextuellen oder auch metalinguistischen bzw. metakommunikativen Funktion von Titeln zu verstehen ist, ist in der titrologischen Forschung umstritten.[95] Ich verstehe darunter in Anlehnung an Weinrich (2001: 106) sowie Nord (1993a: 91 ff) die Tatsache, dass jeder Titel, der als solcher von einem Sender gesetzt und ebenso vom Empfänger erfasst wird, auf die Existenz eines zugehörigen Textes verweist. Titel verbaler Texte wie Roman- oder Gedichttitel sind damit immer metasprachlich im engeren Sinne, Titel aus anderen medialen Bereichen, die nicht sprachlicher oder zumindest nicht rein sprachlicher Natur sind, wie z.B. Titel von Bildern, Fotos, Filmen oder Musikstücken, sind doch zumindest immer noch metatextuell, also eine Aussage

95 Rothe beispielsweise fasst unter dem Begriff „metalinguistische Funktion“ die Tatsache, dass Titel untereinander in einer intertitulären Beziehung stehen, sich und die zugehörigen Werke voneinander unterscheiden sollen, aber auch durch die Bildung bestimmter Titelmuster oder Titelreihen aneinander anknüpfen können, vgl. Rothe (1986: 31-48).

über einen Zeichen-Kode.[96] Damit stellt die metatextuelle Funktion eine Grundfunktion von Titeln dar, die von allen Titeln gleichermaßen erfüllt wird. Allerdings ist sie je nach Titel unterschiedlich stark ausgeprägt: Implizit wird sie bereits dadurch erfüllt, dass der Titel vom Rezipienten als solcher erkannt wird. Die metatextuelle Funktion eines Titels kann jedoch auch verstärkt in Erscheinung treten, indem sie explizit verbalisiert wird, beispielsweise durch eine Textsortenbezeichnung oder, allgemeiner gesagt, die Konkretisierung des Textcharakters des zugehörigen Werkes, wodurch der Rezipient, wie Weinrich (2001: 106) es beschreibt, „zu einer Reflexion 'über' den Text angeregt wird". Besonders häufig findet sich eine derartige explizite Verbalisierung der metatextuellen Funktion im Bereich der Lyrik:

Das Lied von der Glocke (L/D)
Hymne à la beauté (L/F)
Memorial Verses (L/E)

Hier finden sich mit außergewöhnlicher Häufigkeit auch rein metatextuelle Titel:

Bericht (L/D)
Ein Gedicht (L/D)
Prayer (L/E)
An Ode (L/E)
Stances (L/F)
Chanson (L/F)

Relativ häufig sind metatextuelle Verweise im Titel zudem in der Bildenden Kunst, durchaus gelegentlich auch in Form rein metatextueller Titel:

---

[96] Nord (1993a: 91 f), die zwar grundsätzlich eine ähnliche Definition der metatextuellen Funktion von Titeln vorlegt, lehnt einen Rückgriff auf die entsprechende Kategorie des Jakobsonschen Kommunikationsmodells jedoch ab. Mir scheint eine solche Erweiterung des Jakobsonschens Begriffs, wie Weinrich (2001: 106) sie vorschlägt, jedoch durchaus plausibel und legitim. Schließlich verweist Jakobson selbst auf die Möglichkeit einer „allgemeinen Semiotik" (Jakobson 1979: 85) angesichts der Parallelen zwischen Sprache und anderen Zeichensystemen, die er unter dem Begriff „pansemiotische Eigenschaften" (Jakobson 1979: 85) fasst.

Bildnis der Tochter Marie (BK19/D)
Geröllbild I (BK20/D)
Still Life (BK20/E)
Painting of Lucian Freud (BK20/E)
Portrait d'Emile Zola (BK19/F)
Dessin (BK20/F)

Rein metatextuelle Titel sind zwar sowohl beim Roman als auch beim Drama unüblich, explizite Hinweise auf den Textcharakter des zugehörigen Werkes aber sind auch hier keine Seltenheit und finden sich in vielerlei Gestalt:

Hinze-Kunze-Roman (R/D)
Memoirs of a Survivor (R/E)
Les aventures prodigieuses de Tartarin de Tarascon (R/F)
Geschichten aus dem Wienerwald (T/D)
The Comedy of Errors (T/E)
L'histoire de Tobie et de Sara (T/F)

Im Rahmen von Titelgefügen wird in diesen beiden Bereichen für metatextuelle Markierungen darüber hinaus besonders gerne der Untertitel genutzt (vgl. hierzu auch die Untersuchungen von Nord 1993a: 92 ff):

Homo Faber. Ein Bericht (R/D)
Schubert: Zwölf Moments musicaux und ein Roman (R/D)
Middlemarch, A Study of Provincial Life (R/E)
Jedermann: Das Spiel vom Sterben des reichen Mannes (T/D)
Eskalation ordinär. Ein Schwitzkastenschwank in sieben Affekten (T/D)

Beim Unterhaltungsroman hingegen spielen nicht nur mehrgliedrige Titel und damit natürlich auch Untertitel kaum eine Rolle, auch im Haupttitel finden sich selten konkrete Verweise auf den Textcharakter des zugehörigen Werkes:

The Secret History of the Pink Carnation (TR/E)
The madman's tale (TR/E)
The Household Guide to Dying (TR/E)

Eine absolute Ausnahme sind solch explizite Markierungen auch im Bereich des Musiktheaters:

Die Dreigroschenoper (O/D)
Let's make an opera (O/E)
West side story (M/E)

Etwas häufiger hingegen wird die metatextuelle Funktion des Titels wiederum beim Film verbalisiert, scheint aber auch hier in dieser expliziten Form eher eine untergeordnete Rolle zu spielen:

Film ohne Titel (F/D)
Bekenntnisse des Hochstaplers Felix Krull (F/D)
Pirate movie (F/E)
The Buddy Holly story (F/E)
Brighton Beach memoirs (F/E)
Le journal d'une femme de chambre (F/F)

3.2.2. Die phatische Funktion

Eine Verbindung zwischen Sender und Empfänger zu schaffen, einen Kontakt herzustellen, ihn aufrechtzuerhalten und „die Aufmerksamkeit des Angesprochenen auf sich zu lenken“ (Jakobson 1979: 91) – das sind die Leistungen der phatischen Funktion. Und genau dazu dient der Titel: „Géneralement parlant, le titre a pour fonction de rapprocher le lecteur du texte. Le titre a une fonction médiatrice entre le texte et le lecteur“ (Hoek 1973: 9).

Eine solche Mittlerrolle, wie Hoek sie beschreibt, übernimmt der Titel vor allem dann, wenn der Leser oder, allgemeiner ausgedrückt, der Rezipient dem Titel im direkten räumlichen Zusammenhang mit dem zugehörigen Text begegnet: Liest er beispielsweise den Titel eines Romans auf dem Bucheinband oder liegt der Titel eines Gedichts, einer Erzählung, eines wissenschaftlichen Aufsatzes oder auch eines Presseartikels als Überschrift direkt über dem Text vor, so kann der Titel der Einstieg in die Lektüre sein: „Le conTexte est donc d'un bout à l'autre enveloppé par ce blanc, comme si on ne pouvait y entrer que par le titre, voie unique d'accès au message divin" (Hoek 1973: 9 f). Ähnlich verhält es sich mit einem Filmtitel, der dem Zuschauer im Vorspann präsentiert wird. Interessanterweise wird im Theater wie auch im Musiktheater indes normalerweise darauf verzichtet, dem Publikum zu Beginn der Vorstellung nochmals den Titel zu nennen. Hier wird vorausgesetzt, dass man zu diesem Zeitpunkt bereits weiß, in welcher Vorstellung man sitzt und welches Stück einen erwartet.[97] Gleichzeitig wird die Markierung des Textbeginns, wie ein Titel als Überschrift über einem gedruckten Text sie ähnlich einer Begrüßungsformel leistet, durch andere Signale übernommen, klassischerweise durch das Öffnen des Vorhangs oder das Verlöschen des Saallichtes.

Bei Titeln nicht sprachlicher Texte, wie z.B. Werken der Bildenden Kunst oder der (Instrumental-) Musik, ist der Titel hingegen der einzige verbale Kanal überhaupt, der zwischen Sender und Empfänger besteht. Diesen kann der Sender nutzen, um mit dem Rezipienten in Kontakt zu treten und ihm auf diesem Weg zusätzliche Informationen über das Werk vermitteln, die für ihn möglicherweise aus dem Werk selbst gar nicht entnehmbar sind oder – beispielsweise aufgrund fehlender Hintergrundinformationen oder mangelnder Fachkenntnis – zumindest nicht unbedingt und von allen Rezipienten gleichermaßen entnommen werden können. In der Musik werden in diesem Sinne im Titel häufig die Gattung und die Tonart des Werkes genauer benannt, in der Bildenden Kunst kann dieser verbale Kanal genutzt werden, um den Betrachter über Details wie insbesondere Eigennamen von dargestellten Personen oder Orten zu informieren (vgl. Bruch 2005: 331 ff). So kann der Titelsender, der übrigens keineswegs mit dem Autor des zugehörigen Werkes identisch sein muss (vgl. hierzu Kap. 3.2.5), den Rezeptionsprozess beeinflussen, das Verständnis des Werkes erleichtern oder seine Interpretationsmöglichkeiten erweitern.

Von noch größerer Bedeutung ist die phatische Funktion von Titeln dann, wenn sich die Kommunikationssituation derart gestaltet, dass der Titel unabhängig

[97] Eine ungewöhnliche Ausnahme ist hier der Untertitel von Claudels Drama *Le soulier de satin, ou Le pire n'est pas toujours sûr. Action espagnole en quatre journées*, der, wie Genette (1989: 61) beschreibt, eigentlich gar nicht als Titel der Textfassung gilt, sondern nur zu Beginn der Vorstellung vom Ansager dem Publikum genannt werden soll.

vom zugehörigen Werk auftritt. In Verlagsprospekten oder Bibliothekskatalogen zum Beispiel, in Spielplänen von Theatern, Kinos, Opern- und Konzerthäusern, oder auch in Programmübersichten von Fernsehen und Rundfunk.[98] Dann ist der Titel nicht selten die erste Information, die uns über einen Text zur Verfügung steht, gelegentlich der erste Hinweis überhaupt auf seine Existenz. Durch ihn kann der Titelsender mit dem Empfänger, dem (potenziellen) Rezipienten seines Werkes, in Kontakt treten und seine Aufmerksamkeit im Sinne der phatischen Funktion darauf lenken. In diesem Fall fungiert der Titel allerdings nicht nur als Kontaktstifter, sondern muss auch den Kontakterhalt sicherstellen.[99] Denn: Vergisst der Angesprochene den Titel wieder, wird die Wiederauffindbarkeit des zugehörigen Werkes schwieriger, die Wahrscheinlichkeit seiner Rezeption etwas kleiner.

Gelingt es jedoch, dass der Titel über eine erste Kontaktstiftung und den Kontakterhalt „ante textum“ (Weinrich 2001:112 ff) hinaus den Rezipienten zu einer Annahme des mit ihm verbundenen Kommunikationsangebotes bewegt – natürlich spielen dabei jenseits des Titels in der Regel noch viele weitere Faktoren eine Rolle –, dann ist nach der Rezeption wiederum der Titel gefragt, um das Werk in Erinnerung zu halten. „Oft genug ist der Titel das einzige wörtliche Zitat, das wir von einer Lektüre behalten“ (Rothe 1970: 5). Und diese Eigenschaft macht ihn zu einem entscheidenden Faktor im Erinnerungsprozess, den Weinrich folgendermaßen beschreibt:

> „Um ihn herum – sagen wir also um das Wort ‚Blechtrommel' herum – organisiert sich *post textum* die Erinnerung an das Gelesene, immer natürlich vermischt mit eigenen Gedanken und Reminiszenzen, wie sie dem Leser bei der Beschäftigung mit dem Roman gekommen sein mögen.“ (Weinrich 2001: 113)

Natürlich bleiben uns auch Erinnerungen an Werke, deren Titel wir nicht kennen. Jeder von uns hat vermutlich Melodien im Ohr von Musikstücken, deren Titel er nicht kennt, weil sie im Radio nicht immer genannt werden. Oder wir haben einen Film gesehen ohne dessen Titel zu kennen, weil wir seinen Anfang

[98] Eine untergeordnete Rolle spielt dieser Aspekt in der Bildenden Kunst, da hier Titel und Werk nur selten unabhängig voneinander auftreten. Ähnliches gilt, wie Nord (1993a: 104) feststellt, insgesamt für Titel unselbständiger Texte wie beispielsweise Gedichte.

[99] Nord (1993a: 103 ff) spricht hier von „dilatorischer Kontaktstiftung“.

verpasst haben, und dennoch bleiben uns Bilder oder Szenen im Kopf. Kennen wir aber den Titel und können wir ihn uns (zumindest ungefähr) merken, so erleichtert er das Abspeichern und das Einordnen der Informationen über das Werk sowie insbesondere das Wiederabrufen dieses Wissens.[100] Das ist vor allem dann gefragt, wenn uns der Titel nach der Rezeption, möglicherweise in größerem zeitlichen Abstand und in ganz anderem Zusammenhang, erneut begegnet: als Verweis in einem Text, beispielsweise einem Zeitungsartikel, oder aber, vielleicht noch häufiger, in mündlichen Kommunikationssituationen, im Gespräch über ein Buch, einen Film, einen Maler, einen Komponisten oder eine Band etc.

Ob wir uns aber einen Titel als wörtliches Zitat merken und so den Kern des Erinnerungsprozesses sichern können, hängt in hohem Maße von der Gestaltung des Titels, seiner Anschaulichkeit, seiner Einprägsamkeit,[101] seiner Prägnanz, ja vor allem seiner Länge ab.[102] Damit der Titel seine memorielle Funktion, die eine titelspezifische Subfunktion der phatischen Funktion bildet,[103] erfüllen kann, sollte er die Leistungsfähigkeit unseres Gedächtnisses nicht überfordern und eine gewisse Länge nicht überschreiten. Dass dies in der Regel bei der Betitelung berücksichtigt wird, hat die Auswertung der Titellänge gezeigt.[104]

---

[100] Zum Einfluss von Titeln auf die Merkbarkeit von Texten vgl. die bei Schreitmüller (1994a: 153 f) und Wulff (1979: 290 ff) beschriebenen Tests.

[101] Zu den Möglichkeiten durch poetische, d.h. insbesondere klanglich-rhythmische Mittel, die Einprägsamkeit von Titeln zu stärken, vgl. Kap. 3.2.4.

[102] Nord (1993a: 104 ff) geht davon aus, dass medienspezifische Schwankungen der Titellänge als Hinweis auf eine unterschiedlich starke Relevanz der memoriellen Funktion gewertet werden können.

[103] Weinrich hält die memorielle Funktion für die Hauptfunktion literarischer Titel, „der alle anderen hier erwogenen Funktionen, einschließlich der informativen Funktion, ein- oder unterzuordnen sind" (Weinrich 2001: 111). Auch wenn der Aspekt der Merkbarkeit sicherlich von entscheidender Bedeutung ist, scheint mir eine Einordnung der memoriellen Funktion in das Jakobsonsche Kommunikationsmodell als titelspezifische Subfunktion der phatischen Funktion sinnvoller als eine Erweiterung des Modells oder die Einführung einer „Suprafunktion". Damit soll der memoriellen Funktion allerdings keineswegs ihre Bedeutung abgesprochen werden.

[104] Offensichtlich scheint die memorielle Funktion in der Bildenden Kunst des 19. Jahrhunderts, wo die Titel den Ergebnissen der Strukturanalyse zufolge (vgl.

Abschließend sei darauf hingewiesen, dass die phatische Funktion neben Kontaktstiftung und Kontakterhalt auch noch den Aspekt der Kontaktbeendigung umfasst. Und auch dieser kann meines Erachtens, anders als Nord (1993a: 102) und Rothe (1986: 102) es beschreiben, vom Titel übernommen werden, und zwar dann, wenn der Rezipient aufgrund des Titels entscheidet, dass der zugehörige Text für ihn nicht von Interesse sein dürfte, was vor allem bei informativen Texten wie Fachbüchern und wissenschaftlichen Aufsätzen, aber auch Zeitungsartikeln oder Fernsehsendungen sicherlich häufig vorkommt.

3.2.3. Die Darstellungsfunktion

Lehnt ein Rezipient aufgrund eines Titels das damit verbundene Kommunikationsangebot ab, so dass der Titel tatsächlich im Sinne der phatischen Funktion kontaktbeendigend wirkt, dann ist dieser Vorgang eng verknüpft mit einem weiteren kommunikativen Aspekt von Titeln, nämlich seiner Darstellungs- bzw. Referenzfunktion, bei Jakobson (1979: 88 f) auch „referentielle, ‚denotative' oder ‚kognitive' Funktion" genannt: Der Empfänger geht davon aus, dass der Titelsender die Möglichkeiten des Titels genutzt hat, um über das zugehörige Werk zu informieren, auf sein Thema, seinen Gegenstand zu verweisen, es inhaltlich oder formal einzuordnen. Der Empfänger nutzt entsprechend seinerseits den Titel als Orientierungsrahmen. Ist er auf der Suche nach einem Actionfilm, scheint ein Titel wie *Der Vater der Braut* wenig vielversprechend. Hat er hingegen Lust auf eine romantische Liebeskomödie, wird er sich nicht für *Pray for death* entscheiden.

Diese Strategie ist sinnvoll, solange man davon ausgeht, dass der Titel tatsächlich Aufschluss über den zugehörigen Text gibt. Angesichts seiner Tradition ist dies auch durchaus zu erwarten. So diente bereits der „titulus" in den antiken Bibliotheken genau diesem Zweck. Bei den Buchtiteln des Barock handelte es sich häufig um wahre Inhaltsangaben (vgl. Wulff 1985[3]: 152). Und in den Katalogen der französischen Kunstsalons des 18. Jahrhunderts beispielsweise, die ja

---

Kap. 3.1.2.2) überdurchschnittlich lang ausfallen, eine untergeordnete Rolle spielen.

zur Institutionalisierung eines verbindlichen Titels in der Bildenden Kunst entscheidend beigetragen haben, war eine möglichst genaue Benennung und Beschreibung des Dargestellten im Titel von größter Wichtigkeit, damit Titel und Bild einander überhaupt zugeordnet werden konnten (vgl. Hoek 2001: 90 sowie Bruch 2005: 325 ff). Doch auch in unserer heutigen Welt, in der wir uns dank moderner Kommunikationstechnologien mit einer unübersehbaren, schier überwältigenden Flut an Texten konfrontiert sehen, besteht ein wachsender Bedarf an rascher Orientierung über die vielfältigen Informationsangebote und diese kann, zumindest in einigen Bereichen, vom Titel geleistet werden. Besonders relevant ist dieser Aspekt im Bereich der Fachliteratur, weshalb die Darstellungsfunktion bei den Titeln wissenschaftlicher Texte eine ganz zentrale Rolle spielt, vermutlich sogar ihre Hauptfunktion bildet.[105]

Ein Indiz für die Relevanz der Darstellungsfunktion sieht Dietz (1995: 14 ff) in der Länge der Titel, denn „je länger ein Titel, desto mehr Informationseinheiten sind vorhanden" (Dietz 1995: 14), wobei, wie Dietz selbst einräumt, dieser Faktor insofern nicht ganz zuverlässig ist, als ein mehr an Text auch im Titel nicht zwingend ein mehr an Information bedeuten muss. Zumindest aber kann davon ausgegangen werden, dass ein längerer Titel mehr Raum für die Darstellungsfunktion bietet als ein sehr kurzer Titel und damit wenigstens potenziell mehr Informationseinheiten im Titel platziert werden könnten.

Angesichts der Ergebnisse der Korpusanalyse zur Titellänge (vgl. Kap. 3.1.2) würde dies bedeuten, dass die Darstellungsfunktion besonders ausgeprägt ist bei Titeln in der Bildenden Kunst des 19. Jahrhunderts, die mit, je nach Sprache, durchschnittlich über drei bis hin zu fast fünf Wörtern, außergewöhnlich lang ausfallen.[106]

---

[105] Vgl. hierzu Weinrich (2001: 108 f) sowie ausführlich Dietz (1995: 145-182).

[106] Bestätigt wird diese Vermutung auch immer wieder in der titrologischen Forschung zum Werktitel in der Bildenden Kunst. Der Darstellungsfunktion wird hier so große Bedeutung beigemessen, dass sie sogar immer wieder in die Definition des Titelbegriffs einfließt, beispielsweise bei Hoek (2001: 36): „Le titre d'une œuvre d'art est perçu comme une sorte de nom propre elliptique, qui résume verbalement l'information iconographique contenue dans l'œuvre." Ähnlich auch Bosredon (1997: 93).

Weniger eindeutig einzuordnen sind allerdings Titel in der modernen Kunst, da hier einerseits zwar Ein-Wort-Titel, die sicherlich das geringste Informationspotenzial bieten, mit 20% bis 30% je nach Sprache im Vergleich zu anderen Titelsegmenten deutlich überrepräsentiert sind, gleichzeitig aber auch Titel mit einer Länge von mehr als fünf Wörtern häufiger zu finden sind als in einigen anderen Bereichen. Dies könnte darauf hindeuten, dass die Darstellungsfunktion wichtig, aber nicht die einzig wichtige Funktion ist.

Im Bereich der Lyrik ist der Anteil an Ein-Wort-Titeln noch höher, die Relevanz der Darstellungsfunktion also offensichtlich noch geringer. Darauf deutet auch die Durchschnittslänge von Gedichttiteln hin, die vor allem in Deutschland, aber auch in Frankreich, niedriger ausfällt als in anderen literarischen Gattungen wie Roman oder Drama. Zudem konnten bei Gedichttiteln kaum mehrgliedrige Titel verzeichnet werden, die ihrerseits in besonderem Maße zur Realisierung der Darstellungsfunktion beitragen, da sie zusätzlichen Raum für weitere Informationseinheiten bieten. Mehrgliedrige Titel sind vor allem beim Roman und beim Drama, aber auch in der Bildenden Kunst belegt (vgl. Kap. 3.1.1.2), was darauf hindeutet, dass in diesen Segmenten das Informationspotenzial des Titels entsprechend stärker ausgeprägt ist.

Im Musiktheater wiederum sind mehrgliedrige Titel äußerst selten. Hinzu kommen beim englisch-amerikanischen Musical mit einem Anteil von 29% auffällig viele Ein-Wort-Titel und auch die durchschnittliche Länge der Titel fällt mit 2,8 Wörtern in diesem Segment verhältnismäßig gering aus. Übertroffen werden sie in ihrer Kürze im sprachinternen Vergleich mit anderen englischsprachigen Titeln nur noch vom Unterhaltungsroman mit einem Durchschnitt von 2,7 Wörtern und vom Film mit 2,6 Wörtern. Dies dürfte wohl ein Hinweis darauf sein, dass bei populärkulturellen Phänomenen, denen diese drei Bereiche durchaus zuzuordnen sind, die Darstellungsfunktion ebenfalls weniger stark ausgeprägt ist.

Jenseits aller medienspezifischen Schwankungen aber sind Titel insgesamt in allen hier untersuchten medialen Bereichen deutlich kürzer als jene wissenschaftlicher Texte, deren Länge Dietz (1995: 15) mit durchschnittlich sieben bis elf Wörtern beziffert.[107] Entsprechend kann davon ausgegangen werden, dass auch die Darstellungsfunktion in allen Titelsegmenten grundsätzlich einen etwas geringeren Stellenwert einnimmt und ihr in einigen medialen Bereichen von anderen kommunikativen Funktionen der Rang abgelaufen wird.

Dennoch sind die Potenziale von Titeln im Hinblick auf ihre Darstellungsfunktion, die Möglichkeiten der Bezugnahme vielfältig. Wulff (1985³: 174) formuliert diese Tatsache etwas pauschalisiert folgendermaßen: „Grundsätzlich kann wohl jedes Merkmal eines Textes oder Buches zur Titulierung ausgenutzt werden."[108] Um diese Vielfalt zu gliedern, unterscheidet Genette (1989: 79 f) zwei Haupttypen, nämlich „thematische" und „rhematische" Titel.[109]

Thematische Titel verweisen auf das Textreferens, nehmen also den „Gegenstand des Textes" (Genette 1989: 79) in den Blick. Neben dem Thema oder dem Motiv eines Textes sind dies im Bereich der Literatur wie auch im Musiktheater und im Film insbesondere Figuren und Handlungsträger, ihre Namen und Eigenschaften, Dinge, Vorgänge, Ereignisse, Ort und Zeit der Handlung,[110] also „Elemente des diegetischen Universums", wie Genette (1989: 83) es nennt. In der Bildenden Kunst geht es vor allem darum, die dargestellten Dinge, Personen, Orte, Ereignisse oder das Thema des Kunstwerkes zu benennen, dabei gegebenenfalls bestimmte Details hervorzuheben oder zusätzliche, dem Kunstwerk selbst nicht entnehmbare Informationen (wie beispielsweise Eigennamen dargestellter Personen) bereitzustellen.

Rhematische Titel hingegen lenken den Fokus auf den „Text als Gegenstand" (Genette 1989: 79), informieren also beispielsweise über Form, Aufbau, Umfang

---

[107] Dietz (1995: 15) bezieht allerdings auch mehrgliedrige Titel, also insbesondere Titelgefüge, in seine Berechnung der durchschnittlichen Titellänge ein, so dass die Ergebnisse hier nur bedingt vergleichbar sind.

[108] Fast identisch äußert sich auch Weiss (1971: 608) über den Titel in der Musik: „[…] grundsätzlich gesehen, kann jedes Element und/oder jeder Umstand eines Musikstückes zu seiner Bezeichnung dienen."

[109] Zur Problematik dieses Begriffpaars vgl. die Diskussion bei Moennighoff (2000: 43 f). Hoek (1973: 31 f) hatte in ähnlicher Verwendung die Termini „titres subjectaux" bzw. „titres objectaux" eingeführt, diese konnten sich jedoch gegen Genettes Terminologie nicht durchsetzen.

[110] Vgl. hierzu ausführlich Rothe (1986: 176-196).

eines Textes oder seinen pragmatischen Kontext, wie z.B. den Urheber, den Adressatenkreis oder auch Ort, Zeit und andere Umstände der Textproduktion:

Sonnet (Form; L/F)

Halbrundbild I (Form; BK20/D)

Wall Drawing no. 340 (Form; BK20/E)

Lavier/Morellet (Urheber; BK20/F)

Lines Written During a Period of Insanity (Textproduktion; L/E)

Ein Lied hinterm Ofen zu singen (Textrezeption; L/D)

Kinderlied (Adressatenkreis; L/D)

Gedicht für die Gedichte nicht lesen (Adressatenkreis; L/D)

Doch längst nicht alle Titel lassen sich eindeutig einem dieser beiden Typen zuordnen. Vor allem rein rhematische Titel sind jenseits der Lyrik und der Bildenden Kunst rar. Vielmehr weisen Titel oft sowohl thematische als auch rhematische Bezüge auf:[111]

Lebenslauf eines dicken Mannes, der Hamlet hieß (R/D)

Judas Ischarioth. Die Tragödie vom Verrat (T/D)

Ballade des dames du temps jadis (L/F)

Ode on Melancholy (L/E)

A Portrait Study of a Girl, perhaps Ann Hobson (BK19/E)

Nature morte aux oignons (BK19/F)

Zudem werden gerade rhematische Aspekte des zugehörigen Werkes, wie insbesondere seine Gattungs- oder Genrezugehörigkeit dabei nicht immer explizit verbalisiert, sondern implizit durch bestimmte sprachliche Signale realisiert. So lässt sich beispielsweise eine starke Affinität zwischen Sprachspielen wie abgewandelte Redewendungen oder Oxymora und dem Filmgenre Komödie feststellen.[112] Römische Ziffern als Titel sowie Formulierungen mit *An* oder *Für* + Per-

---

[111] Selbst reine Gattungsangaben wie „Elegien" o.ä. können, wie Genette (1989: 78 f) bemerkt, bereits einen Hinweis auf das Thema des zugehörigen Textes geben.

[112] Vgl. hierzu Bouchehri (2008: 27 f). Barton (1968: 45 ff) bestätigt Ähnliches auch für Buchtitel. Weitere Möglichkeiten der indirekten Information über das Genre in Filmtiteln finden sich bei Schreitmüller (1994a: 135 ff).

sonenbezeichnungen deuten meist auf die Gattung Lyrik hin und satzförmige Titel wie insbesondere konjunktional oder adverbial eingeleitete Hauptsätze sind Rothe (1986: 205) zufolge typisch für die Titel deutscher Trivialromane.[113]

Diese Angaben sind indes wesentlich weniger zuverlässig als konkrete Textsortenbezeichnungen, zumal sie als Titelmoden oft einem starken diachronen Wandel unterworfen sind, und setzen zudem wesentlich größere Erfahrungswerte seitens des Rezipienten im Umgang mit Titeln voraus. Aber nicht nur bei impliziten Textsortenangaben muss davon ausgegangen werden, dass der Rezipient ohnehin nicht immer in der Lage ist, die im Titel enthaltene Information zu erfassen und zu verstehen. Oft wird sie vom Titelsender rhetorisch verschlüsselt, beispielsweise durch Metaphern, Metonymien oder Antiphrasen (vgl. Genette 1989: 83 ff), aber auch durch die Verwendung von Neologismen oder nicht allgemein bekannten Abkürzungen und Fremdwörtern. Dann kann die Entschlüsselung der Titelinformation oft erst im Rahmen der Rezeption des zugehörigen Werkes, manchmal sogar nur durch die Bereitstellung zusätzlicher Hintergrundinformationen erfolgen.[114]

Doch mehr noch: Trotz der weit verbreiteten Annahme, der immer wieder postulierten Forderung, Titel müssten grundsätzlich etwas über das zugehörige Werk aussagen,[115] gibt es auch gegenteilige Beispiele. Denn ein Titel kann einen Rezipienten auch bewusst oder unbewusst in die Irre führen. Unbewusst geschieht dies bisweilen bei Translationsprozessen, wenn die Titulierungskonventionen in Ausgangs- und Zielkultur nicht übereinstimmen und dies beim interlingualen Transfer des Titels nicht berücksichtigt wird. Meist aber wird bewusst mit der Erwartungshaltung des Rezipienten gespielt, die Konventionen der Darstellungsfunktion durchbrochen. Dabei kommt ein grundlegender Aspekt der Referenz-

---

[113] Einen ausführlichen Überblick über gattungsspezifische Titeltypen liefert Rothe (1986: 202-208).

[114] Angesichts der daraus resultierenden Einschränkungen der Darstellungsfunktion von Titeln vertrete ich, ähnlich Genette (1989: 77) oder auch Nord (1993a: 107) und anders als Moennighoff (2000: 19 ff), die Position, dass die Darstellungsfunktion zwar durchaus eine wichtige kommunikative Leistung von Titeln sein kann, sie aber nicht zu den Grundfunktionen aller Titel zählt, geschweige denn in eine Definition des Titelbegriffs einfließen sollte.

[115] Vgl. hierzu die umfassende Auflistung derartiger Forderungen bei Rothe (1986: 172 ff).

funktion von Titeln zum Tragen: Als Metatexte weisen Titel immer einen doppelten Bezugsrahmen auf (vgl. u.a. Rothe 1986: 169), d.h. sie beziehen sich zwar in erster Linie und unmittelbar auf den Objekttext, also das zugehörige Werk, seine Form, seinen Inhalt etc. Darüber hinaus aber verweisen sie immer auch auf die außersprachliche Wirklichkeit, die reale Welt jenseits des Kunstwerks mit ihren Gegenständen, Sachverhalten und Handlungszusammenhängen. Stimmen nun diese beiden Bezugspunkte nicht überein, sind Titel und Text nicht kongruent,[116] so entsteht ein Spannungsfeld. Besonders gerne gespielt wird mit solchen Effekten der Täuschung und Enttäuschung in den Bereichen der experimentellen Literatur sowie vor allem in der Bildenden Kunst (Bruch 2005: 323 ff). Hier, wo anders als z.B. bei Romanen oder Theaterstücken, die Inkongruenz oft schon – im wahrsten Sinne des Wortes – auf einen Blick aufgedeckt werden kann, bietet sie besonders interessante Möglichkeiten der Interpretationserweiterung. Da jedoch zur Überprüfung der Kongruenz von Titel und Text eine umfassende Werkanalyse notwendig wäre, bleibt im Rahmen der hier vorliegenden rein titrologisch ausgerichteten Studie dieser Aspekt weitgehend unbeachtet.

3.2.4. Die poetische Funktion

> „Die poetische Funktion stellt für Roman Jakobson eine besondere Dimension der Sprache dar, die dadurch zustande kommt, dass durch die Kunst poetischen Sprachgebrauchs die „paradigmatische" (=systemische) auf die „syntagmatische" (=linear-textuelle) Achse der Sprache projiziert wird." (Weinrich 2001: 105)

Die Poetizität sprachlicher Äußerungen entsteht also dadurch, dass der Sender bei der Schaffung einer sprachlichen Sequenz die Worte auf der paradigmatischen Ebene der Sprache aus zwei oder mehreren Gruppen synonymer oder fast synonymer Begriffe so auswählt, dass sie, wenn sie auf der syntagmatischen Ebene der Sprache miteinander verknüpft werden, ein bestimmtes sprachliches Muster ergeben (vgl. Jakobson 1979: 92 ff). Damit bezieht sich der poetische

---

[116] Zum Begriff der Kongruenz in diesem Kontext vgl. Rothe (1986: 174): „Kongruenz bedeutet nicht Deckungsgleichheit: Infolge seiner Kürze kann der Titel unmöglich der Totalität eines Werks gerecht werden."

Aspekt sprachlicher Äußerungen weniger auf das, *was* gesagt wird, als vielmehr darauf, *wie* etwas gesagt wird. Nicht die Inhaltsseite des Zeichens steht im Vordergrund, sondern das Zeichen selbst, die Ausdrucksseite, die Oberfläche:

> „Indem das Zeichen auf sich selber aufmerksam macht, suspendiert es seine übliche Hauptfunktion, nur als Bezeichnung von etwas anderem zu dienen. Diese Deautomatisierung unserer Zeichenwahrnehmung und -benutzung macht uns andere, neue Qualitäten des Zeichens bewusst." (Rothe 1986: 49)

Eine derartige Fokusverschiebung führt gerade beim interkulturellen Transfer häufig zu Problemen, denn „jenes spielerische Hin und Her zwischen der paradigmatischen und der syntagmatischen Sprachebene" (Weinrich 2001: 106), wie rhetorische Figuren es nutzen, funktioniert nur selten in Ausgangs- und Zielsprache gleichermaßen. Um dies zu veranschaulichen, möchte ich die beiden von Weinrich (2001: 105) gewählten Beispiele aufgreifen, nämlich Jane Austens Romantitel *Sense and Sensitivity* und *Pride and Prejudice*.[117] So ist für die Alliterationen, die Jane Austen zur Stärkung der Poetizität ihrer Titel verwendet, in der deutschen Sprache nicht ohne weiteres eine Entsprechung zu finden, die sowohl der referentiellen als auch der poetischen Funktion gerecht wird. Der Titeltranslator muss daher entscheiden, welcher der beiden Funktionen er den Vorrang einräumt: der Darstellungsfunktion wie bei *Stolz und Vorurteil*, wo zugunsten einer möglichst wortgetreuen Übertragung die Poetizität der Titelformulierung verringert wird, oder aber der poetischen Funktion, wie bei *Sinn und Sinnlichkeit*, wo zugunsten der rhetorischen Stilmittel eine Bedeutungsverschiebung in Kauf genommen wurde.

Gerade die poetische Funktion also ist es, die die Titeltranslation – ähnlich wie die Lyrikübersetzung – zu einem oft so schwierigen Unterfangen macht, denn in vielen Titeln ist diese Funktion stark ausgeprägt. Klangfiguren wie Alliteration, Assonanz, Anapher, Paronomasie, Reim und Rhythmus finden sich in allen Titelsegmenten:

Mathis der Maler (Alliteration; O/D)

Red Race Riot (Alliteration; BK20/E)

Daisy Dooley Does Divorce (Alliteration; TR/E)

---

[117] Beide Titel sind auch in dem dieser Studie zugrunde liegenden Korpus, Teilbereich englischsprachige Romantitel (R/E), verzeichnet.

As Is (Paronomasie; T/E)
Tout feu, tout flamme (Anapher; F/F)
Zeit zu leben und Zeit zu sterben (Anapher; R/D)
Bekannte Gesichter, gemischte Gefühle (Parallelismus; T/D)
Nuns on the run (Assonanz; F/E)
Irrungen, Wirrungen (Reim; R/D)
Blast from the past (Reim; T/E)
Des Meeres und der Liebe Wellen (Rhythmus; T/D)

Über die klangliche Ebene hinaus, die Jakobson (1979: 92 ff) bei der Formulierung seiner Überlegungen vor allem im Blick hatte, weitet Rothe (1986: 49 f) in Anlehnung an Kloepfer (1975) die poetische Funktion konsequenterweise auf das gesamte Spektrum rhetorischer Figuren aus.[118] Auch Stilmittel wie Metaphorik, Antithetik, Elliptik, Inkongruenz, Polysemie, Vagheit, Zitate, Anspielungen, Abwandlung sprachlicher Formeln und Abweichungen von der Standardsprache sowie ortho- und typographische Besonderheiten, wie sie in Titeln zahlreich verwendet werden, fallen damit ebenfalls in den Bereich der poetischen Funktion.[119]

König Ottokars Glück und Ende (Antithetik; T/D)
Der Traum ein Leben (Elliptik; T/D)
Ils surgissent (Vagheit; BK20/F)
„Die Fahne hoch!“ (Zitat; BK20/E)
Die neuen Leiden des jungen W. (Anspielung; R/D)
Der aufhaltsame Aufstieg des Arturo Ui (Abwandlung; T/D)
Match me if you can (Abwandlung; TR/E)
Antz (Orthographie; F/E)
Entrer dans le βορδελ d'une démarche grave (Typographie; L/F)

Dabei gibt es natürlich je nach medialem Bereich interessante Unterschiede, nicht nur im Hinblick auf die Distribution der verschiedenen rhetorischen Figu-

---

118 Ähnlich auch Hoek (1981: 135-141).

119 Einige dieser Stilmittel, wie insbesondere Metaphorik und Polysemie, erschließen sich nur im Zusammenhang mit dem zugehörigen Werk und können daher im Rahmen dieser titrologischen Studie kaum identifiziert werden.

ren, sondern auch im Hinblick auf ihre Häufigkeit insgesamt und damit auf die Relevanz der poetischen Funktion für die einzelnen Titelsegmente. Eine umfassende Analyse der poetischen Mittel aber würde angesichts ihrer Vielfalt im Rahmen dieser Studie zu weit führen und eine Fokusverschiebung weg von der Titeltranslation hin zu einer reinen kultur- und medienkontrastiven Untersuchung bedeuten, was nicht Ziel dieser Arbeit ist.[120]

Als erster, allgemeiner Hinweis auf medienspezifische Schwankungen bei der Ausprägung der poetischen Funktion soll hier daher lediglich die Vielfalt der Syntax dienen. Schließlich hat, wie Rothe (1986: 50) betont, „jedwede Innovation als Durchbrechung der Titelnorm eo ipso schon poetischen Charakter."

Und wenn nun die nominale Titelstruktur angesichts ihrer zahlenmäßigen Bedeutung mit einem Anteil von wenigstens 76% beim Unterhaltungsroman, oft aber sogar weit über 90%, als syntaktische Norm für Titel in allen hier untersuchten Segmenten ausgemacht werden konnte, so können Abweichungen von dieser Norm in Form anderer syntaktischer Strukturen, also adjektivischer, adverbialer, verbaler, interjektions- und satzförmiger Titel als Innovation und damit als Hinweis auf die Poetizität der Titel gelten. Zumindest zeigen diese Formen das Bemühen des Senders um Individualität, Originalität, Innovativität und damit, im Jakobsonschen Sinne, die Fokussierung auf die sprachliche Mitteilung als solche.[121]

---

[120] Für die Titeltranslation ist eine umfassende Analyse der unterschiedlichen Mittel zur Realisierung der poetischen Funktion unter kulturenkontrastiven Gesichtspunkten, wie sie beispielsweise Nord (1993a: 130 sowie 171-185) durchführt, jenseits von Einzelfallstudien insofern wenig ergiebig, als die Schwierigkeiten beim interkulturellen Transfer der poetischen Funktion ihre Ursache meines Erachtens weniger in kulturspezifischen Unterschieden bei der Distribution der rhetorischen Figuren finden, als vielmehr in der Tatsache, dass sich viele Stilmittel, obwohl auch in der Zielkultur durchaus üblich, in der Zielsprache als nicht realisierbar erweisen.

[121] Die Titelsyntax ist dabei keineswegs der einzige Bezugsrahmen für Titelnormen und ihre Durchbrechung. Auch die Titellänge oder die Titelgliederung können hierfür genutzt werden, wenn beispielsweise ein Titel die für das entsprechende Segment übliche Länge deutlich unter- bzw. angesichts der generellen Kürze von Titeln meist eher überschreitet. Oder wenn ein Gliederungstyp gewählt wird, der für diesen medialen Bereich unüblich ist, z.B. ein Doppeltitel zur Betitelung eines Gedichts.

Besonders gering scheint dieses Bemühen den Strukturanalysen zufolge (vgl. Kap. 3.1.3.2) im Bereich der Bildenden Kunst des 19. Jahrhunderts ausgeprägt zu sein ebenso wie bei einigen Gattungen des Musiktheaters, insbesondere der Oper. Die größte Ausnahme bilden hier englischsprachige Musicaltitel, die sich ihrerseits durch eine besonders große Bandbreite syntaktischer Strukturen auszeichnen, wie sie sich daneben vor allem beim englischsprachigen Unterhaltungsroman findet. Eine etwas unterdurchschnittliche Frequenz von Nominaltiteln und ein dementsprechend erhöhter Anteil anderer Syntaxformen konnte zudem auch für Filmtitel sowie in besonderem Maße für Gedichttitel nachgewiesen werden.

Die poetische Funktion im Titel scheint dabei allerdings häufig kein Selbstzweck zu sein – am ehesten wohl noch im Bereich der Lyrik, wo das Spiel mit der Sprache auch das zugehörige Werk maßgeblich prägt, sowie vielleicht in der modernen Kunst. Darüber hinaus aber betrifft die poetische Funktion oft gerade jene Titelsegmente, in denen auch die Appellfunktion von großer Bedeutung ist, wie insbesondere Filmtitel oder Titel von Trivialromanen (vgl. Kap. 3.2.6).[122] Der Poetizität von Titeln tut dies jedoch keinen Abbruch. Schließlich weist Jakobson selbst ausdrücklich darauf hin, dass sprachliche Sequenzen, die bestimmte klangliche Muster aufweisen, wie z.B. „mnemotechnische Zeilen" oder „moderne Werbesprüche" (Jakobson 1979: 95), auch jenseits von Dichtung im engeren Sinne unter dem Aspekt der poetischen Funktion betrachtet werden sollten:

> „Im weiteren Sinne des Wortes befasst sich die Poetik mit der poetischen Funktion nicht nur in der Dichtung, wo sie alle anderen Formen dominiert, sondern auch außerhalb der Dichtung, wenn eine andere Funktion der poetischen den Rang abnimmt." (Jakobson 1979: 96)

3.2.5. Die Ausdrucksfunktion

> „Die sogenannte EMOTIVE oder ‚expressive' Funktion, die sich an den SENDER richtet, bringt die Haltung des Sprechers zum Gesprochenen unmittelbar

[122] Nord (1993a: 172) führt daher bei ihrer Analyse der Titelfunktionen die poetische Funktion lediglich als Subfunktion der Appellfunktion auf.

zum Ausdruck. Sie sucht einen Eindruck über eine bestimmte Emotion, ob wirklich oder fingiert, zu erwecken.“ (Jakobson 1979: 89)

Dabei ist die Wahl des Titels, die Entscheidung für eine bestimmte Formulierung, wie Rothe (1986: 160) es beschreibt, immer auch ein Akt der Selbstkundgabe des Titelsenders. Als metatextuelle Botschaft bietet der Titel dem Sender die Möglichkeit, hierin seine Haltung zum zugehörigen Werk zu äußern. Dies geschieht implizit durch die Setzung eines bestimmten Titels, die Hervorhebung eines bestimmten Aspekts des zugehörigen Werkes, der zu dessen Betitelung dient und dadurch die Perspektive auf den Text sowie seine Interpretation beeinflusst.

Verstärkt werden kann die Expressivität von Titeln darüber hinaus durch gewisse sprachliche Signale im Titel, die eine explizite Wertung erkennen lassen. Diese kann sich entsprechend der Dimensionen der Darstellungsfunktion auf unterschiedliche Aspekte eines Textes beziehen: in thematischen Titeln kann die Einstellung zum Textreferens geäußert werden, in rhematischen Titeln kann sich die Ausdrucksfunktion auf den Text als solchen richten, dabei insbesondere auf Textmedium und Textform, aber auch auf den Textproduzenten (falls dieser nicht mit dem Titelsender identisch ist, s.u.), den Adressatenkreis oder die beabsichtigte Wirkung.[123]

Als sprachliche Signale[124] dienen hierfür u.a. die Möglichkeit der ausdrücklichen Bewertung mittels wertender oder gefühlsgeladener Adjektive, gelegentlich im Superlativ sowie mit elativen Präfixen oder Steigerungspartikeln versehen, die Verwendung bestimmter positiv oder negativ konnotierter Substantive einschließlich sprechender Namen und Diminutivformen sowie Gefühlsäußerungen, beispielsweise in Form von Interjektionen. Zudem besteht die Möglichkeit der Identifizierung und Bindung, insbesondere durch die Verwendung von Personal- und Possessivpronomen der 1. und 2. Person (Singular wie Plural) sowie Imperativformen und Anreden, oder, im Gegenteil, der Distanzierung,

---

[123] Nord (1993a: 132 f) unterscheidet anders als die hier zugrunde gelegte Einteilung von Genette (1989: 79 f) sowohl bei der Darstellungsfunktion als auch folgerichtig bei der Ausdrucksfunktion nicht nur zwei, sondern drei Dimensionen, da sie bei rhematischen Titeln nochmals zwischen Textform und Textsituation differenziert.

[124] Eine sehr ausführliche Übersicht über die Möglichkeiten der Funktionsrealisierung findet sich bei Nord (1993a: 131-143). Vgl. außerdem Rothe (1986: 160-165).

beispielsweise durch einen ausdrücklichen Hinweis darauf, dass der Objekttext von einem anderen, möglicherweise auch fingierten Sender produziert wurde:

> *Die Insel Felsenburg. Wunderliche Fata einiger Seefahrer, absonderlich Alberti Julii* (R/D)
>
> *The great dictator* (F/E)
>
> *Trop belle pour toi!* (F/F)
>
> *Jesus Christ Superstar* (M/E)
>
> *Fairest of them all* (TR/E)
>
> *Berliner Liedchen* (L/D)
>
> *Das Käthchen von Heilbronn* (T/D)
>
> *Daddy Longlegs* (F/E)
>
> *Moi Ivan, toi Abraham* (F/F)
>
> *Wir Wunderkinder* (F/D)
>
> *Josefine Mutzenbacher. Die Lebensgeschichte einer wienerischen Dirne, von ihr selbst erzählt* (R/D)
>
> *William Shakespeare's Romeo and Juliet* (F/E)

Was die Selbstkundgabe des Senders im Sinne der emotiven Funktion anbelangt, so erweist sich allerdings ein Aspekt der Titelkommunikation als äußerst problematisch: In eigentlich allen Kommunikationssituationen, in denen wir es mit Titeln zu tun haben, ist der Titelsender selbst nie anwesend, mehr noch: Oft kann der tatsächliche Urheber eines Titels kaum ermittelt werden.[125] Keinesfalls darf er, wie bereits angedeutet wurde, einfach mit dem Textsender gleichgesetzt werden.[126] Schließlich kommen als Titelsender neben dem Autor des zugehörigen Werkes je nach Titelsegment zahlreiche weitere Personen und Instanzen in Frage.

Bei Buchtiteln ist dies an erster Stelle sicherlich der Verleger bzw. der Herausgeber. Selbstverständlich ist dies bei postumen Editionen sowie bei Textsammlungen. Doch auch sonst greifen Herausgeber gerne zumindest beratend in die

---

[125] Einzige Ausnahme wäre, wenn der Rezipient den Namengebungsakt direkt miterlebt, was aber selten, vielleicht nie der Fall ist.

[126] Selbst wenn der Titel vom Autor selbst stammt, muss bei fiktiven Texten, also im Bereich des literarischen Titels, natürlich zwischen Autor und Erzähler unterschieden werden (vgl. Rothe 1986: 157 ff).

Titelfindung ein (Rothe 1986: 151 f). Bei Theaterstücken entschied früher häufig der Prinzipal über den Titel (Rothe 1986: 147), bis heute werden Dramatiker gelegentlich von Schauspielern, Regisseuren oder Intendanten bei der Titelfindung beraten (Rothe 1986: 152) und auch hier hat schließlich der Verlag großen Einfluss auf die Betitelung. Im Bereich der Trivialliteratur, insbesondere bei so genannten Heftchenromanen, steht der Titel oft schon fest, bevor der Autor überhaupt zu schreiben beginnt. Er wird vom Verlag vorgegeben oder von Autor und Verlag gemeinsam ausgewählt (Nutz 1962: 84). Dabei wird, insbesondere in den USA, teilweise auf Titel zurückgegriffen, die von professionellen Titelagenturen produziert werden (Hoek 1981: 270). Dieser Service wird auch von der (amerikanischen) Filmindustrie gerne in Anspruch genommen. Daneben kommen beim Film als Titelsender außerdem der Autor der literarischen Vorlage oder des Drehbuchs sowie der Regisseur, der Produzent, der verantwortliche Fernsehredakteur oder der Verleiher in Frage.

Ähnlich vielfältig sind die Möglichkeiten natürlich auch in der Musik ebenso wie in der Bildenden Kunst. Da gerade im letztgenannten Bereich bis ins 19. Jahrhundert nur ein schwach ausgeprägtes Titelbewusstsein bestand (vgl. Hoek 2001: 23 ff), wurden ältere Werke ohnehin oft erst im Nachhinein mit einem Titel versehen. Diese wurden dann entweder von einem (späteren) Besitzer, einem Nachlassverwalter, einem Sammler, einem Museum, einer Galerie oder, bei Publikationen von titellosen Werken im Rahmen von Kunstbüchern, vom Herausgeber vergeben.

Von wem auch immer der Titel eines Werkes also stammen mag – für den Empfänger ist dies meist nicht ohne weiteres erkennbar. Ohne den Einzelfall zu analysieren, zeichnen sich dennoch je nach medialem Bereich gewisse Unterschiede ab. So stammen Titel in der Bildenden Kunst bis weit ins 19. Jahrhundert hinein fast nie, im 20. Jahrhundert hingegen fast immer vom Künstler selbst (vgl. Hoek 2001: 25 f).[127]

---

[127] Sollte der Künstler auf eine Betitelung seines Werkes verzichtet haben, wird diese in der zeitgenössischen Kunst in der Regel durch die Bemerkung *Ohne Titel*, ggf. ergänzt durch weitere individualisierende, deskriptive Zusätze, meist in Klammern, ersetzt. Diese Bezeichnung des Werkes erhält dadurch selbst Titelstatus, zumal

Ähnlich wie in der Bildenden Kunst ist auch in der Lyrik bis heute eine Betitelung der Werke nach wie vor nicht zwingend erforderlich, anders als beispielsweise beim Roman oder beim Drama. Dennoch hat sich auch in der Lyrik, wie Rothe (1986: 32) feststellt, „dessen ungeachtet [...] die individuelle und authentische Überschrift seit dem 18. Jahrhundert durchaus etablieren können." Das Titelbewusstsein der Autoren ist beim Roman schon etwas früher entstanden, etwa parallel zur Erfindung und Verbreitung des Buchdrucks im ausgehenden 15. und beginnenden 16. Jahrhundert (vgl. Rothe 1986: 148).[128] Seit dieser Zeit stammt der Titel in der Höhenkamm-Literatur also meist vom Autor selbst, zumindest zeichnet dieser in der Regel für den Titel verantwortlich, auch wenn er ihn nicht selbst erdacht haben sollte.

Beim Film hingegen ist angesichts der Vielzahl der am Produktionsprozess beteiligten Personen der Titel-Verantwortliche oft besonders schwer zu ermitteln. Überhaupt scheint in der Unterhaltungsindustrie, also beim Film wie auch beim Trivialroman, wie Rothe (1986: 153 f) beschreibt, der Titelsender und damit die emotive Funktion im Sinne der individuellen Selbstkundgabe des Urhebers eine untergeordnete Rolle zu spielen.[129] Gleichzeitig konnte jedoch gerade in diesen Segmenten eine besonders hohe Expressivität der Titel, beispielsweise in Form von Interjektionen (vgl. Kap. 3.1.3.2), nachgewiesen werden. Es muss daher davon ausgegangen werden, dass es dem Titelsender weniger darum geht, eine tatsächliche, individuelle Haltung kundzutun, als vielmehr eine „fingierte" Emotion zu äußern (vgl. Jakobson 1979: 89), um dadurch den Empfänger zu beeinflussen. Dabei verfolgt eine derartige Beeinflussung, ähnlich wie dies auch schon bei der poetischen Funktion deutlich wurde, vor allem einen Zweck: die Stärkung der Appellfunktion.

wenn sie auch in anderen Kontexten zur Identitfizierung und Benennung des Werkes beibehalten wird.

[128] Die Entstehung des modernen Romantitels in Deutschland datiert Volkmann (1967: 1197 f) mit Jörg Wickrams *Der Goldfaden* auf das Jahr 1557.

[129] Vgl. hierzu auch Schreitmüller (1994 a: 155): „Bezogen auf kommerzielle Spielfilme ist die Expressionsfunktion, also die Konzentration auf das, was der individuelle Urheber zur Sprache bringen will, unwesentlich."

3.2.6. Die Appellfunktion

„Un beau titre est le vrai Proxénète d'un Livre & ce qui en fait faire le plus prompt débit." (Furetière 1714: 131)[130]

Als „Zuhälter" bezeichnete der französische Schriftsteller und Gelehrte Antoine Furetière den Buchtitel bereits im 17. Jahrhundert, „Werber" nennt ihn Rothe (1986: 105) etwas zurückhaltender. Gemeint ist in beiden Fällen: Der Titel muss, ganz im Sinne der Bühlerschen Appellfunktion,[131] den Empfänger ansprechen, ihn auf das zugehörige Werk aufmerksam machen und von seinen Qualitäten überzeugen, ihn schließlich zur Rezeption, d.h. bei Büchern in der Regel auch zum Kauf des Werkes bewegen.[132] Im wörtlichen Sinne taten dies tatsächlich einige barocke Buchtitel: „[…] *Kaufet mich mit guten Treuen / Es wird euch wahrlich nicht gereuen* […]" (zit. nach Rothe 1986: 105).

Eine solch direkte Kaufaufforderung im Titel ist heutzutage gänzlich unvorstellbar. Dennoch übernimmt der Titel, zumindest in einigen medialen Bereichen, wichtige Marketingfunktionen. Andere Titelfunktionen müssen sich daher zum Teil der Appellfunktion unterordnen. Denn sowohl die Darstellungsfunktion, als auch die Ausdrucksfunktion und die poetische Funktion können zu Werbezwecken genutzt werden.

Allein das, was im Titel über den zugehörigen Text gesagt wird, kann die Aufmerksamkeit des Rezipienten wecken, die Darstellung des Textreferens wird zum Leseanreiz (vgl. Nord 1993a: 149 sowie Rothe 1986: 107 f). Dies funktioniert am einfachsten durch die Verwendung von Reizwörtern, also Begriffen aus bestimmten Themenbereichen, die die elementaren Emotionen und Bedürfnisse

---

[130] Zu Deutsch etwa: Ein schöner Titel ist der wahre Zuhälter eines Buches und das, was für den schnellsten Absatz sorgt. Zur Übersetzung vgl. auch Genette (1989: 92).

[131] Jakobson (1979: 90) spricht hier von der „konativen" Funktion.

[132] Eine scharfe Trennung zwischen phatischer und konativer Funktion im Titel ist problematisch und wird daher in der titrologischen Forschung oft unterschiedlich bewertet, vgl. beispielsweise Nord (1993a: 103) sowie Weinrich (2001: 106). Im Anschluss an Nord (1993a: 103) erachte ich die phatische Funktion als Grundfunktion aller Titel, da sie letztlich unabhängig von Form und Gestaltung von allen Titeln wahrgenommen wird, während es sich bei der Appellfunktion um eine fakultative Zusatzfunktion handelt, die – je nach medialem Bereich (s.u.) – zwar in vielen, aber längst nicht in allen Titeln in ausgeprägter Form vorzufinden ist.

der Rezipienten ansprechen, wie z.B. Liebe und Sexualität, Gewalt und Tod oder auch Abenteuer und Übersinnliches.[133] Ähnlich funktionieren auch Exotismen, also auf den Rezipienten fremd wirkende Begriffe, wie insbesondere fremdartige Eigennamen oder Realia, die so seine Neugier wecken:

Narrenweisheit oder Tod und Verklärung des Jean-Jacques Rousseau (R/D)
Sons and lovers (R/E)
Sex, lies and videotape (F/E)
Tarzan's greatest adventure (F/E)
Blut am Hals der Katze (T/D)

Siddhartha (R/D)
Ishtar (F/E)
Die Entführung aus dem Serail (O/D)
Die Blume von Hawaii (OT/D)
Le grand Mogul (OT/F)

Doch nicht nur das, was gesagt wird, sondern, im Gegenteil, auch das, was nicht gesagt, höchstens angedeutet wird, kann als Aktivierungsstrategie im Titel verwendet werden. Dies geschieht beispielsweise durch die Verwendung von Anspielungen und rätselhaften Ausdrücken wie Neologismen, Abkürzungen oder nicht allgemein verständliche Fremdwörter.[134] Auch fremdsprachliche Originaltitel, die in Form von Titelidentitäten (vgl. Kap. 4.2.1) unverändert in der Zielsprache beibehalten werden und damit für die Rezipienten nicht mehr unbedingt voll verständlich sind, können eine derartige Wirkung entfalten.

Beyond (R/E)
Madame de ... (F/F)
Titan A.E. (F/E)
In Memoriam A.H.H. (L/E)

---

[133] Zur Bestimmung und Verwendung von Reizwörtern im Titel vgl. Rothe (1986: 90-96) sowie Nord (1993a: 150 ff).

[134] Vgl. Rothe (1986: 108 ff) sowie Schreitmüller (1994a: 91 ff). Ein ausführlicher Überblick über mögliche Aktivierungsstrategien im Titel findet sich auch bei Nord (1993a: 154-159).

Das Nasobem (L/D)
Ach Alma Manetro (BK20/F)
Hegitraf (BK20/E)

Eine besondere Form der Appellwirkung durch die Darstellung des Textreferens ergibt sich zudem in Kommunikationssituationen, in denen Titel und Werk zeitgleich oder sehr schnell nacheinander rezipiert werden, wie insbesondere in den Bereichen Lyrik und Bildende Kunst.[135] Hier kann der Titel interpretationssteuernd in den Rezeptionsprozess eingreifen und so die Aufmerksamkeit erhöhen, die der Rezipient dem Werk schenkt, vor allem aber die Aufmerksamkeitsspanne verlängern.[136] Dies funktioniert am ehesten dann, wenn der Titel über das Werk selbst hinausweist, seine Interpretationsmöglichkeiten erweitert, beispielsweise durch Inkongruenz zwischen Titel und Text (vor allem in der Bildenden Kunst), aber auch durch die Verwendung rhetorischer Mittel wie Metaphern, Metonymien, Allegorien, Symbole, Polysemien sowie sprechende Namen oder intertextuelle Bezüge, deren Dimension erst durch die Lektüre erkannt werden kann.[137]

---

[135] Zum Rezeptionsvorgang von Titel und Werk in der Bildenden Kunst vgl. Bruch (2005: 332): „Hier gibt es drei unterschiedliche Reihenfolgen: Entweder liest man zuerst den Titel und betrachtet dann das Bild, betrachtet zweitens zuerst das Bild, liest dann den Titel und kehrt anschließend zur Betrachtung des Bildes zurück oder man betrachtet drittens zuerst das Bild, liest den Titel und kehrt nicht wieder zur Betrachtung des Bildes zurück."
Bei Gedichten wird meist der Titel als Überschrift (falls es überhaupt einen gibt) zuerst rezipiert und erst dann das Gedicht gelesen, ggf. auch gehört. In schriftlichen Kommunikationssituationen kann dann aber nochmals zum Titel zurückgekehrt werden, so dass auch hier, ähnlich wie in der Bildenden Kunst, eine sehr enge Wechselwirkung zwischen Titel und Bild entsteht.

[136] Kurze Texte, wie Gedichte, Kurzgeschichten oder auch Kurzfilme eignen sich besonders für diese Strategie der Appellrealisierung, da ihre Rezeption an sich nur wenig Zeit in Anspruch nimmt. Zwar finden sich ähnliche Betitelungsstrategien auch bei längeren Texten, beispielsweise Romanen, allerdings ist hier ihre Appellwirkung gering, da eine Verlängerung der Aufmerksamkeitsspanne bei dem ohnehin deutlich umfangreicheren Rezeptionsprozess wenig ins Gewicht fällt.

[137] Da einige dieser rhetorischen Figuren oft nur im Zusammenhang mit dem zugehörigen Werk erkannt und entschlüsselt werden können, konnten sie angesichts des Konzepts dieser titrologischen Analyse als Faktor nicht weiter berücksichtigt werden.

Neben der Darstellungsfunktion spielt vor allem die sprachliche Gestaltung der Mitteilung im Sinne der poetischen Funktion im Titel wie auch sonst in der Werbung eine entscheidende Rolle (vgl. Kap. 3.2.4). Klangfiguren und andere rhetorische Stilmittel dienen deshalb häufig zur Stärkung der Appellwirkung (vgl. Nord 1993a: 171-186). Schließlich kann auch die Ausdrucksfunktion im Sinne der Appellfunktion genutzt werden, da Formulierungen, die einen hohen Grad an Expressivität aufweisen, wie z.B. Identifizierungen oder Distanzierungen, wertende Ausdrücke oder Gefühlsäußerungen (vgl. Kap. 3.2.5), den Rezipienten emotional ansprechen und damit eine starke Appellwirkung auf ihn ausüben können (vgl. Nord 1993a: 168 ff).

Titel verwenden damit nicht nur ähnliche Mittel wie Werbeslogans[138] – gerade Filmtitel werden teilweise tatsächlich auch von Marketingagenturen entwickelt.[139] Das ist nur konsequent. Denn: Filme, vor allem Kinofilme sind teuer. Das betrifft insbesondere die großen amerikanischen Hollywood-Blockbuster, die zum Teil mit immensen Summen von bis zu 500 Mio. US-Dollar produziert werden.[140] Aber auch bei einer kleinen deutschen Autorenfilm-Produktion liegt das Budget in der Regel bei über 1 Mio. Euro. Dieser große finanzielle Aufwand, der sich hinter einem Film verbirgt, führt, wie Schreitmüller (1994a: 85) es formuliert, zu einer „Dominanz des Ökonomischen". Auch im Titel: „Der kommerzielle Charakter des Films bedingt auch eine werbemäßige Ausrichtung des Titels" (Schreitmüller 1994a: 72).[141]

Die finanziellen Mittel, die für die Produktion eines Buches, beispielsweise eines Romans, erforderlich sind, sind deutlich kleiner. Entsprechend ist auch der kommerzielle Druck geringer oder zumindest die Möglichkeit größer, sich diesem Druck zu entziehen. Dennoch ist ein Autor, der ein Buch veröffentlicht, natürlich immer auf der Suche nach einer Öffentlichkeit, einem Publikum. Mehr

---

[138] Zur Sprache in der Werbung vgl. z.B. Lehn (2011) sowie Janich (2010).

[139] Vgl. hierzu die Homepage der Marketingagentur namestorm aus München: http://www.namestorm.de/extras/titel-fuer-filmerfolg.html (Stand: Januar 2011).

[140] Mit einem Budget von 500 Mio. US-Dollar gilt derzeit James Camerons *Avatar – Aufbruch nach Pandora* als teuerster Film aller Zeiten (siehe http://www.kino.de/news/avatar-ist-teuerster-film-aller-zeiten/282566.html, Stand: Januar 2010).

[141] Vgl. hierzu ausführlich Bouchehri (im Druck).

noch als für den Autor selbst gilt dies allerdings für den Verleger, und zwar bereits seit den Anfängen des Buchdrucks, wie Rothe (1986: 131) betont. Ein Verleger, der in ein Werk investiert und es publiziert, ist vor allem daran interessiert, „durch den Verkauf zumindest die anfänglichen Investitionen zu erwirtschaften. Das Buch ist also von vornherein unter dem Gesetz des Marktes, seiner Distribution, seiner Konkurrenz angetreten.“ In besonderem Maße dem Gesetz des Marktes unterworfen sind dabei Unterhaltungsromane, bei denen es sich, wie Rothe (1986: 92) bemerkt, um Produkte der Konsumgüterindustrie handelt.

Fast vollkommen dieses Gesetzes enthoben sind hingegen Gedichte und ihre Titel. Hier spielt die Appellfunktion im ökonomischen Sinne kaum eine Rolle. Rothe (1986: 32) verweist in diesem Zusammenhang auf die „kommerzielle Unerheblichkeit eines Gedichts“. So werden Gedichte, wenn überhaupt, als unselbständige Texte nur im Verbund mehrerer Texte, beispielsweise in Form eines ganzen Lyrikbandes oder einer Anthologie verkauft, so dass der Titel der einzelnen Werke die Kaufentscheidung kaum beeinflussen dürfte.

Auch Werke der Bildenden Kunst begegnen uns häufig als unselbständige Texte, in Kunstbüchern zum Beispiel, in Museen, in Ausstellungen. Auch hier ist deshalb der Titel einzelner Werke von geringer ökonomisch-appellativer Bedeutung. Für den Kauf eines Kunstbuches, den Besuch eines Museums entscheiden wir uns eher aufgrund des Interesses für eine bestimmte Epoche, einen Künstler, vielleicht auch wegen des Konzepts der Ausstellung und ihres Titels. Gelegentlich kann es natürlich auch ein bestimmtes Kunstwerk sein, das uns in ein Museum lockt, wie die berühmte *Mona Lisa* im Pariser Louvre, dann aber sicher nicht wegen des Titels.

Beim Kauf von Kunstwerken treten diese hingegen zwar durchaus als einzelne, also selbständige Texte auf, der Titel aber bleibt dennoch weitgehend unbedeutend. Zwar hat der Kunstmarkt gerade in jüngerer Zeit wahre Höhenflüge erlebt. Aber: Für den Verkauf entscheidend sind hier vor allem der Marktwert des Künstlers sowie das Kunstwerk selbst. Wie der Titel des Kunstwerks lautet, ob es überhaupt einen trägt, beeinflusst die Kaufentscheidung, anders als beim Roman oder beim Film, in der Regel nicht.

Dabei ist es auch bei Büchern, Theaterstücken und Filmen etc. schwer festzustellen, ob und inwieweit der Titel tatsächlich für den Erfolg oder Misserfolg eines Werkes verantwortlich gemacht werden kann.[142] Schließlich wird die Appellfunktion immer auch durch titelexterne Faktoren, wie Name und Bekanntheitsgrad des Autors bei Büchern,[143] Name des Komponisten, der Sänger, des Dirigenten bei Werken der Vokalmusik und des Musiktheaters sowie, bei Filmen, vor allem durch die beteiligten Darsteller, aber auch den Regisseur oder die Produzenten beeinflusst.[144]

Grundsätzlich aber wird von den Verantwortlichen angenommen, dass der Titel einen Beitrag zum Erfolg des Werkes leisten kann – und auch leisten muss. Zumindest in jenen Bereichen, in denen teils massive ökonomische Interessen die künstlerischen oft weitgehend verdrängen. Je höher also der kommerzielle Druck, desto wichtiger die Appellfunktion.

3.2.7. Medienspezifische Funktionshierarchien

Von der metatextuellen und der phatischen über Darstellungs-, Ausdrucks- und Appellfunktion bis hin zur poetischen Funktion – die kommunikativen Funktionen von Titeln sind vielfältig. Dabei handelt es sich bei Titeln, die oft nicht mehr als zwei, drei, vier Wörter umfassen, in der Tat um ausgesprochen kurze Texte. Dies führt zu einer besonders hohen funktionalen Dichte der Textsorte Titel, wie Weinrich (2001: 104) feststellt: „Nicht durch ein Weniger, sondern durch ein Mehr an Struktur und Funktion zeichnen Titel sich aus, selbst und gerade wenn sie kurz sind."

Natürlich erfüllt nicht jeder Titel alle sechs Jakobsonschen Funktionen in gleichem Maße. Vielmehr lassen sich angesichts verschiedener formaler Eigen-

---

[142] Vgl. Rothe (1986: 129-136) sowie Schreitmüller (1994a: 72 ff). Dass der Titel durchaus an der Kinokasse entscheidend sein kann, belegt eine aktuelle Studie der Marketing- und Namensagentur namstorme, siehe http://www.namestorm.de/extras/titel-fuer-filmerfolg.html (Stand: Januar 2011).

[143] Nord (1993a: 28) fasst daher von vornherein die Kombination aus Autornamen und Werktitel als Funktionseinheit auf.

[144] Da diese dem Publikum im Gegensatz zu den Darstellern oft namentlich gar nicht bekannt sind, findet sich auf Filmplakaten häufig Hinweise wie „Von den Machern von..." bzw. „Das neue Werk des Regisseurs von...".

schaften und unterschiedlicher pragmatischer Kontexte der Titel wie auch der zugehörigen Werke teils massive medienspezifische Differenzen feststellen, was die Ausprägung der kommunikativen Aspekte und ihre Hierarchie anbelangt.

So geht Nord (1993a: 187) davon aus, dass es sich bei der metatextuellen und der phatischen Funktion um Grundfunktionen handelt, „die sich aus der spezifischen Situation der Titelkommunikation ergeben“ und daher alle Titel betreffen. Und in der Tat weist jeder Titel, der von einem Sender zur Benennung und Identifizierung eines zugehörigen Werkes als solcher gesetzt und von einem Rezipienten als solcher erkannt wird, über sich selbst hinaus, verweist als Metatext auf einen zugehörigen Objekttext. Verstärkt wird diese Dimension in einigen Titeln und Titelsegmenten, insbesondere in der Lyrik und der Bildenden Kunst, durch explizite Hinweise auf den Textcharakter des zugehörigen Werkes. Erfüllt wird sie aber auch von Titeln, in denen sie nicht explizit verbalisiert wird.

Ebenso wird auch die phatische Funktion von allen Titeln wahrgenommen, wenn auch je nach Bereich und Kontext in unterschiedlicher Art und Weise. Sei es, dass die Titel ante textum als Kontaktstifter fungieren, sei es, dass sie post textum den Kontakterhalt sichern und dafür sorgen, dass das zugehörige Werk unter dem entsprechenden Titel in unserem Gehirn abgespeichert wird (vgl. Weinrich 2001: 113).

Darstellungs-, Ausdrucks- und Appellfunktion sind Nord (1993a: 187) zufolge hingegen fakultative „Zusatzfunktionen, deren Gewichtung und Realisierung kulturspezifischen Normen und Konventionen unterliegt“.[145] Mehr noch als durch unterschiedliche kulturelle Bedingungen aber scheinen diese Funktionen durch medienspezifische Differenzen geprägt zu sein. So ermittelt Nord (1993a: 187 f) für Titel im Bereich Belletristik wie auch im Bereich Lyrik die Rangfolge Darstellung – Appell – Ausdruck. Diese Hierarchie scheint angesichts der hier durchgeführten Struktur- und Funktionsanalysen insbesondere für den Bereich der Höhenkamm-Romane durchaus zutreffend zu sein, was nicht bedeutet, dass alle Romantitel alle diese Funktionen in genau dieser Reihenfolge erfüllen.

---

[145] Gleiches gilt auch für die poetische Funktion, die Nord (1993a: 171 ff) aber ohnehin nur als Subfunktion der Appellfunktion wertet, in deren Dienst sie häufig steht (vgl. Kap. 3.2.6).

Vielmehr ist davon auszugehen, dass so gut wie alle Romantitel eine mehr oder minder ausgeprägte Darstellungsfunktion aufweisen. Zudem verfügen viele über appellative Elemente und auch die Möglichkeit der Ausdrucksfunktion wird in vielen Titeln genutzt.

Für Titel im Theater und im Musiktheater, vornehmlich bei der Gattung Oper, scheint mir eine ähnliche Hierarchie vorzuliegen.[146] Anders als Nord komme ich jedoch zu dem Ergebnis, dass der Ausdrucksfunktion im Sinne der hier sehr weit gefassten Möglichkeit zur Selbstkundgabe des Autors in der Lyrik ein höherer Stellenwert zukommt, sie der Appellfunktion mit Sicherheit, gelegentlich auch der Darstellungsfunktion, die angesichts vieler sehr kurzer Titel ebenfalls eher schwach ausgeprägt ist, den Rang abläuft.[147]

Andererseits scheint mir die Ausdrucksfunktion beim Trivialroman ähnlich wie bei anderen hier untersuchten populärkulturellen Phänomenen, also insbesondere dem Film und dem Musical, kaum relevant zu sein. Nicht die Bezugsgröße Autor, sondern die Bezugsgröße Rezipient spielt hier, wie groupe μ (1970: 96) es im Hinblick auf Filmtitel formuliert, die entscheidende Rolle: „Les titres de films n'ont qu'un auteur: le marché du cinéma." Damit tritt in diesen Titelsegmenten auch die Darstellungsfunktion hinter der Appellfunktion zurück, die, wie Schreitmüller (1994a: 85) es nennt, zur alles dominierenden „Superfunktion" wird.

---

146 Grundsätzlich scheinen bei Titeln im Theater, insbesondere im Musiktheater, die Zusatzfunktionen etwas schwächer auszufallen, da sie in vielen Kommunikationssituationen stärker durch titelexterne Faktoren wie Name des Komponisten, der Sänger bzw. Darsteller, des Regisseurs etc. ersetzt oder zumindest ergänzt werden.

147 Dass Darstellungs-, Ausdrucks- und Appellfunktion im Sinne Nords (1993: 187) in der Tat nicht von allen Titeln erfüllt werden müssen, zeigt sich im Bereich Lyrik besonders deutlich am Beispiel von Gedichten, die zur Betitelung lediglich mit (meist römischen) Ziffern versehen werden. Diese Zifferntitel erfüllen im Grunde keine der fakultativen Zusatzfunktionen, sondern beschränken sich auf die beiden Grundfunktionen, also die metatextuelle Dimension als Verweis auf einen zugehörigen Objekttext sowie die phatische, beispielsweise als Kontaktstifter im Rahmen des Inhaltsverzeichnisses oder als Überschrift über dem zugehörigen Werk. Da Moennighoff (2000: 19 ff) die Darstellungsfunktion als integralen Bestandteil der Titeldefinition auffasst, sieht er Zifferntitel, die diese Funktion eben nicht erfüllen, von seiner Definition des Titelbegriffs ausgeschlossen.

Bei der Bildenden Kunst wiederum scheint, zumindest bis ins ausgehende 19. Jahrhundert, die Darstellungsfunktion eine derartige Superfunktion zu bilden. Wichtigstes Ziel der oft sehr langen Titel (vgl. Kap. 3.1.2.2), die in der Regel nicht vom Künstler selbst stammen, ist es, ähnlich einer Legende (vgl. Bosredon 1997: 93) Informationen über das Dargestellte zu vermitteln. Ausdrucks- und Appellfunktion treten dagegen in den Hintergrund. Die Potenziale des Titels im Hinblick auf Ausdrucksfunktion und Selbstkundgabe haben Künstler, wie Hoek (2001: 117) feststellt, erst ab der Mitte des 19. Jahrhunderts entdeckt. Sofern sie sich dieser Möglichkeit nicht durch Titelsubstitute wie „ohne Titel" ausdrücklich verweigern, nutzen sie sie vor allem in der zeitgenössischen Kunst auf vielfältige Art und Weise – zur großen Enttäuschung vieler Titelrezipienten, die auch von Titeln in der zeitgenössischen Kunst immer noch in erster Linie Aufschluss über das zugehörige Kunstwerk erwarten.

Abschließend sei darauf hingewiesen, dass dem Versuch, eine medienspezifische Funktionshierarchie zu ermitteln, insofern Grenzen gesetzt sind, als Titelfunktionen und ihre Rangfolge kein statisches Gebilde, sondern immer ein prozessuales Gefüge darstellen, das abhängig von dem jeweiligen konkreten Verwendungskontext variiert, so dass Hauptfunktionen beispielsweise in einer bestimmten Kommunikationssituation fast vollständig wegfallen, Nebenfunktionen hingegen eine Hauptrolle übernehmen können.[148] Dennoch lassen sich jenseits von Einzelfallstudien sowohl anhand formaler Eigenschaften als auch unter Berücksichtigung typischer Verwendungskontexte klare medienspezifische Tendenzen der Funktionsgewichtung feststellen, die auch für die Titeltranslation von nicht unerheblicher Bedeutung sind.

[148] Vgl. hierzu Wulff (1985³: 181 f). Eine Übersicht über die Funktionsvarianz bei Buchtiteln in unterschiedlichen Verwendungskontexten hat zudem Hellwig (1982: 158) vorgelegt.

4. Titeltranslation

4.1. Translation – Eine Begriffsbestimmung

Gauguins Gemälde *Et l'or de leurs corps* trägt im Deutschen den Titel *Und das Gold ihrer Körper*, aus Victor Hugos Roman *Notre-Dame de Paris* wird in der deutschen Übersetzung *Der Glöckner von Notre Dame* und die deutsche Version des Hollywood-Films *Bringing up Baby* wurde mit *Leoparden küsst man nicht* betitelt, während der Film *Basic Instinct* in Deutschland genauso heißt wie das US-amerikanische Original. Kann man angesichts dieser ganz unterschiedlichen Betitelungsstrategien beim interkulturellen Transfer von Titeln überhaupt von Übersetzung sprechen? Allgemeine Zustimmung dürfte man wohl nur im Falle des ersten Beispiels erwarten.[149] Allerdings ist dies eine Frage der Definition. Fasst man unter dem Begriff Übersetzen gemäß der Definition von Koller (1992: 80) den „Vorgang der schriftlichen Umsetzung eines Textes aus einer Sprache [...] in eine andere Sprache [...], wobei das Umsetzungsprodukt, die Übersetzung, bestimmten Äquivalenzanforderungen genügen muss", so würden die drei letzteren Beispiele nicht darunter fallen.[150] Um dennoch auch derartige Möglichkeiten des Titeltransfers als Übersetzungsprozesse einordnen zu können, ist sicherlich ein weiter gefasster Translationsbegriff notwendig.[151]

Als besonders ertragreich für die translationswissenschaftliche Kategorisierung von Transferstrategien hat sich der deskriptive Ansatz von Prunč (2000: 10) erwiesen,[152] der unter Translation „jede konventionalisierte, interlinguale und transkulturelle Interaktion" versteht. Demnach umfasst der Begriff Translation alles, was über kulturelle Grenzen hinweg von einer Sprache in eine andere Sprache übertragen wird, vorausgesetzt, es entspricht den geltenden Konventio-

---

149 Zur Übersetzungsakzeptanz vgl. die empirischen Untersuchungen von Schreitmüller (1994a: 361-384) sowie Schreitmüller (1994b).

150 Zum Begriff der Äquivalenz, dem „Prinzip der Wirkungsgleichheit" (Koller 1992: 43) vgl. ausführlich Koller (1992: 188 ff).

151 Der Begriff Translation wurde von Kade (1968: 35) als Oberbegriff für den Bereich der Übersetzung, also der schriftlichen Übertragung schriftlicher Texte, sowie den Bereich des Dolmetschens als Terminus für die mündliche Übertragung mündlicher Texte eingeführt. Zur Geschichte des Begriffs vgl. Prunč (2002²: 9 ff).

152 Vgl. Bouchehri (2008: 56-65).

nen für den jeweiligen kommunikativen Kontext. Da diese Translationskonventionen jedoch arbiträr und damit im Spannungsfeld von Tradition und Innovation zu jedem Zeitpunkt von einer Kommunikationsgemeinschaft beliebig neu zu bestimmen sind, sind auch die Grenzen des Translationsbegriffs nicht grundsätzlich festzulegen:

> „Es gibt keine *a priori* richtige und *a priori* falsche Translation. Was in einer Gesellschaft als *richtig* und *falsch*, als *besser* oder *schlechter* gilt, kann im Idealfall durch gesellschaftlichen Konsens festgelegt, im Extremfall durch die unmittelbare Austragung von Interessenskonflikten bestimmt oder gar von außen oktroyiert werden: Was als qualitativ adäquate Translation in einer konkreten Kommunikationssituation gilt, ist nicht *a priori* bestimmbar, vielmehr Ausdruck des gesellschaftlichen Konsenses über mögliche Zielvorgaben und Qualitätskriterien von Translation." (Prunč 2000: 11)

Der Rahmen für Translationsprozesse ist mit dieser Definition zwar grundsätzlich sehr weit gespannt. Um aber dennoch eine differenzierte Analyse unterschiedlichster Transferstrategien, wie sie beispielsweise bei der Titeltranslation auftreten, zu ermöglichen, wird im Sinne eines integrativen Modells innerhalb dieses Gesamtrahmens eine Einteilung in verschiedene Translationstypen vorgenommen. Dabei unterscheidet Prunč (2000: 20-56) in Abhängigkeit von den jeweiligen Skoposrelationen, die zwischen Ausgangs- und Zieltext bestehen, die folgenden sieben Kategorien:[153]

---

[153] Die translationswissenschaftlichen Grundbegriffe „Skopos" sowie „Ausgangstext" und „Zieltext" werden dabei von Prunč (2000: 16 f) folgendermaßen definiert:
„Unter Skopos einer Translation ist jeder von TranslatorInnen zu realisierende (prospektiv) oder realisierte (retrospektiv), grundsätzlich arbiträre intertextuelle Bezug zwischen Ausgangstext (AT) und Zieltext (ZT) zu verstehen" (Prunč 2000: 16). Vgl. hierzu auch Prunč (2002²: 162): „Als Skopos [...] versteht man die Zielvorgabe/das Ziel einer Translation." Geprägt wurde der Begriff des Skopos als Zweck eines Translationsprozesses insbesondere von Vermeer (1978, 1990, 1996, 1997) sowie Reiss/Vermeer (1984).
„Als Ausgangstext (AT) definieren wir jedes semiotische Gefüge, das als Informations- und/oder Ausgangsbasis für die Herstellung eines Zieltextes dient/dienen kann" (Prunč 2000: 16). „Als Zieltext (ZT) definieren wir jedes semiotische Gefüge, das für eine bestimmte AdressatInnengruppe interpretierbar und/oder in seiner Intentionalität erfaßbar ist" (Prunč 2000: 17). Klarer vielleicht noch in der folgenden Definition: „Als Zieltext (ZT) bezeichnen wir jede mehr oder minder deutlich abgrenzbare Menge von Zeichen, die als Resultat eines Translationsprozesses produziert wird" (Prunč 2002²: 29).

- die **Nulltranslation**, also die unveränderte Beibehaltung des Ausgangstextes aufgrund eines Translationsverbots, einer Translationsverweigerung oder eines Translationsverzichts
- die **Pseudotranslation**, bei der ein Originaltext als Translat[154] ausgegeben wird, obwohl diesem weder ein anderssprachiger Ausgangstext zugrunde liegt noch ein interkultureller Transferprozess zu seiner Entstehung geführt hat
- die **homologe Translation**, deren Prototyp die Interlinearversion ist, also die Wort-für-Wort-Übertragung eines Textes aus einer Sprache in eine andere, wie sie beispielsweise bei eingeschränkten Sprachkenntnissen für die genaue Analyse eines fremdsprachigen Textes hilfreich sein kann
- die **analoge Translation**, deren Ziel nicht in der wortgetreuen Nachbildung des Ausgangstextes in der Zielsprache, sondern vielmehr seiner sinngetreuen Wiedergabe besteht, weshalb unter dieser Maßgabe kleinere Eingriffe in den Ausgangstext auf der Ebene von Wortverbindungen, sprachlichen Wendungen oder Sätzen hier nicht nur geduldet, sondern sogar wünschenswert sind
- die **dialogische Translation**, bei der der verantwortliche Translator[155] durch die kognitive Aufbereitung des Ausgangstextes und die kontextadäquate kulturelle Einbettung des Zieltextes für Funktionskonstanz zwischen Ausgangs- und Zieltext sorgen soll, ähnlich wie dies auch im Rahmen der funktionalen Übersetzung bei Nord (1993a) postuliert wird

---

154 „Unter Translat verstehen wir jedes Produkt einer Translation" (Prunč 2002²: 17).

155 Ebenso wie Translation für Kade (1968: 35) eine Zusammenlegung der Bereiche Übersetzen und Dolmetschen ist, ist Translator ein Überbegriff für die Berufsbilder Dolmetscher und Übersetzer. Angesichts des Forschungsgegenstandes dieser Arbeit sowie des in Anlehnung an Prunč (2000: 10) sehr weit gefassten Translationsbegriffs sollen hier unter der Bezeichnung Translator jedoch darüber hinaus alle Experten zusammengefasst werden, die für den interkulturellen Transfer von Titeln verantwortlich sind, auch wenn es sich dabei keineswegs immer um professionelle Übersetzer im engen Sinne handelt. Vgl. hierzu die Definition von Vermeer (1990: 73): „Der Translator ist ‚der' Experte für translatorisches Handeln und damit für Translation."

- die **trialogische Translation**, im Rahmen derer sich der Translator selbst mit eigenen Intentionen in die Kommunikation zwischen Ausgangstext-Sender und Zieltext-Empfänger einschaltet und dadurch ggf. sowohl die Autorintentionen als auch die Textfunktionen verändern bzw. manipulieren kann

Hinzu kommt schließlich noch

- die **diaskopische Translation**, bei der im Sinne des von Holz-Mänttäri (1993) vorgeschlagenen Konzepts des Text-Designs ein oder auch mehrere Ausgangstexte – Holz-Mänttäri (1993: 303) spricht hier von „Botschaftsträgern" – von einem Translator genutzt werden, um nach den grundsätzlich frei zu bestimmenden Vorgaben des Übersetzungsauftrags einen „Design-Text" zu erstellen, der weder in seiner Struktur noch in seiner Funktion dem Ausgangstext entsprechen muss, sondern sich lediglich an den Erfordernissen der Kommunikationssituation und den Erwartungen der Kommunikationspartner zu orientieren hat.[156]

Angesichts der von Prunč (2000: 10 ff) postulierten Arbitrarität des Translationsbegriffes sowie der damit verbundenen Translationskonventionen und -normen erhebt die hier vorgestellte Typologie keinen Anspruch auf Vollständigkeit. Vielmehr wäre auch eine Erweiterung oder Differenzierung des Modells angesichts innovativer Translationsformen denkbar. Zur translationswissenschaftlichen Einordnung der Strategien, die beim interkulturellen Transfer von Titeln Anwendung finden, ist eine derartige Erweiterung allerdings nicht notwendig, da diese sich zwischen Nulltranslation auf der einen und diaskopischer Translation auf der anderen Seite vor allem im Bereich der homologen und analogen sowie der dialogischen Translation bewegen.

---

[156] Angesichts der Freiheit der Verantwortlichen, also insbesondere der Auftraggeber, die intertextuellen Bezüge zwischen Ausgangs- und Zieltext nach Bedarf beliebig festzulegen, können natürlich auch alle anderen Translationstypen als Subkategorie der diaskopischen Translation bzw. des Text-Designs aufgefasst werden. Schließlich ist es das erklärte Ziel Holz-Mänttäris (1986: 355), mit dem Begriff des Text-Designs „translatorisches Handeln in seiner ganzen Weite" zu erfassen. Um eine differenzierte Beschreibung von Möglichkeiten und Strategien der Titeltranslation zu gewährleisten, soll der Terminus der diaskopischen Translation nur dann verwendet werden, wenn andere, enger gefasste Theorien zu kurz greifen.

4.2. Strategien der Titeltranslation

> „Ich möchte Sie nicht enttäuschen, aber Ihre Fragen zur Titelübersetzung legen einen viel größeren Organisationsgrad dieser spezifischen Lektoratsarbeit nahe, als er tatsächlich existiert.“ (Thomas Überhoff, Programmleiter Belletristik des Rowohlt Verlags).

Strategien der Titeltranslation gibt es nur bedingt – meist wird in der Praxis mit Intuition, Bauchgefühl und Sprachempfinden vorgegangen. Dennoch: Unbewusst wird dabei sicherlich auf bestimmte Strategien zurückgegriffen, die sich offensichtlich bewährt haben und daher immer wieder probiert, verwendet, verändert oder auch wieder verworfen werden. Und natürlich gibt es meist jenseits von Sprachgefühl und Intuition Vorgaben – sei es durch den Autor des Ausgangstextes oder den Rechteinhaber, der ein bestimmtes Verfahren fordert oder aber ausschließt, sei es durch die Institution, die den Titeltransfer vornimmt und sich hierfür gewisse Regeln gesetzt hat, sei es durch die Rezipienten, die mit einer vom kulturellen und historischen Kontext geprägten Erwartungshaltung Titeltranslate betrachten.

So lässt sich die Vielfalt der Transferformen bei Titeln anhand der Skoposrelationen, die zwischen Ausgangs- und Zieltext bestehen, auf vier Hauptkategorien reduzieren, mittels derer die meisten Titeltranslate erfasst und beschrieben werden können: Titelidentitäten, Titelanalogien, Titelvariationen und Titelinnovationen.

4.2.1. Titelidentitäten

Nicht immer erhalten Werke bei ihrer Übersetzung, ihrem Transfer in eine fremde Zielkultur auch einen neuen Titel:

Stella → *Stella* (T/D-E)
Pola X → *Pola X* (F/F-D)
Love letters → *Love letters* (T/E-D)
American beauty → *American beauty* (F/E-F)
Symphonie fantastique → *Symphonie fantastique* (F/F-E)
Le Moulin de la Galette → *Le Moulin de la Galette* (BK1/F-D)
Present continuous Past(s) → *Present continuous Past(s)* (BK2/E-D)

Translationswissenschaftlich handelt es sich bei dieser Transferstrategie, der Titelidentität (vgl. Bouchehri 2008: 65-69), um den Typus der Nulltranslation, in der Regel im Rahmen eines Translationsverzichts.[157] Auch Titelidentitäten stellen damit Translate dar, obwohl dies, wie Prunč (2000: 20) selbst im Hinblick auf die Nulltranslation im Allgemeinen formuliert, zunächst „widersinnig“ scheinen mag. Natürlich entspricht diese Vorgehensweise keineswegs den Vorstellungen und Erwartungen, die wir in anderen Bereichen, wie z.B. der Übersetzung von Literatur oder Gebrauchsanweisungen, mit Translation verbinden. Das liegt daran, dass der derzeitige gesellschaftliche Konsens, an dem allein gemäß der Theorie von Prunč die Kriterien für eine qualitativ adäquate Übersetzung festzumachen sind, in diesen Bereichen eher in Richtung der analogen oder allenfalls der dialogischen Translation geht. Dementsprechend wären wir sicherlich überrascht, enttäuscht, vermutlich verärgert, würde man uns die Übersetzung einer Gebrauchsanweisung vorlegen, die dem Typus der Nulltranslation entspräche. Anders bei Titeln. Denn was dem gesellschaftlichen Konsens hinsichtlich einer adäquaten, einer gelungenen Übersetzung entspricht, ist, wie Prunč (2000: 11) betont, immer abhängig von der „konkreten kommunikativen Situation“ und damit auch von der Textsorte. Dennoch ist auch die Nulltranslation von Titeln gelegentlich Ursache für Irritationen und Diskussionen. Die Frequenz, mit der sie in einigen Bereichen, wie insbesondere beim Film, auftritt, macht jedoch deutlich, dass Titelidentitäten durchaus den Konventionen unserer Translationskultur entsprechen.

Geht man also von Prunčs Definition des Translationsbegriffs als konventionalisierter, interlingualer, transkultureller Interaktion aus (vgl. Prunč 2000: 10), so ist damit die erste Forderung, die nach Konventionalität, in jedem Fall erfüllt. Auch die Bedingung der Transkulturalität ist bei einem interkulturellen Transfer von Werken und ihren Titeln unstrittig. Problematisch bleibt allein der Aspekt der Interlingualität. Schließlich wird bei der Nulltranslation kein Sprach- oder Codewechsel im eigentlichen Sinne vollzogen. Dadurch, dass ein ausgangs-

[157] Denkbar wäre, vor allem im Bereich der Bildenden Kunst, auch ein Translationsverbot, wenn ein Künstler und Titelsender, der hier anders als in vielen anderen Bereichen oft ein Mitspracherecht im Hinblick auf die Übersetzung seiner Titel hat, sich mit einer Übersetzung nicht einverstanden erklärt. Konkrete Beispiele hierfür sind mir jedoch nicht bekannt.

sprachlicher Text aus einer Ausgangskultur in eine Zielkultur mit einer anderen Zielsprache transferiert wird, kommt es aber zumindest zu einem Sprach-RAUMwechsel. Die interlinguale Interaktion besteht in diesem Fall darin, dass der ausgangssprachliche Text Eingang findet in das Sprachsystem einer Zielkultur, wodurch er einen anderen Stellenwert erhält. Dementsprechend besteht die translatorische Verantwortung derjenigen, die über die Wahl der Translationsstrategie entscheiden, hier vor allem darin, zu überprüfen, ob ein Originaltitel sich angesichts seiner Form und Funktion sowie der Relation zwischen Ausgangs- und Zielsprache tatsächlich für eine Titelidentität eignet.

Zweifelsfrei bejaht werden kann diese Frage, wenn Original und Übersetzung ohnehin zusammenfallen, wenn also angesichts der jeweiligen Gegebenheiten in Ausgangs- und Zielsprache gar nicht festzustellen ist, ob es sich bei dem Titeltranslat um den Originaltitel oder eine wörtliche (homologe) Übersetzung handelt:[158]

Hotel → *Hotel* (R/E-D)
Titan → *Titan* (R/D-F)
Persuasion → *Persuasion* (R/E-F)
Passion → *Passion* (F/F-E)
Zone → *Zone* (L/F-D)
April in Paris → *April in Paris* (T/E-D)

Die Wahrscheinlichkeit für derartige Zufallsidentitäten ist natürlich umso größer, je kürzer ein Titel ist. Dementsprechend ist es wenig verwunderlich, dass im Rahmen der Korpusanalyse Zufallsidentitäten hauptsächlich bei Ein-Wort-Titeln festgestellt wurden.

Ebenso naheliegend ist diese Strategie auch bei Titeln, die bereits im Original aus einem Fremdwort oder einer fremdsprachlichen Formulierung bestehen:

Syringa → *Syringa* (BK2/D-F)
Anthropos → *Anthropos* (T/E-F)
L'Adultera → *L'Adultera* (R/D-F)
Sartor Resartus → *Sartor Resartus* (R/E-D)

---

158 Schreitmüller (1994a: 328) spricht in solchen Fällen von „Zufallsidentitäten".

Impression du Matin → *Impression du Matin* (L/E-D)
Dulce Et Decorum Est → *Dulce Et Decorum Est* (L/E-F)

Auch in diesen Fällen kann der Originaltitel oft problemlos beibehalten werden, da es sich meist ohnehin um international bekannte und leicht verständliche Ausdrücke handelt und sie, sofern Ausgangs- und Zielkultur nicht zu weit voneinander entfernt sind, sondern, wie die hier beobachteten Sprachen Englisch, Französisch und Deutsch vielmehr über gemeinsame Wurzeln verfügen, in Ausgangs- und Zielsprache gleichermaßen ihre Wirkung als Exotismen entfalten.[159]

Darüber hinaus wird auch bei Titeln, die aus reinen Eigennamen, insbesondere Anthroponymen oder Toponymen, bestehen, gern auf Titelidentitäten zurückgegriffen, da eine Übersetzung von Nomina propria, zumindest in den hier untersuchten Sprach- und Kulturkreisen meist unüblich, aufgrund der fehlenden Semantizität aber oft auch gar nicht möglich ist.[160]

Wozzeck → *Wozzeck* (O/D-E)
Aphrodite → *Aphrodite* (R/F-E)
Amphitryon → *Amphitryon* (T(D-F)
Jane Eyre → *Jane Eyre* (R/E-D)
Cyrano de Bergerac → *Cyrano de Bergerac* (T/F-D)
Sibylla (Justitia) → *Sibylla (Justitia)* (BK2/D-E)
Stonehenge → *Stonehenge* (BK1/E-F)
Berlin Alexanderplatz → *Berlin Alexanderplatz* (R/D-F)

---

159 In einigen Fällen entspricht die fremdsprachliche Formulierung des Ausgangstitels ohnehin der Zielsprache:
Vergissmeinnicht → *Vergissmeinnicht* (L/E-D)
Nevermore → *Nevermore* (L/E-F).

160 Zur Übersetzung/Übersetzbarkeit von Eigennamen vgl. Kap. 2.1.1 sowie Kalverkämper (1996). Anpassungen von Eigennamen an zielkulturelle Namensformen und Schreibweisen, wie z.B. bei *Athalie* → *Athalja* (T/F-D) werden als Titelanalogien (vgl. Kap. 4.2.2) gewertet. Ist von dieser Adaptation lediglich die Akzentsetzung betroffen, wie beispielsweise bei *Iphigénie* → *Iphigenie* (T/F-D), gelten sie, da es sich um einen minimalen Eingriff handelt, als Titelvariation (vgl. Kap. 4.2.3).

Bei einigen der Beispiele zeigt sich dennoch der interlinguale Aspekt dieser Translationsstrategie: Auch wenn die Titel optisch identisch sind, so erfahren sie durch ihren interkulturellen Transfer zumindest eine lautliche Veränderung. Denn während ein Deutscher Bei Kleists Komödie *Amphitryon* von [amfitrion] spricht, spricht ein Franzose in diesem Fall von [ɑ̃fitʀijɔ̃]. Und während in Frankreich der Titel von Pierre Louys Roman *Aphrodite* [afʀodit] lautet, wäre im anglophonen Sprachraum wohl eher von [æfrədaɪti] die Rede.

Ähnliches gilt auch für die Titel, die aus Zahlen in Form römischer oder arabischer Ziffern bestehen, ggf. ergänzt durch Symbole, Satzzeichen oder einzelne Buchstaben:

1913 → *1913* (T/D-E)
1914 → *1914* (L/E-D)
2010 → *2010* (F/E-F)
 # 278 → *# 278* (BK2/E-D)
T. 21A. 79. 1979 → *T. 21A. 79. 1979* (BK2/F-D)

Auch diese Titel können in der Regel problemlos als Titelidentitäten beibehalten werden, da sie innerhalb Europas sowie in Amerika übereinzelsprachliche Gültigkeit besitzen. Die Verantwortung für den interlingualen Transfer wird in diesen Fällen dem Rezipienten übertragen. Ohne dass er sich dessen bewusst sein muss, wird er selbst zum Translator. Ihm obliegt es, die Zahlzeichen in seine jeweilige Sprache zu übersetzen. Und so wird dann in Deutschland aus Hauptmanns Drama *1913* „neunzehnhundertdreizehn“, während ein Franzose natürlich von „dix-neuf cent treize“ spricht.

Titelidentitäten sind jedoch auch jenseits derartiger Spezialfälle möglich und – je nach Titelsegment – auch durchaus üblich. Neben Form und Funktion, die wohl in erster Linie als Gründe für die starken medienspezifischen Differenzen bei der Frequenz dieses Phänomens erachtet werden können (vgl. Kap. 3), spielt bei der Entscheidung für eine Titelidentität die Sprachrichtung eine entscheidende Rolle. Schließlich ist die Beibehaltung des ausgangssprachlichen Originaltitels meist nur dann sinnvoll, wenn eine gewisse Offenheit gegenüber der Ausgangssprache, mehr noch, der Ausgangskultur vorhanden ist und zudem davon auszugehen ist, dass die zielsprachigen Rezipienten über ausreichende

Fremdsprachenkenntnis verfügen, um die Titelbotschaft zu entschlüsseln. Dementsprechend ist anzunehmen, dass anglophone Originaltitel angesichts der weltweiten Dominanz des Englischen in besonderem Maße für Titelidentitäten geeignet sind, da zumindest rudimentäre Sprachkenntnisse fast immer vorausgesetzt werden können.

4.2.2. Titelanalogien

Keinerlei Fremdsprachenkenntnisse benötigt der Rezipient bei Titelanalogien. Denn hier wird ihm als Titeltranslat das geliefert, was der Nicht-Translationswissenschaftler in der Regel unter einer Übersetzung versteht: eine wörtliche, d.h. eine homologe/analoge Übersetzung des ausgangssprachlichen Originaltitels.[161] Häufig lassen die einfache Struktur und die Kürze vieler Titel dabei tatsächlich eine Wort-für-Wort-Übertragung, also eine homologe Translation im engsten Sinne zu, ohne dass darunter die Struktur des zielsprachlichen Titels leidet:

Abend → *Soir* (L/D-F)
4.48 psychosis → *4.48 psychose* (T/E-F)
Les Bonnes → *The Maids* (T/F-E)
César et Rosalie → *Cesar und Rosalie* (F/F-D)
Jeune femme en noir → *Junge Frau in Schwarz* (BK1/F-D)
Die Entführung aus dem Serail → *The abduction from the Seraglio* (O/D-E)
Jugend ohne Gott → *Youth without God* (R/D-E)
The heart is a lonely hunter → *Das Herz ist ein einsamer Jäger* (R/E-D)

Ziel der Titeltranslation ist allerdings immer die Produktion eines sprachlich korrekten Zieltextes, weshalb hier auch nicht zwischen homologen und analogen Titeltranslaten unterschieden werden soll, sondern beide Verfahren unter dem Begriff der Titelanalogie zusammengefasst werden. Sobald nämlich eine Wort-für-Wort-Übertragung mit den zielsprachlichen Strukturen nicht vereinbar ist,

---

161 Schreitmüller (1994a: 278) verwendet hierfür den Begriff der „kontextfreien Übersetzung“.

werden im Sinne einer analogen Translation Anpassungen an die Zielsprache, insbesondere auf der Ebene von Morphologie, Morphosyntax oder Syntax, vorgenommen. Auch der Ersatz eines ausgangssprachlichen Ausdrucks, einer Redewendung oder einer ähnlichen feststehenden Formulierung durch ein entsprechendes Äquivalent in der Zielsprache ist im Rahmen einer analogen Translation zu sehen:

Nymphéas bleus → *Blue waterlilies* (BK1/F-E)
The Butcher Shop → *La Boucherie* (BK2/E-F)
Die Wahlverwandtschaften → *Les affinités électives* (R/D-F)
Forough zum Gedächtnis → *In Memoriam Fouroukh* (L/D-E)
Rosalie goes shopping → *Rosalie fait ses course* (F/E-F)
Portrait de l'artiste → *Selbstportrait* (BK1/F-D)

Doch so selbstverständlich diese Strategie vielleicht auf den ersten Blick wirken mag – schließlich entspricht sie am ehesten dem, was wir in unserer heutigen Translationskultur auch in anderen Bereichen von einer Übersetzung erwarten – unproblematisch ist sie keineswegs. Nicht immer können im Rahmen einer analogen Translation rhetorische Figuren, insbesondere Klangfiguren wie Alliterationen, Assonanzen, Reime etc., aber auch Sprachspiele wie vor allem Polysemien in die Zielsprache übertragen werden. Denn oft sind entweder – insbesondere bei Klangfiguren – die zielsprachlichen Äquivalente für die Realisierung der rhetorischen Figur ungeeignet oder es gibt in der Zielsprache keine Eins-zu-Eins-Äquivalente,[162] die beispielsweise alle Aspekte eines polysemen Begriffes wiedergeben:

Pride and Prejudice → *Orgueil et préjugé* (R/E-F)
Die Zeit und das Zimmer → *La Chambre et le Temps* (T/D-F)
The pink panther → *Der rosarote Panther* (F/E-D)
Zwischen Zeit und Ewigkeit → *Between time and eternity* (F/D-E)
Wer weiß wo → *Qui sait où* (L/D-F)

---

[162] Zum Begriff der Äquivalenz und ihren verschiedenen Formen vgl. Koller (1992: 228 ff).

In diesen Fällen kommt es zu einer Funktionsvarianz oder gar einem Funktionsverlust, da im Rahmen des Translationsprozesses die poetische Funktion, und damit verbunden dann häufig auch die Appellfunktion (vgl. Kap. 3.2.6), eingeschränkt werden.[163] Titelanalogien eignen sich daher in besonderem Maße für diejenigen medialen Bereiche, in denen die Darstellungsfunktion des Titels im Vordergrund steht.

4.2.3. Titelvariationen

Soll eine derartige Funktionsvarianz bei der Übersetzung eines Titels vermieden werden, gibt es eine weitere Alternative des Titeltransfers: die Titelvariation. Als Ausgangsbasis dienen hierfür entweder der ausgangssprachliche Originaltitel oder der analog übersetzte zielsprachliche Titel. Diese werden dann je nach Bedarf erweitert, verkürzt, verändert. Translationswissenschaftlich kann jede Form der Titelvariation dem Typus der dialogischen Translation zugeordnet werden. Ziel der Eingriffe ist es schließlich, die kommunikativen Funktionen des Ausgangstextes und ihre spezifische Hierarchie auch unter veränderten sprachlichen und kulturellen Bedingungen im Zieltext zu erhalten:

> „Bei der dialogischen Translation liegt der Fokus also auf der kognitiven Aufbereitung des AT und der kontextadäquaten zielkulturellen Einbettung des ZT. Als Entscheidungsparameter gilt die Erreichung von Funktionskonstanz zwischen AT und ZT. Der/die TranslatorIn tritt nicht nur als GestalterIn des ZT, sondern auch als InterpretIn des AT auf. Dies schließt auch eine allenfalls notwendige Verbalisierung von Präsuppositionen und die Abstimmung von Explikaturen und Implikaturen auf den kognitiven Horizont des Adressaten ein."[164] (Prunč 2000: 37)

Zur Realisierung dieser Forderungen stehen dem Translator beim interkulturellen Transfer von Titeln mehrere Möglichkeiten zur Verfügung, weshalb es mir

---

[163] Bei mehrdeutigen Titeln wird gelegentlich versucht, beide Bedeutungsmöglichkeiten analog zu übersetzen und so das Sprachspiel aufzulösen:
Die → *Meurs/Dé* (BK2/E-F)
La jalousie → *Die Jalousie oder die Eifersucht* (R/F-D)
Die Darstellungsfunktion bleibt so zwar erhalten, ein Verlust der poetischen Funktion kann allerdings auch auf diese Weise nicht vermieden werden.

[164] AT bedeutet Ausgangstext, ZT steht für Zieltext. Zur Definition dieser beiden Begriffe vgl. Kap. 4.1.

sinnvoll erscheint, diese Translationsstrategie zur genauen Erfassung und Beschreibung nochmals in drei Subkategorien – Abwandlung, Reduktion und Erweiterung – einzuteilen.

4.2.3.1. Abwandlung

Gelegentlich beschränkt sich die Abwandlung eines Titels auf minimale Eingriffe – eine Veränderung der Interpunktion, das Hinzufügen oder Weglassen eines Akzents,[165] eine Umstellung der Wörter, eine Veränderung des Tempus oder die Umwandlung eines Wortes von der Singularform in die entsprechende Pluralform bzw. vice versa:

Salammbô → *Salammbo* (R/F-E)
Videodrome → *Vidéodrome* (F/E-F)
Antéros → *Anteros* (L/F-E)
Catch-22 → *Catch 22* (R/F-E)
Richard II 40 → *Richard II. 40* (L/F-D)
Absalom, Absalom! → *Absalon! Absalon!* (R/E-F)
Mr. Sammler's Planet → *Mr. Sammlers Planet* (R/E-D
Boxcar Bertha → *Bertha boxcar* (F/E-F)
When Harry met Sally → *Quand Harry rencontre Sally* (F/E-F)
Hard target → *Harte Ziele* (F/E-D)

Der Spielraum von Titelvariationen ist damit jedoch keineswegs erschöpft. Auch eine Veränderung der syntaktischen Struktur oder der Austausch einzelner Lexeme sind im Rahmen einer Abwandlung durchaus zulässig. Angesichts der Kürze vieler Titel, die oft ja kaum mehr als ein, zwei oder drei Wörter umfassen, ist es dadurch allerdings in einigen Fällen schwierig, zu entscheiden, ob es sich tatsächlich noch um eine Titelvariation oder doch schon eher um eine Titelinnovation, also die Bildung eines Neutitels (vgl. Kap. 4.2.4) auf der Basis eines ausgangssprachlichen Originalelementes bzw. eines übersetzten zielsprachlichen

---

165 Kleine formale Veränderungen, wie eben bei Akzentsetzung und Interpunktion, sind oft schwierig nachzuweisen, da man je nach Quelle oft unterschiedliche Versionen vorfindet.

Elementes handelt. Zur Klassifikation als Titelvariation wurden deshalb entweder die Beibehaltung von mindestens einem bedeutungsrelevanten Element (bzw. bei längeren Titeln mindestens zwei) **und** die strukturelle Kongruenz von Originaltitel und Translat vorausgesetzt oder aber, wenn Eingriffe in die syntaktische Struktur der Titel vorlagen, eine größtmögliche semantische Kongruenz zwischen Ausgangs- und Zieltext.

Letzteres gilt beispielsweise für die folgenden Titelpaare, die trotz unterschiedlicher syntaktischer Strukturen inhaltlich (fast) identisch sind:

Unsühnbar → *Beyond atonement* (R/D-E)
La porte étroite → *Strait is the gate* (R/F-E)
The people are friendly → *Freundliche Leute* (T/E-D)
Booz endormi → *Der Schlaf des Boas* (L/F-D)
Vergänglichkeit der Schönheit → *La Beauté fugitive* (L/D-F)
Wie Er wolle geküsset seyn → *Les baisers qu'il désire* (L/F-D)

Dieser Variationstyp ist in der Regel auf sprachstrukturelle Unterschiede zurückzuführen und wird daher nur auf der Basis von Titelanalogien angewendet. Dabei führen die Eingriffe in die Syntax gelegentlich zu einer Verschiebung der Perspektive oder auch zu einer Veränderung des Informationsgehaltes, wenn beispielsweise der zielsprachliche Titel differenzierter ist als der Ausgangstitel oder vice versa. Der inhaltliche Aspekt, auf den sich die referentielle Dimension des Titels bezieht, bleibt jedoch, anders als bei einer Titelinnovation, unverändert. In einem größeren Kontext könnten diese Translate damit sogar zum größten Teil als analoge Übersetzungen akzeptiert werden. Da jedoch bei so stark verkürzten und verdichteten Texten wie Titeln Satz- und Textebene zusammenfallen und die syntaktische Struktur damit die gesamte Textstruktur ausmacht, müssen sie in dem hier untersuchten Zusammenhang der Kategorie Titelvariation zugerechnet werden.

Die häufigste und damit wichtigste Form der Abwandlung besteht allerdings darin, dass ein, bei längeren Titeln gelegentlich auch zwei Elemente des Originaltitels verändert bzw. durch andere ersetzt werden, ohne dass dadurch die syntaktische Struktur beeinträchtigt wird. Wird diese Strategie auf der Basis des ausgangssprachlichen Titels angewendet, so geschieht dies mit Rücksicht auf die

Sprachkenntnisse der zielkulturellen Rezipienten. Ziel ist es, den Titel zu vereinfachen und so auch für Nicht-Muttersprachler verständlich zu machen oder etwaige Ausspracheschwierigkeiten zu vermeiden:

Mädchen in Uniform → *Maedchen in Uniform* (F/D-E)

P'tit con → *Petit con* (F/F-E)

Midnight cowboy → *Asphalt cowboy* (F/E-D)

Serial mom → *Serial mother* (F/E-F)

Dieses Vorgehen zeigt besonders deutlich, dass hier, auch wenn es sich weiterhin um aus der Perspektive der Zielkultur fremdsprachliche Titel handelt und somit ähnlich wie bei der Nulltranslation kein Sprachwechsel im engsten Sinn vollzogen wurde, ein Translationsakt vorliegt. Interlingualität und Transkulturalität dieses Verfahrens treten dabei insofern zu Tage, als der Zieltext an den Wissens- und Verstehenshorizont des zielsprachigen Rezipienten und das Sprachsystem der Zielkultur angepasst wird.

Ähnliche Anpassungen sind oft auch bei ansonsten analog übersetzten Titeln notwendig. Beinhaltet der Ausgangstitel beispielsweise Kulturspezifika, wie insbesondere Realia oder Nomina propria, die kulturspezifische Kenntnisse voraussetzen und in der Zielkultur nicht als allgemein bekannt vorausgesetzt werden können, oder gilt es, einen unübersetzbaren Ausdruck zu eliminieren, für den es in der Zielsprache kein Äquivalent gibt, so können diese Elemente im Rahmen einer Titelvariation durch andere, nicht bedeutungsäquivalente Ausdrücke ersetzt werden:

Das Treffen in Telgte → *Une rencontre en Westphalie* (R/D-F)

Die Magd des Jürgen Doskocil → *La servante du passeur* (R/D-F)

Geschwister Tanner → *The Tanners* (R/D-E)

A Connecticut Yankee in King Arthur's Court → *Un Américain à la cour du roi Arthur* (R/E-F)

Der Schatz vom Toplitzsee → *Le Trésor des SS* (F/F-D)

Le rempart des Béguines → *Rampart of desire* (F/F-E)

Week-end à Zuydcoote → *Weekend at Dunkirk* (F/F-E)

Picnic at Hanging Rock → *Picknick am Valentinstag* (F/E-D)

Auch unterschiedliche kulturspezifische Titelkonventionen machen derartige Anpassungen gelegentlich notwendig. Dies zeigt sich beispielsweise bei der Artikelsetzung. So hat die Strukturanalyse (vgl. Kap. 3.1.3.2) ergeben, dass im Englischen eine stärkere Tendenz zur Verwendung des unbestimmten Artikels im Titel besteht als im Deutschen oder vor allem im Französischen. In einigen Fällen wird daher eine Anpassung an die zielsprachlichen Titelkonventionen vorgenommen und der unbestimmte durch den bestimmten Artikel ersetzt:

A Poison Tree → *L'Arbre au poison* (L/E-F)
A Forsaken Garden → *Der verlassene Garten* (L/E-D)
A Guest of Honour → *Der Ehrengast* (R/E-D)
A Farewell to Arms → *L'adieu aux armes* (R/E-F)
A Midsummer Night's Dream → *Le Songe d'une nuit d'été* (T/E-F)

Damit ist der Gestaltungsfreiraum derjenigen, die für den interkulturellen Transfer der Titel zuständig sind, bei Titelvariationen deutlich größer als bei Titelanalogien. Doch mit der Freiheit wächst auch die Verantwortung und so sind Titelvariationen wesentlich häufiger der Kritik der Rezipienten ausgesetzt. Denn anders als bei den oben aufgeführten Beispielen ist allein anhand von Originaltitel und Translat nicht immer so eindeutig nachvollziehbar, warum sich der Titeltranslator für eine Abwandlung entschieden hat. Häufig spielen dabei textexterne Faktoren, wie beispielsweise eine mögliche Verwechslungsgefahr mit anderen Titeln in der Zielkultur, eine Rolle. Oder der Translator hält die im Originaltitel gewählten Mittel zur Funktionsrealisierung in der Zielsprache für ungeeignet (wobei es sicher wie bei allen translatorischen Leistungen gelegentlich zu Fehleinschätzungen kommt) und entscheidet sich deshalb für eine Abwandlung. Ziel aber ist in der Regel die „Funktionsgerechtigkeit" (Nord 1993a: 17 ff) des Zieltextes unter Wahrung des Loyalitätsprinzips (Nord 1993a: 18 f)[166] durch eine erkennbare Rückbindung an den Ausgangstext, so dass derartige Eingriffe im Rahmen einer funktionalen bzw. dialogischen Translation zu sehen sind.

---

[166] Vgl. hierzu auch Nord (1988: 31 ff) sowie Nord (1991b: 94).

4.2.3.2. Reduktion

Ähnliches wie für die Abwandlung gilt auch für die Reduktion, also die Verkürzung eines Originaltitels oder eines analog übersetzten Titels: Es gibt oft gute Gründe dafür, aber nicht immer können diese im Nachhinein allein anhand des produzierten Titeltranslats noch erkannt werden. In der Regel geht es aber auch hier darum, den Titel dahingehend zu optimieren, dass eine Überforderung des zielsprachlichen Rezipienten und damit einhergehend möglicherweise eine Gefährdung der Titelfunktionen vermieden werden. Entsprechend den Maßgaben der dialogischen Translation hinsichtlich einer kontextadäquaten zielkulturellen Einbettung können so Originaltitel, die aufgrund ihrer Länge oder ihrer syntaktischen Struktur für eine reine Nulltranslation in Form einer Titelidentität ungeeignet erscheinen, im Rahmen einer Reduktion auf der Basis des Originaltitels für den zielsprachigen Rezipienten aufbereitet und an seinen Verstehenshorizont angepasst werden. Auf besonders unkomplizierte Weise können so zudem Kulturspezifika, die dem zielkulturellen Empfänger u.U. nicht bekannt sind, oder andere Elemente, die sich im Transferprozess als problematisch erweisen könnten, eliminiert werden:

Stud. chem. Helene Willfüer → *Helene* (R/D-E)

Dancer, Texas pop. 81 → *Dancer, Texas* (F/E-D)

Hero and the terror → *Hero* (F/E-D)

O'brother, where are thou? → *O'brother* (F/E-F)

Schöner Gigolo, armer Gigolo → *Gigolo* (F/D-F)

Dédée D'Anvers → *Dédée* (F/F-E)

Malvern Hall from the Lake Warwickshire → *Malvern Hall* (BK1/E-F)

Auch bei sehr langen Titeln kann eine Reduktion sinnvoll sein, um so mit minimalem Aufwand einen möglicherweise schwierigen Translationsvorgang zu vermeiden und den Titel im Rahmen des Transferprozesses auf seinen Kern, häufig ein Anthroponym, zu reduzieren:

Histoire du Chevalier des Grieux et de Manon Lescaut → *Manon Lescaut* (R/F-D)

Histoire de la grandeur et de la décadence de César Birotteau → *César Birotteau* (R/F-E)

The Fortunes and Misfortunes of the Famous Moll Flanders → *Moll Flanders* (R/E-D)

The History of the Adventures of Joseph Andrews and of his Friend Mr. Abraham Adams → *Joseph Andrews* (R/E-D)

Natürlich kann auch hier nicht nur der Originaltitel sondern ebenso eine Titelanalogie als Ausgangsbasis dienen, die nach entsprechenden Kriterien an die Bedingungen der Zielkultur angepasst wird. Das Problem der Übersetzung von ausgangssprachlichen Elementen, die kulturspezifische Kenntnisse erfordern, oder Formulierungen, die sich nicht ohne weiteres in die Zielsprache übertragen lassen, kann in vielen Fällen dadurch gelöst werden, dass man diese weglässt:

Le crime de Sylvestre Bonnard, membre de l'Institut → *The crime of Sylvestre Bonnard* (R/F-E)

Wartesaal Deutschland Stimmenreich → *Waiting room Germany* (T/D-E)

Biedermann und die Brandstifter → *The Fire Raisers* (T/D-E)

Die Lehrerin von Regensburg → *L'institutrice* (T/D-F)

Suzanne Simonin, la religieuse → *The nun* (F/F-E)

Tendrine in Sun, Cornwall → *Tendrine bei Sonnenschein* (BK2/E-F)

Auch syntaktische Strukturen, die in der Zielsprache vielleicht weniger üblich sind als in der Ausgangssprache oder bei einer Übersetzung Schwierigkeiten verursachen könnten, lassen sich durch die Reduktion einer Titelanalogie auf unkomplizierte Weise eliminieren.

Wohin rollst du, Äpfelchen? → *Little apple* (R/D-E)

Emmène-moi au bout du monde → *To the end of the world* (R/F-E)

With red hands → *Mains rouges* (TR/E-F)

Long Day's Journey into Night → *Le Long Voyage vers la nuit* (T/E-F)

Im Spiel der Sommerlüfte → *Summer Breeze* (T/D-E)

I've heard the mermaids singing → *Le chant des sirènes* (F/E-F)

Ähnlich wie bei der Abwandlung steht auch bei Reduktionen häufig die Artikelsetzung im Fokus. So ist in fast allen Titelsegmenten die Konvention zur Verwendung des bestimmten Artikels im Titel im Französischen deutlich stärker ausgeprägt als im Deutschen und vor allem im Englischen. Im Englischen hingegen findet der unbestimmte Artikel in den Bereichen Lyrik und Bildende Kunst häufiger Verwendung als in den beiden anderen Sprachen. In beiden Fällen können diese Differenzen je nach Sprachrichtung durch eine Reduktion, also das Weglassen des jeweiligen Artikels, überwunden werden:[167]

Der Steppenwolf → *Steppenwolf* (R/D-E)

Der Verdacht → *Suspicion* (R/D-E)

Le chaos et la nuit → *Chaos and night* (R/F-E)

Les illusions perdues → *Verlorene Illusionen* (R/F-E)

La fille sur le pont → *Girl on the bridge* (F/F-E)

A Broken Appointment → *Rendez-vous manqué* (L/E-F)

A Girl → *Mädchen* (L/E-D)

A Barge on the Stour → *Chaland sur la Stour* (BK1/E-F)

Abschließend sei darauf hingewiesen, dass diese Transferstrategie auch dazu führen kann, dass ein Doppeltitel bzw. ein Titelgefüge zu einem Einfachtitel verkürzt wird, da im Rahmen des interkulturellen Transfers auf den Neben- oder Untertitel, manchmal gar auf den Haupttitel, der dann durch den Nebentitel ersetzt wird, verzichtet wird:

Frau Jenny Treibel oder wo sich Herz zum Herzen find't → *Jenny Treibel* (R/D-E)

Ben-Hur: A Tale of the Christ → *Ben Hur (R/E-D)*

Moby Dick or, The white Whale → *Moby Dick* (R/E-F)

Adolphe ou L'âge tendre → *The tender age* (F/F-E)

Komtesse Mizzi oder Der Familientag → *Countess Mizzi* (T/D-E)

Was geschah, nachdem Nora ihren Mann verlassen hatte oder Stützen der Gesellschaft → *Ce qui arriva quand Nora quitta son mari* (T/D-F)

4.2.3.3. Erweiterung

Nicht nur eine Verkürzung von Titeln, auch das Gegenteil ist im Rahmen einer Titelvariation möglich. Nicht selten gehen solche Erweiterungen von sehr kur-

---

[167] Zur Frequenz der Artikel im Titel vgl. Kap. 3.1.3.2.
Einschränkend muss hier jedoch bemerkt werden, dass die Angaben darüber, ob ein Artikel im Titel zu setzen ist oder nicht, bei einigen Titeln je nach Quelle uneinheitlich sind. Dies ist meist darauf zurückzuführen, dass zur alphabetischen Sortierung von Verzeichnissen die Artikel teilweise weggelassen und anschließend nicht immer wieder eingefügt werden.

zen Originaltiteln aus, die in der Regel durch eine zielsprachliche Formulierung ergänzt und damit zum Originalelement eines ansonsten zielsprachlichen Titels werden:

Wilde → *Oscar Wilde* (F/E-D)
Stiller → *I'm not Stiller* (R/D-E)
Henri Quatre → *Henri Quatre, king of France* (R/D-E)
Münchhausen → *Les Aventures fantastiques du Baron de Münchausen* (F/D-F)
Watership Down → *Les Garennes de Watership Down* (R/E-F)
Fort Apache → *Le massacre de Fort Apache* (F/E-F)
Dien Bien Phu → *Die Schlacht von Dien Bien Phu* (F/F-D)
Arkona auf Rügen → *Falaises d'Arkona sur l'île de Rügen* (BK1/D-F)

Dabei kann eine Erweiterung des Titels häufig das leisten, was bei Literaturübersetzungen gelegentlich von Fußnoten und ähnlichen metatextuellen Kommentaren übernommen wird – eine Option, die es bei Titeln natürlich nicht gibt. Oft aber reicht ein minimaler erklärender Zusatz direkt im Titel aus, um Polysemien, sprechende Namen und ähnliche Sprachspiele aufzulösen oder um dem zielkulturellen Rezipienten Informationen zu vermitteln, die er benötigt, um Kulturspezifika, aber auch Eigennamen von historischen Persönlichkeiten oder Toponyme, die kulturspezifisches Wissen erfordern, besser einordnen zu können. Dies kann jedoch nicht nur bei einer Beibehaltung des Originaltitels, sondern auch im Rahmen einer analogen Translation notwendig sein:

Der Untertan → *Le Sujet de l'empereur* (R/D-F)
Les mandarins → *Die Mandarins von Paris* (R/F-D)

Häufiger aber wird in diesem Fall einer Erweiterung des Titels dazu genutzt, ein Reizwort, ein Sprachspiel, eine explizite Wertung o.ä. hinzuzufügen:

Zwei Menschen → *Deux êtres s'aimaient* (R/D-F)
Une vie → *A woman's life* (R/F-E)
The spiral staircase → *Das Geheimnis der Wendeltreppe* (F/E-D)
Mommie dearest → *Meine liebe Rabenmutter* (F/E-D)
The chase → *La poursuite impitoyable* (F/E-F)

Derartige Ergänzungen, gut gemeinte Erklärungen und Hinweise zur Interpretationssteuerung können sich, wie Schreitmüller (1994a: 335) im Hinblick auf Filmtitel zu bedenken gibt, allerdings auch negativ auf die kommunikativen Funktionen des Titels auswirken:

> „Verstehenserleichterungen können [zwar] einerseits einen Verlust an Attraktivität kompensieren durch Anpassung an den kulturellen und sprachlichen Kontext des Neutitels. Andererseits können sie aber auch die Aktivierungsstrategien des Originaltitels konterkarieren." (Schreitmüller 1994a: 335)

Diese Aktivierungsstrategien bestehen aus bewusst offen oder vage formulierten Titeln, die ein Aktivwerden des potenziellen Rezipienten zur Titelinterpretation notwendig machen und seine Neugier wecken sollen. Das Maß an Offenheit und Vagheit, das ein Titel verträgt, kann dabei kulturspezifischen Differenzen unterworfen sein, weshalb im Einzelfall überprüft werden muss, ob zur Erstellung eines funktionsgerechten Zieltextes die Appellfunktion nicht besser beispielsweise durch ein interpretationssteuerndes, erklärendes Reizwort übernommen werden sollte. Die Entscheidung darüber liegt natürlich im Ermessen des Translators, der im Rahmen der dialogischen Translation, wie Prunč (2000: 37) es formuliert, auch als Interpret des Ausgangstextes und als Gestalter des Zieltextes auftritt.

Abschließend sei auch hier darauf hingewiesen, dass bei der Erweiterung von Titeln ebenfalls die Frage nach dem Artikel eine Rolle spielen kann, allerdings fast ausschließlich bei ansonsten analog übersetzten Titeln:[168]

Krankheit der Jugend → *Le mal de la jeunesse* (T/D-F)
King Henry VIII → *Le roi Henri VIII* (T/E-F)
Guardians of the Secret → *Les Gardiens du Secret* (BK2/E-F)
Verratenes Volk → *A people betrayed* (R/D-E)

4.2.4. Titelinnovationen

Mehr als andere Transferstrategien sorgen Titelinnovationen für Diskussionen, Irritationen, Empörung:[169]

---

[168] Eine Erweiterung von Titelidentitäten hinsichtlich der Artikelsetzung findet, wenn überhaupt, durch Hinzufügen des zielsprachlichen Artikels statt:
Android → *Der Android* (F/E-D).

Abseits → *The Heath* (L/D-E)
Die Fremdenführerin → *La Tanière* (T/D-F)
L'Ordinaire → *Flug in die Anden* (T/F-D)
Les parents terribles → *Intimate Relations* (T/F-E)
Haus ohne Hüter → *Les enfants des morts* (R/D-F)
Those Barren Leaves → *Parallelen der Liebe* (R/E-D)
To kill a mockingbird → *Du silence et des ombres* (F/E-F)
Roman holiday → *Ein Herz und eine Krone* (F/E-D)

Warum vergeben die Verantwortlichen beim interkulturellen Transfer von Titeln also derartige Neutitel, die ja nun – so scheint es vielleicht auf den ersten Blick – mit einer Übersetzung nichts mehr zu tun haben?

Weil sie manchmal gar keine andere Wahl haben. Weil der Originaltitel unübersetzbar ist oder zumindest bei einer analogen Übersetzung in der Zielsprache keinen kontextadäquaten, funktionsgerechten Zieltext ergeben würde. Weil der zielsprachliche Titel in der Zielkultur bereits besetzt ist, vielleicht sogar dem Titelschutz unterliegt und daher eventuell mit rechtlichen Konsequenzen, zumindest aber mit einer Verwechslungsgefahr zwischen den beiden zugehörigen Werken zu rechnen wäre.[170] Oder weil sich der Originaltitel als Flop erwiesen hat und „Schlechtes nicht besser wird, wenn man es wiederholt."[171] Dann kann eine Titelinnovation die Chance sein, die kommunikativen Funktionen, die der Originaltitel erfüllen sollte, aber nicht erfüllt hat, im Zielland nochmals neu und vielleicht erfolgreicher zu formulieren.

In der Tat ist ein Zusammenhang zwischen Ausgangs- und Zieltext hier meist kaum noch zu erkennen, ganz zu schweigen von möglichen Äquivalenzbeziehungen zwischen beiden. Und dennoch: Auch Titelinnovationen entsprechen der

---

169 Vgl. hierzu beispielsweise den Artikel von Christoph Gunkel vom 30.03.2009, der Titelinnovationen als „Verübersetzungen" bezeichnet, Quelle: http://einestages.spiegel.de/static/topicalbumbackground/3890/_beim_sterben_ist_jeder_der_erste.html (Stand: Mai 2009).

170 Zum Titelschutz vgl. z.B. Sayiner-Fraser of Lovat (2010) sowie Baronikians (2008) und Kupka (2004).

171 Ludwig Ammann, Geschäftsführer der Kool Filmdistribution Freiburg, im Telefoninterview vom 7.4.2011 zu den Gründen von Titelinnovationen.

Definition des Translationsbegriffs von Prunč (2000: 20) „als konventionalisierter, interlingualer, transkultureller Interaktion“ und zwar dem Typus der diaskopischen Translation. Die Skoposrelationen zwischen Ausgangs- und Zieltext sind ebenso wie die Translationseinheit bei diesem Translationstypus völlig frei zu bestimmen. Es muss nicht einmal einen verbindlichen Ausgangstext geben, vielmehr kann der Zieltext auch „aus einem Textentwurf oder aus einem gezielt selektierten Agglomerat verschiedener Texte oder auch nur aus Informationen über einen Sachverhalt“ (Prunč 2000: 54) generiert werden. Bei der Titeltranslation könnte dies beispielsweise ein Textentwurf in Form eines ausgangssprachlichen Arbeitstitels sein, der später dann doch nicht der offizielle Titel des Werkes wird. Oder der Originaltitel wird zusammen mit weiteren Informationen über das zugehörige Werk, häufig sicherlich auch das Werk selbst, als Ausgangsbasis für die Erstellung eines neuen Titels genutzt. Auf der Basis eines solchen Text- und Informationsagglomerats wird – mit der Terminologie von Holz-Mänttäri (1993) gesprochen – nach den Vorgaben des Auftraggebers, also beispielsweise des Verlags, des Verleihs oder des Museums, durch professionelles Text-Design ein Design-Text konzipiert, der in Form und Funktion unabhängig von dem oder den Ausgangstext(en) genau auf die Erfordernisse der Rezeptionssituation zugeschnitten wird.

„Kurzum, als Motto der diaskopischen Translation können wir feststellen: *Alles ist möglich*“ (Prunč 2000: 54). Und genau das gilt eben auch für die Übersetzung von Titeln. So kann der Zieltext vollkommen unabhängig vom Ausgangstext formuliert werden, wie die obigen Beispiele zeigen, es können aber auch einzelne Informationen und Elemente aus dem Ausgangstext bei der Formulierung des Zieltextes aufgegriffen werden. Gelegentlich werden daher bei der Formulierung des Neutitels ein, manchmal auch mehrere Originalelemente aus dem Ausgangstitel beibehalten. Meist handelt es sich dabei um Nomina propria, wie die folgenden Beispiele illustrieren:

> *Die Verwirrungen des Zöglings Törless* → *Young Törless* (R/D-E)
>
> *The Posthumous Papers of the Pickwick Club* → *Les Aventures de Monsieur Pickwick* (R/D-F)
>
> *Coins of Judas* → *Der Judasfluch* (TR/E-D)
>
> *Tales from Hollywood* → *Ah! Hollywood...* (T/E-F)
>
> *The man with Bogart's face* → *Détective comme Bogart* (F/E-F)

Christiane F. Wir Kinder vom Bahnhof Zoo → *Moi, Christiane F., 13 ans, droguée, prostituée* (F/D-F)

Les aventures d'Arsène Lupin → *Arsène Lupin, der Millionendieb* (F/F-D)

On connaît la chanson → *Das Leben ist ein Chanson* (F/F-D)

In anderen Fällen wird ein Schlüsselwort des Originaltitels analog übersetzt und in die Neuformulierung integriert:

Street scene → *Eine Straße in New York* (M/E-D)

Draußen vor der Tür → *The Man Outside* (T/D-E)

The Bishop's Bonfire → *On attend un évêque* (T/E-F)

Les dames du jeudi → *Wie immer am Donnerstag* (T/F-D)

Délire à deux → *Frenzy for two or more* (T/F-E)

The Sheltering Sky → *Himmel über der Wüste* (R/E-D)

The French Lieutenant's Woman → *Sarah et le lieutenant français* (R/E-F)

Abschied von gestern → *Yesterday girl* (F/D-E)

Häufiger jedoch wird lediglich das im Originaltitel vertretene Wortfeld im Neutitel aufgegriffen, sei es durch ein semantisch verwandtes Wort der gleichen oder einer anderen Wortart, sei es durch ein Antonym im Rahmen einer bewusst gegenteiligen Titelformulierung:

Die Behörde → *The Official Form* (L/D-E)

Aquarium → *Totes Wasser* (L/F-D)

Der Kammersänger → *Heart of a Tenor* (T/D-E)

Bauern sterben → *Terres mortes* (T/D-F)

The absence of war → *Falscher Friede* (T/E-D)

Il fait beau nuit et jour → *Wolkenlos heiter* (T/F-D)

La condition humaine → *So lebt der Mensch* (R/F-D)

L'amant de cinq jours → *Infidelity* (F/F-E)

Der Bezug zum Ausgangstext besteht in einigen Fällen auch darin, dass seine syntaktische Struktur im zielsprachlichen Titel wieder aufgenommen wird:

Unforgiven → *Erbarmungslos* (F/E-D)

Noce blanche → *Baby Blue* (F/F-D)

The ghost and the darkness → *L'homme et la proie* (F/E-F)
The sword of Sherwood forest → *Le serment de Robin des Bois* (F/E-F)
Me, myself and Irene → *Ich, beide und sie* (F/E-D)
Morte sans sépulture → *Men without Shadows* (T/F-E)
Flucht in den Norden → *Journey into freedom* (R/D-E)
Send me a Lover → *Schenk mir den Himmel* (TR/E-D)

Der Ausgangstitel ist indes nicht die einzige Bezugsgröße bei Titelinnovationen. Vielmehr gibt es auch die Möglichkeit, intrakulturell an bestimmte, meist besonders erfolgreiche Titelmuster anzuknüpfen, wodurch ganze Titelreihen entstehen können:

East of Eden → *Jenseits von Eden* (F/E-D; 1954)
Out of Africa → *Jenseits von Afrika* (F/E-D; 1985)[172]
Deep cover → *Jenseits der weißen Linie* (F/E-D; 1992)
Guilty as sin → *Jenseits der Unschuld* (F/E-D; 1993)
In dreams → *Jenseits der Träume* (F/E-D; 1998)[173]

Dial „M" for murder → *Le crime était presque parfait* (F/E-F; 1954)
The hit → *Le tueur était presque parfait* (F/E-F; 1984)
Off beat → *Le flic était presque parfait* (F/E-F; 1986)
Nobody's fool → *Un homme presque parfait* (F/E-F; 1994)

Abschließend sei darauf hingewiesen, dass im Rahmen einer Titelinnovation nicht nur Einfachtitel, sondern natürlich, wenn auch seltener, mehrgliedrige Titel gebildet werden können:

Der Katzensteg → *Regina, or The sins of the fathers* (R/D-E)
The Old Wives' Tale → *Konstanze und Sophie oder Die alten Damen* (R/E-D)
Die beiden Klingsberg → *Father and Son; or, Family Frailties* (T/D-E)

---

[172] Die ersten beiden Titel sind eigentlich keine Titelinnovationen, sondern lediglich Titelvariationen. Sie wurden nur der Vollständigkeit halber aufgeführt und weil u.U. die neueren Titel sich an dieser Formulierung orientiert haben.
[173] Auch bei diesem Titel handelt es sich nur um eine Titelvariation.

Über allen Gipfeln ist Ruh → *Maître. La journée d'un poète allemand vers 1980* (T/D-F)

4.2.5. Hybridformen

Titelidentität, Titelanalogie, Titelvariation oder Titelinnovation – die Möglichkeiten beim interkulturellen Transfer von Titeln sind damit noch längst nicht erschöpft. Wenn nämlich keine dieser Strategien für sich zu einer befriedigenden Lösung führt, bleibt eine letzte Option: die Kombination von zwei verschiedenen Transfertypen.

Besonders häufig finden sich Hybridformen bei Doppeltiteln oder Titelgefügen, die aufgrund ihrer Gliederungsstruktur ohnehin eine Teilung nahelegen. Bei Einfachtiteln hingegen führt eine Verwendung von Hybridformen oft zu einer Dopplung, im Rahmen derer der Einfachtitel zu einem Titelgefüge, in selteneren Fällen auch zu einem Doppeltitel ausgebaut wird.[174] Bei vier Kategorien ergeben sich dabei, sofern man die Reihenfolge berücksichtigt, theoretisch zwölf unterschiedliche Zweier-Kombinationen. Doch nicht alle dieser Möglichkeiten spielen auch in der Praxis eine Rolle. Daher sollen im Folgenden nur die wichtigsten kurz vorgestellt werden.

Eine Kombination aus **Titelidentität + Titelinnovation** bietet sich vor allem dann an, wenn es sich beim Ausgangstitel um einen sehr kurzen Einfachtitel handelt.[175] Dieser kann dann unverändert beibehalten und durch zusätzliche Informationen im Untertitel ergänzt werden. Dadurch kommt es zu einer Aufteilung der kommunikativen Funktionen: Während der Haupttitel als Name die

---

[174] Möglich ist auch, dass ein Einfachtitel sowohl um einen Neben- als auch einen Untertitel erweitert wird. So wird aus Voltaires Roman *L'ingénu* bei seiner Übersetzung ins Englische *L'ingenu, or The sincere Huron: a true history* (R/F-E). Dieser Fall scheint der Korpusanalyse zufolge aber eine Ausnahme zu sein.

[175] Ist der ausgangssprachliche Titel für eine solche Kombination ungeeignet oder zu lang, wird stattdessen in einigen Fällen eine Titelvariation in Form einer Reduktion verwendet:
Irrungen, Wirrungen → *Entanglements: an everyday Berlin story* (R/D-E)
Agnes of God → *Agnes – Engel im Feuer* (F/E-D)
Most wanted → *Wanted – Recherché mort ou vif* (F/E-F).

Grundfunktionen, also metatextuelle und phatische Leistungen, übernimmt und, um die Merkbarkeit im Sinne der phatischen Funktion nicht zu gefährden, selbst nicht erweitert wird, kann der Untertitel genutzt werden, um die Darstellungsfunktion zu stärken:

Berlin Alexanderplatz → *Berlin Alexanderplatz: the story of Franz Biberkopf* (R/D-E)

Israel Potter → *Israel Potter. Seine 50 Jahre im Exil* (R/E-D)

Old Mortality → *Old Mortality, ou les Puritains d'Écosse* (R/E-F)

Mensch Meier → *Mensch Meier: A Play of Everyday Life* (T/D-E)

Le grand amour → *Le grand Amour – Wahre Liebe rostet nicht* (F/F-D)

The saint → *The saint – Der Mann ohne Namen* (F/E-D)

Angel heart → *Angel heart (= Aux portes de l'enfer)* (F/E-F)

Ähnlich funktionieren auch Kombinationen aus **Titelidentität + Titelanalogie**, die Translatoren vor allem dann wählen, wenn sie sich nicht sicher sind, ob sich der Ausgangstitel tatsächlich für eine Nulltranslation eignet:[176]

La Boum → *La Boum – Die Fete* (F/F-D)

The rainmaker → *The rainmaker – Der Regenmacher* (F/E-D)

Bound → *Bound – Gefesselt* (F/E-D)

Die Hintergründe solcher Erweiterungen beschreibt Schreitmüller (1994a: 336) im Hinblick auf die Übersetzung von Filmtiteln, wo sich diese Strategie besonders häufig findet, folgendermaßen:

> „Mit solchen Titelkombinationen spielen die Verleiher auf Sicherheit. Denn einerseits werden die Vorteile der Titel-Identität […] ausgekostet, andererseits wird Rezipienten, die des Englischen nicht mächtig sind, der Originaltitel durch eine (mehr oder weniger wörtliche) Übersetzung nahegebracht.“

---

[176] Gelegentlich findet sich, vor allem bei der Übersetzung deutscher und französischer Romantitel ins Englische, auch die umgekehrte Reihenfolge, also Titelanalogie als Haupttitel, ergänzt durch den Originaltitel im Untertitel:
Der Zauberberg → *The magic mountain = Der Zauberberg* (R/D-E)
Les anges noirs → *The dark angels (Les anges noirs)* (R/F-E)
36 Fillette → *Virgin – 36 Fillette* (F/F-E).

Die analoge Translation im Untertitel dient also ähnlich wie die Erweiterung eines Einfachtitels durch einen neuen zielsprachlichen Untertitel als Absicherung, um eine mögliche Einschränkung der Darstellungsfunktion von vornherein auszuschließen. Sollte sich der zielsprachliche Zusatz jedoch im Titelgebrauch als überflüssig erweisen, kann er auch wieder weggelassen werden.

Anstelle der Titelanalogie oder der Titelinnovation kann dabei in seltenen Fällen auch eine Variation des Ausgangstitels treten, so dass sich eine Kombination aus **Titelidentität + Titelvariation** ergibt:

Fame → *Fame – Der Weg zum Ruhm* (F/E-D)

Equus → *Equus – Blinde Pferde* (F/E-D)

Alle drei Strategiekombinationen treten in besonders hohem Maße auch bei Doppeltiteln und Titelgefügen auf. Gerade beim Doppeltitel besteht der Haupttitel häufig aus einem reinen Eigennamen, meist einem Anthroponym (vgl. Kap. 3.1.1.1), welcher im Rahmen einer Titelidentität oft problemlos unverändert beibehalten werden kann,[177] während die Themenangabe oder andere weiterführende Informationen im Nebentitel zur Sicherung der Darstellungsfunktion entweder analog übersetzt, nach Bedarf aber auch variiert oder durch einen neuen Nebentitel in Form einer Titelinnovation ersetzt werden:

Martha oder der Markt zu Richmond → *Martha ou Le Marché de Richmond* (O/D-F)

Fabian. Die Geschichte eines Moralisten → *Fabian: the story of a moralist* (R/D-E)

Sybil, or The Two Nations → *Sybil oder Die beiden Nationen* (R/E-D)

Victor ou Les enfants au pouvoir → *Victor oder Die Kinder an die Macht* (T/F-D)

Tartuffe ou L'Imposteur → *Tartuffe or The Imposter* (T/F-E)

Bang Boom Bang: Ein todsicheres Ding → *Bang Boom Bang: A Dead-cert thing* (F/D-E)

Ornifle ou le courant d'air → *Ornifle or It's Later than you Think* (T/F-E)

---

[177] Werden Eigennamen hinsichtlich der Akzentsetzung an die zielsprachlichen Konventionen angepasst, wird der Haupttitel als Titelvariation (vgl. Kap. 4.2.3) eingestuft, so dass sich eine Kombination aus Variation und Analogie ergibt:
Hyperion oder Der Eremit in Griechenland → *Hypérion ou L'ermite de Grèce* (R/D-F).

Justine ou Les malheurs de la vertu → *Justine: or Good conduct well chastised* (R/F-E)

Heimat – Eine deutsche Chronik → *Heimat = Made in Germany* (F/D-F)

Buddenbrooks. Verfall einer Familie → *Buddenbrooks: The decline of a family* (R/D-E)

Gamiani ou deux nuits d'excès → *Gamiani oder Zwei tolle Nächte* (R/F-D)

Play Strindberg: Totentanz nach August Strindberg → *Play Strindberg: The Dance of Death* (T/D-E)

Darüber hinaus spielt schließlich noch die Hybridform **Titelanalogie + Titelinnovation** eine gewisse Rolle. Bei der Übersetzung von Titelgefügen entsteht sie dann, wenn nur der Haupttitel analog übersetzt, der Untertitel aber durch neue Informationen ersetzt und dadurch im Hinblick auf den Erwartungs- und Wissenshorizont des zielkulturellen Rezipienten optimiert wird:

Professor Unrat oder Das Ende eines Tyrannen → *Professeur Unrat (L'Ange bleu)* (R/D-F)

Vendredi ou Les limbes du Pacifique → *Friday, or, The other island* (R/F-E)

Volksvernichtung oder Meine Leber ist sinnlos → *Genocide; or, My Life is Blameless* (T/D-E)

Aber auch bei der Translation eingliedriger Titel kann eine Titelanalogie durch einen neuen Untertitel ergänzt werden:

Le rouge et le noir → *The red and the black: a chronicle of the nineteenth century* (R/F-E)

Das Boot → *Le bateau: un voyage aux limites de l'enfer* (R/D-F)

Le Verre d'eau → *Das Glas Wasser oder Ursachen und Wirkungen* (T/F-D)

Damit bieten Hybridformen insgesamt vielfältige Möglichkeiten, die Vorteile verschiedener Transferstrategien miteinander zu kombinieren, um so in Form eines Design-Textes ein optimales Translat zu erstellen.

4.2.6. Translationsstrategien im Überblick

Translations-Strategie	**Beispiele**	**Translations-wissenschaftl. Einordnung**
Titelidentität (Beibehaltung des Original-titels)	*Carmen* → *Carmen* (O/F-E) *Zone* → *Zone* (L/F-D) *Lost highway* → *Lost highway* (F/E-F)	**Null-Translation** (Translations-verzicht)
Titelanalogie (wörtlich übersetzte Titel)	*Der Panther* → *La Panthère* (L/D-F) *L'amant* → *The Lover* (F/F-E) *4.48 psychosis* → *4.48 psychose* (T/E-F)	**Homologe/ Analoge Translation**
Titelvariation		**Dialogische Translation** (Funktions-konstanz)
1. Abwandlung	*Salammbô* → *Salammbo* (R/F-E) *La porte étroite* → *Strait is the gate* (R/F-E)	
2. Reduktion	*Moritz, lieber Moritz* → *Moritz* (F/D-E) *Der Verdacht* → *Suspicion* (R/D-E)	
3. Erweiterung	*Wilde* → *Oscar Wilde* (F/E-D) *Stiller* → *I'm not Stiller* (R/D-E)	
Titelinnovation (neu formulierte Titel)	*The Crucible* → *Hexenjagd* (T/E-D) *Aquarium* → *Totes Wasser* (L/F-D) *The rope* → *Cocktail für eine Leiche* (F/E-D)	**Diaskopische Translation** (Textdesign)
Hybridformen		
1. Einfachtitel	*36 Fillette* → *Virgin – 36 Fillette* (F/F-E)	
2. Titelgefüge	*Tartuffe ou L'Imposteur* → *Tartuffe or The Imposter* (T/F-E)	

4.3. Translationsstrategien und ihre medienspezifische Relevanz

4.3.1. Romantitel

4.3.1.1. Einfachtitel in der Höhenkamm-Literatur

„Zunächst versuchen wir eigentlich immer, möglichst nah an einer wörtlichen Übersetzung des Originals zu bleiben“, antwortet Katharina Picandet vom Lektorat der Edition Nautilus/Verlag Lutz Schulenburg auf die Frage, ob bestimmte Transferstrategien bei der Übersetzung von Romantiteln favorisiert werden. Und auch Thomas Überhoff, Programmleiter Belletristik im Rowohlt Verlag, äußert sich dahingehend, dass „im Haus Konsens darüber besteht, daß man so wörtlich bleiben sollte wie möglich. Erst wenn das aus Übersetzungsgründen nicht geht oder rhythmische, lautliche etc. Probleme auftauchen, sind freiere Lösungen erlaubt.“

Diese Haltung scheint in der Tat den Umgang mit Romantiteln im interkulturellen Transfer zu prägen, und zwar sowohl in Deutschland als auch in Frankreich sowie im englischsprachigen Raum, zumindest im Bereich der anspruchsvolleren Literatur. Denn wie die Analyse der im Korpus erfassten Einfachtitel von Höhenkamm-Romanen zeigt, wird in allen drei untersuchten Sprachräumen etwa die Hälfte der Titel analog übersetzt. Damit liegen Titelanalogien überall auf Platz eins, gefolgt von Titelvariationen, die in den drei untersuchten Sprachräumen immer noch jeweils rund ein Viertel der Translate ausmachen und damit ebenfalls das Bemühen der Verlage um eine möglichst große Nähe zum Originaltitel widerspiegeln. Auf den Plätzen drei und vier folgen dann mit je etwa 10% bis 15% Titelidentitäten und Titelinnovationen, wobei die Reihenfolge dieser Transferstrategien in Abhängigkeit von der Sprachrichtung variiert. Kaum eine Rolle spielen schließlich Hybridformen, also Kombinationen mehrerer Transferstrategien, die fast in allen Teilkorpora mit weniger als 5% vertreten sind. Grafisch dargestellt ergibt die Analyse der im Korpus verzeichneten Einfachtitel von Romanen der Höhenkammliteratur damit folgendes Bild: [178]

---

[178] Eine Tabelle mit den diesen Grafiken zugrunde liegenden Werten findet sich im Anhang, Kap. 6.3.

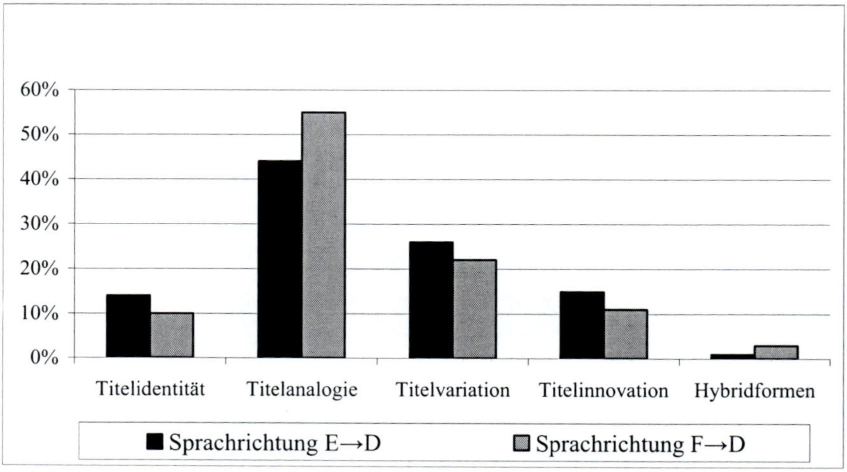

Abb. 10 Transferstrategien bei eingliedrigen Romantiteln in Deutschland

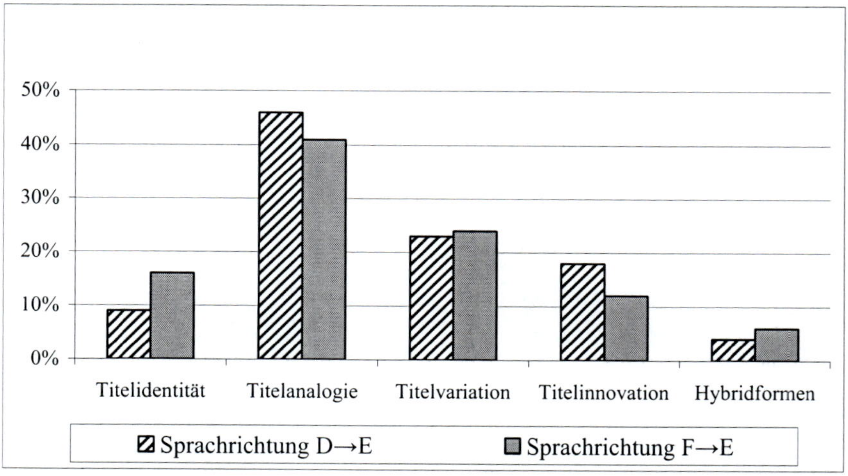

Abb. 11 Transferstrategien bei eingliedrigen Romantiteln im englischsprachigen Raum

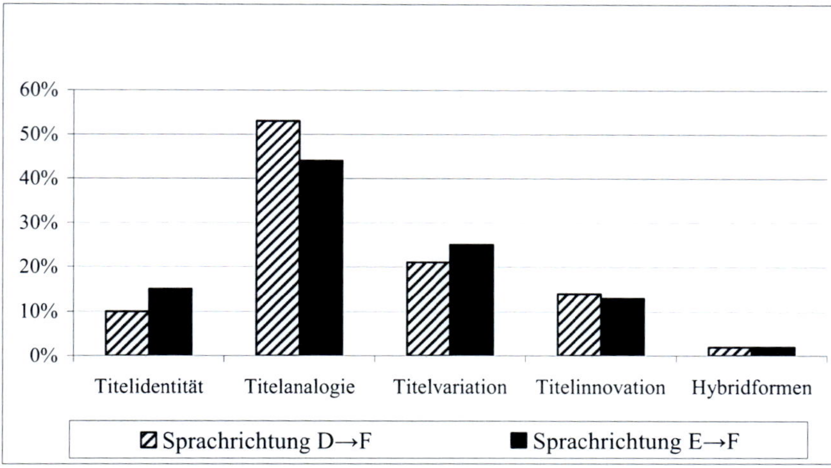

Abb. 12 Transferstrategien bei eingliedrigen Romantiteln in Frankreich

Grundsätzlich also ist die Translationskultur für dieses Titelsegment in den drei hier untersuchten Sprachräumen offensichtlich sehr ähnlich. Titelanalogien stellen mit einem Anteil von 41% für die Sprachrichtung F-E bis hin zu 53% für die Sprachrichtung D-F und sogar 55% für die Sprachrichtung F-D überall mit großem Abstand die wichtigste Transferform dar und belegen ganz klar das Bemühen der Verlage um eine möglichst wortgetreue Übersetzung:

Der Prozess → *The trial* (R/D-E)
Der Mann ohne Eigenschaften → *L'homme sans qualités* (R/D-F)
Tender Is the Night → *Zärtlich ist die Nacht* (R/E-D)
Billy Budd, Sailor → *Billy Budd, matelot* (R/E-F)
A rebours → *Gegen den Strich* (R/F-D)
Vous les entendez? → *Do you hear them?* (R/F-E)

Dabei korreliert ein weniger an Titelanalogien immer mit einem mehr an Titelidentitäten und zwar auch Titelidentitäten jenseits von reinen Eigennamen und Zufallsidentitäten. Den höchsten Wert, 16%, erreichen Titelidentitäten bei der Sprachrichtung F-E, für die mit nur 41% der niedrigste Wert an Titelanalogien vorliegt. Dies liegt zum einen daran, dass im französischen Teilkorpus sehr viele Titel verzeichnet sind, die aus reinen Eigennamen bestehen, welche im interkulturellen Transfer unverändert beibehalten wurden. Aber eben auch jenseits dessen scheint im englischsprachigen Raum die Akzeptanz für französische Originaltitel relativ groß zu sein – jedenfalls deutlich größer als für deutsche, die lediglich einen Anteil von 9% erreichen und zudem jenseits von Eigennamen fast ausschließlich in Form von Zufallsidentitäten oder bei fremdsprachlichen Originaltiteln auftreten:

Anton Reiser → *Anton Reiser* (R/D-E)
Frost → *Frost* (R/D-E)
L'Adultera → *L'Adultera* (R/D-E)
Eugénie Grandet → *Eugénie Grandet* (R/F-E)
L'abbé C. → *L'abbé C.* (R/F-E)
Aimez-vous Brahms...? → *Aimez-vous Brahms...?* (R/F-E)

Weniger überraschend ist hier die Tatsache, dass sowohl in Deutschland als auch in Frankreich englischsprachige Originaltitel häufiger in Form von Titelidentitäten beibehalten werden als französische bzw. deutsche:

The Naked Lunch → *The Naked Lunch* (R/E-D)
Fahrenheit 451 → *Fahrenheit 451* (R/E-D)
Airport → *Airport* (R/E-F)
Last Exit to Brooklyn → *Last Exit to Brooklyn* (R/E-F)

Von Sagans *Bonjour tristesse* abgesehen, sind Titelidentitäten aus dem Französischen im deutschen Korpus fast ausschließlich in Form von reinen Eigennamen oder Eigennamen mit einer Anrede zu finden. Zwar stellt diese Form der Titelidentität bei Romantiteln des Höhenkamms für alle Sprachrichtungen mit etwa 70% die wichtigste Variante dar, im französisch-deutschen Teilkorpus macht sie aber über 90% der Titelidentitäten aus. Im deutsch-französischen Teilkorpus fällt ihr Anteil allerdings auch nur aufgrund von Zufallsidentitäten und fremdsprachigen Originaltiteln etwas geringer aus:

Nana → *Nana* (R/F-D)
Dominique → *Dominique* (R/F-D)

Mademoiselle de Maupin → *Mademoiselle de Maupin* (R/F-D)
Effi Briest → *Effi Briest* (R/D-F)
Exil → *Exil* (R/D-F)
Missa sine nomine → *Missa sine nomine* (R/D-F)

Mit immerhin 21% für die Sprachrichtung D-F bis hin zu 26% für die Sprachrichtung E-D stellen Titelvariationen die zweitwichtigste Transferstrategie dar. Am häufigsten ist dabei mit einem Anteil von rund 10% in allen Sprachräumen das Phänomen der Abwandlung, meist ausgehend von Titelanalogien:

Die Klavierspielerin → *The piano teacher* (R/D-E)
Fünf Tage im Juni → *Une semaine en juin* (R/D-F)
Intruder in the dust → *Griff in den Staub* (R/E-D)
The way of all flesh → *Ainsi va toute chair* (R/E-F)
La bête humaine → *Die Bestie im Menschen* (R/F-D)
Le feu → *Under fire* (R/F-E)

Abwandlungen auf der Basis von Titelidentitäten sind deutlich seltener und erreichen lediglich für die Sprachrichtung F-D einen nennenswerten Anteil von 4%, der vor allem dadurch zustande kommt, dass reine Eigennamen nicht als Titelidentitäten unverändert beibehalten werden, sondern hinsichtlich der Akzentsetzung an die deutschen Sprachkonventionen angepasst, die Akzente also weggelassen werden:

Thérèse Raquin → *Therese Raquin* (R/F-D)
Léviathan → *Leviathan* (R/F-D)
Clérambault → *Clerambault* (R/F-D)

Neben Abwandlungen spielen bei fast allen Sprachrichtungen Reduktionen eine wichtigere Rolle als Erweiterungen. Eine besonders interessante Form der Reduktion auf der Basis von Originaltiteln stellt dabei die Variante dar, die teilweise sehr langen englischen Romantitel des 18. und vor allem 19. Jahrhunderts so zu verkürzen, dass im Titeltranslat lediglich ein Name bleibt:

The Life and Strange Surprising Adventures of Robinson Crusoe of York, Mariner → *Robinson Crusoe* (R/E-D)

The Adventures of Huckleberry Finn → *Huckleberry Finn* (R/E-D)

The Personal History, Adventures, Experience, and Observation of David Copperfield the Younger → *David Copperfield* (R/E-F)

The Life and Adventures of Nicholas Nickleby → *Nicholas Nickleby* (R/E-F)

Darüber hinaus sind auch unterschiedliche Konventionen bei der Artikelsetzung häufig Ursache für Titelvariationen: So ist Frankreich eine stärkere Tendenz zur Verwendung des bestimmten Artikels im Titel zu verzeichnen als in den beiden anderen Sprachräumen, insbesondere im englischsprachigen Raum.[179] Bei der Sprachrichtung F-E wird daher besonders häufig, nämlich bei 8% der Translate, der Artikel weggelassen, während er bei der Sprachrichtung E-F in 5% der Fälle hinzugefügt wird. Mit 5% sind Artikelreduktionen bei der Sprachrichtung F-D ebenso wie Artikelerweiterungen mit 4% bei der Sprachrichtung D-F zwar etwas seltener, aber immer noch auffallend häufig:

La nausée → *Nausea* (R/F-E)

La cousine Bette → *Cousin Bette* (R/F-E)

Uncle Silas → *L'oncle Silas* (R/E-F)

Hard Times → *Les temps difficiles* (R/E-F)

Les demi-vierges → *Halbjungfern* (R/F-D)

Deutschstunde → *La leçon d'allemand* (R/D-F)

Hybridformen und die damit meist verbundene Erweiterung von Einfachtiteln zu mehrgliedrigen Titeln spielen bei der Übersetzung von Romantiteln kaum eine Rolle, am ehesten im Englischen mit 4% bei Titelübersetzungen aus dem Deutschen und 6% bei Translaten aus dem Französischen. Während für die Sprachrichtung D-E keine klare Linie hinsichtlich der Strategiekombinationen ausgemacht werden kann, bestätigt sich auch bei den Hybridformen die Tendenz des Englischen zu französischen Originaltiteln: Am häufigsten sind Kombinationen aus Titelidentitäten und Titelanalogien bzw. Titelinnovationen, wobei allerdings der Originaltitel meist nur als Neben- bzw. Untertitel verwendet wird:

Volupté → *Volupté: the sensual man* (R/F-E)

Le ventre de Paris → *The belly of Paris = Le ventre de Paris* (R/F-E)

---

[179] Vgl. hierzu die Ergebnisse der Strukturanalyse Kap. 3.1.3.2.

4.3.1.2. Mehrgliedrige Titel in der Höhenkammliteratur

Deutlich uneinheitlicher stellt sich die Übersetzung mehrgliedriger Titel dar:[180]

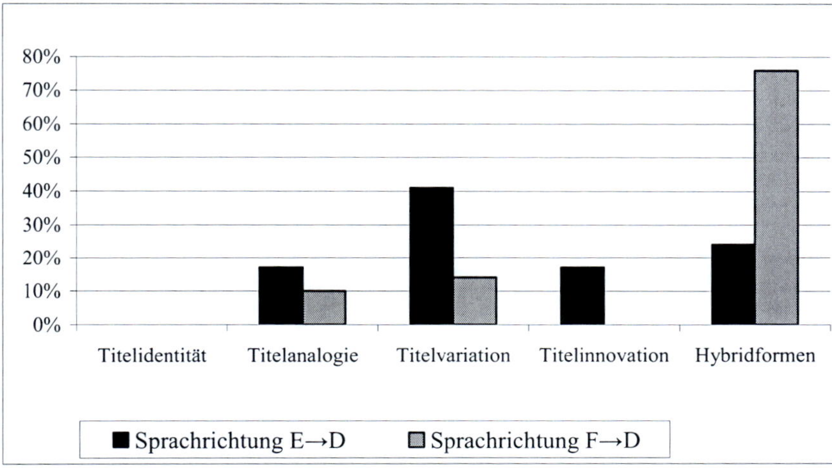

Abb. 13 Transferstrategien bei mehrgliedrigen Romantiteln in Deutschland

[180] Eine Tabelle mit den diesen Grafiken zugrunde liegenden Werten findet sich im Anhang, Kap. 6.3.

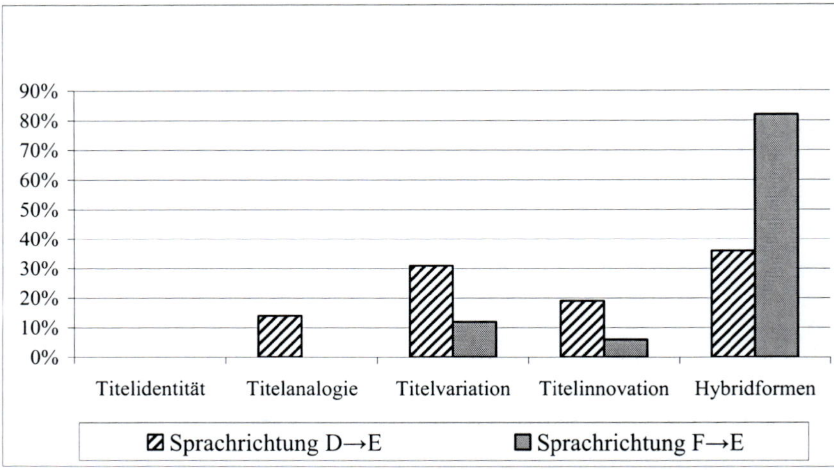

Abb. 14 Transferstrategien bei mehrgliedrigen Romantiteln im englischsprachigen Raum

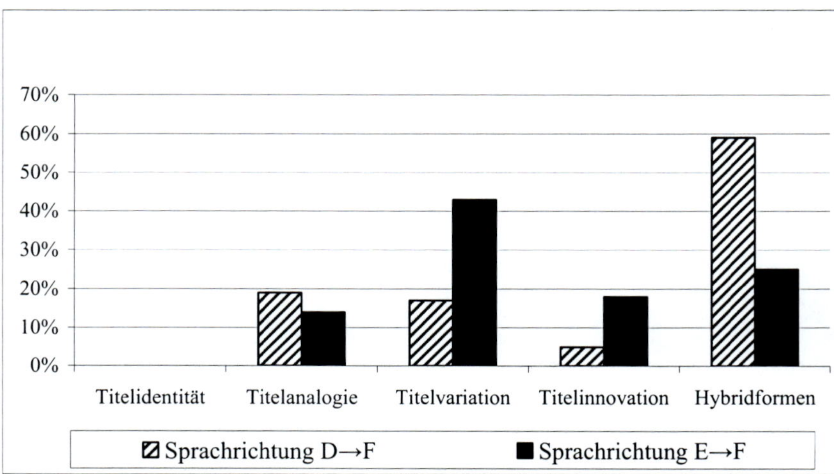

Abb. 15 Translationsstrategien bei mehrgliedrigen Romantiteln in Frankreich

Dass die Untersuchung der Frequenz der Transferstrategien bei mehrgliedrigen Titeln ein so uneinheitliches Bild ergibt, mag einerseits mit dem Umfang der Stichproben zusammenhängen, die aufgrund des relativ geringen Anteils mehrgliedriger Titel in den entsprechenden Teilkorpora zum Teil sehr klein ausfallen.[181] Andererseits gibt es gerade bei Doppeltiteln und Titelgefügen aufgrund ihrer komplexen Struktur besonders viele Möglichkeiten des interkulturellen Transfers, beispielsweise durch die Kombination mehrerer Strategien im Rahmen von Hybridformen. Angesichts dieser Ausgangsbedingungen muss die Zuverlässigkeit der Analyseergebnisse hier etwas eingeschränkt werden. Dennoch sollen einige besonders auffällige Tendenzen kurz aufgezeigt werden.

Eindeutig lässt sich feststellen, dass Titelidentitäten bei mehrgliedrigen Titeln, zumindest auf den Gesamttitel bezogen, für keine der sechs untersuchten Sprachrichtungen verzeichnet wurden. Dies ist insofern wenig überraschend, als sich Doppeltitel wie auch Titelgefüge aufgrund ihrer Länge und ihrer komplexen Struktur wenig für Titelidentitäten eignen. Viel eher bietet es sich an, nur einen der Titelteile – und hier insbesondere den Haupttitel – als Titelidentität beizubehalten und diesen gegebenenfalls durch eine analoge Übersetzung des Neben- bzw. Untertitels, eine Variation desselben oder gelegentlich auch einen anderen, neu formulierten Teiltitel im Rahmen einer Hybridform zu ergänzen.

Wie sich den Grafiken entnehmen lässt, gibt es allerdings, gerade was die Frequenz der Hybridformen anbelangt, große Differenzen und zwar weniger zwischen, als vielmehr innerhalb der drei Kulturräume. Dies deutet darauf hin, dass es eine relativ große Abhängigkeit von der Ausgangssprache und den jeweiligen kulturspezifischen Strukturen der Ausgangstitel gibt. So lässt sich bei der Translation französischsprachiger Titel sowohl in Deutschland als auch im englischsprachigen Raum mit einem Anteil von 76% bzw. 82% eine ganz klare Dominanz von Hybridformen feststellen, wobei es sich meist um eine Kombination von Titelidentitäten bzw. gelegentlich auch Titelvariationen auf der Basis des Originaltitels und Titelanalogien oder Titelvariationen auf der Basis des analog übersetzten Titels handelt. Häufig handelt es sich bei den französischen Ausgangstiteln nämlich um die klassische Form des Doppeltitels, dessen Haupttitel aus einem reinen Eigennamen besteht. Dieser kann dann im interkulturellen Transfer entweder unverändert beibehalten werden oder muss – was in Deutschland eine größere Rolle zu spielen scheint als im englischsprachigen Raum – nur

[181] Vgl. hierzu die Ergebnisse der Strukturanalyse, Kap. 3.1.1.2.

leicht an die zielkulturellen Sprachkonventionen angepasst werden, beispielsweise hinsichtlich der Akzentsetzung:

> *Justine ou Les malheurs de la vertu → Justine oder Das Mißgeschick der Tugend* (R/F-D)
>
> *Émile ou De l'éducation → Emile oder Über die Erziehung* (R/F-D)
>
> *Zadig ou la Destinée → Zadig, or, The book of fate* (R/F-E)
>
> *Armance ou Quelques scènes d'un salon de Paris en 1827 → Armance; or, Scenes from a Parisian salon in 1827* (R/F-E)

Im Gegensatz dazu werden anglophone Doppeltitel und Titelgefüge in Deutschland wie auch in Frankreich häufig zu eingliedrigen Titeln vereinfacht. Dadurch ergibt sich nicht nur ein mit 24% in Deutschland bzw. 25% in Frankreich deutlich niedrigerer Anteil an Hybridformen, sondern es erklärt sich auch die mit 41% bzw. 43% vergleichsweise hohe Frequenz von Titelvariationen. Dabei handelt es sich nämlich fast ausschließlich um Reduktionen, sei es auf der Basis des Originaltitels oder, häufiger noch, auf der Basis des analog übersetzten Titels. Diese werden so verkürzt, dass als Translat in allen verzeichneten Fällen lediglich ein Einfachtitel bleibt:

> *Uncle Tom's Cabin, or, Life Among the Lowly → Onkel Toms Hütte* (R/E-D)
>
> *Marius the Epicurean: His Sensations and Ideas → Marius der Epikuräer* (R/E-D)
>
> *Moby Dick or, The white Whale → Moby Dick* (R/E-F)
>
> *The Good Soldier: A Tale of Passion → Le bon soldat* (R/E-F)

Bei den Sprachpaaren E-D und E-F spielen mit 17% bzw. 18% Titelinnovationen zudem eine nennenswerte Rolle – mit ganz ähnlicher Wirkung: auch hier handelt es sich bei den Neutiteln in allen Fällen um Einfachtitel, auch hier wird beim interkulturellen Transfer also eine Verkürzung vorgenommen:

> *The Desperate Hours. A novel of Suspense → An einem Tag wie jeder andere* (R/E-D)
>
> *Cakes and Ale or, The Skeleton in the Cupboard → La Ronde de l'amour* (R/E-F)

Für den Umgang mit deutschsprachigen Titeln lässt sich hingegen keine klare Linie erkennen. Während sie im englischsprachigen Raum mit einem recht geringen Anteil an Hybridformen von etwa 36% sowie einem verhältnismäßig hohen Anteil an Variationen (36%), hauptsächlich in Form von Reduktionen, sowie Titelinnovationen (19%), hier ebenfalls ausschließlich in Form von Einfachtiteln, ähnliche Werte erreichen wie die Sprachrichtungen E-D und E-F, ist ihre Übersetzung ins Französische eher mit dem Vorgehen bei französischen Titeln zu vergleichen: Der Anteil an Hybridformen ist mit 59% zwar nicht ganz so groß, aber immer noch handelt es sich um die wichtigste Transferform für diese Sprachrichtung. Titelinnovationen spielen mit nur 5% kaum eine Rolle, ebenso wenig wie die Verkürzung von mehrgliedrigen Titeln zu Einfachtiteln. Zwar handelt es sich bei 17% der Translate um Titelvariationen, Reduktionen machen dabei aber kaum mehr als die Hälfte dieser Transferstrategie aus.

Unabhängig von der Ausgangssprache lässt sich in Frankreich zudem eine interessante, wenn auch zahlenmäßig kaum bedeutende Anpassung an die Titelkonventionen der Zielkultur beobachten. Hier werden im Rahmen des Transferprozesses in einzelnen Fällen sowohl deutsch- als auch englischsprachige Titelgefüge in Doppeltitel verwandelt – eine Titelform, die, wie die Strukturanalyse (Kap. 3.1.1.2) ergeben hat, in Frankreich besonders verbreitet ist. Im Gegensatz dazu sind Titelgefüge hier weniger üblich als im englischsprachigen Raum oder – vor allem – in Deutschland, was zumindest gelegentlich auch im Transferprozess der Titel berücksichtigt und durch derartige Variationen korrigiert wird:[182]

> *Schlußball. Aus den schönen Tagen der Stadt Neu-Spuhl* → *Le bal de la fin ou les beaux jours de Neu-Spuhl* (R/D-F)
>
> *Roxana: The Fortunate Mistress* → *Lady Roxana, ou L'heureuse maîtresse* (R/E-F)

So heterogen der Umgang mit mehrgliedrigen Romantiteln auch wirken mag, das Bemühen um eine wörtliche Übersetzung der Titel scheint insgesamt ähnlich groß zu sein wie bei Einfachtiteln. Berücksichtigt man nämlich nicht nur die Titel, die insgesamt analog übersetzt wurden, sondern auch jene, bei denen zumindest einer der beiden Teiltitel – also Haupt- oder Neben- bzw. Untertitel – als Titelanalogie eingestuft wurde, so ergibt sich folgendes Bild:

---

[182] Vgl. hierzu Kap. 3.1.1.2 sowie Rothe (1976).

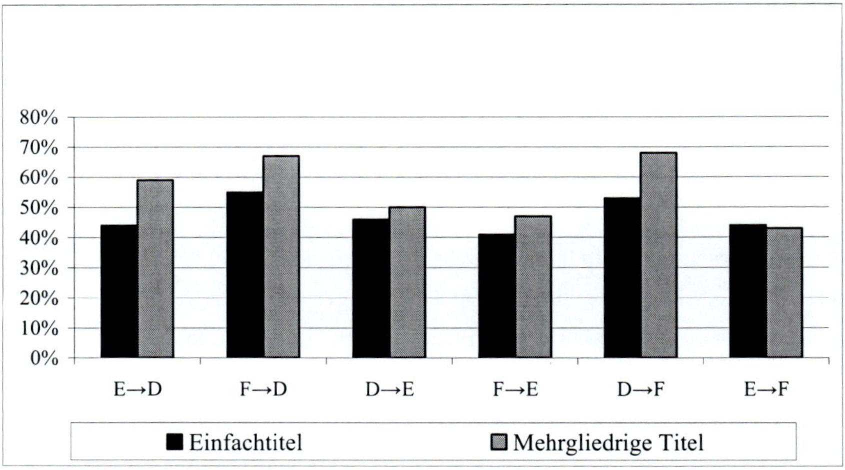

Abb. 16 Titelanalogien bei Einfachtiteln und Titelteilen mehrgliedriger Romantitel

Titelanalogien erreichen also bei mehrgliedrigen Titeln überall in etwa dasselbe Niveau wie bei Einfachtiteln, treten in einigen Sprachrichtungen sogar noch etwas häufiger auf. Diese Tendenz der Originaltreue wird auch durch einen Blick auf die Frequenz von Titelinnovationen bestätigt:

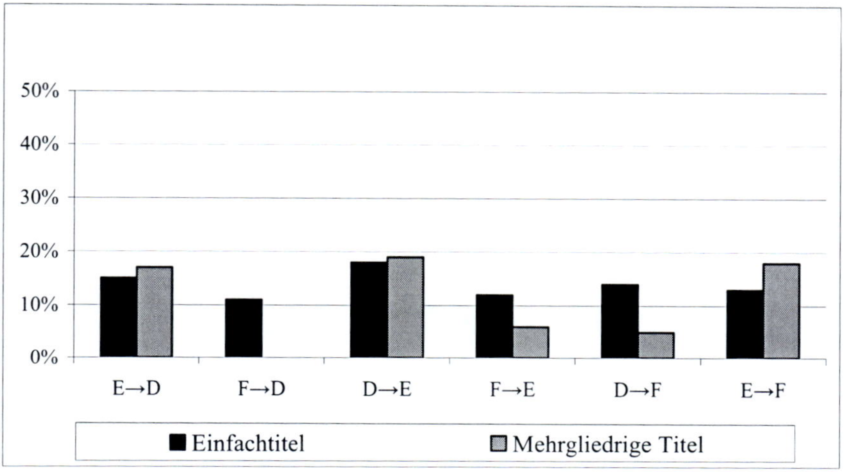

Abb. 17 Titelinnovationen bei ein- und mehrgliedrigen Romantiteln

Ähnlich wie bei den Einfachtiteln erreichen Titelinnovationen auch bei der Übersetzung mehrgliedriger Romantitel in keiner Sprachrichtung die 20%-Grenze. Im Gegenteil – durch die Möglichkeit, im Rahmen von Hybridformen mehrere Transferstrategien miteinander zu kombinieren und so zumindest bei einem der beiden Titelteile einen eindeutigen Bezug zum Originaltitel zu erhalten, sind reine Titelinnovationen gerade in jenen Sprachrichtungen, in denen diese Möglichkeit besonders häufig genutzt wird, noch seltener als bei Einfachtiteln.

4.3.1.3. Trivialromane

Ganz anders gestaltet sich die Situation, wenn man den Bereich der Höhenkamm-Literatur verlässt und im Vergleich dazu die Titel von Trivialromanen betrachtet, wie Verleger Nikolaus Hansen vom Arche Literatur Verlag erklärt. Denn:

> „Originaltreue ist ein Kriterium, vor allem bei literarisch renommierten Autoren - Faulkners *Light in August* würde man immer versuchen wörtlich zu übernehmen; bei Genre-Titeln (Krimi, Freche Mädchen; Historischer Roman etc.) muss der Titel aber vor allem gegen die Genre-Konkurrenz bestehen.“

Das zeigt sich natürlich auch bei der Wahl der Translationsstrategie. Zwar wird man, wie Helmut R. Feller, Leiter Gesamtkoordination Buch beim Bastei Lübbe Verlag, schreibt, auch im Bereich der Unterhaltungsliteratur „wo immer möglich, [...] den Titel direkt übersetzen." Aber: „Häufig führt die direkte Übersetzung zu keinen guten Ergebnissen. Dann wird neu getitelt." Und das scheint nicht nur häufig, sondern sogar sehr häufig der Fall zu sein:

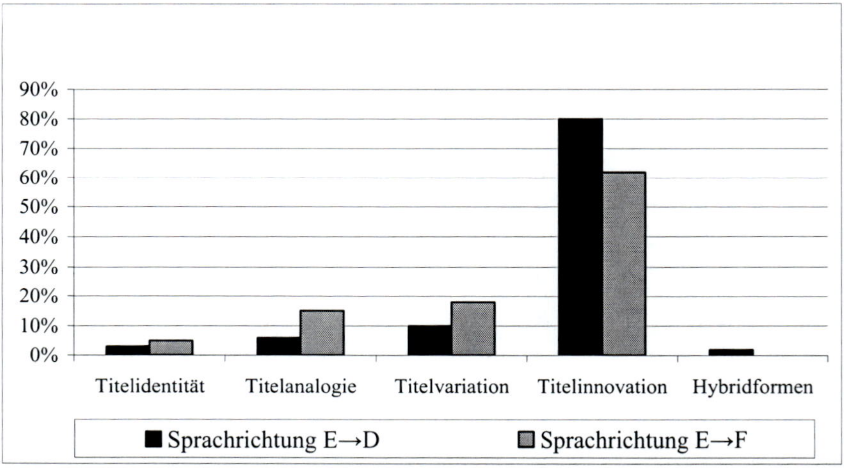

Abb. 18 Transferstrategien bei der Übersetzung englischsprachiger Trivialromane ins Deutsche und Französische

Mit einem Anteil von 80% sind Titelinnovationen in Deutschland offensichtlich die einzig relevante Transferstrategie beim interkulturellen Transfer von Titeln in der Unterhaltungsliteratur:

Unknown Means → *Engelsgleich* (TR/E-D)

This Is How It Happened → *Verliebt, Verlobt, Vergeltung* (TR/E-D)

Pieces of my sister's life → *Auf ewig und einen Tag* (TR/E-D)

Rain → *Haus der Schatten* (TR/E-D)

I like it like That → *Küsse zum Frühstück* (TR/E-D)

Analoge Übersetzungen sind mit gerade mal 6% kaum vertreten, Titelvariationen mit immerhin noch 10% etwas häufiger. Auch Titelidentitäten mit 3% sowie Hybridformen mit nur 2% scheinen kaum eine Rolle zu spielen.

In Frankreich ist die Dominanz der Titelinnovationen mit 62% nicht ganz so stark, aber immer noch sehr deutlich:

Swear by the moon → *Indomptable Thea* (TR/E-F)
Flirting With Pete → *Bain de minuit sous les étoiles* (TR/E-F)
The Enemy → *Liste mortelle* (TR/E-F)
State of the Union → *Les charmes discrets de la vie conjugale* (TR/E-F)
Entering normal → *Afin que naisse le jour* (TR/E-F)

Etwas häufiger scheint hier dann doch noch die „direkte Übersetzung" zu gelingen, so dass Titelanalogien einen Anteil von 15% und Titelvariationen sogar 18% erreichen. Etwa die Hälfte aller Titelvariationen sind dabei in beiden Ländern Abwandlungen des analog übersetzten Titels:

French Silk → *Sündige Seide* (TR/E-D)
A Hopeless Romantic → *Hoffnungslos romantisch* (TR/E-D)
Conspiracy in Death → *Conspiration du crime* (TR/E-F)
The risk of darkness → *Au risque des ténèbres* (TR/E-F)

Reduktionen und Erweiterungen halten sich in etwa die Waage, sind aber insgesamt seltener. Auch in diesem Titelsegment müssen in Frankreich allerdings 3% der Translate um einen Artikel erweitert werden, um die Titel den französischen Sprachkonventionen anzupassen (vgl. Kap. 3.1.3.2):

City of Ice → *La ville de glace* (TR/E-F)
Beauty and the spy → *La belle et l'espion* (TR/E-F)
Forbidden fruit → *Le fruit défendu* (TR/E-F)

Entgegen der Aussage einiger Verlage, die eine gewisse Zunahme englischsprachiger Originaltitel beobachten, ist erstaunlicherweise die Frequenz von Titelidentitäten relativ gering. Mit nur 5% für die Sprachrichtung E-F und gerade einmal 3% für die Sprachrichtung E-D wurden Titelidentitäten bei Trivialromanen äußerst selten verzeichnet, deutlich seltener als im Bereich der Höhenkamm-Literatur, wo Titelidentitäten immerhin einen Anteil von 14% für die Sprachrichtung E-D und sogar 15% für die Sprachrichtung E-F erreichen.

Bei genauerer Betrachtung aber lässt sich feststellen, dass die Qualität der Titelidentitäten in diesem Bereich eine andere ist. So handelt es sich im englisch-deutschen Teilkorpus lediglich bei 18% der Titelidentitäten um Eigennamen-Titel, etwa 36% sind Zufallsidentitäten und bei gut 45% der Titelidentitäten handelt es sich tatsächlich um erkennbar originalsprachige, also englische Formulierungen. Im englisch-französischen Teilkorpus machen diese sogar einen Anteil von über 47% der Titelidentitäten aus, wobei Zufallsidentitäten bei diesem Sprachenpaar mit nur 5% deutlich seltener auftreten, dafür aber reine Eigennamen-Titel ebenfalls einen Anteil von 47% erreichen. Allerdings handelt es sich bei diesen Eigennamen häufig um Toponyme, die semantisch leicht entschlüsselbare und damit nicht nur eindeutig als englischsprachig erkennbare, sondern theoretisch auch durchaus übersetzbare Elemente enthalten:

Spider → *Spider* (TR/E-D)
Black Rain → *Black Rain* (TR/E-D)
Cold Kill → *Cold Kill* (TR/E-D)
Memorial day → *Memorial day* (TR/E-F)
Ralph's party → *Ralph's party* (TR/E-F)
Buckingham Palace Gardens → *Buckingham Palace Gardens* (TR/E-F)

Auch wenn Titelidentitäten also zwar insgesamt eine – vielleicht überraschend – geringe Relevanz haben, lässt sich doch durchaus eine gewisse Akzeptanz für englischsprachige Formulierungen feststellen. Eine ähnliche Veränderung bei Quantität und Qualität der Titelidentitäten lässt sich übrigens auch bei der Höhenkamm-Literatur verzeichnen. Betrachtet man nicht die gesamten Teilkorpora, sondern lediglich die Einfachtitel von Romanen ab den 50er Jahren des vergangenen Jahrhunderts, so ist die Frequenz von Titelidentitäten bei den Sprachrichtungen E-D wie auch E-F zwar insgesamt rückläufig; Titelidentitäten jenseits von Eigennamen und Zufallsidentitäten machen jedoch in der 2. Hälfte des 20. Jahrhunderts 45% der englisch-deutschen und sogar 50% der englisch-französischen Titelidentitäten aus, während diese Variante der Beibehaltung von Originaltiteln auf den gesamten Zeitraum betrachtet nur 20% der Titelidentitäten im englisch-deutschen Teilkorpus und 22% im englisch-französischen Teilkorpus ausmachen.

Eine leichte Tendenz zum englischen Originaltitel zeigt sich im Deutschen auch bei den Hybridformen. Zwar treten diese mit knapp 2% ebenfalls nur selten auf, in über 80% der hier verzeichneten Fälle bildet dann aber der Originaltitel einen der beiden Teiltitel – meist sogar den Haupttitel:

Sparkles → *Sparkles. Viel zu schön um brav zu sein* (TR/E-D)
Speak no evil → *Speak no evil – Sieh dich vor* (TR/E-D)
HMS Unseen → *In tödlicher Mission. HMS Unseen* (TR/E-D)

In jedem Fall scheint sich die geringe Frequenz von Titelidentitäten nicht auf eine mangelnde Akzeptanz der Leser für englischsprachige Formulierungen zurückführen zu lassen. Denn: „Es gibt auch Fälle, wo das deutsche Buch einen englischen Titel trägt, der aber NICHT der Originaltitel ist: Richard Price' letztes Buch heißt im Original *Lush Life*; die deutsche Ausgabe trägt den Titel *Cash*", so Verleger Nikolaus Hansen vom Arche Literatur Verlag.

Derartige Fälle sind auch im E-D-Teilkorpus belegt:

Cross → *Blood* (TR/E-D)
Double Cross → *Dead* (TR/E-D)
Fatal Burn → *Death kiss* (TR/E-D)
The Shotgun Rule → *Killing game* (TR/E-D)
The Dying Game → *Killing beauties* (TR/E-D)

Gelegentlich wird ein solcher englischsprachiger Neutitel zudem noch durch einen deutschen Neben- bzw. Untertitel ergänzt, was die Tatsache, dass es sich bei dem englischsprachigen Haupttitel nicht um den Originaltitel handelt noch stärker verschleiert, da der Rezipient hinter derartigen zweisprachigen Titelformulierungen meist eine Hybridform aus Titelidentität und Titelinnovation bzw. -analogie erwartet:

Collision → *Run! – Es geht um dein Leben* (TR/E-D)
Hello, Darkness → *Rage – Zorn* (TR/E-D)
Up, Close and Dangerous → *Danger – Gefahr* (TR/E-D)

Dass diese Pseudo-Hybridformen ebenso wie die rein englischsprachigen Neutitel alle aus dem Bereich Krimi/Thriller stammen, ist kein Zufall. Schließlich treten hier ähnliche Effekte auf wie bei Titelidentitäten, über die Helmut R. Feller, Leiter Gesamtkoordination Buch beim Bastei Lübbe Verlag, schreibt: „Ein Originaltitel ist bei bestimmten Genres und für bestimmte Zielgruppen ein Schlüsselreiz. Bei Thrillern beispielsweise kann das Internationalität, USA, Hollywood, großes Kino signalisieren."

Dennoch sind weder englische Neutitel noch Hybridformen mit englischsprachigen Haupttiteln oder gar derartige Pseudo-Hybridformen im Französischen Teilkorpus belegt. Offensichtlich haben sich diese Transferstrategien in Frankreich in diesem Titelsegment nicht durchgesetzt, zumindest noch nicht. Denn: Aufgrund der Quellenlage sind die beiden Teilkorpora nicht ganz kongruent, die französischen Titel sind durchschnittlich etwas älter. Da es sich bei diesem Trend allerdings auch in Deutschland um eine sehr junge Entwicklung handelt, ist es – gerade auch angesichts der positiven Erfahrung einiger Verlage mit dieser Strategie der Betitelung – durchaus denkbar, dass sie in Zukunft weiter an Bedeutung gewinnen und eventuell auch in Frankreich auftauchen werden.

4.3.1.4. Translationsdeterminierende Faktoren: Höhenkamm- versus Trivialliteratur

Welche Strategie für welchen Titel? Diese Frage stellt sich bei jeder Romanübersetzung aufs Neue. Mal ist sie schnell beantwortet, weil die Lösung auf der Hand liegt, eine bestimmte Strategie sich einfach aufdrängt, mal gestaltet sich die Suche nach einer Antwort langwieriger, schwieriger, weil keine der gängigen Strategien zu einem befriedigenden Ergebnis zu führen scheint:

> „Also Zettel raus und Stift, ein Glas Wein her und jede noch so abwegige Lösung aufgeschrieben. Das macht immer der für das jeweilige Buch zuständige Lektor (es gibt keine titelgebende Instanz), der den Zettel dann anderen zeigt, den Kollegen, den Freunden, und irgendwann kristallisiert sich dann eine neue Spur heraus, die man weiterverfolgen kann. Oder auch nicht. Es ist Suchen und Tasten, trial and error."

So beschreibt Thomas Überhoff, Programmleiter Belletristik des Rowohlt Verlags den Translationsprozess von Titeln in solch schwierigen Fällen. Denn: Hinter jedem einzelnen Titel verbirgt sich ein komplexes Geflecht unterschiedlicher

Faktoren – seien es nun titelimmanente, also sprachliche, strukturelle, funktionale, seien es externe wie Vorgaben des Verlags bzw. des Originalautors oder auch Fragen des Titelschutzes, die es bei der Suche nach der geeigneten Strategie zu berücksichtigen gilt, so dass letztlich „die Eignung von Fall zu Fall zu beurteilen ist – ein Richtig oder Falsch, ein Niemals oder Immer gibt es hier nicht“, wie Verleger Nikolaus Hansen vom Arche Literatur Verlag erklärt.

Jenseits dieser Einzelfallentscheidungen aber lassen sich einige grundlegende, translationsdeterminierende Faktoren ausmachen, die für eine bestimmte Strategie sprechen, oder aber – im Gegenteil – eine bestimmte Strategie von vornherein ausschließen.

Dazu gehört natürlich zunächst einmal die Sprachrichtung: In welcher Sprache wurde der Titel verfasst, den es zu übersetzen gilt? Und in welche Sprache, in welchen Sprachraum soll er übertragen werden? Gibt es zwischen Ausgangs- und Zielsprache, zwischen Ausgangs- und Zielkultur Differenzen bei den Titelkonventionen, beispielsweise hinsichtlich der Länge, der Struktur oder auch der Artikelverwendung und müssen bzw. können diese im Rahmen von Titelvariationen ausgeglichen werden? Vor allem aber: Wie offen ist die Zielkultur für Fremdes? Wird eine fremdsprachige Titelformulierung positiv aufgenommen? Weckt sie das Interesse, die Neugier der Rezipienten? Oder wird sie vielmehr als Hürde, als Belastung, als Abschreckung empfunden? Schließlich ist eine gewisse Offenheit gegenüber der Ausgangssprache, mehr noch, der Ausgangskultur, eine Grundvoraussetzung für Titelidentitäten. Diese Offenheit bezieht sich allerdings nicht auf alle Fremdsprachen gleichermaßen, sondern muss, da sie zudem diachronen Veränderungen unterworfen ist, tatsächlich sprachenpaarspezifisch vor dem jeweiligen historischen, geopolitischen und gesellschaftlichen Hintergrund ausgelotet werden. In Deutschland kommen Titelidentitäten derzeit wie die Mehrheit der befragten Verlage, u.a. Nikolaus Hansen vom Arche Literatur Verlag angibt, „in der Regel freilich NUR für englische/ amerikanische Titel“ in Frage, ebenso in Frankreich, wie auch durch die Korpusanalysen belegt werden konnte. Im englischsprachigen Raum hingegen konnte eine deutlich größere Akzeptanz gegenüber französischsprachigen Titelformulierungen festgestellt werden als gegenüber deutschen.

Ähnliches gilt auch für die Titelstruktur. Auch sie ist oft entscheidend dafür, welche Strategie in Frage kommt. Für Titelidentitäten eignen sich beispielsweise fast ausschließlich kurze Titel mit sehr einfacher Struktur. Wie die Untersuchung der in den Korpora verzeichneten Romantitel ergeben hat, gilt für alle Sprachrichtungen, für Höhenkamm- wie Trivialromane gleichermaßen, dass rund 90% der im Rahmen von Titelidentitäten beibehaltenen originalsprachlichen Titel nicht mehr als höchstens zwei Wörter umfassen und zudem fast alle eine nominale Titelsyntax aufweisen. Nominale Ein- oder Zwei-Wort-Titel, dazu gehören vielfach reine Nomina Propria, aber auch durchaus Appellativa, meist ohne weitere Ergänzungen, bieten sich offensichtlich vor allem für Titelidentitäten an.

Mehrgliedrige Titel, wie Doppeltitel und Titelgefüge, sind hingegen, wie die Korpusanalyse gezeigt hat, in ihrer Gesamtheit für Titelidentitäten vollkommen ungeeignet, bieten dafür aber verstärkt die Möglichkeit einer Strategiekombination im Rahmen von Hybridformen. Da es sich bei Titelmustern und -strukturen immer auch um ein Modephänomen handelt, das kultur-, epochen- und medienspezifischen Veränderungen unterworfen ist, führt dies natürlich auch zu entsprechenden Verschiebungen bei der Verteilung der Transferstrategien.

Die großen Unterschiede, die zwischen der Übersetzung von Romantiteln des Höhenkamms und Titeln von Trivialromanen festgestellt werden konnten, aber werden vor allem durch einen Faktor bedingt: den unterschiedlichen Stellenwert, den die Appellfunktion in diesen beiden Bereichen innehat. Buchtitel, insbesondere Titel von Romanen, befinden sich inmitten des viel zitierten Spannungsfelds von Kunst und Kommerz, sind eingespannt zwischen zwei Polen: Auf der einen Seite steht der Sender, also der Autor mit seinen künstlerischen Ambitionen, der ja, auch wenn er vielleicht den Titel nicht selbst erdacht haben sollte, letztlich für ihn verantwortlich zeichnet, zudem die Potenziale des Titels nutzen will hinsichtlich der Einordnung und Interpretation seines Werkes, vielleicht auch die Möglichkeit der Selbstkundgabe im Sinne der emotiven Funktion. Auf der anderen Seite steht der Empfänger, also der Rezipient, der potenzielle Leser und, nicht zuletzt, der Käufer mit seinen Vorstellungen, Erwartungen, Gewohnheiten.

Schon bei der Wahl des Originaltitels steht mal der eine, mal der andere Aspekt im Vordergrund und zwar bei der Höhenkamm-Literatur eher der künstlerische, bei der Unterhaltungsliteratur eher der kommerzielle. Und diese Gewichtung überträgt sich auch auf den interkulturellen Transfer: Entsprechend den Funktionshierarchien im Ausgangstext muss der Skopos der Translation festgelegt werden. Bei einer alles dominierenden Appellfunktion ist Originaltreue dann oft kein Kriterium mehr: „Die Nähe zum Originaltitel ist nicht unbedingt relevant, der Titel muss vor allem auf dem hiesigen Buchmarkt bestehen", so Susanne Müller-Wolff vom Verlag Klaus Wagenbach. Denn: „Der Titel muss ein Verkaufsargument sein, er muss im Buchladen idealerweise im Zusammenspiel mit dem Covermotiv eine Art „Griffreflex" beim Kunden auslösen", erklärt Florian Legner, Programmleiter beim Rotbuch Verlag. Und auch Stefanie Werk, Lektorin beim Aufbau Verlag betont:

> „Grundsätzlich gilt: Je kommerzieller ein Buch, desto wichtiger die Wahl eines aussagekräftigen, prägnanten Titels, der das Buch dem Genre etsprechend einordnet. Das bestätigen auch die Bestseller-Listen. Viele der hier vertretenen Bücher zeichnen sich durch besonders originelle, auffällige Titel aus und verkaufen sich in manchen Fällen nicht zuletzt deswegen. [...] Bei literarisch anspruchsvolleren Werken hingegen wird ein Teil der Appellwirkung häufig durch die Autorenmarke übernommen."

Loyalität dem Autor gegenüber drückt sich deshalb im Bereich der Unterhaltungsliteratur nicht darin aus, dass seine Titelidee, seine Formulierung übernommen wird – so sie denn überhaupt von ihm und nicht von einer Marketingagentur bzw. der Marketingabteilung des Verlages stammt, wie es bei Trivialromanen häufig der Fall ist, sondern durch die Optimierung der Appellwirkung des Titels und zwar im Hinblick auf die Zielkultur und die Zielgruppe:

> „Da ein fremdsprachiger Autor, der nicht im deutschsprachigen Kulturraum lebt (sondern möglicherweise nur die deutsche Sprache kann – meist noch nicht mal das), die Wirkung eines Titels im deutschsprachigen Raum nicht beurteilen kann, ist in der Regel vertraglich vereinbart, dass der Verlag den Titel nach eigenem Ermessen festlegen kann. [...]. Um die Wirkung eines Titels beurteilen zu können, reicht es nicht, die Sprache zu beherrschen. Man muss wissen, worauf und wie der Leser zu einer bestimmten Zeit reagiert. Was ist der Leser gewohnt, welche Anspielungen versteht er, wie heißen derzeit andere Titel des Genres, wie sind also die Schlüsselreize? Ein Titel muss die zu einer bestimmten Zeit gängigen Kommunikationsgewohnheiten eines Buchmarktes berücksichtigen, sonst besteht die Gefahr, dass er im Meer der Neuerscheinungen nicht oder falsch wahrgenommen wird."

So begründet Helmut R. Feller, Leiter Gesamtkoordination Buch beim Bastei Lübbe Verlag, die Häufung von Titelinnovationen bei der Übersetzung von Unterhaltungsliteratur. Wie unterschiedlich die Rezeptionsgewohnheiten in den verschiedenen Ländern sind, zeigt sich allerdings nicht nur anhand der Titel, wie Stefanie Werk, Lektorin beim Aufbau Verlag erklärt: „Auch die Cover müssen bei übersetzten Werken meist neu gestaltet werden.“[183]

Dabei darf nicht übersehen werden, dass grundsätzlich der Umgang mit Romantiteln im interkulturellen Transfer freier geworden ist. Das mag daran liegen, dass die ohnehin nicht unproblematische Unterscheidung zwischen Höhenkamm- und Unterhaltungsliteratur umso schwieriger wird, je geringer der zeitliche Abstand ist. Daher könnte sich im 20. Jahrhundert vielleicht ein größerer Anteil unterhaltender Literatur in die Korpora gemischt haben. Vielleicht ist es auch angesichts der jährlich zunehmenden Zahl von Neuerscheinungen auf dem Buchmarkt schwieriger geworden, neue, unverbrauchte Titel zu finden. Wie einige Verlage äußern, scheint es immer häufiger der Fall zu sein, dass die wörtliche Übersetzung, ggf. auch der originalsprachliche Titel, bereits als Titel in der Zielkultur existiert, vielleicht sogar Titelschutz genießt, zumindest aber besetzt ist und aufgrund einer möglichen Verwechslungsgefahr mit anderen Werken nicht verwendet werden kann. Von einem typischen Beispiel hierfür berichtet Katharina Picandet vom Lektorat der Edition Nautilus/Verlag Lutz Schulenburg:

> „Das war der Fall bei Gail Jones' Roman *Perdita*, der im Original *Sorry* hieß; diesen Titel hätten wir gerne beibehalten, aber so hieß nun schon einmal der Roman von Zoran Drvenkar; so haben wir ihn nach der Hauptfigur benannt, die ja ihrerseits eine Figur von Shakespeare ist. Zwar gibt es auch diesen Titel schon für einen Roman aus den fünfziger Jahren, der Titelschutz war aber erloschen.“

Jedenfalls hat die Zahl der Titelinnovationen sowohl bei Übersetzungen vom Englischen ins Deutsche als auch ins Französische seit Beginn des 19. Jahrhunderts auch im Bereich der Höhenkammliteratur stetig zugenommen, wie die Korpusanalyse bestätigt:

---

[183] Ähnliches gilt übrigens auch für andere Titelsegmente, beispielsweise Filmtmtitel. Auch hier werden nicht allein die Titel, sondern auch ihr direktes Umfeld, wie insbesondere Plakate und Vorspann, im Rahmen des interkulturellen Transfers neu gestaltet (vgl. Schreitmüller 2009: 228).

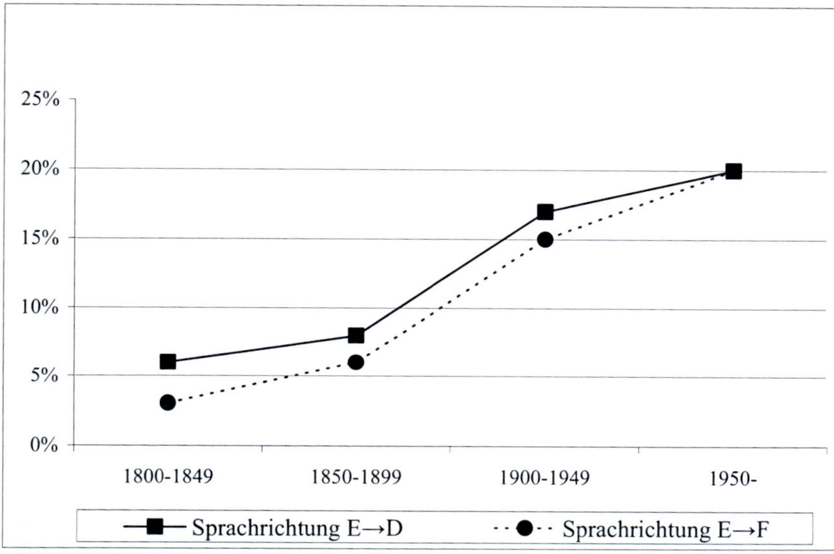

Abb. 19 Entwicklung der Frequenz von Titelinnovationen in Deutschland und Frankreich im Bereich der Höhenkamm-Literatur

Allerdings ist auch in der 2. Hälfte des 19. Jahrhunderts der Anteil an Titelinnovationen mit rund 20% für beide Sprachrichtungen in der Höhenkammliteratur längst nicht so hoch wie bei der Trivialliteratur, wo Titelinnovationen über 60% in Frankreich und rund 80% in Deutschland ausmachen. Es ist auch nicht anzunehmen, dass sich dies in den letzten 20 Jahren, die im Höhenkamm-Korpus aufgrund der Quellenlage nicht mehr erfasst werden konnten, auf die sich allerdings die im Korpus verzeichneten Trivialromane vor allem beziehen, derartig geändert hat.

Letztlich aber bleibt der Hauptgrund für die Vielzahl an Titelinnovationen im Bereich der Unterhaltungsliteratur zweifelsohne die Fokussierung auf den Empfänger, den Käufer, die Zielgruppe – und damit auf die Appellfunktion des Titels, wie Helmut R. Feller, Leiter Gesamtkoordination Buch beim Bastei Lübbe Verlag, betont:

„Die Titelformulierung ist mit dem Schutzumschlagmotiv eines der wichtigsten Vermarktungsmittel eines Buches, denn beides prägt den Auftritt eines Buches in einem mengenmäßig unüberschaubaren Markt. Die Gesetzmäßigkeiten und Erwartungen hierbei sind aber in jedem Markt (sprich Land) unterschiedlich. Das gilt übrigens auch für Filmtitel. Aus diesem Grund kommt es häufig vor, dass Bücher/Filme, die aus einer anderen Kultur (Sprache) übersetzt werden, im Titel den Gepflogenheiten der neuen Kultur angepasst und völlig neu betitelt werden müssen."

4.3.2. Gedichttitel

4.3.2.1. Einfachtitel

So gut wie gar keine Rolle spielt die Appellfunktion in Gedichttiteln – und das zeigt sich auch bei ihrer Übersetzung: [184]

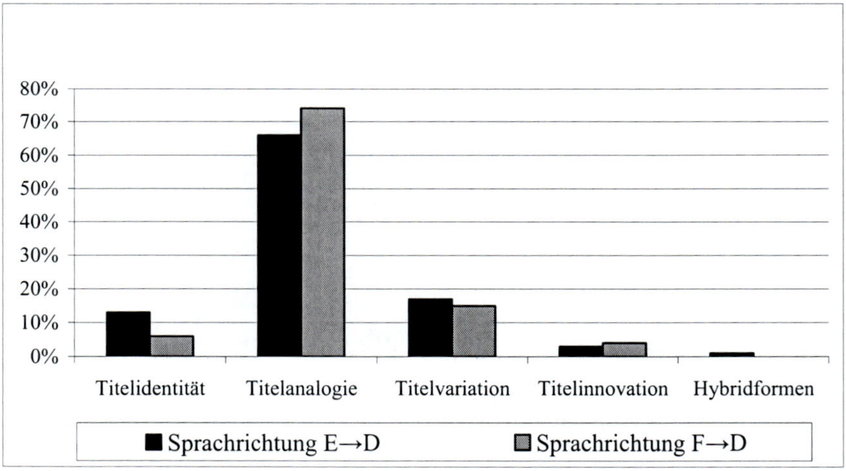

Abb. 20 Transferstrategien bei eingliedrigen Gedichttiteln in Deutschland

[184] Eine Tabelle mit den diesen Grafiken zugrunde liegenden Werten findet sich im Anhang, Kap. 6.3.

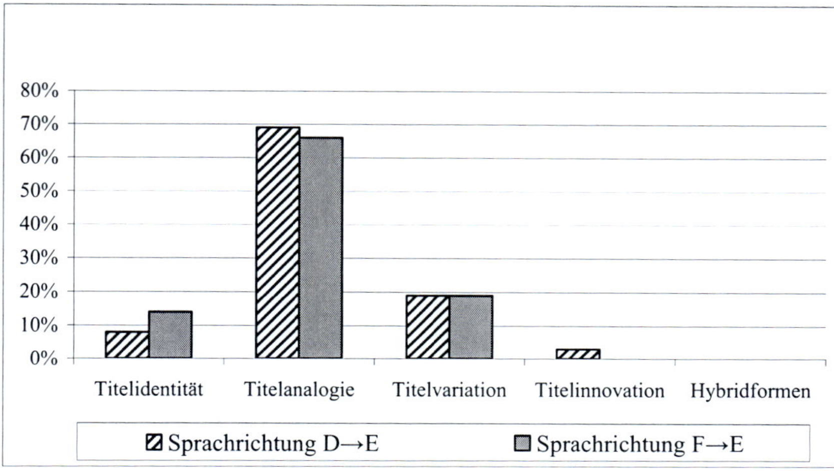

Abb. 21 Transferstrategien bei eingliedrigen Gedichttiteln im englischsprachigen Raum

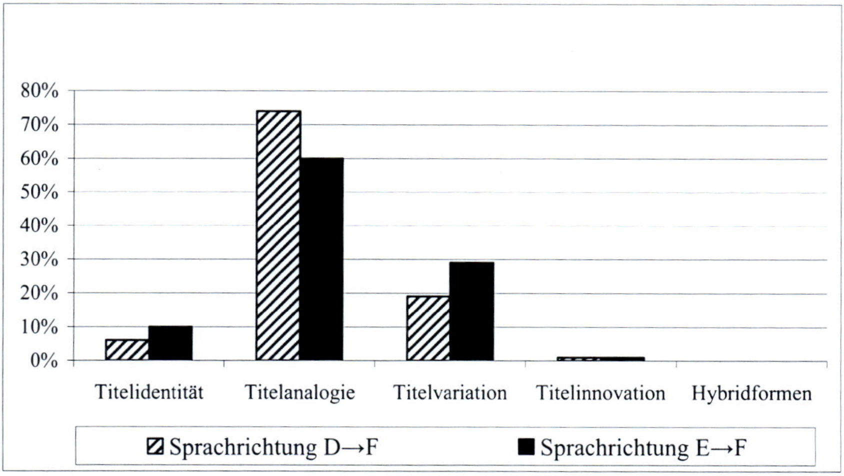

Abb. 22 Transferstrategien bei eingliedrigen Gedichttiteln in Frankreich

Wie sich den Grafiken entnehmen lässt, sind Titelanalogien in allen drei Sprachräumen, bei allen sechs Sprachrichtungen die wichtigste Transferstrategie. Mit einem Anteil von immerhin 60% für die Sprachrichtung E-F bis hin zu 74% bei Übersetzungen aus dem Französischen ins Deutsche ebenso wie in die entgegengesetzte Richtung liegt die analoge Translation bei der Wahl der Transferstrategien mit großem Abstand auf Platz eins.

Willkommen und Abschied → *Welcome and Farewell* (L/D-E)
Der Panther → *La Panthère* (L/D-F)
The Hollow Men → *Die hohlen Männer* (L/E-D)
Frost at Midnight → *Gel à minuit* (L/E-F)
À une passante → *An eine Vorübergehende* (L/F-D)
Voyelles → *Vowels* (L/F-E)

Eine möglichst wörtliche Übersetzung ist also offensichtlich – weitgehend unabhängig von der Sprachrichtung – oberstes Ziel der Titeltranslation im Bereich Lyrik, der Bezug zum Originaltitel hat höchste Priorität. Wird die analoge Übersetzung in einigen Fällen dennoch als nicht befriedigend empfunden, wird versucht, dies durch eine Titelvariation auszugleichen. Besonders häufig scheint dies bei Übersetzungen vom Englischen ins Französische notwendig, wo Titelanalogien mit „nur" 60% den niedrigsten Wert erreichen, Titelvariationen dagegen mit 29% den höchsten, während ihre Frequenz ansonsten zwischen 15% für die Sprachrichtung F-D, über 17% für die Übersetzungsrichtung E-D bis hin zu je 19% für die Sprachrichtungen D-E, F-E sowie D-F liegt.

Da Variationen der Originaltitel in allen Teilkorpora nur sehr selten belegt sind, handelt es sich hauptsächlich um Titelvariationen auf der Basis des analog übersetzten Titels, und zwar meist weniger um inhaltliche als vielmehr um leichte strukturelle Veränderungen:

Heimweh → *Homesick* (L/D-E)
Vergänglichkeit der Schönheit → *La Beauté fugitive* (L/D-F)
Silent Noon → *Mittags-Schweigen* (L/E-D)
How to Kill → *L'art de tuer* (L/E-F)
Ballade de vivre à son aise → *Ballade vom angenehmen Leben* (L/F-D)

Gegenstand der Abwandlungen ist in einigen Fällen auch die Artikelsetzung. So gibt es, wie bereits im Rahmen der Strukturanalyse (vgl. Kap. 3.1.3.2) nachgewiesen werden konnte, offensichtlich bei englischen Gedichttiteln eine stärkere Tendenz zur Verwendung des unbestimmten Artikels, der im Deutschen, vor allem aber im Französischen deutlich seltener zu finden ist und daher im Zuge des interkulturellen Transfers gelegentlich durch den bestimmten Artikel ersetzt wird oder auch anders herum:

A Forsaken Garden → *Der verlassene Garten* (L/E-D)
A Coat → *Le manteau* (L/E-F)
La Vie dure → *A hard life* (L/F-E)

Dementsprechend hängen auch Reduktionen und Erweiterungen häufig mit unterschiedlichen Konventionen bei der Artikelsetzung zusammen, insbesondere bei den Sprachrichtungen E-F und F-E. Die Diskrepanzen bei der Artikelverwendung in Gedichttiteln sind zwischen dem Französischen und dem Englischen offenbar so groß, dass bei etwa jedem zehnten Titel eine Anpassung vorgenommen werden muss. Dazu gehört in diesem Fall aber eben nicht nur das Weglassen bzw. das Hinzufügen des bestimmten Artikels bei Übersetzungen aus dem Französischen ins Englische und umgekehrt, sondern vor allem auch das Weglassen des unbestimmten Artikels beim Transfer englischer Gedichttitel ins Französische und gelegentlich auch die Erweiterung französischsprachiger Gedichttitel um einen unbestimmten Artikel bei ihrer Übersetzung ins Englische:

A Description of the Morning → *Description du matin* (L/E-F)
Snake → *Le Serpent* (L/E-F)
Le Matin → *Morning* (L/F-E)
Souvenir → *A Memory* (L/F-E)

Insgesamt machen Titelanalogien und Titelvariationen damit zusammengenommen beim interkulturellen Transfer von Gedichttiteln in allen Sprachrichtungen mehr als 80% der Translate aus – von 83% für die Sprachrichtung E-D bis hin zu 93% für die Sprachrichtung D-F. Entsprechend gering ist damit der Anteil, den andere Transferstrategien erreichen: Hybridformen sind nur in Einzelfällen belegt und auch Titelinnovationen spielen mit höchstens 4% in der Sprachrichtung F-D keine nennenswerte Rolle. Lediglich Titelidentitäten erreichen, zumindest für drei der untersuchten Sprachrichtungen, einen Anteil von mindestens 10%. Ähnlich wie bei der Translation von Romantiteln handelt es sich dabei um die Sprachrichtungen E-F und E-D mit einem Anteil von 10% bzw. 13% sowie vor allem um die Sprachrichtung F-E, für die mit 14% der höchste Anteil an Titelidentitäten in diesem Segment verzeichnet werden konnte. Dabei sind reine Eigennamen-Titel im Bereich der Lyrik etwas seltener als bei Romanen und machen bei den meisten Sprachrichtungen weniger als die Hälfte der Titelidentitäten aus:

Prometheus → *Prometheus* (L/D-E)
Hiroshima → *Hiroshima* (L/D-F)
London → *London* (L/E-D)
Kubla Khan → *Kubla Khan* (L/E-F)
Myrtho → *Myrtho* (L/F-D)
Carmen → *Carmen* (L/F-E)

Deutlich häufiger finden sich hingegen Zufallsidentitäten, insbesondere bei der Sprachrichtung F-E, was auf die relativ hohe Frequenz von Ein-Wort-Titeln (vgl. Kap. 3.1.2.2), aber auch auf die teilweise sprachübergreifend identische Fachterminologie bei den Gattungsangaben zurückzuführen ist:

Aubade → *Aubade* (L/E-F)
Piano → *Piano* (L/E-F)
Ode → *Ode* (L/F-E)
Sonnet → *Sonnet* (L/F-E)
Images → *Images* (L/F-E)
Zone → *Zone* (L/F-E)

Vor allem aber finden sich im Bereich der Lyrik auffallend häufig fremdsprachliche Titel. So ist der vergleichsweise hohe Anteil an Titelidentitäten für die Sprachrichtungen E-D und E-F in diesem Fall nicht auf die höhere Akzeptanz des Englischen in den beiden Zielkulturen zurückzuführen, sondern vielmehr darauf, dass englische bzw. amerikanische Gedichte besonders häufig mit fremdsprachigen Titeln versehen sind, insbesondere lateinischen, aber auch französischen, deutschen oder italienischen. Diese können beim interkulturellen Transfer problemlos als Titelidentitäten beibehalten werden:

Requiescat → *Requiescat* (L/E-D)

Passer Mortuus Est → *Passer Mortuus Est* (L/E-D)

Impression du Matin → *Impression du Matin* (L/E-)

Il Penseroso → *Il Penseroso* (L/E-D)

Vitae Summa Brevis Spem Nos Vetat Incohare Longam → *Vitae Summa Brevis Spem Nos Vetat Incohare Longam* (L/E-F)

Dulce Et Decorum Est → *Dulce Et Decorum Est* (L/E-F)

Vergissmeinnicht → *Vergissmeinnicht* (L/E-F)

Besonders unproblematisch ist die Beibehaltung fremdsprachiger Titelformulierungen dann, wenn es sich dabei um die Zielsprache handelt:

Paris est un petit monde → *Paris est un petit monde* (L/D-F)

Am Steinplatz → *Am Steinplatz* (L/E-D)

Nevermore → *Nevermore* (L/F-E)

Spleen → *Spleen* (L/F-E)

4.3.2.2. Titelsubstitute

Besonders geeignet für Titelidentitäten sind theoretisch auch reine Zifferntitel, allerdings gestaltet sich der Umgang mit dieser speziellen Titelform in der Praxis etwas komplizierter. Zwar sollen reine Zifferntitel im Anschluss an Rothe (1986: 34) und im Gegensatz zu Moeninghoff (2000: 26) durchaus als vollwertige Titel eingestuft werden, doch werden sie nicht in allen Quellen als solche behandelt. Aufgrund ihrer sehr gering ausgeprägten Darstellungsfunktion, die sich ausschließlich, und auch dies nur sehr eingeschränkt, auf rhematische Aspekte bezieht und keinerlei thematische Bezüge aufweist,[185] sowie damit verbunden ihrer schwach ausgeprägten memoriellen Funktion, vielleicht auch wegen der besonders großen Gefahr der Homonymie, wenn sie jenseits des

---

[185] Titel wie *1913* (Teilkorpus Theater D) oder *1914* (Teilkorpus Lyrik E) sind hingegen als thematische Titel einzuordnen, da sie sich auf den Inhalt des zugehörigen Werkes beziehen.

entsprechenden Zyklus im Rahmen größer angelegter Anthologien auftreten, werden sie oft durch Titelsubstitute (vgl. Moennighoff 2000: 26 ff), wie insbesondere den Gedichtanfang oder eine Gattungsangabe ergänzt oder gar ersetzt. Derartige Eingriffe bleiben natürlich auch beim interkulturellen Transfer nicht ohne Wirkung: Während reine Zifferntitel aufgrund ihrer übereinzelsprachlichen Gültigkeit als Titelidentitäten unverändert beibehalten werden können – schließlich sind sowohl römische als auch die zur Betitelung deutlich seltener verwendeten arabischen Ziffern in allen hier untersuchten Kulturräumen gleichermaßen bekannt und gebräuchlich – müssen bei Zifferntiteln, die durch weitere Informationen ergänzt sind, andere Lösungen gefunden werden. Welche Möglichkeiten es gibt, soll im Folgenden kurz dargestellt werden. Eine statistische Auswertung dieses Phänomens und seines interkulturellen Transfers ist allerdings angesichts großer Unterschiede in den einzelnen Quellen schwierig und wenig sinnvoll.

So sind im deutschen Teilkorpus kaum Zifferntitel belegt, was neben kulturspezifischen Differenzen vor allem auf die zeitliche Inkongruenz der Korpora zurückzuführen sein dürfte. Der größte Teil der Zifferntitel stammt im Französischen wie auch im Englischen Korpus aus der Renaissance, von Dichtern wie Shakespeare, Sidney, Spenser, u.a. bzw. Ronsard, Du Bellay, Scève und Labé etc. Das deutsche Korpus beginnt jedoch aufgrund der Quellenlage erst mit dem Barock im 17. Jahrhundert. In der englischen und amerikanischen Dichtung sind Zifferntitel dann erst wieder im 19. und 20. Jahrhundert belegt, u.a. bei Dichtern wie Barrett, Browning, Housman und Meredith sowie Berryman, Crane und Whitman, in Frankreich hingegen nur bei Saint-John Perse im 20. Jahrhundert. Dank Rilkes *Sonette an Orpheus* sind hier auch im deutschen Korpus zumindest einzelne Zifferntitel belegt.

Verstärkt wird die Problematik des Zifferntitels vor allem aber durch das zum Teil sehr unterschiedliche quellenspezifische Vorgehen. So wird die Renaissance-Dichtung beispielsweise im französisch-englischen Teilkorpus (vgl. Woledge 1975) lediglich über originalsprachliche Gedichtanfänge im Inhaltsverzeichnis identifiziert, Überschriften über den Gedichten fehlen vollständig. Im französisch-deutschen Korpus (vgl. Kemp/Koppenfels 1990) hingegen werden z.T. die gleichen Gedichte unter ihrem entsprechenden Zifferntitel aufgeführt. Diese können natürlich im Rahmen von Titelidentitäten auch als Überschrift für das Gedichttranslat verwendet werden. Zur besseren Auffindbarkeit werden im Inhaltsverzeichnis allerdings zudem die Versanfänge des Originals wie auch des übersetzten Gedichts hinzugefügt, so dass hier zusätzliche Titelanalogien bzw. Titelvariationen entstehen:

> *IX. France, mère des arts, des armes et des lois* → *IX. Als Schoß der Künste, Waffen und des Rechts bekannt* (L/F-D)
>
> *II. Marie, vous avez la joue aussi vermeille* → *II. Marie, so frisch im Rot leuchten dir beide Wangen* (L/F-D)
>
> *LXXI. Si en ton lieu j'étais, ô douce mort* → *LXXI. Wär ich an deiner Statt, o sanfter Tod* (L/F-D)

Alternativ dazu findet sich in anderen Quellen (vgl. z.B. Gsteiger 1977) die Variante, dieselben Gedichte allein unter der Gattungsangabe wie z.B. *Sonnet* als Überschrift aufzuführen bzw. unter Bezugnahme auf den Zyklustitel beispielsweise als *Sonnet à Cassandre*, so dass dann für die Betitelung des übersetzten Gedichts die entsprechende Titelanalogie, also *Sonett* oder eben *Sonett an Kassandra* verwendet wird.

Reine Zifferntitel finden sich tatsächlich fast ausschließlich im englisch-französischen Teilkorpus (vgl. Bensimon 2005), wo unter dem Zyklustitel im Inhaltsverzeichnis die entsprechenden Ziffern notiert sind und diese dann sowohl als Überschriften über den Gedichten als auch in Form von Titelidentitäten über den zugehörigen Übersetzungen verwendet werden.

Im englisch-deutschen Teilkorpus wurde als Hauptquelle ähnlich wie beim französisch-deutschen Teilkorpus die Lyrikanthologie aus dem Beck-Verlag (Kemp/Koppenfels 2000) verwendet und so findet sich auch hier die Handschrift der Herausgeber wieder: Im Inhaltsverzeichnis wird unter dem Zyklus-Titel jeweils der Zifferntitel, ergänzt durch den entsprechen Gedichtanfang in Ausgangs- und Zielsprache, aufgeführt, als Überschrift dann immer der Zifferntitel verwendet. Auch hier finden sich also als Überschriften Titelidentitäten, im Index hingegen Hybridformen aus Titelidentität und Titelanalogie bzw. -variation:

> *CXLVI: Poor soul, the centre of my sinful earth* → *CXLVI: O Seele, Zentrum meiner sünd'gen Hülle* (L/E-D)

XXI: Was it the work of Nature or of Art → *XXI: Ist es ein Kunstwerk oder schuf Natur* (L/E-D)

1: Houses and rooms → *1: Wohnhäuser und Stuben* (L/E-D)

14: Life, friends, is boring → *14: Leben, Freunde, langweilt* (L/E-D)

Verstitel, also Titel, die mit dem Gedichtanfang identisch sind, können indes durchaus echte Titel sein, vom Autor selbst oder vom Verleger als Titel gesetzt werden. Oft aber werden eben Gedichtanfänge als Titelsubstitute verwendet, wenn der Herausgeber sich nicht allein auf einen Zifferntitel verlassen, ihn vielleicht sogar vollständig ersetzen will, oder wenn ein Gedicht eigentlich titellos ist. Schließlich ist die Lyrikdichtung neben der Bildenden Kunst einer der wenigen Bereiche, bei denen Werke bis heute nicht grundsätzlich mit einem Titel versehen werden müssen.[186] In vielen Verwendungskontexten, beispielsweise im Inhaltsverzeichnis, aber erweist sich ein fehlender Titel dann doch als Mangel – und wird deshalb durch ein sog. Titelsubstitut ersetzt (vgl. Moennighoff 2000: 26 f). Dabei sind Titel und Titelsubstitute oft nicht ohne weiteres voneinander zu unterscheiden. Auch reine Gattungsangaben sind gelegentlich, nicht immer, Titelsubstitute. Da diese sich aber im interkulturellen Transfer als unauffällig erweisen, sollen sie nicht gesondert besprochen werden.

Anders bei Verstiteln. Auch diese sollen hier nicht deshalb gesondert behandelt werden, weil sie in vielen Fällen nicht vom Dichter selbst stammen – die Frage nach der Autorschaft ist für den interkulturellen Transfer zwar durchaus von Bedeutung, kann aber auch bei vielen „echten" Titeln aus anderen medialen Bereichen nicht immer geklärt werden. Interessant ist eine gesonderte Betrachtung dieser speziellen Titelform vielmehr deshalb, weil die ihr eigenen formalen Voraussetzungen die Wahl der Transferstrategie beeinflussen. Vergleicht man also die Häufigkeitsverteilung der Translationsstrategien bei Verstiteln mit jener von normalen Einfachtiteln, so ergibt sich folgendes Bild: [187]

---

[186] Vgl. hierzu Rothe (1986: 32 f).

[187] Ausgewertet wurden die in den entsprechenden Teilkorpora verzeichneten Verstitel, sofern sie als solche identifiziert werden konnten, was aufgrund der Quellenlage nicht in allen Fällen möglich war: E-D: 73 Titel, F-D: 47 Titel, D-E: 53, F-E: 15 Titel, D-F: 63, E-F: 63 Titel. Angesichts etwas geringerer Fallzahlen muss die Zu-

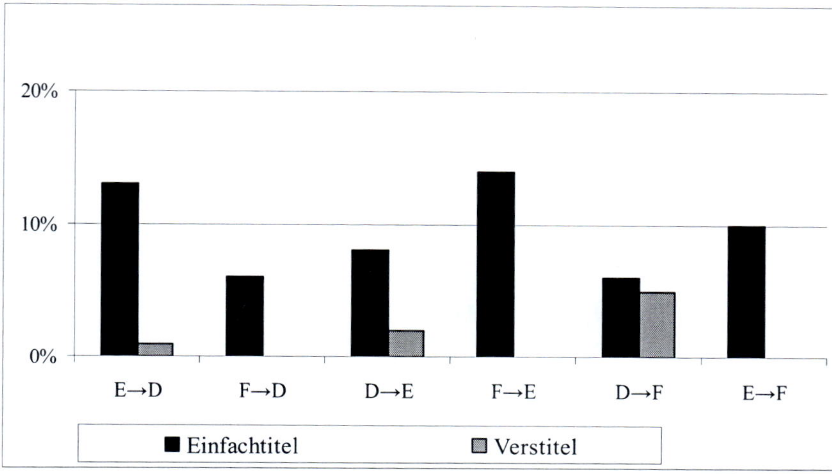

Abb. 23 Titelidentitäten bei Einfachtiteln und Verstiteln

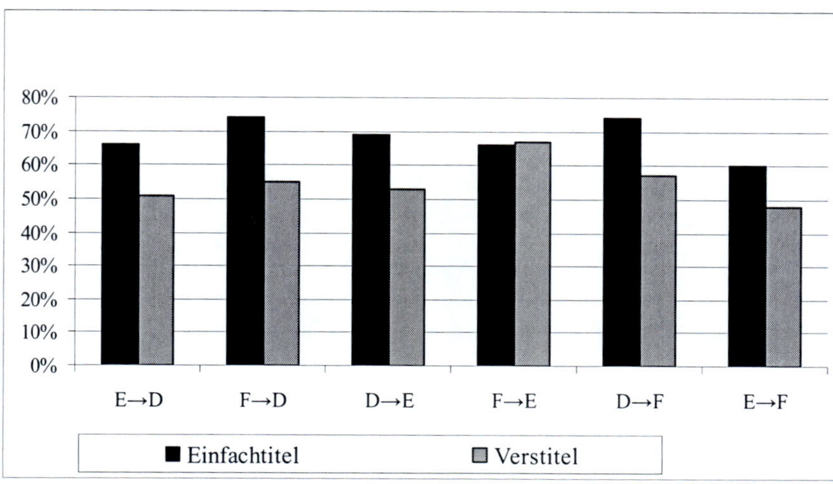

Abb. 24 Titelanalogien bei Einfachtiteln und Verstiteln

---

verlässigkeit der dargestellten Ergebnisse allerdings eingeschränkt werden, insbesondere für die Sprachrichtung F-E.

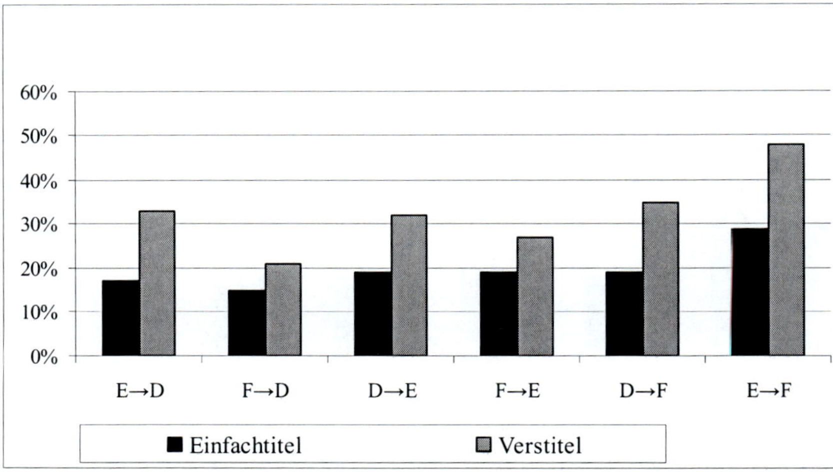

Abb. 25 Titelvariationen bei Einfachtiteln und Verstiteln

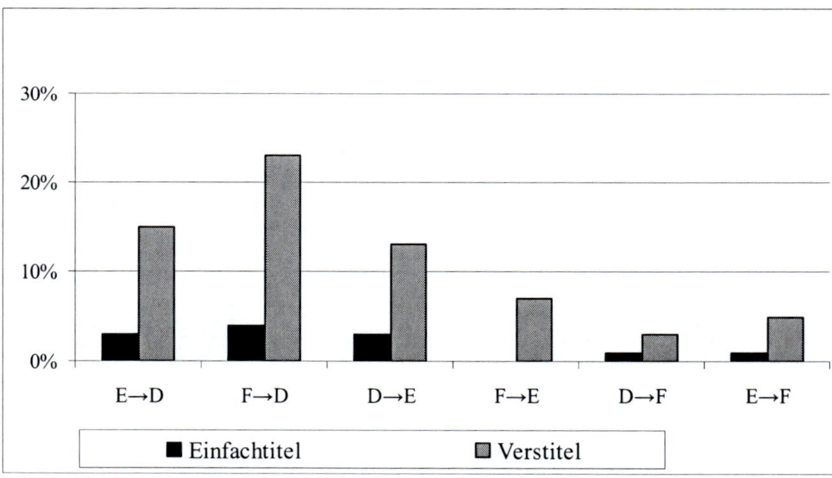

Abb. 26 Titelinnovationen bei Einfachtiteln und Verstiteln

Titelidentitäten, die ja insgesamt bei der Übersetzung von Gedichttiteln mit höchstens 14% nicht besonders häufig auftreten, sind bei Verstiteln noch seltener, für einige Sprachrichtungen gar nicht, für andere nur in Einzelfällen belegt, so dass sie maximal einen Anteil von 5% erreichen. Dies liegt vor allem daran, dass sich Verstitel aufgrund ihrer Struktur kaum für Titelidentitäten eignen. Einerseits sind Verstitel nämlich oft deutlich länger als andere Gedichttitel – ihre durchschnittliche Länge liegt, je nach Sprache zwischen 4,2 und 5,0 Wörtern, während Einfachtitel bei Gedichten ansonsten lediglich eine Länge von etwa 2,4 bis 3,1 Wörtern aufweisen. Andererseits sind bei Verstiteln satzförmige Titel mit etwa 50% bis 60% extrem häufig festzustellen, während nominale Titel, die bei den Einfachtiteln mit ca. 80% in allen Teilkorpora den größten Anteil ausmachen, bei Verstiteln mit nur rund 20% stark unterrepräsentiert sind. Gerade kurze, nominale Titel aber sind es, die sich besonders gut für Titelidentitäten eignen und so ist es auch wenig verwunderlich, dass diese Transferstrategie bei Verstiteln kaum eine Rolle spielt.

Auch Titelanalogien finden sich bei der Übersetzung von Verstiteln in fast allen Teilkorpora etwas seltener. Mit rund 50% bis 60% stellen sie zwar auch für diese Titelform die wichtigste Transferstrategie dar, müssen aber häufiger als bei anderen Gedichttiteln durch Titelvariationen ersetzt werden, die daher in allen Sprachrichtungen mit Werten zwischen 21% für Übersetzungen vom Französischen ins Deutsche bis hin zu 48% für Übersetzungen aus dem Englischen ins Französische einen zum Teil deutlich höheren Anteil erreichen. Dies ist vor allem darauf zurückzuführen, dass die Gedichtanfänge nicht immer kongruent sind, da die Wortstellung bzw. die Satzgliedfolge in Ausgangs- und Zielsprache differieren. Titelvariationen treten daher vor allem in Form von Abwandlungen auf der Basis des analog übersetzten Titels auf, wenn beispielsweise aufgrund einer anderen Reihenfolge bei der Wortstellung ein Titelelement durch ein anderes ausgetauscht wird:

Nun ruhen alle Wälder → *Now sleep beneath night's shadow* (L/D-E)

Warum gabst du uns die tiefen… → *Pourquoi nous as-tu donné ces regards…* (L/D-F)

There is a garden → *Sie trägt ein Gärtlein* (L/E-D)

Häufig zu verzeichnen sind zudem Reduktionen oder Erweiterungen des analog übersetzten Titels, die sich ebenfalls oft aus Gründen der Wortstellung, insbesondere der Position des Verbs, ergeben:

> *Wenn nicht mehr Zahlen und Figuren…* → *Quand ce ne seront plus les nombres et les figures…* (L/D-F)
>
> *There's a certain slant of light* → *Ein gewisser Lichteinfall* (L/E-D)
>
> *Lately our poets* → *Jüngst folgten unsre Dichter* (L/E-D)
>
> *Mort seule dignité* → *Tod einzige dieser Menschenzeit verheißene Würde* (L/F-D)
>
> *Le soleil faisait luire* → *The sun made the well-water shine* (L/F-E)

In anderen Fällen sind die Reduktionen bzw. die Erweiterungen darauf zurückzuführen, dass die Länge des als Titelsubstitut verwendeten Versabschnitts unterschiedlich gewählt wurde, also beispielsweise eben nicht die gesamte erste Zeile eines Gedichts, sondern lediglich ihr Anfang:

> *Dein Lied erklang, ich habe es gehöret* → *Your Song* (L/D-E)
>
> *Manche freilich* → *Some indeed below the deck must perish* (L/D-E)
>
> *I am – yet what I am* → *Ich bin – doch was* (L/E-D)

Titelinnovationen, denen, wie die Analyse der Einfachtitel ergeben hat, bei Gedichttiteln kaum eine Bedeutung zukommt, sind bei Verstiteln zumindest etwas, je nach Sprachrichtung sogar deutlich häufiger zu finden. So erreicht diese Transferstrategie für die Sprachrichtungen D-E und E-D einen Anteil von 13% bzw. 15%, für die Sprachrichtung F-D sogar 23%. Dies hat vermutlich mehrere Gründe: Zum einen kommt auch hier die Inkongruenz der Gedichtanfänge zum Tragen, so dass zwischen Originaltitel und Translat in einigen Fällen kein direkter Bezug hergestellt werden kann. Betrachtet man dagegen das Gedicht über den Versanfang, gegebenenfalls auch die erste Gedichtzeile hinaus, lässt sich meist ein klare Übersetzungsrelation im Sinne einer analogen Translation feststellen, die aber allein im Titel so nicht zu erkennen, allenfalls zu vermuten ist:

> *Mit dem Saft der Maulbeere…* → *The children have smeared their little faces* (L/D-E)
>
> *Komm in den totgesagten…* → *On dit que les jardins…* (L/D-F)
>
> *Love, we must part now* → *Nimms nicht so bitter* (L/E-D)
>
> *Que je suis las de toi, Paris* → *Paris, Paris im Herbst!* (L/F-D)

Zum anderen ist hinter einigen Titelinnovationen ein Eingreifen des Übersetzers bzw. des Herausgebers zu vermuten, weshalb auch die sprachenpaarspezifischen Unterschiede bei der Häufigkeitsverteilung nicht nur auf sprachliche oder kulturelle Differenzen zurückzuführen sind, sondern auch auf unterschiedliche Vorgehensweisen in den verwendeten Quellen. So wird hin und wieder im Rahmen seines interkulturellen Transfers ein Gedicht mit einem Titel versehen, das im Original keinen Titel trägt und lediglich zu Identifikationszwecken durch ein Titelsubstitut in Form einer Versanfangszeile versehen ist:

Wie so leis die Blätter wehn → *Evening Song* (L/D-E)
Wie rafft' ich mich auf in der Nacht, in der Nacht → *Remorse* (L/D-E)
But thoughts → *Denken und Handeln* (L/E-D)
Were I → *Vernunft als Irrlicht* (L/E-D)
La frayeur de la mort ébranle le plus ferme → *Der Galgen* (L/F-D)

Während so einige titellose Werke im Rahmen des Transferprozesses mit einem Titel ausgestattet werden, passiert in anderen Fällen, in anderen Quellen das Gegenteil.[188] Es kommt zu einer besonderen Form der Nulltranslation, da auf eine Translation des Titelsubstituts vollständig verzichtet wird. Zur Identifikation des Originalwerkes wie auch der beigefügten Übersetzung dient lediglich der Gedichtanfang bzw. der erste Vers des Originals in der entsprechenden Ursprungssprache. Das liegt daran, dass sich gerade in zweisprachigen Anthologien die beigefügten Übersetzungen oft lediglich als Verständnishilfe für Leser mit geringen Sprachkenntnissen verstehen.[189] Als eigenständiges Werk gelten diese Übersetzungen nicht – und bedürfen daher auch nicht eines eigenen Titels.

---

[188] Hier wäre insbesondere auf Woledge (1961) zu verweisen, weshalb die Anzahl der verzeichneten Verstitel und Verstiteltranslate für die Sprachrichtung F-E auch so gering ausfällt.

[189] So findet sich im Herausgebervorwort zu der hier verwendeten französisch-englischen Lyrikanthologie *The Penguin Book of French Verse* (Woledge: 1961) folgender Gebrauchshinweis: „The purpose of these Penguin books of verse in the chief European languages is to make a fair selection of the world's finest poetry available to readers who could not, but for the translations at the foot of each page, approach it without dictionaries and a slow plodding from line to line."

4.3.2.3. Translationsdeterminierende Faktoren: Lyrik versus Romantitel

Bei Romanen der Unterhaltungsliteratur, sowohl bei Originalwerken wie auch bei Übersetzungen, ist die Titelfindung in der heutigen Zeit meist Teamarbeit, wie Florian Legner, Programmleiter des Rotbuch Verlags, erklärt:

> „Verantwortlich dafür sind zunächst die Programmleitung bzw. das Lektorat. Anschließend werden die Titelvorschläge dann mit den Abteilungen Vertrieb, Marketing und Presse diskutiert und u.U. nochmals geändert, falls von dort Einspruch erhoben wird. Dieser Prozess dauert mitunter einige Wochen. Schließlich kann eine Veränderung des Titels nochmals erforderlich werden, wenn sich bei der Gestaltung des Buchcovers herausstellt, dass mit der ursprünglich favorisierten Titel-/Untertitelzeile kein stimmiges Cover möglich ist."

Ganz anders bei Gedichten: Hier ist die Titelübersetzung Teil des gesamten Übersetzungsvorganges. Bei Verstiteln, die ja auch tatsächlich Teil des zugehörigen Werkes sind, ohnehin, aber auch bei anderen Gedichttiteln. Natürlich hat der Herausgeber beispielsweise bei Anthologien, in denen Übersetzungen mehrerer Translatoren veröffentlicht werden, die Möglichkeit, die Betitelung zu systematisieren, was ja, wie am Beispiel der Zifferntitel deutlich wird, auch häufig getan wird. Die Verantwortung und der Beitrag des Übersetzers sind aber im Bereich der Lyrik in jedem Fall größer als bei der Übersetzung von Romantiteln, wo der Übersetzer des zugehörigen Werkes, wenn überhaupt, nur beratende Funktion hat, „erste Hinweise gibt oder durchaus einmal Vorschläge unterbreitet, die als Ausgangsbasis für die Überlegungen des zuständigen Lektors dienen können", wie Stefanie Werk, Lektorin beim Aufbau Verlag, erklärt.

Wie unterschiedlich die Verfahren sind, zeigt sich dann auch bei den Ergebnissen: Titelanalogien spielen in der modernen Unterhaltungsliteratur kaum eine Rolle, gelten, wie Stefanie Werk meint, eher als „schöner Zufall". Und selbst bei der Höhenkamm-Literatur erreichen sie nicht die Bedeutung, die sie im Bereich der Lyrik haben. Titelinnovationen, die den Bereich der Unterhaltungsliteratur dominieren, spielen hingegen im Bereich der Lyrik kaum eine Rolle.

Dies hängt sicherlich mit der „kommerziellen Unerheblichkeit" (Rothe 1986: 32) von Gedichten an sich zusammen, die ihrerseits zu einer kommerziellen Unerheblichkeit der zugehörigen Titel führt. Als unselbständige Texte werden Gedichte ohnehin kaum einzeln verkauft, sondern meist in Form von Lyrikbänden, so dass, wenn überhaupt, der Titel des Bandes entscheidend ist. Allerdings dürfte im Bereich der Lyrik der Name des Dichters eher als Gütesiegel fungieren denn ein guter Titel. Jedenfalls müssen die Gedichttitel nicht mit dem Cover abgestimmt werden, sie müssen nicht als Verkaufsargument funktionieren und unterliegen daher weniger außersprachlichen Zwängen, die im Bereich der Romantitel oft eine Titelinnovation erforderlich machen.

Innerhalb von Gedichtbänden oder Anthologien liegt der Titel hingegen als Überschrift vor. Auch in diesem Fall tritt seine Appellfunktion in den Hintergrund. Zwar kann ein Reizwort, ein Sprachspiel in einer Gedichtüberschrift die Aufmerksamkeit des Lesers auf sich und das zugehörige Werk lenken. Da gemeinsam mit dem Titel aber das gesamte Werk vorliegt und dieses, angesichts der relativen Kürze eines Gedichts im Vergleich zu einem Roman, auch schneller überschaubar ist, ist eine nachhaltige Appellwirkung anders als bei Romantiteln hier von geringer Relevanz.

Viel wichtiger ist bei Gedichtüberschriften dagegen die Darstellungsfunktion, da sie oft wichtige Hinweise für das Verständnis und die Interpretation des zugehörigen Werkes enthalten. Beim interkulturellen Transfer von Lyriktiteln wird dieser Aspekt noch verstärkt. So besteht das Ziel von Lyrikübersetzungen insgesamt häufig darin, dem Leser eine Verständnishilfe zu liefern, sollten die Fremdsprachenkenntnisse unzulänglich sein. Dies gilt insbesondere dann, wenn es sich, wie bei den meisten der hier ausgewerteten Quellen, nicht um Nachdichtungen, sondern um Prosaübersetzungen im Rahmen zweisprachiger Lyrikanthologien handelt. Die poetische Funktion wird bewusst vernachlässigt, auf Übertragung von Versform und Reim wird verzichtet.[190] Und das zeigt sich auch bei der Translation der Titel: In erster Linie geht es um eine möglichst wortgetreue Übertragung im Rahmen einer homologen oder allenfalls analogen Übersetzung. Priorität hat der Erhalt der Darstellungsfunktion, die Wahrung der poetischen

---

190 Vgl. hierzu beispielsweise das Vorwort von Böschenstein/Bollack (1962: 10): „Die dem Originaltext beigegebene deutsche Übersetzung möchte dem Leser eine möglichst getreue Vorstellung vom Sinn der französischen Verse vermitteln. Dieses Ziel erfordert die Form der Prosaversion. Der weitgehende Verzicht auf die Nachbildung von Metrum, Klang, Reim und Syntax löst die Worte aus der Fügung, um derentwillen sie sich zusammengeschlossen hatten. Aber die Fügung der hier vorgelegten Werke zu erneuern, wäre selbst einem Dichter kaum möglich."

Funktion ist zweitrangig. Dementsprechend wird bei der Übersetzung von Gedichttiteln durchaus in Kauf genommen, dass zugunsten einer homologen Übersetzung poetisch-rhetorische Stilmittel, wie z.B. Klangfiguren eingebüßt werden:

Angst und Hohn der Liebe Lohn → *Peur et dédain, salaires de l'amour* (L/D-F)
Wer weiß wo → *Qui sait où* (L/D-F)
Sibylle des Sommers → *Sibylle de l'été* (L/D-F)

Interessanterweise ist also gerade im Bereich der Translation von Lyriktiteln der Inhalt wichtiger als die Form – eine Prioritätensetzung, die so bei der Übersetzung von Romantiteln völlig undenkbar ist. Denn wenn ein Romantitel als Titel eines selbständigen Textes, eines Marktproduktes, das es zu verkaufen gilt, nicht funktioniert, nicht gut klingt, nicht prägnant genug ist, hat er auf dem modernen Buchmarkt keine Chance.

4.3.3. Titel im Theater

4.3.3.1. Einfachtitel

Auch im Bereich des Schauspiels, des Sprechtheaters, ist die Übersetzung der Titel vom Bemühen der Verantwortlichen um eine möglichst wortgetreue Übersetzung geprägt. „Grundsätzlich ist das Bestreben, dass der Titel der Übersetzung dem Titel des Originals möglichst entsprechen sollte", beschreibt Thomas Maagh vom Verlag der Autoren die Prioritätensetzung beim interkulturellen Transfer von Titeln im Theater. Eine Haltung, die von den meisten der befragten Theaterverlage bestätigt wird. Allerdings sei dies, wie Thomas Maagh zu bedenken gibt, ähnlich wie bei der Übersetzung von Romantiteln, nicht immer ohne weiteres möglich:

> „Schwierigkeiten können in mehrerlei Hinsicht auftreten. Diese können zum Beispiel darin bestehen, dass sich ein Titel nur schwer oder gar nicht ins Deutsche übertragen lässt (etwa, weil ein Bild oder eine Redewendung im Deutschen nicht ohne weiteres funktioniert). Oder dass der Titel in der Originalsprache klanglich sehr schön ist, in einer wörtlichen deutschen Übersetzung aber hölzern und umständlich klingen würde. Es können auch schlicht und ergreifend rechtliche Prob-

> leme auftauchen, wenn im Deutschen bereits ein anderes Stück mit dem entsprechenden Titel existiert (beispielsweise von einem deutschsprachigen Autor)."

Die Nähe zum Originaltitel in Form einer analogen Übersetzung ist also, ähnlich wie im Bereich des Höhenkamm-Romans und anders als bei Gedichttiteln, zwar das erste, aber eben nicht das einzige Kriterium. Doch auch wenn sich Titelanalogien daher hier nicht in dem Maße realisieren lassen und durchsetzen können wie im Bereich der Lyrik, so kann den Ergebnissen der Korpusanalyse doch entnommen werden, dass diese Strategie für alle Sprachrichtungen mit rund 50% oder mehr mit Abstand die wichtigste Translationsform darstellt: [191]

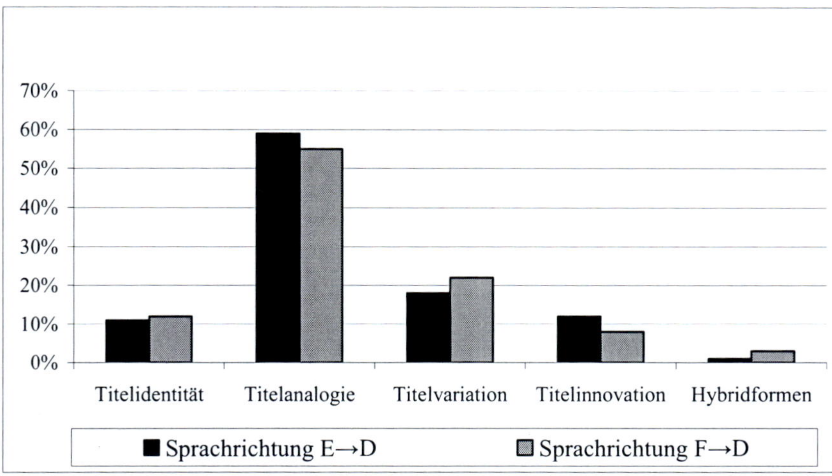

Abb. 27 Transferstrategien bei eingliedrigen Dramentiteln in Deutschland

[191] Eine Tabelle mit den diesen Grafiken zugrunde liegenden Werten findet sich im Anhang, Kap. 6.3.

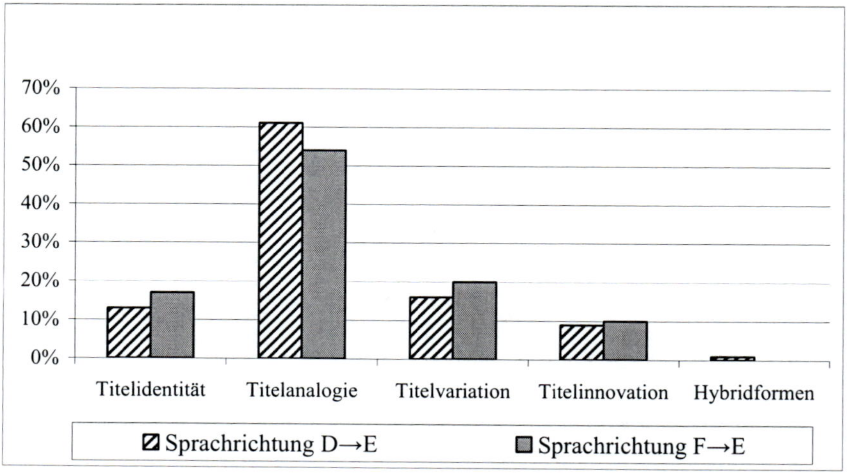

Abb. 28 Transferstrategien bei eingliedrigen Dramentiteln im englischsprachigen Raum

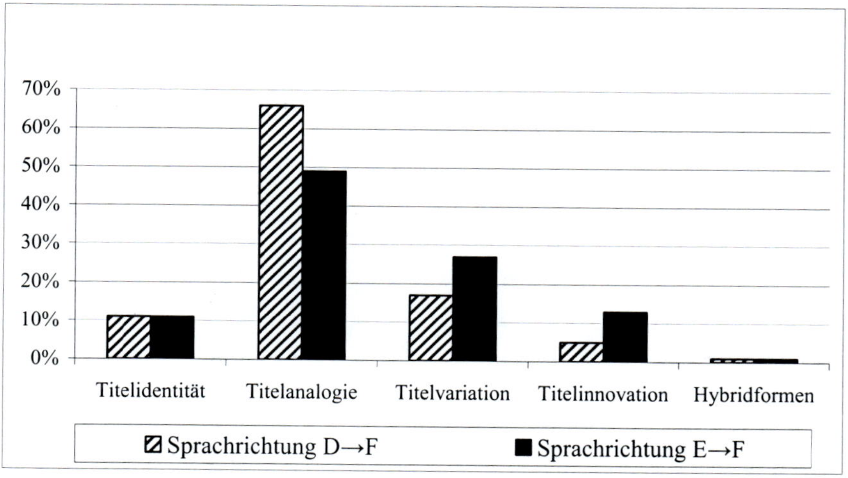

Abb. 29 Transferstrategien bei eingliedrigen Dramentiteln in Frankreich

Offensichtlich gelingt die homologe oder analoge Übersetzung also mindestens bei jedem zweiten Titel, bei Übersetzungen vom Deutschen ins Französische sogar bei zwei von drei. Lediglich die Sprachrichtung E-F liegt mit 49% knapp unter der 50%-Marke:

Kabale und Liebe → *Cabal and Love* (T/D-E)
Dantons Tod → *La Mort de Danton* (T/D-F)
Shopping & Fucking → *Shoppen & Ficken* (T/E-D)
Who's Afraid of Virginia Woolf? → *Qui a peur de Virginia Woolf?* (T/E-F)
Phèdre → *Phädra* (T/F-D)
Dans la solitude des champs de coton → *In the Solitude of the Cotton Fields* (T/F-E)

Dabei korreliert allerdings ein weniger an Titelanalogie immer mit einem mehr an Titelvariation, die, ebenfalls in allen Sprachrichtungen, mit Werten zwischen 16% für die Sprachrichtung D-E bis hin zu 27% für eben die Sprachrichtung E-F die zweitwichtigste Transferstrategie darstellt. Zusammengenommen machen Titelvariationen und Titelanalogien damit bei allen Sprachkombinationen etwa drei Viertel aller Translate aus.

Dass bei Übersetzungen vom Englischen ins Französische mehr als ein Viertel aller Titel einer Variation unterzogen wird, hat mehrere Gründe. Zum einen ist hier der Anteil an Abwandlungen auf der Basis des analog übersetzten Titels mit 13% besonders hoch. Diese Form der Variation macht zwar auch bei fast allen anderen Sprachrichtungen den größten Anteil aus, erreicht allerdings nur Werte zwischen 7% für die Sprachrichtungen D-E, F-E und D-F, über 9% für Übersetzungen aus dem Französischen ins Deutsche bis hin zu immerhin 11% beim Transfer englischsprachiger Titel ins Deutsche:

Mr. Peters' Connections → *Harry Peters Verbindungen* (T/E-D)
Educating Rita → *Bildung für Rita* (T/E-D)
The Taming of the Shrew → *La Mégère apprivoisée* (T/E-F)
The Hostage → *Deux otages* (T/E-F)
Publikumsbeschimpfung → *Offending the Audience* (T/D-E)
Prinz Friedrich von Homburg → *Le Prince de Hombourg* (T/D-F)

Les marchands de Gloire → *Zinsen des Ruhms* (T/F-D)

L'affaire de la rue de Lourcine → *The Coaldust Affair* (T/F-E)

Zum anderen spielt beim Titeltransfer zwischen dem Englischen und dem Französischen wiederum der bestimmte Artikel eine wichtige Rolle. Dieser wird bei 6% aller englisch-französischen Translate hinzugefügt, beim Titeltransfer aus dem Französischen ins Englische hingegen wird der Artikel sogar etwa bei jedem zehnten Titel weggelassen:

King Lear → *Le Roi Lear* (T/E-F)

Sweet Bird of Youth → *Le doux oiseau de la jeunesse* (T/E-F)

Les mains sales → *Dirty Hands* (T/F-E)

Le Retour au désert → *Return to the Desert* (T/F-E)

Hinzu kommen schließlich, wie auch bei den anderen Sprachrichtungen, einige Fälle von Titelreduktionen und -erweiterungen jenseits des Artikels, wobei Reduktionen vor allem des analog übersetzten, gelegentlich auch des Originaltitels, mit etwa 2% bis 3% in allen Sprachrichtungen etwas häufiger sind als Erweiterungen, die nur etwa 1% der Translate ausmachen:

Der Besuch der alten Dame → *The Visit* (T/D-E)

König Ottokars Glück und Ende → *Ottokar* (T/D-F)

Who was Hilary Maconochie? → *Wer war Hilary?* (T/E-D)

The Rich Jew of Malta → *Le Juif de Malte* (T/E-F)

La robe mauve de Valentine → *Valentine* (T/F-D)

Epître aux jeunes acteurs pour que soit rendue la parole à la parole → *Epistle to Young Actors* (T/F-E)

Hysteria → *Reine Hysterie* (T/E-D)

All my sons → *Ils étaient tous mes fils* (T/E-F)

Clérembard → *Der Herr von Clérembard* (T/F-D)

Auf Platz drei folgen bei fast allen Sprachrichtungen dann Titelidentitäten. Überraschenderweise wird diese Transferstrategie jedoch ausgerechnet bei Übersetzungen aus dem Englischen ins Deutsche ebenso wie ins Französische von Titelinnovationen auf Platz vier verdrängt. Dies liegt einerseits daran, dass

Titelidentitäten hier mit gerade einmal je 11% im Vergleich zu bis zu 17% für die Übersetzungsrichtung F-E relativ selten verzeichnet sind. Andererseits erreichen Titelinnovationen bei Übersetzungen aus dem Englischen mit 12% in Deutschland und sogar 13% in Frankreich einen besonders hohen Anteil, während dieser bei den anderen Sprachrichtungen nur zwischen 5% bei Übersetzungen vom Deutschen ins Französische und bis zu 10% für Übersetzungen aus dem Französischen ins Englische liegt.

Glengarry Glen Ross → *Hanglage Meerblick* (T/E-D)
Next Time I'll Sing to You → *Ein Eremit wir entdeckt* (T/E-D)
The Crucible → *Les Sorcières de Salem* (T/E-F)
Play it again, Sam → *Une aspirine pour deux* (T/E-F)
Heimat → *Magda* (T/D-E)
Ritter, Dene, Voss → *Déjeuner chez Wittgenstein* (T/D-F)
Divorçons → *Cyprienne* (T/F-D)
À cinquante ans elle découvrait la mer → *The sea between us* (T/F-E)

Dass der Umgang mit englischsprachigen Titeln etwas freier ist, hat sich bereits bei der erhöhten Zahl an Abwandlungen gezeigt, die mit 11% in Deutschland bzw. 13% in Frankreich ebenfalls deutlich über dem Durchschnitt lag. Dies mag damit zusammenhängen, dass die Struktur englischer Dramentitel etwas komplexer ist. So fällt die Frequenz von Nominaltiteln mit nur 83% deutlich geringer aus als im Deutschen und Französischen mit 90% bzw. 91%, die Bandbreite anderer Syntaxformen ist hingegen entsprechend größer (vgl. Kap. 3.1.3.2). Dadurch kann in einigen Fällen eine analoge Übersetzung erschwert werden und freiere Lösungen, beispielsweise in Form von Titelinnovation oder -variationen, können notwendig sein. Gleichzeitig kann eine variable Syntax häufig als Symptom für eine besonders stark ausgeprägte Appellfunktion gewertet werden, weshalb die Vermutung naheliegt, dass das englische Theaterkorpus eine etwas stärkere massenkulturelle Ausrichtung aufweist als die beiden anderen Teilkorpora.

Der niedrige Anteil an Titelidentitäten ist aber auch beim Transfer englischsprachiger Theatertitel keineswegs darauf zurückzuführen, dass englische Titelformulierungen in den beiden Zielkulturen weniger Akzeptanz finden als französische bzw. deutsche. Im Gegenteil: Der mit 17% überdurchschnittlich hohe Anteil an französischen Titelidentitäten im Englischen ist vor allem auf den sehr hohen Anteil reiner Eigennamen-Titel ggf. ergänzt durch eine Anrede im französischen Dramentitel-Korpus zurückzuführen, die allein etwa einen Anteil von 13% erreichen:

Colombe → *Colombe* (T/F-E)
Ondine → *Ondine* (T/F-E)
Eurydice → *Eurydice* (T/F-E)
André del Sarto → *André del Sarto* (T/F-E)
Savannah Bay → *Savannah Bay* (T/F-E)

Hinzu kommen außerdem einige Zufallsidentitäten sowie einige englischsprachige Originaltitel, die ebenso wie weitere nicht französische Titel unverändert beibehalten werden:

Art → *Art* (T/F-E)
Jazz → *Jazz* (T/F-E)
Golden Joe → *Golden Joe* (T/F-E)
Off limits → *Off limits* (T/F-E)
La Musica → *La Musica* (T/F-E)

Dass der Anteil der Titelidentitäten für die Übersetzungsrichtung F-D mit ca. 12% etwas geringer ausfällt, liegt damit auf der Hand. Zum einen gibt es zwischen dem Französischen und dem Deutschen weniger Zufallsidentitäten, zum anderen fällt auch der Anteil unverändert beibehaltener Eigennamen-Titel mit knapp 10% etwas geringer aus, da doch häufiger Assimilationen an das eigene Sprachsystem durchgeführt werden und einige diese Titel daher unter die Kategorien Variation des Originaltitels oder Titelanalogie fallen:

Colombe → *Colombe* (T/F-D)
Ondine → *Undine* (T/F-D)
Eurydice → *Eurydike* (T/F-D)
André del Sarto → *Andrea del Sarto* (T/F-D)
Savannah Bay → *Savannah Bay* (T/F-D)

Ähnlich auch bei den Übersetzungsrichtungen D-E und D-F, wo Titelidentitäten jeweils 13% bzw. 11% der Translate ausmachen. So handelt es sich insgesamt bei etwa jedem zehnten Titel in diesen beiden Teilkorpora um einen Eigennamen-Titel, der im interkulturellen Transfer unverändert beibehalten wird:

Clavigo → *Clavigo* (T/D-E)
Emilia Galotti → *Emilia Galotti* (T/D-E)
Andorra → *Andorra* (T/D-E)
Woyzeck → *Woyzeck* (T/D-F)
Ulrike Maria Stuart → *Ulrike Maria Stuart* (T/D-F)
Miss Sara Sampson → *Miss Sara Sampson* (T/D-F)

Auch im Deutschen gibt es zudem fremdsprachige, insbesondere englische Titelformulierungen, die unverändert beibehalten werden, sowie vor allem für die Sprachrichtung D-E einige Zufallsidentitäten:

Magic Afternoon → *Magic Afternoon* (T/D-E)
Push up → *Push up* (T/D-E)
Gas I → *Gas I* (T/D-E)
Tabula Rasa → *Tabula Rasa* (T/D-F)
Electronic City → *Electronic City* (T/D-F)

Ganz anders hingegen bei Übersetzungen aus dem Englischen ins Deutsche bzw. ins Französische. Reine Eigennamen-Titel machen hier einen viel geringeren Anteil aus. Die Mehrzahl der Titelidentitäten beruht vielmehr darauf, dass neben fremdsprachigen, insbesondere lateinischen, griechischen und spanischen Titelformulierungen, tatsächlich auch englischsprachige Titel gerade in der zeitgenössischen Dramatik verstärkt unverändert beibehalten werden:

Anthropos → *Anthropos* (T/E-D)
Equus → *Equus* (T/E-D)
Love letters → *Love letters* (T/E-D)
Night and Day → *Night and Day* (T/E-D)
Vivat! Vivat Regina! → *Vivat! Vivat Regina!* (T/E-F)
Camino Real → *Camino Real* (T/E-F)

Black Comedy → *Black Comedy* (T/E-F)

Savage Love → *Savage Love* (T/E-F)

Einen sehr geringen Anteil machen in allen Teilkorpora auch beim interkulturellen Transfer von Titeln im Theater Hybridformen aus. Hier soll abschließend auf ein wenn auch zahlenmäßig kaum relevantes, so doch sehr interessantes Phänomen verwiesen werden. So wird beim interkulturellen Transfer französischer Titel ins Deutsche in einigen Fällen die besonders in Frankreich ausgeprägte kulturspezifische Tendenz zum Doppeltitel genutzt, um Titelanalogien bzw. Titelvariationen durch zusätzliche Teiltitel zu erweitern:

L'alouette → *Jeanne oder Die Lerche* (T/F-D)

Le Verre d'eau → *Das Glas Wasser oder Ursachen und Wirkungen* (T/F-D)

L'invitation au château → *Einladung ins Schloß oder Die Kunst, das Spiel zu spielen* (T/F-D)

Auch in der entgegengesetzten Übersetzungsrichtung finden sich mehrere Beispiele für diese Strategie:

Bürger Schippel → *Schippel ou le Prolétaire bourgeois* (T/D-F)

Der Graf von Burgund → *L'État restitué, ou le Comte de Bourgogne* (T/D-F)

Der weibliche Jakobinerklub → *Le Club des Jacobines ou l'Amour de la patrie* (T/D-F)

Jenseits dieser kulturspezifischen Assimilation durch Translation konnte dieses Phänomen, von Einzelfällen abgesehen, ebenfalls in Form einer epochenspezifischen Ausprägung festgestellt werden:

Menschenhass und Reue → *The stranger; or, Misanthropy and repentance* (T/D-E)

Der Opfertod → *Self-Immolation; or, The Sacrifice in Love* (T/D-E)

Die Verschwörung des Fiesko zu Genua → *Fiesco; or, the Genoese Conspiracy* (T/D-E)

Bei diesen drei Beispielen aus dem deutsch-englischen Teilkorpus handelt es sich um zwei Dramen von Kotzebue sowie ein Trauerspiel von Schiller aus den

80er und 90er Jahren des 18. Jahrhunderts, die alle kurz nach ihrem Erscheinungsdatum noch vor der Jahrhundertwende ins Englische übersetzt und im Zuge dessen mit diesen Doppeltiteln versehen wurden – in einer Epoche also, in der der Doppeltitel im französischen Drama und von dort ausgehend eben auch in anderen Ländern Europas besonders in Mode war (vgl. hierzu Rothe 1970: 36).

4.3.3.2. Mehrgliedrige Titel

Die Übersetzung von Doppeltiteln und Titelgefügen stellt sich im Bereich des Theaters homogener dar als im Bereich des Romantitels (vgl. Kap. 4.3.1.2), allerdings kommt es auch hier zu deutlichen sprachenpaarspezifischen Schwankungen bei den Frequenzen der einzelnen Transferstrategien. Diese sind zum Teil allerdings auf die sehr geringen Fallzahlen zurückzuführen, aufgrund derer eine wirklich zuverlässige statistische Auswertung kaum möglich ist.[192] Immerhin aber lässt sich feststellen, dass Hybridformen, also die Wahl unterschiedlicher Transferstrategien für die jeweiligen Teiltitel, unabhängig von der Übersetzungsrichtung die höchste Relevanz aufweisen:

[192] Insbesondere bei englischen Dramentiteln ist die Anzahl der verzeichneten mehrgliedrigen Titel sehr gering, so dass lediglich 10 Titel für die Sprachrichtung E-D bzw. 11 Titel für die Sprachrichtung E-F ausgewertet werden konnten. Die Ergebnisse der Korpusanalyse müssen hier also mit besonderer Vorsicht betrachtet werden. Eine Tabelle mit den diesen Grafiken zugrunde liegenden Werten findet sich im Anhang, Kap. 6.3.

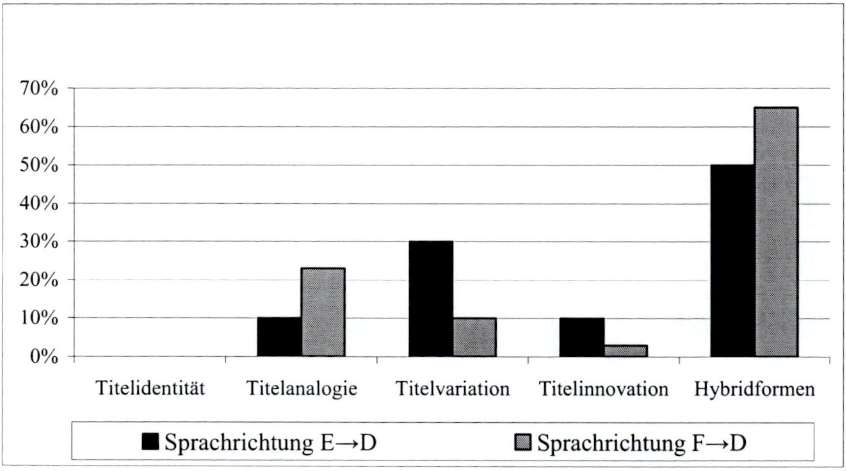

Abb. 30 Transferstrategien bei mehrgliedrigen Dramentiteln in Deutschland

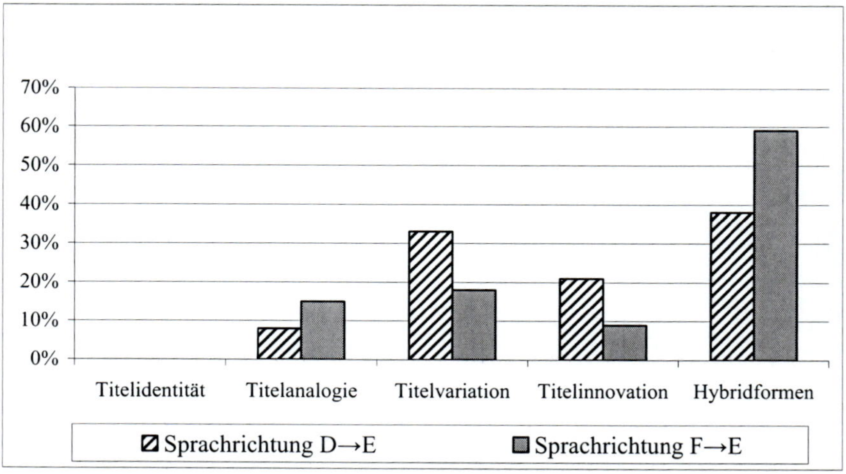

Abb. 31 Transferstrategien bei mehrgliedrigen Dramentiteln im englischsprachigen Raum

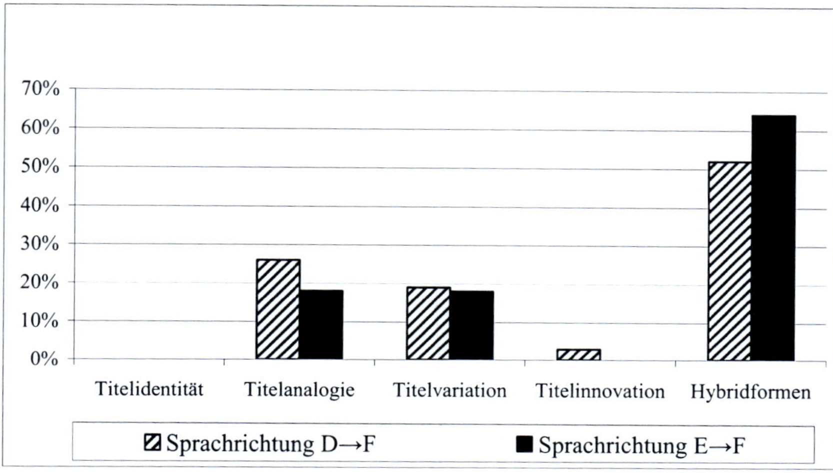

Abb. 32 Transferstrategien bei mehrgliedrigen Dramentiteln in Frankreich

So liegen Hybridformen, wie sich den Grafiken entnehmen lässt, in allen Teilkorpora, oft mit großem Anstand, auf Platz eins, doch sind zum Teil deutliche Unterschiede bei ihrer Frequenz festzustellen. Von relativ großer Bedeutung sind sie sowohl in Deutschland als auch im englischsprachigen Raum für den Transfer von französischen Doppeltiteln.[193] Dabei bestehen mehr als die Hälfte aller Hybridformen in diesen beiden Sprachrichtungen aus Kombinationen von Titelidentitäten und Titelanalogien bzw. in einigen Fällen auch Titelvariationen, die vor allem dadurch zustande kommen, dass es sich bei den französischen Ausgangstiteln um klassische Doppeltitel mit einem reinen Eigennamen im Haupttitel handelt:

> *George Dandin ou Le Mari confondu* → *George Dandin oder Der betrogene Ehemann* (T/F-D)
>
> *Becket ou L'honneur de Dieu* → *Becket oder Die Ehre Gottes* (T/F-D)
>
> *Cinna ou La Clémance d'Auguste* → *Cinna or, The clemency of Augustus* (T/F-E)
>
> *Kean ou Désordre et Génie* → *Kean or Disorder and Genius* (T/F-E)

---

[193] Titelgefüge sind bei den französischen Dramentiteln nicht belegt, vgl. die Strukturanalyse Kap. 3.1.1.2.

Zusätzlich führt diese Titelform in einigen Fällen wegen der notwendigen Anpassungen bei der Akzentsetzung auch zu Strategiekombinationen aus einer Variation des Originaltitels in Kombination mit einer Titelanalogie im Nebentitel:

Cécile ou L'école des pères → *Cecile oder Die Schule der Väter* (T/F-D)

Frédérick ou Le boulevard du crime → *Frederick or The Crime Boulevard* (T/F-E)

Daneben erreichen reine Titelanalogien, also Doppeltitel, bei denen sowohl der Haupt- als auch der Nebentitel analog übersetzt werden, beim interkulturellen Transfer französischer Titel insbesondere in Deutschland, aber auch im englischsprachigen Raum eine gewisse Relevanz:

La Thébaïde; ou, Les Frères ennemis → *Die Thebais oder Die feindlichen Brüder* (T/F-D)

Jacques ou la Soumission → *Jakob oder Der Gehorsam* (T/F-D)

Le Barbier de Séville ou La Précaution inutile → *The barber of Sevilla, or, The useless precaution* (T/F-E)

Titelvariationen sind in diesen beiden Kulturräumen hingegen bei der Übersetzung englisch- bzw. deutschsprachiger Titel von größerer Bedeutung als bei der Translation französischer Titel, ebenso wie Titelinnovationen. Variation, das bedeutet bei mehrgliedrigen Titeln fast immer Reduktion, und zwar dergestalt, dass ein Doppeltitel oder ein Titelgefüge zu einem Einfachtitel verkürzt werden. Während dabei in den meisten Fällen auf den Unter- bzw. Nebentitel verzichtet und lediglich der Haupttitel im Original oder als analoge Übersetzung beibehalten wird, gibt es durchaus auch Fälle, bei denen im Rahmen einer derartigen Reduktion der Nebentitel zum Haupttitel avanciert:

Der Hofmeister oder Die Vorteile der Privaterziehung → *The Tutor* (T/D-E)

Don Juan oder Die Liebe zur Geometrie → *Don Juan* (T/D-E)

Absurda Comica oder Herr Peter Squentz → *Mr Peter Quince* (T/D-E)

Volpone, or The Fox → *Volpone* (T/E-D)

Slavs! Thinking about the longstanding problems of virtue and happiness → *Slawen* (T/E-D)

Twelfth Night, or What you will → *Was ihr wollt* (T/E-D)

Ebenso führen auch Titelinnovationen, die ebenfalls bei Übersetzungen vom Deutschen ins Englische besonders häufig verzeichnet werden konnten, oft zu einer Verknappung des Titels, so dass lediglich ein Einfachtitel bleibt:

Minna von Barnhelm oder Das Soldatenglück → *The Disbanded Officer* (T/D-E)

Jedermann: Das Spiel vom Sterben des reichen Mannes→ *The Play of Everyman* (T/D-E)

Martin Luther und Thomas Münzer oder Die Einführung der Buchhaltung → *Luther, Munzer and the bookkeepers of the Reformation* (T/D-E)

Fälle, in denen ganze Doppeltitel neu konzipiert werden, sind hingegen deutlich seltener:

Eduard in Schottland oder Die Nacht eines Flüchtlings → *The Wanderer; or, The Rights of Hospitality* (T/D-E)

Die Spanier in Peru oder Rollas Tod → *Rolla; or, The Peruvian Hero* (T/D-E)

Léonie est en avance, ou, Le mal joli → *The pregnant pause, or, Love's labor lost* (T/F-E)

In Frankreich schließlich spielen, ähnlich wie bei der Übersetzung französischer Titel ins Deutsche und Englische, neben Titelvariationen, d.h. in erster Linie Reduktionen, auch Titelanalogien wieder eine gewisse Rolle, sowohl bei der Translation englischsprachiger Titel, als vor allem auch bei der Übersetzung deutschsprachiger Titel:

Der König Nicolo oder so ist das Leben → *Le roi Nicolo* (T/D-F)

Eskalation ordinär. Ein Schwitzkastenschwank in sieben Affekten → *Escalade ordinaire* (T/D-F)

Bash, latterday plays → *Bash* (T/E-F)

Das kleine Welttheater oder Die Glücklichen → *Le Petit Théâtre du monde ou Les Heureux* (T/D-F)

Krankheit oder Moderne Frauen → *Maladie ou Femmes modernes* (T/D-F)

Soldaten: Nekrolog auf Genf → *Soldats: nécrologie pour Genève* (T/D-F)

The Long Stay Cut or The Unsatisfactory Supper → *Le Long séjour interrompu ou le Diner qui laisse à désirer* (T/E-F)

Die wichtigste Transferstrategie ist aber auch hier wiederum die Hybridform, hauptsächlich als Kombination aus Titelidentität und -analogie oder -variation:

> *Pompilia oder Das Leben* → *Pompilia ou La Vie* (T/D-F)
>
> *Anatomie Titus fall of Rome: Ein Shakespearekommentar* → *Anatomie Titus fall of Rome: un commentaire de Shakespeare* (T/D-F)
>
> *Jackets or The secret hand* → *Jackets ou La Main secrète* (T/E-F)
>
> *Angels in America. A Gay Fantasia on National Themes* → *Angels in America. Fantaisie gay sur des thèmes nationaux* (T/E-F)

Betrachtet man Doppeltitel und Titelgefüge insgesamt, sind Titelidentitäten weder bei diesen beiden Übersetzungsrichtungen noch bei den anderen untersuchten Sprachrichtungen zu finden, da sie, wie bereits die Analyse mehrgliedriger Romantitel gezeigt hat, aufgrund ihrer komplexen Struktur und ihrer Länge für fremdsprachige Rezipienten immer die Gefahr der Überforderung mit sich bringen. Deutlich häufiger als bei Einfachtiteln aber gelingt es, im Rahmen von Hybridformen oder auch durch Reduktionen des Originaltitels zumindest einen der beiden Titelteile als Titelidentität beizubehalten:

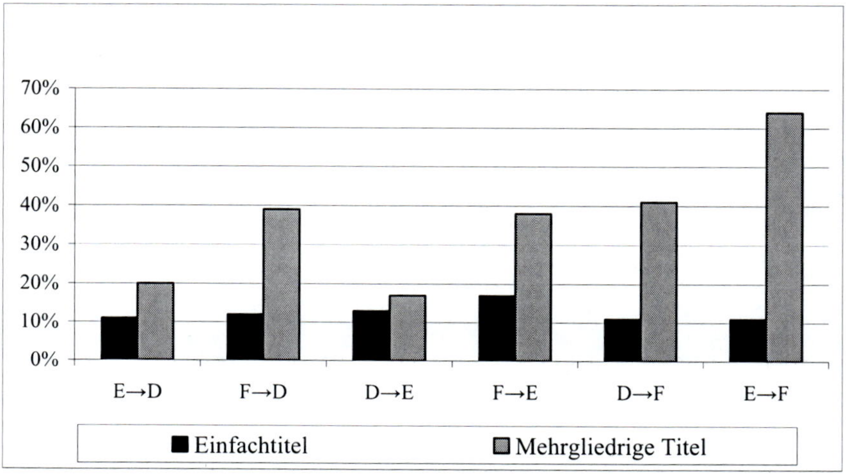

Abb. 33 Titelidentitäten bei ein- und mehrgliedrigen Dramentiteln

Dies ist vor allem auf die Struktur der mehrgliedrigen Titel zurückzuführen, da hier besonders häufig einer der beiden Teiltitel – beim klassischen Doppeltitel ist dies der Haupttitel – aus einem Nomen proprium besteht. Vereinfacht wird die Entscheidung für eine Titelidentität bei mehrgliedrigen Titeln zudem dadurch, dass immer noch die Möglichkeit besteht, den originalsprachlichen Teiltitel durch eine Titelanalogie oder eine zielsprachliche Titelinnovation zu ergänzen. Da aber auch Titelanalogien ihrerseits nötigenfalls wiederum durch eine Titelinnovation ergänzt oder der zweite Teiltitel entsprechend den Anforderungen der Zielkultur abgewandelt werden kann, gelingt beim interkulturellen Transfer mehrgliedriger Dramentitel auch noch häufiger als bei eingliedrigen die Titelanalogie, also die wörtliche Übersetzung von mindestens einem Titelteil:

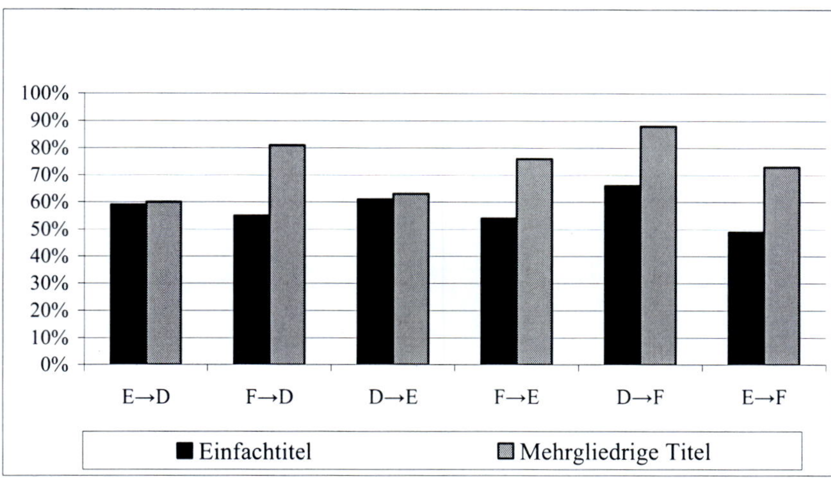

Abb. 34 Titelanalogien bei ein- und mehrgliedrigen Dramentiteln

Damit wird je nach Übersetzungsrichtung bei mindestens 60% bis hin zu fast 90% aller Titeltranslate das erreicht, was Verleger wie Helmar Harald Fischer vom Verlag Jussenhoven & Fischer für die Übersetzung von Titeln im Theater fordern: „Das Ziel kann nur sein, die bestmögliche Übereinstimmung von Originaltitel und übersetztem Titel zu finden."

4.3.3.3. Gattungskontrastive Zusammenfassung: Epik – Lyrik – Dramatik

Vergleicht man die Frequenz, mit der Titelanalogien in den drei literarischen Gattungen auftreten – für die Epik soll hier stellvertretend allein der Roman herangezogen werden – so ergibt sich ein klares Bild: [194]

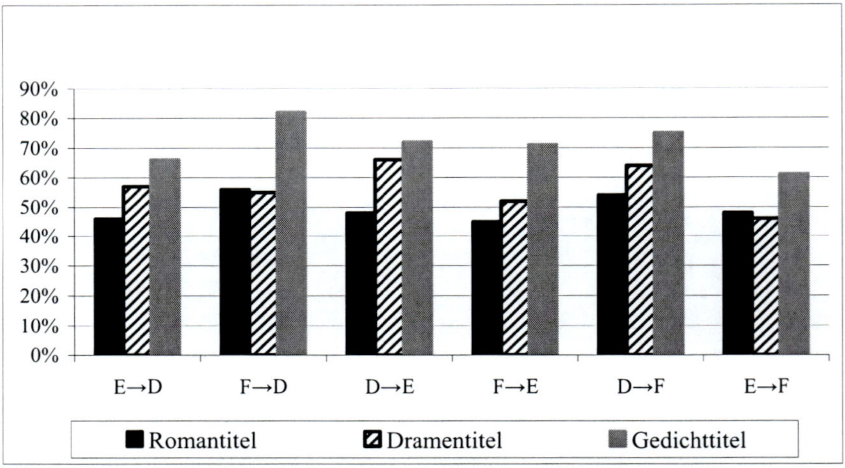

Abb. 35 Titelanalogien bei Roman-, Dramen- und Gedichttiteln im 20. Jhd.

Jenseits aller sprachen- und kulturpaarspezifischen Schwankungen sind die Ergebnisse eindeutig: Die höchsten Werte erreichen Titelanalogien beim interkulturellen Transfer von Gedichttiteln, die niedrigsten bei Romantiteln. Titel von Theaterstücken bewegen sich in der Regel dazwischen, mal näher an den Werten der Romantitel, mal näher an jenen der Lyriktitel. Stellt man dem einen Überblick über die Frequenz von Titelinnovationen in diesen drei Gattungen gegenüber, verfestigt sich das Bild:

[194] Um Differenzen bei der zeitlichen Zusammensetzung der Korpora und damit einhergehend mögliche Einflüsse historischer Veränderungen bei der Betitelung und dem Titeltransfer auszuschließen, wurden bei allen medialen Bereichen hier nur Titel von Werken aus dem 20. Jahrhundert berücksichtigt.

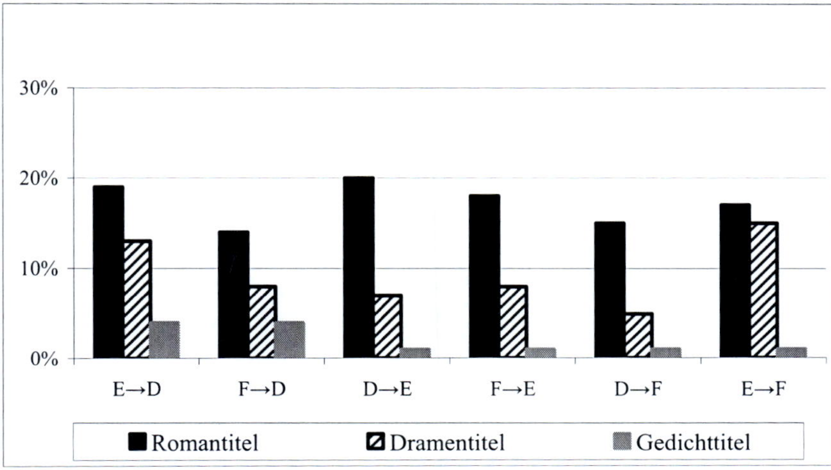

Abb. 36 Titelinnovationen bei Roman-, Dramen- und Gedichttiteln im 20. Jhd.

Hier nun erreichen Romantitel – vielfach mit großem Abstand – die höchsten Werte, während Titelinnovationen bei Gedichttiteln selten oder gar nicht auftreten. Titel von Theaterstücken liegen wiederum dazwischen.

Diese Ergebnisse sind in erster Linier auf funktionale Faktoren zurückzuführen, die sich, stark vereinfacht, so zusammenfassen lassen: Je stärker die Appellfunktion, desto kleiner die Möglichkeit einer Titelanalogie und desto größer die Notwendigkeit einer Titelinnovation. Oder aus der entgegengesetzten Perspektive betrachtet: Je stärker die Ausdrucksfunktion, desto eher der Versuch einer Titelanalogie und desto seltener der Ausweg einer Titelinnovation.

Inmitten des Bühlerschen Organon-Dreiecks zwischen Sender, Empfänger und Referent müssen bei der oft schwierigen Übersetzung von Titeln Kompromisse eingegangen werden. Bewege ich mich vom Autor weg hin zum Empfänger, dem potenziellen Rezipienten, Leser, Käufer? Bleibe ich beim Sender, beim Titelautor und versuche ich, seiner Idee treu zu bleiben, auch wenn sie den Empfänger dann vielleicht gar nicht mehr erreicht? Erhalte ich die Darstellungsfunktion so, wie sie vom Autor gestaltet wurde, oder nehme ich hier Veränderungen vor, indem ich auf einen anderen Aspekt des Referenten – denn der Referent an sich bleibt ja in jedem Fall der gleiche, das zugehörige Werk nämlich – verweise?

Wie die Prioritäten bei der Titeltranslation in den verschiedenen Gattungen gesetzt werden, zeigt sich auch anhand praktischer Aspekte des Translationsprozesses. Denn natürlich sind in unserer modernen, arbeitsteiligen Welt auch beim Titeltransfer die Abläufe so professionalisiert, die Aufgaben so verteilt, dass ein entsprechend den jeweils gesetzten Kriterien möglichst optimales Ergebnis erzielt werden kann. So überträgt bei der Lyriktranslation der Übersetzer mit seinen Expertenkenntnissen von Ausgangs- und Zielsprache meist die Überschrift als Teil des gesamten Übersetzungsvorgangs in die Zielsprache und ist dabei, sofern es sich nicht um eine Nachdichtung, sondern eine Prosaübersetzung handelt, vor allem darauf bedacht, dem Original möglichst nahezukommen, die Intentionen des Autors einschließlich seiner Titelperspektive möglichst getreu wiederzugeben. Beim Romantitel versucht hingegen ein ganzes Team, angefangen beim Übersetzer über den Lektor oder den Programmleiter bis hin zu Presse-, Vertriebs- und Marketingabteilung eines Verlages alles zu tun, um den Empfänger zu erreichen, ihn zum Kauf des Buches zu bewegen und sich dabei, je nach literarischer Qualität des Autors, durchaus von diesem so weit wie nötig wegzubewegen.

Dramentitel bewegen sich zwischen Lyrik- und Romantiteln, auch was die translationspraktischen Aspekte anbelangt: „Verantwortlich für den Titel ist der Übersetzer in Zusammenarbeit mit dem Verlag und in Absprache mit dem Originalautor“, beschreibt Rainer Witzenbacher vom Theater Verlag Desch, den Transferprozess von Dramentiteln. Ähnlich äußern sich fast alle befragten Theaterverlage über die Zuständigkeiten bei der Titeltranslation. So zum Beispiel auch Anna Opel, Dramaturgin beim Verlag Felix Bloch Erben:

> „Die Übersetzer machen in der Regel Vorschläge für einen deutschen Titel. In höherem Maß als bei der Übersetzung des Textes behalten wir uns als Verlag jedoch vor, hier selbst Entscheidungen zu treffen. In einigen Fällen wollen die fremdsprachigen Autoren selbst beim deutschen Titel ebenfalls mitreden.“

Oder auch Maren Zindel, Lektorin beim Rowohlt Theater Verlag:

> „In der Regel machen die Übersetzer Titelvorschläge, die dann im Lektorat diskutiert werden – im Zweifelsfall entscheidet laut unseren Übersetzerverträgen der Verlag. […] Außerdem muss der Autor den deutschen Titel absegnen.“

Auch wenn das Entscheidungsrecht also, ähnlich wie bei der Betitelung von Romanen, letztlich beim Verlag liegt, scheinen die befragten Theaterverlage häufiger zu betonen, wie wichtig der Übersetzer, vor allem aber auch der Originalautor, für den Titelfindungsprozess sind. Vertrieb und Marketingabteilung hingegen, die bei vielen Belletristik-Verlagen, wie beispielsweise Stefanie Werk vom Aufbau Verlag erklärt, „die Titelwahl mitbeeinflussen“, werden von Theaterverlagen nicht erwähnt.

Das mag damit zusammenhängen, dass Dramen nicht nur eine literarische Gattung darstellen, sondern in Form einer Inszenierung auch unter den Bereich der Darstellenden Kunst fallen. Denn der Käufer, den die Theaterverlage zunächst einmal erreichen müssen, ist nicht der Kunde, der in einem Buchladen als Freizeitlektüre spontan das Buch mit dem schönsten Cover und dem spannendsten Titel greift. Theaterverlage müssen zunächst einmal mit ihren Produkten ein Theater erreichen. Und hier werden die Stücke in der Regel auch jenseits des Titels – ein Cover gibt es bei den Textbüchern ohnehin nicht – gründlich geprüft, bevor sich ein Theater entschließt, die Rechte an der Aufführung eines Werkes zu erwerben. Im äußersten Fall könnte der Titel ohnehin, sollte er dem Theater als völlig abwegig und kontraproduktiv erscheinen, auch noch nachträglich verändert werden, wie Maren Zindel vom Rowohlt Theater Verlag erklärt:

> „Es kommt auch vor, dass das aufführende Theater speziell bei der Erstaufführung eigene Wünsche an den Titel hat, sei es wegen der Vorstellungen, die Dramaturg bzw. Regisseur von der Inszenierung haben, sei es, weil man glaubt, das eigene Publikum könne mit dem Titel so mehr anfangen. Das kann bereichernd sein oder auch nicht.“

Schließlich muss dann das Theater seinerseits einen Großteil der Marketingaufgaben übernehmen, anstelle eines Covers ein Plakat herstellen, das das Publikum anspricht und ins Theater lockt, für eine gute Öffentlichkeits- und Pressearbeit sorgen, auf gute Kritiken hoffen ebenso wie auf die Mund-zu-Mund-Propaganda des Publikums. Damit ergeben sich für Titel im Theater andere Hürden als die optischen einer perfekten Cover-Gestaltung: Der Titel muss „gut aussprechbar sein, denn ein potenzieller Besucher könnte Hemmungen haben eine Theaterkarte für ein Stück zu kaufen, dessen Titel er schlecht aussprechen kann“, wie u.a. Rainer Witzenbacher vom Theater Verlag Desch zu bedenken gibt.

Dasselbe gilt auch für die Mund-zu-Mund-Propaganda. Auch sie funktioniert nur, wenn sich der Titel problemlos aussprechen lässt und gut merkbar ist. Der Titel sollte deshalb „möglichst kurz und „knackig“, prägnant, leicht merkbar,

[…] nicht zu lang oder umständlich sein", betont Alexandra Schlenker, Verlagsleiterin und Lektorin beim Mahnke Verlag.

Denn natürlich ist der Titel im Theater anders als in der Lyrik keineswegs frei von appellativen Aspekten, schließlich geht es immer auch darum, ein Stück zu vermarkten: „Der Titel ist in unserem Geschäft wichtiger als man glaubt. Er ist oft der Schlüssel zum Erfolg", meint Zeno Stanek vom Kaiserverlag. Und das muss natürlich auch beim interkulturellen Transfer berücksichtigt werden, wie Geschäftsführerin Bettina Migge-Volkmer vom Gallissas Theaterverlag erklärt:

> „Wenn uns ein Titel in der Übersetzung nicht zugkräftig genug erscheint, obgleich er sehr dicht am Original ist, nehmen wir durchaus auch werbeträchtigere Titel. Wichtig ist ja in erster Linie, dass sich ein Stück mit dem übersetzten Titel durchsetzt."

Allerdings hat ein Theaterstück zumindest in Form einer Inszenierung mehr Unterstützung jenseits des Titels als ein Roman, bei dem allenfalls der Name des Autors einen Teil der Appellwirkung garantieren kann. In der Darstellenden Kunst, nicht nur im Theater, sondern auch im Film, treten darüber hinaus viele weitere am Produktionsprozess beteiligte Akteure als Träger der Appellfunktion auf, beispielsweise der Regisseur oder einer der Darsteller. Dadurch wird der Titel als Werbemittel etwas entlastet, wodurch, wie die Ergebnisse der Korpusanalyse belegen, die Nähe zum Originaltitel, beispielsweise in Form von Titelanalogien, offensichtlich häufiger gewahrt bleiben kann.

4.3.4. Titel im Musiktheater

4.3.4.1. Operntitel

Im Vergleich zu Titeln rein sprachlicher Texte tritt bei Operntiteln und ihren Translaten eine weitere Problematik hinzu. So zeichnet sich die Semiotik des Musiktheaters durch eine Kombination verschiedener Zeichensysteme aus, insbesondere Musik und Sprache, die sehr eng miteinander verknüpft sind. [195] Die-

---

[195] Hinzu treten im Rahmen von Aufführungen im Musiktheater wie übrigens auch im Theater außerdem visuelle Zeichen wie Mimik, Gestik und Proxemik der Akteure, aber auch Raumgestaltung und Beleuchtung, Maske und Kostüm etc. (vgl. Fischer-

se Komplexität ihrer Semiotik bleibt im interkulturellen Transfer von Werken des Musiktheaters nicht ohne Wirkung. Übersetzt werden muss nämlich nur der sprachliche Teil, während der musikalische unverändert beibehalten werden kann. Dadurch kommt es zu einer Vermischung von ausgangs- und zielkulturellen Elementen, es entsteht, wie Kaindl (1995: 55) es formuliert, ein „Dialog zwischen ausgangsstruktureller Klangrede und zielsprachlicher dramatischer Rede".[196]

Dabei geht diese Vermischung von Ausgangs- und Zielkultur innerhalb der Werke mit einem besonders intensiven interkulturellen und interlingualen Austausch einher, der die Welt der Oper bereits seit ihren Anfängen geprägt hat. Entstanden um 1600 in Florenz war vor allem die italienische Sprache von großer Bedeutung für diese Kunstform. Zwar entwickelte Lully schon zu Beginn des 17. Jahrhunderts die französische Form der Oper in französischer Sprache, in Deutschland und England aber wurde die Oper lange Zeit vom Einfluss des Italienischen dominiert. Viele deutsche Komponisten wie Händel, Gluck, Haydn und natürlich Mozart schrieben Opern zu italienischen Libretti, die sich ihrerseits wiederum auf literarische Vorlagen aus anderen europäischen Sprach- und Kulturräumen bezogen – Glucks *Alkestis* beispielsweise basiert auf dem gleichnamigen Drama von Euripides, Mozarts *Don Giovanni* geht auf Tirso de Molinas *Burlador de Sevilla o El convidado de piedra* zurück, sein *Idomeneo, re di Creta* auf eine Tragödie des französischen Schriftstellers Antoine Danchet und seine Oper *Le Nozze die Figaro* stellt eine Verarbeitung von Beaumarchais Komödie *La Folle Journée ou le Mariage de Figaro* dar.

Verstärkt wird die Internationalität des Musiktheaters in der heutigen Zeit durch die Aufführungspraxis der großen Opernhäuser und vor allem die Erfindung der

---

Lichte 1988²: 27 f). Für die Übersetzung der Werktitel spielt dieser Aspekt allerdings eine untergeordnete Rolle, da diese in der Regel von der literarischen Vorlage, dem Libretto bzw. der Partitur, also dem „primären" Artefakt, wie Esslin (1989: 159 f) es nennt, ausgehen, und nicht von der Inszenierung, der Aufführung, also dem „zweiten Artefakt".

196 Ähnliches gilt selbstverständlich auch für das Sprechtheater, wenn Theaterinszenierungen, insbesondere bei internationalen Festivals beispielsweise durch Übertitel mehrsprachig gestaltet werden. Allerdings ist dieses Phänomen im Sprechtheater deutlich seltener und daher auch weniger relevant als im Musiktheater. Zur Theatertranslation vgl. Griesel (2000) und Griesel (2007).

Übertitelung in den 80er Jahren des vergangenen Jahrhunderts.[197] So werden Werke heutzutage meist in der ausgangssprachlichen Originalfassung gespielt und dabei entweder mit Übertiteln in der jeweiligen Landessprache oder sogar mit Display-Titeln in mehreren Sprachen versehen,[198] wodurch nicht nur ein multisemiotisches, sondern auch ein multilinguales Werk entsteht, das sich kaum eindeutig als Original oder Translat einordnen lässt.

Dementsprechend schwierig wird die Unterscheidung zwischen Originaltitel und Titeltranslat. Denn während beispielsweise beim Roman dem Originalwerk immer ein Originaltitel und dem übersetzten Werk ein wie auch immer gestaltetes Titeltranslat zugeordnet werden kann, so dass ein Eins-zu-eins-Verhältnis zwischen Name und Referent, zwischen Titel und zugehörigem Text besteht, ist eine so eindeutige Zuordnung bei der Oper oft nicht möglich, es besteht die Gefahr der „Spleißung: zwei verschiedene Namen für den einen gemeinten Namenträger“ (Kalverkämper 1996: 1020).

Denn stärker als im Bereich der Literatur existieren Originaltitel und Titeltranslat oft parallel zueinander im Bewusstsein der jeweiligen zielkulturellen Gesellschaft, wobei je nach Konvention entweder dem Original oder dem Translat eine größere Bedeutung zukommt. Nicht immer aber ist dabei klar, worauf sich Titel bzw. Translat beziehen: die Originalfassung, eine übersetzte Sprachfassung oder gar eine multilinguale Aufführung mit Originaltext und Übertiteln.

Im englischsprachigen Raum beispielsweise lässt sich im Bereich des Musiktheaters eine besonders große Offenheit gegenüber Fremdsprachen, auch fremdsprachigen Titeln feststellen, die Bletschacher (2008: 73 f) folgendermaßen begründet: „Dort, wo das Schreiben und Komponieren von Opern keine Tradition hat, die der auf dem europäischen Festland vergleichbar wäre, wurden von

---

[197] Ein kurzer Überblick über die Geschichte der Opernübertitelung findet sich bei Griesel (2007: 57).

[198] „Die Display-Übertragung ist eine Art der Übertitelung, bei der die Übertitel in der Stuhllehne des vor einem befindlichen Theatersitzes auf einem kleinen Bildschirm eingeblendet werden. Somit wird eine Übertitelung mit geringer räumlicher Distanz möglich, die der Untertitelung im Film nahekommt. Man kann in bestimmten Opernhäusern auch zwischen den gewünschten Sprachen auswählen.“ (Griesel 2007: 53). Zu den verschiedenen Formen der Opernübersetzung vgl. Kaindl (1997: 272 f).

den Opernhäusern seit jeher mit den Interpreten auch die fremden Sprachen importiert."

So werden die Werke, beispielsweise in Opernführern wie Anderson (1989), von wenigen Ausnahmen abgesehen, unter dem Originaltitel verzeichnet. Zwar gibt es für viele Opern parallel dazu auch englischsprachige Titeltranslate. Diese spielen allerdings im Vergleich zu den Originaltiteln eine untergeordnete Rolle. Anders in Deutschland und Frankreich: Hier werden die Opern in Nachschlagewerken wie Brunel/Bailbé (1980) oder Fath/Würz (2002) unter dem Titeltranslat verzeichnet, während sich unter dem Originaltitel lediglich ein Verweis auf das Translat findet – es sei denn, der Originaltitel hat sich in Form einer Titelidentität tatsächlich als Translat durchgesetzt.

Ähnliche Differenzen im Umgang mit Originaltiteln und Translaten prägen auch die Spielpläne der Opernhäuser. Beispielhaft hierfür ist die Homepage der Opéra Nationale de Paris:[199] Obwohl hier wie an den meisten international renommierten Häusern heutzutage hauptsächlich Originalfassungen mit Übertiteln gespielt werden, erfolgt die Ankündigung in der Spielplanübersicht von wenigen Ausnahmen abgesehen nur unter dem jeweiligen Titeltranslat.[200] Auf den entsprechenden Seiten mit weiterführenden Informationen findet sich unter dem groß gedruckten Titeltranslat meist klein gedruckt der Originaltitel. Die englischsprachige Version der Opern-Homepage zeigt indes gemäß den Konventionen des englischen Sprachraums nicht etwa die englischen Titeltranslate, sondern die Originaltitel. Einzige Ausnahme ist in der Spielzeit 2010/2011 Smetanas *Verkaufte Braut*: In diesem Fall wird die englischsprachige Titelanalogie *The Bartered Bride* genutzt, während der tschechische Originaltitel *Prodana Nevesta*

---

199 http://www.operadeparis.fr (Stand: Juni 2011).

200 Die wenigen Ausnahmen, die italienischsprachig belassen werden sind *Così fan tutte* und *Cavalleria rusticana*, die sich grundsätzlich in Frankreich als Titelidentitäten durchgesetzt haben (vgl. auch Brunel/Bailbé 1980). Hinzu kommt der Titel *I Pagliacci*, obwohl hier ansonsten das französische Translat *Paillasse* gebräuchlicher zu sein scheint. Da das Werk aber als Doppelaufführung mit *Cavalleria rusticana* kombiniert wird, wurde die Sprachversion des Titels wohl an jene des ersten Werks angepasst. Darüber hinaus werden lediglich reine Eigennamen als Titelidentitäten beibehalten, wie z.B. *Tosca*, *Otello*, *Francesca da Rimini* oder auch *Siegfried*.

lediglich bei den Detailangaben genannt wird, obwohl auch diese Oper in der tschechischen Originalfassung gespielt wird.

Auch das aber entspricht offensichtlich den Konventionen des englischsprachigen Raums zum Umgang mit Operntiteln im interkulturellen Transfer – ein ähnliches Beispiel findet sich auf der Homepage der Metropolitan Opera in New York:[201] Hier steht für die Saison 2011/2012 Janáčeks Oper *Die Sache Makropulos* auf dem Spielplan – unter dem englischsprachigen Titeltranslat *The Makropulos Case*, nicht unter dem Originaltitel *Věc Makropulos*. Dabei kommt natürlich auch dieses Werk in Originalsprache zur Aufführung, ergänzt durch die sogenannten „Met Titles“ in englischer, deutscher und spanischer Sprache.[202] Während andere Opern in der Regel jedoch nicht nur in der Originalfassung mit Übertiteln gespielt, sondern entsprechend auch unter dem Originaltitel angekündigt werden,[203] von *La fille du régiment* über *L'Elisir d'amore* und *Il Barbiere die Siviglia* bis hin zur *Götterdämmerung* und *Die Walküre*, hat sich das Tschechische zwar als Opernsprache, nicht aber – oder zumindest noch nicht – als Sprache für Operntitel durchgesetzt.

Ähnliches gilt auch in Deutschland. Auch hier steht bei der Staatsoper Berlin[204] für die Saison 2011/2012 eine Janáček-Oper auf dem Spielplan, angekündigt unter der Hybridform *Aus einem Totenhaus – Z mrtvého domů*. Hybridformen scheinen hier allgemein die bevorzugte Betitelungsstrategie darzustellen. In der Regel aber wird eher der Originaltitel als Haupt- und das Translat als Untertitel angeboten, beispielsweise bei Nonos *Al gran sole carico d'amore – Unter der großen Sonne von Liebe beladen* ebenso wie bei Strawinskys *The Rake's Progress – Karriere eines Wüstlings* oder auch bei Chabriers *L'Étoile – Der Stern*.

Insgesamt scheint sich der Umgang mit Operntitel im deutschsprachigen Raum etwas uneinheitlicher zu gestalten. So arbeitet beispielsweise die Deutsche Oper

---

201 http://www.metoperafamily.org (Stand: Juni 2011).

202 Bei den Met-Titles handelt es sich um eine Display-Übertragung (s.o., vgl. Griesel 2007: 53).

203 Ähnlich auch am Royal Opera House London, vgl. hierzu www.roh.org.uk (Stand: Juni 2011).

204 http://www.staatsoper-berlin.de (Stand: Juni 2011).

Berlin[205] überwiegend mit deutschsprachigen Titeltranslaten, obwohl auch hier die Werke in der Regel in Originalfassung mit Übertiteln gespielt werden. An anderen Häusern im deutschsprachigen Raum, beispielsweise in Stuttgart,[206] Zürich[207] und Wien[208] hingegen hat sich die Beibehaltung des Originaltitels weitgehend durchgesetzt.

4.3.4.2. Einfachtitel Oper

> „[...] das Repertoire der Opernhäuser [besteht] bis heute aus einem überschaubaren und internationalen Stückefundus [...], der sich über einen langen Zeitraum hinweg nur unwesentlich verändert hat und überwiegend aus italienisch-, deutsch-, französisch-, russisch-, tschechisch- und englischsprachigen Opern zusammengesetzt ist, wobei das Hauptgewicht auf der italienischsprachigen Oper liegt, die etwa 60-80% der Inszenierungen ausmacht." (Hiller 2001: 39)

Daraus ergaben sich für die Erstellung der Korpora mehrere Konsequenzen. Zum einen fallen die Korpora aufgrund der „Überschaubarkeit" des Stückefundus für alle Sprachrichtungen mit weniger als 100 Titeln im Vergleich zu anderen Bereichen sehr klein aus. Trotzdem können insofern interessante Ergebnisse erzielt werden, als in diesen Korpora tatsächlich die in der heutigen Aufführungspraxis relevanten Stücke fast vollständig verzeichnet wurden. Um aber auch der Gewichtung der Sprachen Rechnung zu tragen, musste, als weitere Konsequenz, die Titelanalyse auf das Italienische ausgeweitet und damit um drei zusätzliche Sprachrichtungen, nämlich Italienisch-Deutsch, Italienisch-Englisch und Italienisch-Französisch, erweitert werden.

Auch wenn den Titeltranslaten, vor allem im englischsprachigen Raum, keine sehr große Relevanz zukommt und sie auch im deutschsprachigen Raum immer weiter zurückgedrängt werden, so soll im Folgenden doch ein kurzer Überblick darüber gegeben werden, wie übersetzt wird, wenn übersetzt wird:[209]

---

205 http://www.deutscheoperberlin.de (Stand: Juni 2011).

206 http://www.staatstheater.stuttgart.de/oper (Stand: Juni 2011).

207 http://www.opernhaus.ch (Stand: Juni 2011).

208 http://www.wiener-staatsoper.at (Stand: Juni 2011).

209 Da Hybridformen in keinem der Teilkorpora verzeichnet wurden, wurden sie nicht in die grafische Darstellung einbezogen. Auf eine separate Untersuchung mehrgliedriger Operntitel wurde ebenfalls angesichts ihrer sehr geringen Frequenz in-

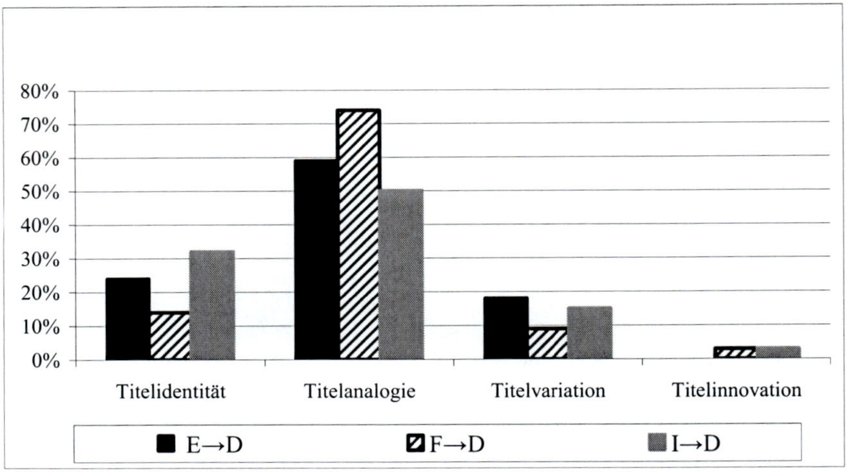

Abb. 37 Transferstrategien bei eingliedrigen Operntiteln in Deutschland

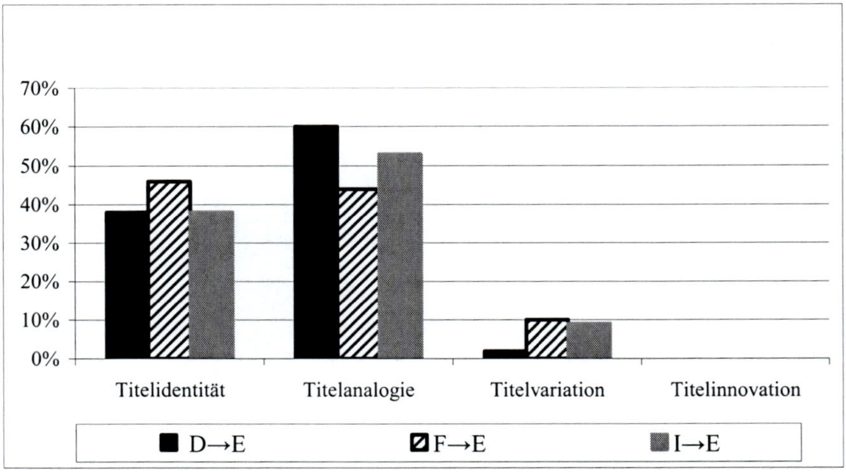

Abb. 38 Transferstrategien bei eingliedrigen Operntiteln im englischsprachigen Raum

---

nerhalb der Korpora verzichtet. Eine Tabelle mit den diesen Grafiken zugrunde liegenden Werten findet sich im Anhang, Kap. 6.3.

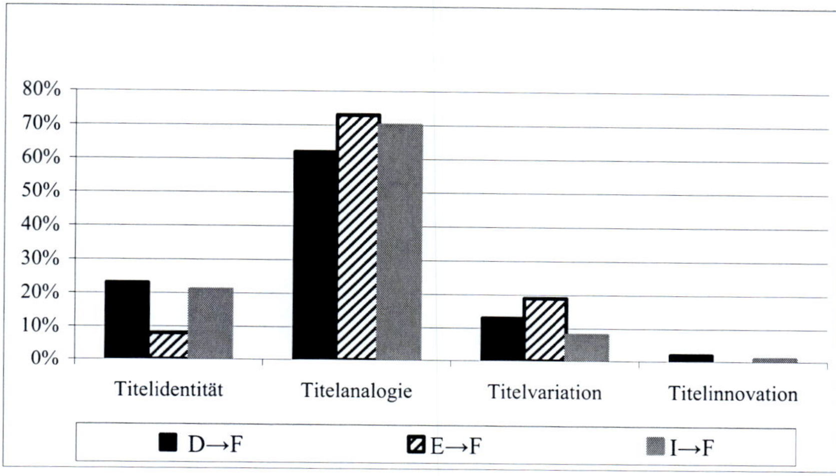

Abb. 39 Transferstrategien bei eingliedrigen Operntiteln in Frankreich

Wie die Grafiken sehr deutlich zeigen, bewegt sich die Translation von Operntiteln hauptsächlich zwischen zwei Strategien: Titelidentität und Titelanalogie.

Dabei ist, angesichts der Tatsache, dass bei vielen Werken Titelidentitäten parallel zu anderen Translatformen existieren, der prozentuale Anteil, der hier für Titelidentitäten ermittelt wurde, kaum aussagekräftig. Festzustellen ist aber dennoch, dass es einige Titel gibt, die eigentlich immer als Titelidentität beibehalten werden:

Così fan tutte → *Così fan tutte* (O/I-D; I-E; I-F)
La Traviata → *La Traviata* (O/I-D; I-E; I-F)
La Bohème → *La Bohème* (O/I-D; I-E; I-F)
Cavalleria rusticana → *Cavalleria rusticana* (O/I-D; I-F)
La Gioconda → *La Gioconda* (O/I-D; I-E)
Intolleranza → *Intolleranza* (O/I-D; I-E)

Daneben gibt es im Bereich der Operntitel außergewöhnlich viele reine Eigennamen-Titel und auch wenn, je nach Sprachrichtung, einige von Ihnen an die jeweiligen zielsprachlichen Namensformen angepasst und damit als Titelanalogie eingestuft werden, macht diese spezielle Form der Titelidentität in manchen Sprachrichtungen bis zu einem Viertel der gesamten Translate aus:

Rigoletto → *Rigoletto* (O/I-D)
Lucia di Lammermoor → *Lucia di Lammermoor* (O/I-E)
Macbeth → *Macbeth* (O/I-F)
Manon → *Manon* (O/F-D)
Carmen → *Carmen* (O/F-E)
Parsifal → *Parsifal* (O/D-F)
Salome → *Salome* (O/D-E)
Peter Grimes → *Peter Grimes* (O/E-D)
Billy Budd → *Billy Budd* (O/E-F)

Jenseits der nur schwer zu ermittelnden Frequenz von Titelidentitäten aber interessiert hier vor allem, welche Alternativen es gibt. Und hier stehen eindeutig, in allen untersuchten Sprachräumen und mit großem Abstand, Titelanalogien an erster Stelle. Mehr noch: Viele dieser Analogien beruhen sogar auf einer homologen Translation, also einer Wort-für-Wort-Übertragung im engsten Sinne. Dies gilt insbesondere für Übersetzungen aus dem Italienischen ins Französische, wo eine homologe Translation angesichts sehr ähnlicher Sprachstrukturen bei fast allen verzeichneten Titelanalogien möglich ist:

L'Incoronazione di Poppea → *Die Krönung der Poppea* (O/I-D)
La Forza del Destino → *The Force of destiny* (O/I-E)
Idomeneo, Re di Creta → *Idoménée, roi de Crète* (O/I-F)
Guillaume Tell → *Wilhelm Tell* (O/F-D)
Les pêcheurs de perles → *The pearl fishers* (O/F-E)
Elegie für junge Liebende → *Elegy for young lovers* (O/D-E)
Die Götterdämmerung → *Le Crépuscule des dieux* (O/D-F)
The Prodigal Son → *Der verlorene Sohn* (O/E-D)
Dido and Aeneas → *Didon et Énée* (O/E-F)

Offensichtlich ist man beim interkulturellen Transfer von Operntiteln bestrebt, so nah wie möglich am Originaltitel zu bleiben. Und so konnten denn auch Titelinnovationen in den Titelkorpora kaum verzeichnet werden. Im englischsprachigen Raum sind sie gar nicht, in Deutschland und Frankreich nur in Einzelfällen belegt:

I Capuletti e i Montecchi → *Romeo und Julia* (O/I-D)
Poliuto → *Les Martyrs* (O/I-F)
Faust → *Margarete* (O/F-D)
Der fliegende Holländer → *Le Vaisseau fantôme* (O/D-F)

Selbst Titelvariationen sind vergleichsweise selten, bleiben in allen Sprachrichtungen unter der 20%-Marke. Sieht man dabei von Artikelkorrekturen ab, die wie in allen medialen Bereichen vor allem Übersetzungen vom Englischen ins Französische und umgekehrt betreffen, aber, in geringerem Maße, auch für die Sprachrichtungen D-F und F-D sowie I-D und I-E verzeichnet wurden, so liegt ihr Anteil in Frankreich und im englischsprachigen Raum sogar bei weniger als 10%. Etwas häufiger sind Titelvariationen im deutschsprachigen Raum anzutreffen, insbesondere bei Übersetzungen aus dem Englischen mit einem Anteil von 18% sowie aus dem Italienischen mit immerhin noch 12%.

Meist handelt es sich dabei um Abwandlungen des analog übersetzten Titels:

Il Mondo della Luna → *The world on the moon* (O/I-E)
I Pagliacci → *Paillasse* (O/I-F)
L'Enfant et les sortilèges → *The child and the toys* (O/F-E)
Die Brautwahl → *L'Épouse tirée au sort* (O/D-F)

Daneben erreichen lediglich Titelreduktionen, ebenfalls vorwiegend auf der Basis von Titelanalogien, noch eine gewisse Relevanz:

I Puritani e i cavalieri → *Les Puritains* (O/I-F)
Giulio Cesare in Egitto → *Jules César* (O/I-F)
Jeanne d'Arc au bûcher → *Johanna auf dem Scheiterhaufen* (O/F-D)
The Rake's Progress → *Le Libertin* (O/E-F)

Hybridformen konnten anhand der verwendeten Quellen für Einfachtitel im Bereich der Oper nicht nachgewiesen werden. Allerdings entspricht dieses Ergebnis insofern nicht der Realität, als in der Betitelungspraxis der Opernhäuser Kombinationen aus Titelidentitäten und Titelanalogien bzw. Titelvariationen, je nach gewünschter Gewichtung auf Haupt- und Untertitel verteilt, gerade in jüngerer Zeit durchaus eine wichtige Rolle spielen (s.o., Kap. 4.3.4.1). Schließlich spiegelt eine derartige zweisprachige Kombination bereits im Titel die Multilingualität der Aufführung wider.

4.3.4.3. Einfachtitel Operette und Musical

Verlässt man den Bereich der Hochkultur und betrachtet populäre Formen des Musiktheaters wie Operette und Musical, gestaltet sich der Transfer der Werktitel deutlich heterogener.

Ein Vergleich der drei Sprach- und Kulturräume ist hier allerdings nur bedingt möglich. Denn während Operetten geografisch gesehen ihren Ursprung hauptsächlich in Frankreich sowie in Deutschland und in Österreich-Ungarn haben und zeitlich ihr Schwerpunkt im 19. Jahrhundert liegt, entstand die Mehrzahl der Musicals, die international Verbreitung gefunden haben, im 20. Jahrhundert im englischsprachigen Raum, insbesondere in den USA, am Broadway.

Ein direkter Vergleich des Transfers von Operettentiteln aus unterschiedlichen Ausgangssprachen ist daher nur im englischsprachigen Raum möglich:[210]

[210] Eine Tabelle mit den diesen Grafiken zugrunde liegenden Werten findet sich im Anhang, Kap. 6.3.

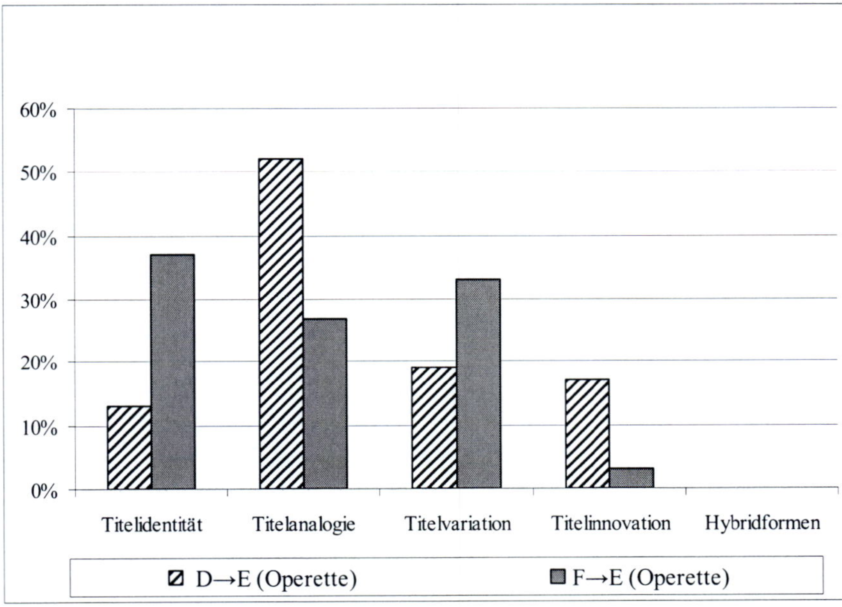

Abb. 40 Transferstrategien bei Operettentiteln im englischsprachigen Raum

Ähnlich wie im Bereich der Oper gibt es im englischsprachigen Raum auch bei Operetten eine große Akzeptanz für Originaltitel, zumindest für französische, weshalb Titelidentitäten mit einem Anteil von 37% für diese Sprachrichtung die wichtigste Transferform darstellen:

La Belle Hélène → *La Belle Hélène* (OT/F-E)
La Vie Parisienne → *La Vie Parisienne* (OT/F-E)
Giroflé-Girofla → *Giroflé-Girofla* (OT/F-E)

Bei deutschsprachigen Ausgangstiteln beschränken sich die Titelidentitäten hingegen auf Eigennamen-Titel, die hier allerdings nicht ganz so zahlreich sind wie bei Operntiteln, so dass Titelidentitäten für diese Transferrichtung lediglich einen Anteil von 13% erreichen:

Boccaccio → *Boccaccio* (OT/D-E)
Giuditta → *Giuditta* (OT/D-E)
Madame Pompadour → *Madame Pompadour* (OT/D-E)

Deutlich häufiger ergibt sich offensichtlich die Notwendigkeit, die deutschsprachigen Titel ins Englische zu übertragen, so dass Titelanalogien mit 52% die wichtigste Strategie darstellen, während sie für französische Titel mit gerade einmal 27% nur Platz drei erreichen:

Die Fledermaus → *The Bat* (OT/D-E)
Zigeunerliebe → *Gipsy love* (OT/D-E)
Gräfin Maritza → *Countess Maritza* (OT/D-E)
Barbe-Bleue → *Bluebeard* (OT/F-E)
Le petit duc → *The little duke* (OT/F-E)

Auf Platz zwei liegen bei beiden Übersetzungsrichtungen mit 19% bzw. 33% Titelvariationen, die damit deutlich häufiger sind als beim Transfer von Operntiteln. Bei den deutschsprachigen Titeln handelt es sich ausschließlich um Abwandlungen, fast immer ausgehend vom analog übersetzten Titel:

Wiener Blut → *Vienna life* (OT/D-E)
Im Weißen Rössl → *White Horse Inn* (OT/D-E)
Gräfin Dubarry → *The Dubarry* (OT/D-E)

Auch bei der Variation französischer Titel machen Abwandlungen den größten Anteil aus. Hinzu kommen die für diese Sprachrichtung typischen Artikelreduktionen, von denen auch hier jeder zehnte Titel betroffen ist, sowie einige Reduktionen auf der Basis des Originaltitels:

Le Cœur et la main → *With heart and hand* (OT/F-E)
Les noces d'Olivette → *Olivette* (OT/F-E)
Le roi carotte → *King Carotte* (OT/F-E)

Beim Transfer deutschsprachiger Titel spielen schließlich Titelinnovationen mit 17% ebenfalls eine wichtige Rolle:

Frau Luna → *Castles in the Air* (OT/D-E)
Das Dreimäderlhaus → *Lilac time* (OT/D-E)
Die keusche Susanne → *The girl in the taxi* (OT/D-E)

Zwar sind Titelinnovationen bei der Übertragung französischer Titel mit 3% kaum belegt. Fasst man jedoch die Werte, die Innovationen und Variationen in den beiden Teilkorpora erreichen, zusammen, so ergibt sich insgesamt ein Wert von je rund 36%. Offensichtlich ist der Umgang mit Titeln dieser Musiktheater-Gattung also etwas freier als im Bereich der Oper, wo für die entsprechenden Sprachrichtungen Titelinnovationen gar nicht und Variationen mit weniger als 10% belegt sind.

Hybridformen sind beim interkulturellen Transfer von Operettentiteln im englischsprachigen Raum ebenso wenig relevant wie bei der Übersetzung von Operntiteln. Und auch in Deutschland und Frankreich ist diese Strategie sowohl bei der Translation von Operettentiteln als auch bei Musicaltiteln so gut wie nicht belegt:

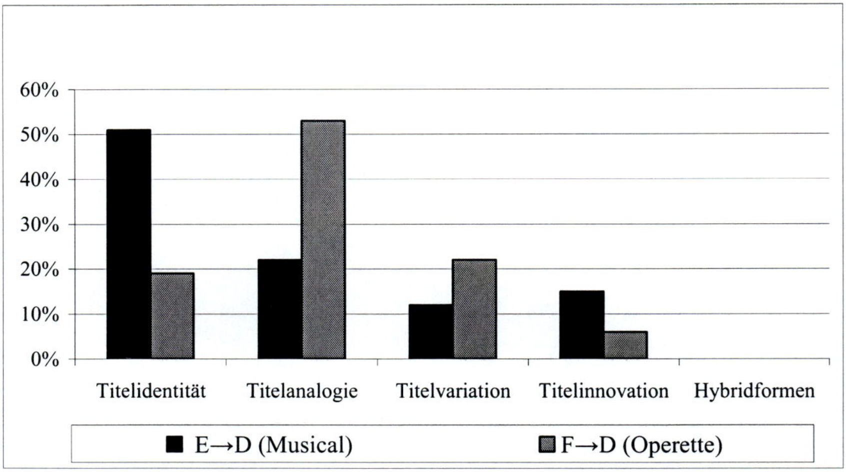

Abb. 41 Transferstrategien bei Operetten- und Musicaltiteln in Deutschland

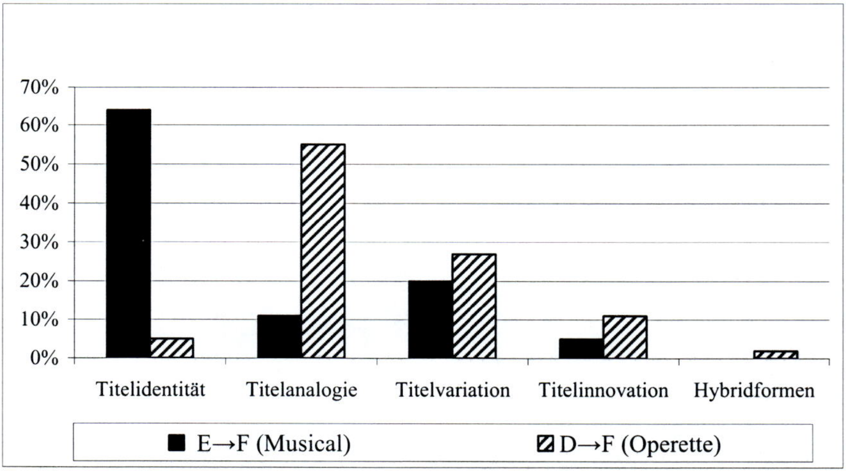

Abb. 42 Transferstrategien bei Operetten- und Musicaltiteln in Frankreich

Angesichts der Tatsache, dass es eine Operettentradition im englischsprachigen Raum kaum gibt, wurden für den deutschen wie den französischen Sprachraum neben einigen wenigen Operetten in erster Linie Musicals zu Vergleichszwecken herangezogen, wodurch zwischen den jeweiligen Teilkorpora allerdings eine relativ große zeitliche Diskrepanz entsteht.

Dies ist eine der Ursachen dafür, dass die Frequenz der Transferstrategien innerhalb der untersuchten Zielkulturen hier so unterschiedlich ausfällt. Denn während in beiden Sprachräumen Titelanalogien bei der Translation der deutschen bzw. französischen Operettentitel mit 55% bzw. 53% klar auf dem ersten Rang liegen, steht der Transfer der englischsprachigen Musicaltitel mit 51% in Deutschland und sogar 64% in Frankreich ganz im Zeichen von Titelidentitäten:

Oklahoma! → *Oklahoma!* (M/E-D)
Annie get your gun → *Annie get your gun* (M/E-D)
Jesus Christ Superstar → *Jesus Christ Superstar* (M/E-D)
Grease → *Grease* (M/E-F)
No, no, Nanette → *No, no, Nanette* (M/E-F)
Chicago → *Chicago* (M/E-F)

Das Land des Lächelns → *Le Pays du sourire* (OT/D-F)
Eine einzige Nacht → *Une seule nuit* (OT/D-F)
Drei Walzer → *Trois valses* (OT/D-F)
La Grande Duchesse de Gérolstein → *Die Großherzogin von Gerolstein* (OT/F-D)
La Créole → *Die Kreolin* (OT/F-D)
Les mousquetaires au couvent → *Die Musketiere im Kloster* (OT/F-D)

Analog übersetzt werden Titel in diesem Genre kaum, in Deutschland mit 22% jedoch immerhin noch etwas häufiger als in Frankreich mit nur 11%:

Hello, Dolly! → *Hallo, Dolly!* (M/E-D)
The Phantom of the Opera → *Das Phantom der Oper* (M/E-D)
Kiss of the Spider woman → *Kuss der Spinnenfrau* (M/E-D)
The King and I → *Le Roi et Moi* (M/E-F)
Porgy and Bess → *Porgy et Bess* (M/E-F)

Auch die Frequenz der Titelidentitäten bei Operettentiteln fällt im deutschsprachigen Raum mit 19% immerhin noch etwas häufiger aus als in Frankreich, wo

Titelidentitäten mit nur 5% eigentlich kaum von Bedeutung sind. Dadurch fällt der Gegensatz zwischen Identitäten und Analogien bei beiden Gattungen im deutschsprachigen Raum nicht ganz so deutlich aus wie in Frankreich. Allerdings ist die unterschiedliche Frequenz von Titelidentitäten bei Operetten in den beiden Zielkulturen ausschließlich auf die unterschiedliche Frequenz von Eigennamen-Titeln zurückzuführen. Denn nur Eigennamen, im äußersten Fall in Kombination mit einer Anrede, werden hier als Titelidentitäten beibehalten:

Frasquita → *Frasquita* (OT/D-F)
Paganini → *Paganini* (OT/D-F)
Phi-Phi → *Phi-Phi* (OT/F-D)
Madame Favart → *Madame Favart* (OT/F-D)

Ähnlich wie im englischsprachigen Raum liegen Titelvariationen bei der Übersetzung von Operettentiteln mit 22% in Deutschland bzw. 27% in Frankreich auf Platz zwei der Transferstrategien in diesem Segment. Bei Musicals erreichen sie diesen Rang nur in Frankreich mit rund 20%, wobei Abwandlungen des Originaltitels ebenso wie des analog übersetzten Titels wiederum die wichtigste Rolle spielen:

Der tapfere Soldat → *Le Soldat de chocolat* (OT/D-F)
Fanfan la tulipe → *Fanfan, der Husar* (OT/F-D)
Fiddler on the roof → *Un violon sur le toit* (M/E-F)

In Deutschland sind indes Titelinnovationen mit immerhin 15% beim Transfer von Musical-Titeln von etwas größerer Relevanz als Titelvariationen mit nur 12%:

Fiddler on the roof → *Anatevka* (M/E-D)
On the town → *New York, New York* (M/E-D)
A funny thing happened on the way to the forum → *Auf, auf zum Forum* (M/E-D)

Zwar erreichen Titelinnovationen bei der Translation französischer Operettentitel lediglich einen Anteil von 6% und bewegen sich auch in Frankreich als Zielkultur zwischen 11% bei Operettentiteln und nur 5% bei Musicaltiteln, sind aber letztlich dennoch etwas häufiger als im Bereich der Oper und erreichen damit sogar teilweise ein ähnliches Niveau wie im Bereich des Sprechtheaters.

4.3.4.4. Translationsdeterminierende Faktoren: Schauspiel versus Oper

Vergleicht man den interkulturellen Transfer von Titeln im Schauspiel mit jenen im Bereich Oper, so zeichnet sich ein relativ klares Bild ab:

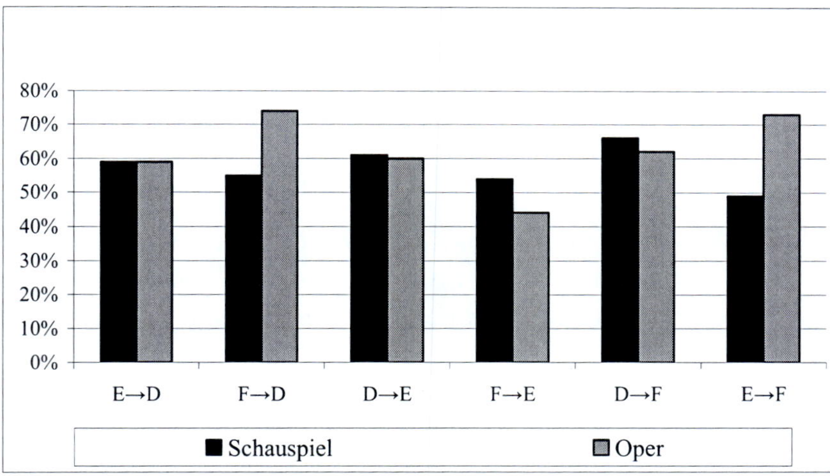

Abb. 43 Titelanalogien bei Dramen- und Operntiteln

In beiden Bereichen bewegen sich Titelanalogien insgesamt auf einem recht hohen Niveau. Mit Werten zwischen 44% bei der Übersetzung französischer Operntitel ins Englische bis hin zu 74% beim Transfer französischer Operntitel ins Deutsche lassen sich zwar, insbesondere im Bereich des Musiktheaters, einige deutliche Schwankungen feststellen. Bei den meisten Übersetzungsrichtungen aber machen Titelanalogien sowohl bei Dramen- als auch bei Operntiteln mehr als die Hälfte der Translate aus.

Grundsätzliche Differenzen zwischen Musik- und Sprechtheater zeichnen sich hingegen bei Titelidentitäten ab:

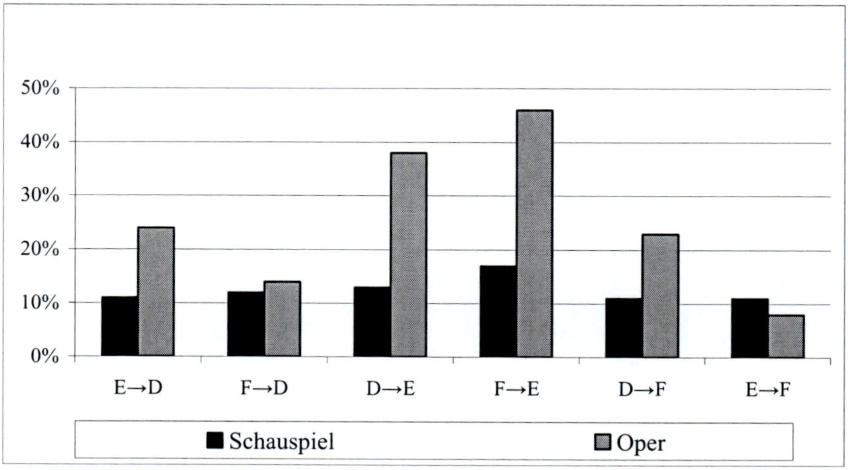

Abb. 44 Titelidentitäten bei Dramen- und Operntiteln

Während Titelidentitäten im Schauspiel lediglich einen Anteil von 11% bis maximal 17% erreichen, liegt dieser bei Operntiteln deutlich höher, insbesondere im englischsprachigen Raum, wo er sich angesichts einer sehr starken Tendenz zum Originaltitel um die 40%-Marke bewegt. Lediglich für die Sprachrichtung F-D fällt der Anteil an Titelidentitäten bei Operntiteln nur wenig höher aus als bei Dramentiteln, bei der Übersetzung englischsprachiger Operntitel ins Französische ist er sogar etwas kleiner. Offensichtlich scheint hier das Bedürfnis nach zielsprachlicher Assimilation stärker zu sein, denn gerade in diesen beiden Sprachrichtungen sind Titelanalogien bei Operntiteln mit über 70% besonders stark vertreten.

Damit bewegt sich der interkulturelle Transfer von Operntiteln tatsächlich in erster Linie zwischen Titelanalogien und Titelidentitäten. Dies bestätigt auch ein Blick auf die Übersetzung italienischer Operntitel, die angesichts mangelnder sprachlicher Entsprechungen im Bereich der Schauspielkorpora nicht direkt in den Vergleich einbezogen werden können, im Alltag der Opernhäuser und damit auch der Opernrezipienten mit 60-80%, wie Hiller (2001: 39) schätzt, jedoch die wichtigste Ausgangssprache darstellen:

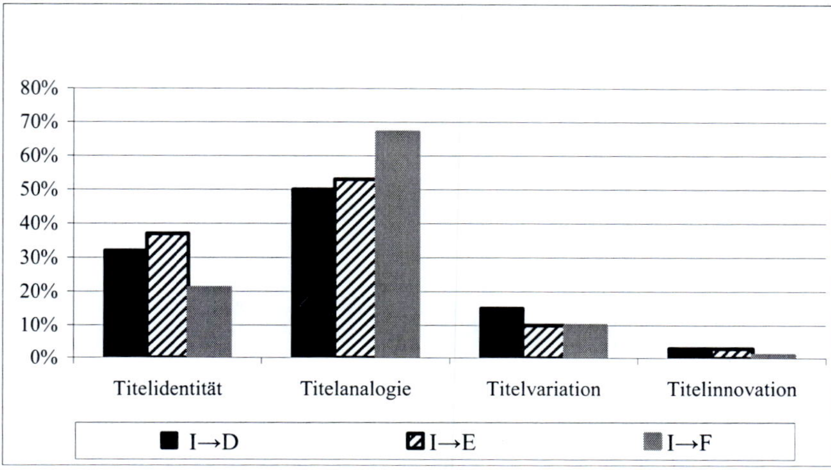

Abb. 45 Translation italienischer Operntitel in Deutschland, Frankreich und im englischsprachigen Raum

Titelvariationen sind bei der italienischen Oper in allen drei untersuchten Kulturräumen mit maximal 15% relativ selten, Titelinnovationen fast gar nicht belegt. Das ist beim interkulturellen Transfer von Dramentiteln anders:

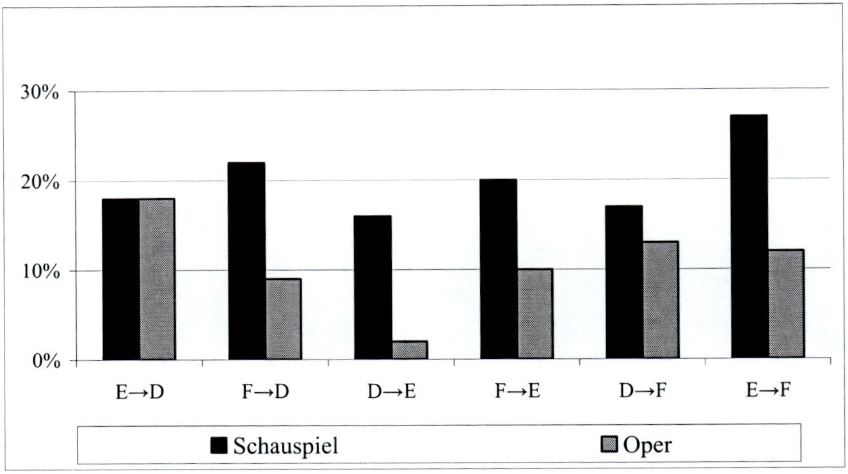

Abb. 46 Titelvariationen bei Dramen- und Operntiteln

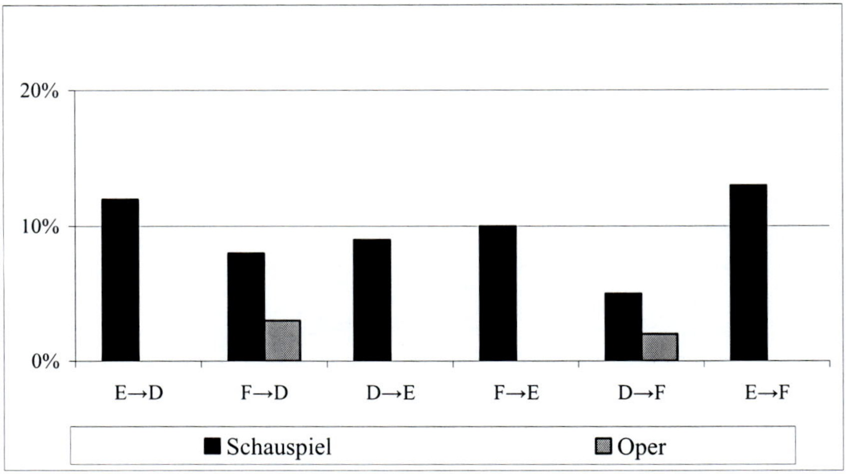

Abb. 47 Titelinnovationen bei Dramen- und Operntiteln

Dass Titelvariationen sowie vor allem Titelinnovationen, die für einige Sprachrichtungen gar nicht belegt sind, bei der Translation von Operntiteln so selten sind, hat gute Gründe. Zum einen sind diese freieren Transferformen oft gar nicht notwendig. So wurde bereits drauf hingewiesen, dass außergewöhnlich viele Operntitel aus reinen Eigennamen bestehen, die oft problemlos als Titelidentitäten beibehalten werden können. In anderen Fällen werden diese im Rahmen von Titelanalogien entsprechend der jeweiligen Zielkultur phonetisch assimiliert. Kaum größer ist der Transferaufwand bei Titeln, die aus zwei Nomina propria, verbunden durch die Konjunktion *und*, bestehen, beispielsweise *Tristan und Isolde*, *Pelléas et Mélisande* oder auch *Orfeo ed Euridice* – ein Titelmuster, das in den Opernkorpora außergewöhnlich häufig verzeichnet wurde.

Insgesamt zeichnen sich viele Operntitel im Vergleich zu Dramentiteln durch eine besonders geringe Varianz bei Länge und Syntax aus (vgl. Kap. 3.1). So weisen 95% der deutschen und sogar 98% bzw. 99% der französischen und italienischen Operntitel eine nominale Struktur auf. Gleichzeitig sind Titel, die mehr als fünf Wörter umfassen, mit 3% bei italienischen und 2% bei französischen Titeln nur in Einzelfällen belegt, etwa 70% der Titel bewegen sich hingegen in allen vier Sprachen zwischen zwei und vier Wörtern. Dadurch werden neben Titelidentitäten vor allem Titelanalogien begünstigt, und zwar insofern, als besonders viele Operntitel sogar im Sinne einer homologen Translation tatsächlich Wort für Wort in die Zielsprache übertragen werden können. Strukturelle Veränderungen, wie sie häufig im Rahmen von Titelvariationen vorgenommen werden, sind hingegen nur selten erforderlich.

Über diese strukturellen Voraussetzungen hinaus aber gibt es vor allem einen Aspekt, der für die Translation von Operntiteln entscheidend ist. So ist die Welt der Musik und damit auch die des Musiktheaters traditionell von einer starken Internationalität geprägt, die es in diesem Maße im Schauspiel, angesichts der größeren Bedeutung, die die Sprache in diesem Bereich innehat und die den interkulturellen Austausch jenseits der Sprachgrenzen immer erschwert, nicht gibt.

Diese Internationalität hat für den Umgang mit Titeln allerdings zwei Seiten: Zum einen hat sich, vor allem im englischsprachigen Raum, aber auch in Deutschland, etwas weniger in Frankreich, durch die starken interkulturellen

Verflechtungen eine große Offenheit für Fremdsprachen und damit auch für fremdsprachige Titel entwickelt. Das bedeutet nicht nur besonders günstige Voraussetzungen für Titelidentitäten, sondern führt auch dazu, dass sich in vielen Fällen grundsätzlich parallel zu den Translaten auch die Originaltitel eingebürgert haben.

Zum anderen aber würden, gerade angesichts dieser Parallelität, Titelvariationen, vor allem aber Titelinnovationen wohl für Verwirrung sorgen, weil Originaltitel und Translat nicht so eindeutig in Übereinstimmung gebracht werden können. Dies kann in einzelnen Fällen durchaus gewünscht sein: So wurde die Aufführung von Donizettis Oper *Poliuto* von der Zensur in Neapel verboten, woraufhin Donizetti im Oktober 1838 von Neapel nach Paris übersiedelte, wo er Eugène Scribe mit einer französischsprachigen Fassung des Librettos beauftragte, so dass im März 1840 schließlich seine Oper in französischer Sprache unter dem Titel *Les Martyrs* aufgeführt wurde (vgl. Brunel/Bailbé 1980: 228).

In der Regel aber sind derartige Vorgänge eher kontraproduktiv, weil mögliche Synergieeffekte dadurch ungenutzt bleiben. Dies gilt im Bereich des Musiktheaters übrigens nicht nur für die Oper, sondern heutzutage vielleicht in besonderem Maße auch für Musicals, wo, nach Angaben von Bettina Migge-Volkmer, Geschäftsführerin des Gallissas Theaterverlags, englischsprachige Titelidentitäten eine beliebte und vielfach verwendete Strategie darstellen:

> „Wir haben diese Lösung sehr oft und sie wird sehr gut angenommen. Viele der von uns vertretenen Werke liefen am Broadway und sind dadurch bekannt. Deshalb bietet es sich an, die Originaltitel beizubehalten. Beispiel: *Bat Boy*, *Spamalot* oder auch *The Color purple*. Das sind sehr geläufige Titel, die gar nicht anders funktionieren würden.“

Um nicht die Wiedererkennbarkeit zu gefährden und so mögliche Synergien zu verlieren, werden etwaige Übersetzungsschwierigkeiten bei Musicals daher anders als im Schauspiel weniger durch Titelinnovationen als vielmehr durch einen Translationsverzicht in Form einer Titelidentität gelöst, wie auch Bartosch (1997) im Vorwort seines Musicalführers bestätigt:

> „Gern würde der Autor dem deutschen Benutzer zum besseren Verständnis eine Übersetzung der Werktitel bieten, sofern Musicals nicht schon einen deutschen Titel haben, doch stößt diese Absicht auf Schwierigkeiten. Übersetzungsprobleme hatten schon die Verleihfirmen der Filme, so dass zum Beispiel Werke wie

> *My Fair Lady* und *A Chorus Line* mit ihren Originaltiteln herausgebracht wurden.“ (Bartosch 1997: 27)[211]

Betrachtet man Operntitel wie *Così fan tutte* oder *Cavalleria rusticana*, die ebenfalls in den untersuchten Sprachräumen als Titelidentitäten beibehalten werden, scheint sich diese These auch im Bereich der Operntitel zu bestätigen. Dabei kann ein Translationsverzicht immer auch zu einer Einschränkung der Darstellungsfunktion führen, sollten die Fremdsprachenkenntnisse des zielsprachlichen Rezipienten nicht ausreichen, um die Titelbotschaft korrekt und vollständig zu entschlüsseln. Allerdings sind die Konsequenzen einer solchen Funktionsvarianz bei Operntiteln weniger bedeutend als bei Dramentiteln: Da das Repertoire der Opernhäuser im Vergleich zu dem der Schauspielhäuser deutlich kleiner und damit leichter überschaubar ist, ist die Bedeutung des Titels meist auch ohne die entsprechenden Fremdsprachenkenntnisse bekannt. Mehr noch: Oft kennt der Rezipient bereits das gesamte Werk, bevor er sich für den Besuch einer Aufführung entscheidet. Derartige Effekte gibt es im Schauspiel durchaus auch bei jenen Klassikern, die jede Saison aufs Neue auf den Spielplänen der Theater stehen und auch immer wieder gut besucht sind. Insgesamt aber ist das Repertoire doch deutlich breiter, neue Werke nehmen mehr Raum ein und auch Uraufführungen spielen im Sprechtheater eine größere Rolle als im Musiktheater. Gerade neue Stücke müssen daher auch durch ihren Titel aus der Masse herausstechen: „Der Titel sollte aussagekräftig sein, neugierig machen, einen Anreiz bieten, näheres darüber erfahren zu wollen“, bestätigt Alexandra Schlenker, Verlagsleiterin und Lektorin beim Mahnke Verlag. Und wenn das durch eine Titelanalogie nicht gewährleistet werden kann, muss bei der Übersetzung von Dramentiteln im Zweifelsfall auf Titelinnovationen zurückgegriffen werden, wie Alexandra Schlenker weiter ausführt:

> „Ich beobachte oft, dass die Übersetzer einen Titel favorisieren, der eine möglichst große Nähe zum Originaltitel hat, auch wenn dieser unter werbewirksamen Aspekten eher schlecht funktionieren würde. Was wiederum für das Lektorat ein Ausschlusskriterium wäre.“

---

211 Hier wird deutlich, dass es sich gerade bei Musicals oft um einen Schnittbereich zwischen Theater und Film handelt, vgl. Kap. 4.3.5.

Schließlich muss der Titel im Sprechtheater seiner Appellfunktion gerecht werden, während diese bei der Oper deutlich weniger Relevanz hat. Nicht nur, dass die Werke meist ohnehin schon bekannt sind und die Appellwirkung von Titeln post textum immer in den Hintergrund tritt (vgl. Weinrich 2001: 112 f). Die Entscheidung, sich eine Operninszenierung anzusehen, wird zudem oft jenseits des Titels getroffen. Wurde bereits beim Sprechtheater auf die Bedeutung des künstlerischen Teams aus Regisseur und Darstellern etc. verwiesen, so sind die Einflussfaktoren beim Musiktheater noch zahlreicher und vielfältiger. Angefangen vom Komponisten – dem vielleicht sogar wichtigsten Faktor – über den Dirigenten und die Sänger bis hin zum Regisseur, die Namen all dieser am Produktionsprozess beteiligten Personen können eine Appellwirkung entfalten, die jene des Operntitels bei weitem übertrifft. Damit bestätigt sich auch hier die These, die sich bereits bei dem Vergleich zwischen Roman-, Dramen- und Lyriktiteln abgezeichnet hat: Je stärker die Appellfunktion des Titels, desto stärker der Hang zur Titelinnovation.

4.3.5. Filmtitel

4.3.5.1. Einfachtitel Film

Anders als in vielen anderen Bereichen wie der Lyrik, dem Roman oder dem Drama gestaltet sich der interkulturelle Transfer von Filmtiteln in den drei untersuchten Sprachräumen zumindest auf den ersten Blick äußerst heterogen:[212]

[212] Eine Tabelle mit den diesen Grafiken zugrunde liegenden Werten findet sich im Anhang, Kap. 6.3.

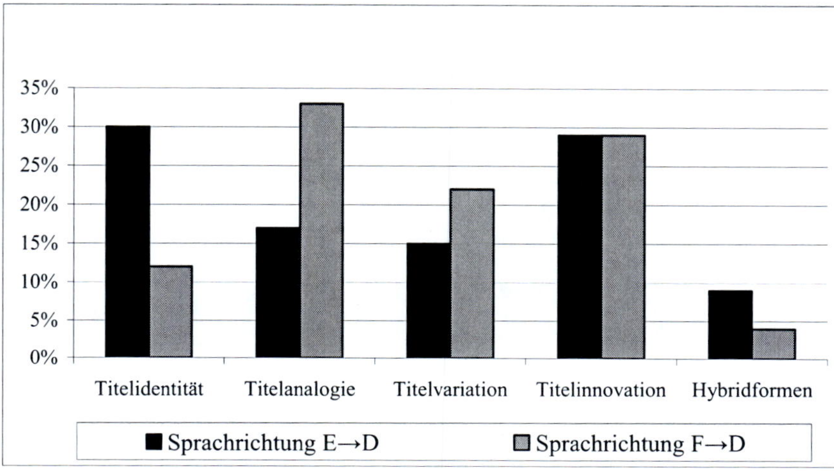

Abb. 48 Transferstrategien bei eingliedrigen Filmtiteln in Deutschland

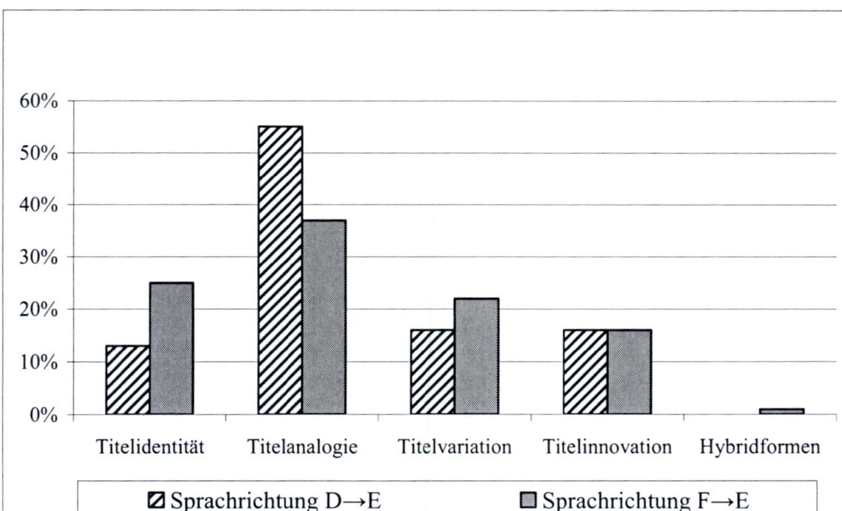

Abb. 49 Transferstrategien bei eingliedrigen Filmtiteln im englischsprachigen Raum

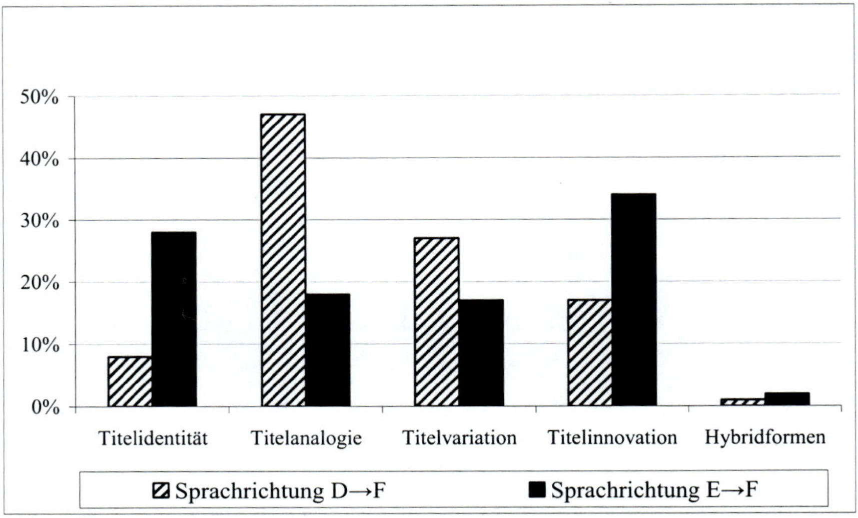

Abb. 50 Transferstrategien bei eingliedrigen Filmtiteln in Frankreich

Während sich die Translation englischsprachiger Filmtitel in Deutschland wie auch in Frankreich hauptsächlich zwischen Titelidentitäten und Titelinnovationen bewegt, liegen bei der Übersetzung französischer und deutschsprachiger Filmtitel in allen drei Kulturräumen hier, wie in so vielen anderen medialen Bereichen auch, Titelanalogien auf Platz eins, allerdings mit recht unterschiedlichen Werten. Ein starker Einfluss der jeweiligen Ausgangssprache ist also unübersehbar.

So erreichen Titelanalogien die größte Relevanz beim Transfer deutschsprachiger Filmtitel, wo sie sich mit 55% im englischsprachigen Raum und 47% in Frankreich um die 50%-Marke bewegen:

> *Die bitteren Tränen der Petra von Kant* → *The Bitter tears of Petra von Kant* (F/D-E)
>
> *Männer* → *Men* (F/D-E)
>
> *Die Mörder sind unter uns* → *Les Assassins sont parmi nous* (F/D-F)
>
> *Der blaue Engel* → *L'Ange bleu* (F/D-F)

Nicht nur bei der Frequenz der Titelanalogien, auch sonst gestaltet sich die Rangfolge der Transferstrategien bei deutschsprachigen Filmtiteln ähnlich wie bei Romanen der Höhenkammliteratur. Auf Platz zwei folgen Titelvariationen mit 16% im englischsprachigen Raum und 27% in Frankreich, wobei im letzteren Fall allein 8% auf Artikelerweiterungen zurückzuführen sind. Ansonsten liegt der Schwerpunkt der Variationen auf Abwandlungen des analog übersetzten Titels mit 8% im englischsprachigen Raum und sogar 12% in Frankreich:

Es geschah am hellichten Tag → *Assault in broad daylight* (F/D-E)
Die flambierte Frau → *Woman in flames* (F/D-E)
Die Sehnsucht der Veronika Voss → *Le Secret de Veronika Voss* (F/D-F)
Der Tiger von Eschnapur → *Le Tigre du Bengale* (F/D-F)
Jud Süß → *Le Juif Süss* (F/D-F)
Schatten der Engel → *L'Ombre des anges* (F/D-F)

Auf Platz drei folgen Titelinnovationen mit 16% im englischen bzw. 17% im französischen Sprachraum:

Die bleierne Zeit → *The German sisters* (F/D-E)
Der bewegte Mann → *Maybe, maybe not* (F/D-E)
Der Himmel über Berlin → *Les ailes du désir* (F/D-F)
Angst Essen Seele auf → *Tous les autres s'appellent Ali* (F/D-F)

Titelidentitäten liegen mit 13% für die Übersetzungsrichtung D-E und sogar nur 8% für die Sprachrichtung D-F auf dem vierten Rang, wobei es sich in beiden Zielkulturen bei der Mehrheit der Titel – im englischsprachigen Raum bei rund zwei Dritteln, in Frankreich sogar bei drei Vierteln – um reine Eigennamen-Titel handelt:

Solo Sunny → *Solo Sunny* (F/D-E)
Stammheim → *Stammheim* (F/D-E)
Fitzcarraldo → *Fitzcarraldo* (F/D-F)
Metropolis → *Metropolis* (F/D-F)

Beim interkulturellen Transfer französischer Filmtitel stellen Titelanalogien ebenfalls die häufigste Translationsform dar, bleiben allerdings mit 37% im englischsprachigen und nur 33% im deutschsprachigen Raum deutlich unter der 40%-Marke:

Le mari de la coiffeuse → *Der Mann der Friseuse* (F/F-D)
Cet obscur objet du désir → *Dieses obskure Objekt der Begierde* (F/F-D)
Fin août, début septembre → *Ende August, Anfang September* (F/F-D)
L'amant → *The Lover* (F/F-E)
Belle de jour → *Beauty of the day* (F/F-E)
Les aventures de Rabbi Jacob → *The adventures of Rabbi Jacob* (F/F-E)

Auch Titelvariationen erreichen mit je rund 22% in beiden Zielkulturen eine ähnliche Frequenz. Am häufigsten sind wiederum Abwandlungen des zielsprachlichen Titels mit 11% im deutsch- und 10% im englischsprachigen Raum:

Le chat et la souris → *Eine Katze jagt die Maus* (F/F-D)
Cléo de cinq à sept → *Mittwoch zwischen 5 und 7* (F/F-D)
Les amants du Pont Neuf → *The lovers on the bridge* (F/F-E)
Nous sommes tous des assassins → *Are we all murderers?* (F/F-E)

Hinzu kommen auch hier die für den Transfer französischer Titel typischen Artikelreduktionen, die im französisch-englischen Teilkorpus mit 6%, im französisch-deutschen Teilkorpus immerhin mit 4% belegt sind:

L'année des méduses → *Year of the jellyfish* (F/F-E)
La belle et la bête → *Beauty and the beast* (F/F-E)
Le salaire de la peur → *Lohn der Angst* (F/F-D)

Doch nicht bei allen Translationsformen bewegen sich die Ergebnisse der Korpusanalyse in diesen beiden Zielkulturen parallel. So zeichnen sich große Differenzen bei der Frequenz von Titelidentitäten und Titelinnovationen ab. Während Titelinnovationen bei der Übersetzung ins Deutsche mit 29% fast bei jedem dritten Titel vorgenommen werden, ist im Englischen bei einem Anteil von rund 16% nur etwa jeder sechste Titel betroffen:

Les quatre cents coups → *Sie küssten und sie schlugen ihn* (F/F-D)
Le grand bleu → *Im Rausch der Tiefe* (F/F-D)
La vie rêvée des anges → *Liebe das Leben* (F/F-D)

37°2 le matin → *Betty Blue* (F/F-E)
Les valseuses → *Making it* (F/F-E)

Im Gegensatz dazu steht die Frequenz von Titelidentitäten. Diese erreicht in Deutschland nur einen Anteil von 12%, stellt im englischen Sprachraum dagegen mit 25% die zweitwichtigste Translationsform für diese Sprachrichtung dar. Und während dabei das Verhältnis von Nomina propria zu anderen Formen der Titelidentität in Deutschland bei etwa 60 zu 40 liegt, ist es im englischen Sprachraum umgekehrt bei etwa 40 zu 60:

Danton → *Danton* (F/F-D)
Hiroshima mon amour → *Hiroshima mon amour* (F/F-D)
Topaze → *Topaze* (F/F-E)
Diva → *Diva* (F/F-E)
La belle noiseuse → *La belle noiseuse* (F/F-E)
Au revoir les enfants → *Au revoir les enfants* (F/F-E)

Wie sich bereits bei anderen Titelsegmenten gezeigt hat, gibt es im englischsprachigen Raum durchaus eine bemerkenswerte Offenheit gegenüber dem Französischen, jedenfalls im Hinblick auf französischsprachige Titelformulierungen, die übrigens auch hier deutlich größer ist als gegenüber dem Deutschen, wo Titelidentitäten lediglich 13% ausmachen. Darüber hinaus zeigt sich eine gewisse Frankophilie des englischsprachigen Raums auch bei der Bildung von Titelinnovationen. Wenn auch ihre statistische Relevanz gering ist, so sind im Korpus doch einige Beispiele für französische oder zumindest französisch anmutende Titelneuformulierungen belegt:

Un éléphant ça trompe énormément → *Pardon mon affair* (F/F-E)
Fausto → *À la mode* (F/F-E)
La Baule-les-Pins → *C'est la vie* (F/F-E)
Les ripoux → *Le Cop* (F/F-E)
Ripoux contre ripoux → *Le Cop 2* (F/F-E)

Allerdings muss die Gewichtung der französischen Titelidentitäten im englischsprachigen Raum insofern etwas relativiert werden, als bei zahlreichen Titelidentitäten je nach Quelle bzw. je nach Zielland (Handelt es sich um ein britisches oder ein US-amerikanisches Titeltranslat?) und vermutlich auch je nach Verwendungskontext (Geht es um ein internationales Festival, um einen Kinostart, die Video/DVD-Verwertung oder eine TV-Ausstrahlung?) parallel dazu weitere englischsprachige Versionen des Titels existieren, sei es in Form von Titelanalogien oder in Form von Titelvariationen, häufig aber auch in Form englischsprachiger Titelinnovationen:[213]

La haine → *La haine* oder auch: *The Hate* (F/F-E)

La nuit de Varennes → *La nuit de Varennes* oder auch: *The night of Varennes* (F/F-E)

Les dames du Bois de Boulogne → *Les dames du Bois de Boulogne* oder auch: *Ladies of the Park* (F/F-E)

Tout une vie → *Tout une vie* oder auch: *And now my love* (F/F-E)

Ganz anders indes der Umgang mit englischsprachigen Filmtiteln in Deutschland und Frankreich.[214] Der interkulturelle Transfer wird hier sowohl von Titelidentitäten als auch von Titelinnovationen dominiert. Während Identitäten mit 30% in Deutschland die wichtigste Translationsstrategie darstellen, rangieren sie in Frankreich allerdings mit 28% nur auf Rang zwei. Beeindruckend ist dabei vor allem, dass reine Eigennamen-Titel weniger als 30% der Titelidentitäten ausmachen. Bei etwa jedem fünften Titeltranslat handelt es sich damit in beiden Zielkulturen tatsächlich um eine englischsprachige Titelformulierung:

Trainspotting → *Trainspotting* (F/E-D)

Pulp fiction → *Pulp fiction* (F/E-D)

O'brother, where are thou? → *O'brother, where are thou?* (F/E-D)

Heat → *Heat* (F/E-F)

Full metal jacket → *Full metal jacket* (F/E-F)

Lost highway → *Lost highway* (F/E-F)

Dennoch sind in Frankreich nicht Titelidentitäten, sondern Titelinnovationen mit 34% die wichtigste Translationsstrategie:

---

213 Quelle: http://www.imdb.com (Stand: März 2009).

214 Vgl. hierzu ausführlich die Ergebnisse bei Bouchehri (2008).

Dead man walking → *La dernière marche* (F/E-F)

Scent of a woman → *Le temps d'un week-end* (F/E-F)

Wild at heart → *Sailor et Lula* (F/E-F)

Kind hearts and coronets → *Noblesse oblige* (F/E-F)

In Deutschland liegen diese mit 29% dagegen hinter Titelidentitäten auf Rang zwei:

Don't look now → *Wenn die Gondeln Trauer tragen* (F/E-D)

Singin' in the rain → *Du sollst mein Glücksstern sein* (F/E-D)

The rope → *Cocktail für eine Leiche* (F/E-D)

Cinderfella → *Jerry, der Familientrottel* (F/E-D)

Die Offenheit der Zielkulturen gegenüber englischsprachigen Titelformulierungen wird wiederum, ähnlich wie beim Transfer französischer Filmtitel ins Englische durch ausgangssprachliche Titelinnovationen deutlich, wie sie vor allem in Deutschland, aber durchaus auch in Frankreich auftreten:

Staying together → *Boys* (F/E-D)

Steal big, steal little → *Different minds* (F/E-D)

The end → *Nobody is perfect* (F/E-D)

The saint of Fort Washington → *Streets of New York* (F/E-D)

Until september → *French lover* (F/E-F)

Children of the corn → *Horror kid* (F/E-F)

Während also Titelidentitäten und Titelinnovationen in beiden Ländern insgesamt rund 60% der Translate ausmachen, liegen Titelanalogien mit nur 17% in Deutschland und 18% in Frankreich auf dem dritten Platz:

In the heat of the night → *In der Hitze der Nacht* (F/E-D)

One flew over the cuckoo's nest → *Einer flog über das Kuckucksnest* (F/E-D)

The piano → *Das Piano* (F/E-D)

The cook, the thief, his wife and her lover → *Le cuisinier, le voleur, sa femme et son amant* (F/E-F)

Some like it hot → *Certains l'aiment chaud* (F/E-F)

The maltese falcon → *Le faucon maltais* (F/E-F)

Auf dem vierten Platz schließlich rangieren in beiden Ländern Titelvariationen mit 15% in Deutschland und 17% in Frankreich. Zwar sind auch hier Abwandlungen auf der Basis von Titelanalogien die wichtigste Variationsform, allerdings sind sie in beiden Ländern mit lediglich 6% belegt:

The remains of the day → *Was vom Tage übrigblieb* (F/E-D)
Funeral in Berlin → *Finale in Berlin* (F/E-D)
A man for all seasons → *Un homme pour l'éternité* (F/E-F)
Letters from a killer → *Lettres à un tueur* (F/E-F)

Die Tendenz zum englischsprachigen Originaltitel zeigt sich indes auch bei Variationen, die insbesondere in Deutschland, aber auch in Frankreich zumindest etwas häufiger als bei den vier anderen Sprachrichtungen vom Originaltitel ausgehen, sei es in Form von Abwandlungen oder auch in Form von Reduktionen:

Copycat → *Copykill* (F/E-D)
Night game → *Final game* (F/E-D)
Hero and the terror → *Hero* (F/E-D)
Time bandits → *Bandits, bandits* (F/E-F)
Midnight cowboy → *Macadam cowboy* (F/E-F)
The toxic avenger → *Toxic* (F/E-F)

Zudem besteht eine interessante, wenn auch zahlenmäßig mit nur 1% in beiden Zielkulturen ziemlich unbedeutende Transferstrategie darin, den Originaltitel beizubehalten, allerdings ohne Artikel – ein kleines Entgegenkommen gegenüber den nicht englischsprachigen Zieltextrezipienten:

The ladykillers → *Ladykillers* (F/E-D)
The matrix → *Matrix* (F/E-D)
The african queen → *African Queen* (F/E-F)
The sunchaser → *Sunchaser* (F/E-F)

Der Anteil an Artikelerweiterungen bei Übersetzungen vom Englischen ins Französische ist hingegen mit nur 4% etwas kleiner als sonst oft in dieser

Sprachrichtung, was vor allem auf die insgesamt nicht sehr große Relevanz von Titelanalogien zurückzuführen ist:

Father of the bride → *Le père de la mariée* (F/E-F)
Planet of the apes → *La planète des singes* (F/E-F)
Shadow of a doubt → *L'ombre d'un doute* (F/E-F)

Jenseits des Artikels aber spielen bei den Sprachrichtungen E-D und E-F Erweiterungen eine größere Rolle als Reduktionen:

Wilde → *Oscar Wilde* (F/E-D)
Beethoven → *Ein Hund namens Beethoven* (F/E-D)
Midway → *La bataille de Midway* (F/E-F)
The chase → *La poursuite impitoyable* (F/E-F)

Anders bei den übrigen Sprachrichtungen: Während sich bei der Übersetzung deutscher Titel ins Französische ebenso wie umgekehrt Erweiterungen und Reduktionen ungefähr die Waage halten, sind im englischsprachigen Raum Reduktionen deutlich häufiger als Erweiterungen:

Palermo oder Wolfsburg → *Palermo* (F/D-F)
Das Mädchen Rosemarie → *La Fille Rose-Marie Nitribitt* (F/D-F)
Conte d'été → *Sommer* (F/F-D)
Monsieur Hire → *Die Verlobung des Monsieur Hire* (F/F-D)
Moritz, lieber Moritz → *Moritz* (F/D-E)
Zazie dans le métro → *Zazie* (F/F-E)

Dies hängt in erster Linie damit zusammen, dass im Rahmen von Erweiterungen und Reduktionen unterschiedliche Konventionen bei der Titellänge in diesem Segment ausgeglichen werden. So hat die Strukturanalyse (vgl. Kap. 3.1.2.2) ergeben, dass englische Filmtitel mit einer durchschnittlichen Länge von 2,6 Wörtern kürzer ausfallen als deutsche und französische Filmtitel, die ihrerseits eine durchschnittliche Länge von 3,0 bzw. 3,2 Wörtern aufweisen.

Doch nicht nur beim Verhältnis von Reduktionen und Erweiterungen ist der Einfluss der Zielkultur spürbar. Auch bei der Frequenz der Hybridformen gibt es zwischen den Zielländern deutliche kulturspezifische Differenzen. Der Korpusanalyse zufolge scheint es sich bei Hybridformen, zumindest im Bereich der Filmtitel, um eine typisch deutsche Strategie zu handeln. Kombinationen aus unterschiedlichen Transferstrategien sind hier mit 4% bei der Translation französischer Filmtitel und sogar 9% bei englischsprachigen Titeln belegt. In Frankreich erreichen sie bei der Translation englischsprachiger Titel gerade einmal 2%, bei deutschen Titeln sogar nur 1%. Für den englischsprachigen Raum sind Hybridformen so gut wie gar nicht belegt.

Auch bei den Hybridformen bestätigt sich die Dominanz von Titelidentitäten und Titelinnovationen beim interkulturellen Transfer englischsprachiger Titel. Sie stellen in Deutschland ebenso wie in Frankreich die mit Abstand häufigste Kombination dar, wenn auch in Frankreich Hybridformen insgesamt deutlich seltener sind. Dabei bildet in der Regel der Originaltitel den Haupt- und der Neutitel den Untertitel:

> *2010* → *2010 – Das Jahr, in dem wir Kontakt aufnehmen* (F/E-D)
> *Dangerous minds* → *Dangerous minds – Wilde Gedanken* (F/E-D)
> *The killing fields* → *The killing fields – Schreiendes Land* (F/E-D)
> *Sea of Love* → *Sea of love – Mélodie pour un meurtre* (F/E-F)
> *Out of Africa* → *Out of Africa – Souvenirs d'Afrique* (F/E-F)

Die umgekehrte Verteilung der beiden Strategien findet sich nur in Deutschland und ist auch hier deutlich seltener:

> *Girl, interrupted* → *Durchgeknallt – Girl, interrupted* (F/E-D)
> *Wired* → *Belushi: Wired* (F/E-D)

Eine gewisse Relevanz haben daneben schließlich Kombinationen aus Titelvariationen, fast immer in Form von Reduktionen des Originaltitels, ergänzt durch eine zielsprachliche Titelinnovation im Untertitel:

> *The blue gardenia* → *Gardenia – Eine Frau will vergessen* (F/E-D)
> *The Andromeda strain* → *Andromeda – Tödlicher Staub* (F/E-D)

Überraschenderweise stellen Hybridformen aus Titelidentität und Titelinnovation auch bei der Translation französischer Filmtitel in Deutschland die häufigste Kombination dar, obwohl Titelidentitäten für dieses Sprachenpaar eigentlich weniger relevant sind. Ergänzt durch einen zielsprachlichen Untertitel in Form einer Titelinnovation aber scheint die Möglichkeit der Titelidentität eher gegeben zu sein:

Le grand Amour → *Le grand Amour – Wahre Liebe rostet nicht* (F/F-D)
Trafic → *Trafic – Tati im Stossverkehr* (F/F-D)

Auch bei der Translation von Romantiteln im Bereich der Unterhaltungsliteratur aus dem Englischen ins Deutsche hatte sich diese Kombination als die beliebteste Variante der Hybridform erwiesen. Und ähnlich wie in diesem Bereich finden sich auch unter den Filmtiteln einige Beispiele für Pseudo-Hybridformen. Durch einen englischsprachigen Haupt- und einen deutschsprachigen Untertitel wirken diese Titelgefüge wie eine Kombination aus Titelidentität und Titelinnovation. Mit dem Original hat der englische Haupttitel aber bis auf die Sprache nicht viel gemein:

She's so lovely → *Call it love – Alles aus Liebe* (F/E-D)
Play it to the bone → *Knocked out – Eine schlagkräftige Freundschaft* (F/E-D)
The program → *The challenge – Die Herausforderung* (F/E-D)

Auch beim Filmtitel ist diese spezielle Form der Titelinnovation allerdings nur im Deutschen belegt, während derartige zweisprachige Pseudo-Hybridformen in Frankreich weder bei Romantiteln noch bei Filmen in den Korpora nachgewiesen werden konnten.

4.3.5.2. Translationsdeterminierende Faktoren: Darstellende Kunst versus Literatur

Die Heterogenität der Translation von Filmtiteln in Abhängigkeit von Ausgangssprache und Zielkultur führt dazu, dass sich auch bei einem Vergleich mit anderen medialen Bereichen kein einheitliches Bild abzeichnet. Überraschend deutlich aber sind hier doch die Unterschiede zwischen den beiden Formen der Darstellenden Kunst, Theater und Film, sowohl, was die Frequenz von Titelanalogien anbelangt, als auch und vor allem im Hinblick die Frequenz von Titelinnovationen.

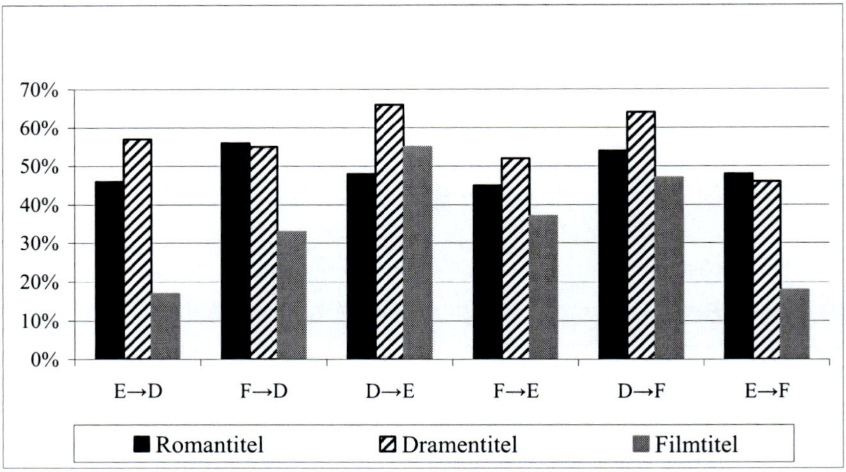

Abb. 51 Titelanalogien bei eingliedrigen Roman-, Dramen- und Filmtiteln im 20. Jhd.

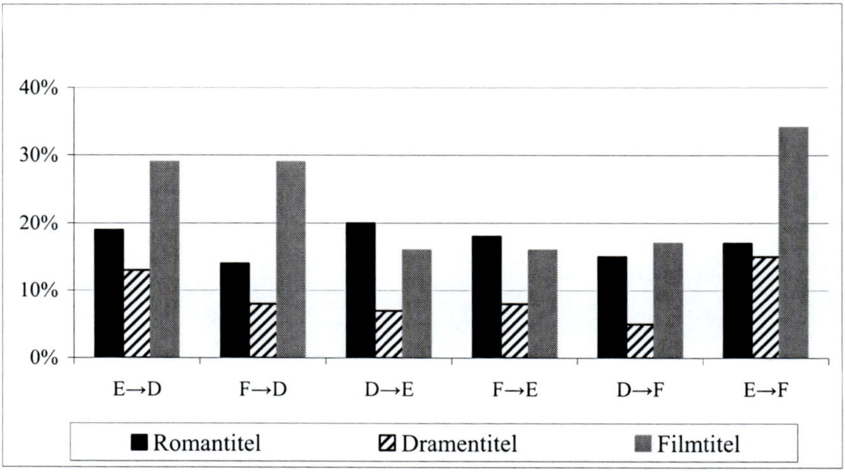

Abb. 52 Titelinnovationen bei eingliedrigen Roman-, Dramen- und Filmtiteln im 20. Jhd.

Während sich Titelanalogien bei Dramentiteln mit Werten zwischen 46% und 66% insgesamt auf einem recht hohen Niveau bewegen und dabei, von den Sprachrichtungen Französisch-Deutsch und Englisch-Französisch abgesehen, meist häufiger sind als bei Romantiteln, sind sie bei Filmtiteln in der Regel seltener als bei Romantiteln, bei der Translation englischsprachiger Titel mit weit unter 20% sogar viel seltener.

Bei Titelinnovationen ist das Gegenteil der Fall: Diese sind beim Film, vor allem bei den Sprachrichtungen E-D, E-F und F-D mit Werten um die 30%-Marke besonders stark vertreten, während ihr Anteil beim Theater oft bei weniger als 10% liegt. Wiederum also bestehen die deutlichsten Differenzen bei fast allen Sprachrichtungen nicht zwischen Literatur im Sinne von Romantiteln und Darstellender Kunst in Form von Filmen, sondern zwischen den beiden Formen der Darstellenden Kunst, also Theater und Film.

Hintergrund dieser Differenzen ist die Marktsituation:

Ein Verlag, der einen Roman publiziert, lebt davon, dass er diesen verkauft. Dasselbe gilt für den Filmproduzenten bzw., als Bindeglied zum Konsumenten, den Filmverleiher. Mit einem Unterschied: Die Herstellung eines Films ist mit deutlich mehr Aufwand verbunden als die Produktion eines Romans. Hinter ihr verbirgt sich eine ganze Industrie – und damit verbunden immense Kosten. Angefangen von einem Mindestbudget von etwa 1 bis 2 Million Euro für die Produktion eines Kinofilmes können die Produktionskosten, vor allem bei Hollywood-Blockbustern, ins Unermessliche steigen. Entsprechend hoch ist das finanzielle Risiko, das auf Produzenten und Verleihern lastet.

Anders beim Theater: Auch hier sind aufgrund des großen personellen und materiellen Aufwandes einer Inszenierung die Produktionskosten beträchtlich. Das finanzielle Risiko aber ist, vor allem im deutschsprachigen Raum, deutlich geringer als beim Film, da von vornherein mit Verlust gerechnet wird. So werden die deutschen Stadt- und Staatstheater zu etwa 80% durch öffentliche Fördermittel und Zuschüsse und nur zu etwa 20% durch eigene Erträge finanziert.[215] Der kommerzielle Druck ist dadurch, vor allem im Vergleich zum Film, kleiner, die künstlerische Freiheit größer. Auch die Freiheit, das Titeltranslat in Form einer Titelanalogie entsprechend den künstlerischen Vorstellungen des Originalautors

[215] Vgl. hierzu die Statistiken des Deutschen Bühnenvereins für das Jahr 2008/2009 (http://www.buehnenverein.de, Stand: Juni 2011).

zu gestalten und damit der Ausdrucksfunktion Priorität vor der Appellfunktion einzuräumen.

Gewisse ähnliche Abstufungen zeigen sich auch innerhalb der Gattung Film, wenn man den Umgang mit Titeln der verschiedenen Ausgangssprachen bzw. Ursprungsländer betrachtet. So bewegt sich der Anteil der Titelanalogien bei der Translation deutschsprachiger Filmtitel auf einem ähnlichen Niveau wie bei Romantiteln. Bei französischen Filmen sind die Werte etwas niedriger, aber immer noch deutlich höher als bei englischsprachigen Filmtiteln. Jenseits sprachenpaarspezifischer Übersetzungsprobleme hängt das vor allem damit zusammen, was für Filme in diesen Ländern produziert und ins Ausland exportiert werden.

Während die US-amerikanische Filmindustrie stärker als alle anderen Länder auf die Produktion teurer, umsatzstarker Blockbuster spezialisiert ist, handelt es sich bei den international erfolgreichen europäischen Produktionen verstärkt um sogenannte Arthouse-Filme, die mit weniger Geld, aber größerem künstlerischem Anspruch produziert werden. Sie stellen im Gegensatz zu den großen Hollywood-Filmen eher ein Nischenprodukt dar, bei dem von vornherein klar ist, dass auch international nur ein kleineres, spezielleres Publikum erreicht wird und eben nicht die breite Masse.[216]

Daher ist es durchaus interessant, gerade den Transfer englischsprachiger Filmtitel nochmals gesondert mit anderen massenkulturellen Formen aus den Bereichen Literatur und Darstellende Kunst zu vergleichen, wie dem Unterhaltungsroman und dem Musical:

---

[216] Diese Einschätzung wird durch die Ergebnisse der Kinostatistiken der deutschen Filmförderungsanstalt FFA bestätigt. So befinden sich auf den ersten zehn Plätzen der Filme mit den höchsten Besucherzahlen in deutschen Kinos im Jahr 2009 acht US-amerikanische und nur zwei deutsche Produktionen. Demgegenüber wurden unter den zehn erfolgreichsten Arthouse-Filmen für das Jahr 2009 nur zwei reine US-Produktionen sowie je eine britisch-amerikanische und eine deutsch-amerikanische Koproduktion verzeichnet. Bei den übrigen sechs Arthouse-Filmen handelt es sich um zwei deutsche und eine französische Produktion sowie drei europäische Koproduktionen (vgl. http://www.ffa.de, Stand: Juni 2011).

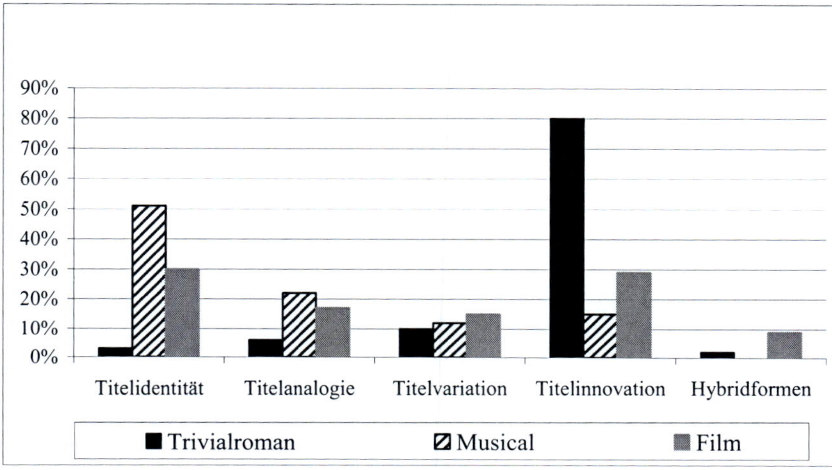

Abb. 53 Translationsstrategien bei Unterhaltungsromanen, Musicals und Filmen in Deutschland

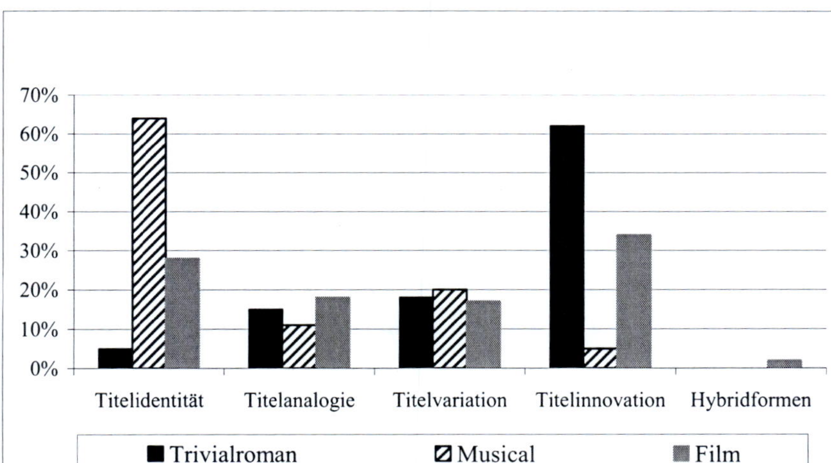

Abb. 54 Translationsstrategien bei Trivialromanen, Musicals und Filmen in Frankreich

In Frankreich noch deutlicher als in Deutschland zeichnen sich klare Tendenzen ab. Während Titelanalogien und Titelvariationen in allen drei Bereichen mit meist deutlich weniger als 20% eine untergeordnete Rolle spielen, ist der Transfer von Musical-Titeln vor allem von Identitäten, jener der Unterhaltungsromane von Titelinnovationen dominiert. Filmtitel sind etwa gleichermaßen von beiden Transferstrategien geprägt, in Frankreich etwas stärker von Innovationen, in Deutschland von Identitäten, wobei hier noch Kombinationen aus beiden im Rahmen von Hybridformen hinzutreten.

Dass Übersetzer im klassischen Sinne beim interkulturellen Transfer von Filmtiteln keine Rolle spielen, ist da nur die logische Konsequenz: „Es geht eher ums Texten als ums Übersetzen", erklärt Philipp Hergarden, Leiter der Marketing-Abteilung der Constantin Film AG. Dabei sind Titelanalogien zwar nicht von vornherein ausgeschlossen. Es geht allerdings in erster Linie darum, diese hinsichtlich ihrer Marketingpotenziale zu überprüfen und, falls sie, wie so oft, dieser Prüfung nicht standhalten, gegebenenfalls andere Lösungen zu finden. Vorschläge für die Betitelung von ausländischen Filmen werden deshalb bei großen Verleihgesellschaften wie der Constantin Film AG oder auch der Universal Pictures International Germany GmbH in erster Linie von den Marketing-Abteilungen dieser Unternehmen erarbeitet. Unterstützt werden sie dabei im Zweifelsfall auch von externen Werbeagenturen, die darüber hinaus auch mit der Entwicklung eines Vermarktungskonzeptes für die Filme beauftragt werden.[217] Oft ist auch der Geschäftsführer persönlich an der Titelfindung beteiligt, wie beispielsweise Sven Sturm, Geschäftsführer der Paramount Pictures Germany GmbH bestätigt. Bei kleineren Unternehmen ist die Titelfindung ohnehin Aufgabe der Geschäftsleitung: „Angesichts der Bedeutung des Titels wäre die Hinzuziehung einer Werbeagentur zwar durchaus wünschenswert und sinnvoll. Leider sind dafür aber in der Regel keine Mittel vorhanden", erklärt Ludwig Ammann von der Kool Filmdistribution.

---

[217] Inzwischen gibt es auch in Deutschland mindestens eine Agentur, die sich, ähnlich wie Rothe (1986: 153) dies für die USA beschreibt, gerade auf die Betitelung von Filmen spezialisiert hat, vgl. hierzu die Homepage der Agentur namestorm: http://www.namestorm.de/namensfindung-namensentwicklung/titelfindung-fuer-filme-und-medien.html (Stand: Juni 2011).

Schließlich ist der Titel, wie Philipp Hergarden, Marketingleiter der Constantin Film AG, betont, für den Erfolg eines Filmes „elementar, immer natürlich in Kombination mit Poster und Trailer. Das Gesamtpaket muss stimmen." Der direkte Anteil des Titels am Erfolg oder Misserfolg eines Filmes ist schwer zu ermitteln. Ludwig Ammann von der Kool Filmdistribution aber ist überzeugt: „Ein schlechter Titel kann zu finanziellen Verlusten führen."

In der Regel liegt daher das alleinige Entscheidungsrecht beim Verleih, der letztlich auch das finanzielle Risiko trägt. Um dieses Risiko zu minimieren, muss der Titel vor allem „in der Sprache der Zuschauer funktionieren und im Zweifelsfall besser sein als das Original", meint Alexandre Dupont-Geisselmann, Geschäftsführer der Farbfilm Verleih GmbH. Eine Haltung, die eindeutig für Titelinnovationen spricht.

Eine Ausnahme bilden dabei z.T. die großen Hollywood-Blockbuster, bei denen der Weltvertrieb versucht, durch weltweite Werbung eine globale Marke zu kreieren und dabei von vornherein auf die Beibehaltung des Originaltitels setzt. Auch sonst können Titelidentitäten bei der Vermarktung von Filmen von Vorteil sein: „Die Nähe zum Originaltitel ist meiner Meinung nach vor allem dann entscheidend, wenn der Titel durch ausländische Festivals bereits stark präsent ist", erklärt Alexandre Dupont-Geisselmann. Wenn ein Film also bereits vor seinem Kinostart in Deutschland durch eine Auszeichnung bei einem Festival oder einer Preisverleihung, wie insbesondere der alljährlichen Vergabe der Oscars in Los Angeles, international Aufmerksamkeit erregt hat, kann die positive Marketingwirkung derartiger Ereignisse am besten durch die Beibehaltung des Originaltitels genutzt werden, da dadurch der Wiedererkennungseffekt am sichersten gewährleistet wird.[218]

So wird auch in anderen Bereichen der Darstellenden Kunst versucht, von derartigen Synergieeffekten zu profitieren. Dies gilt, wie sich gezeigt hat, insbesondere für Musicals, die oft durch ihre Broadway-Aufführung bereits zu Weltruhm gelangen, an den dann die jeweiligen Zielländer anzuknüpfen suchen. Aber auch im Bereich des Schauspiels werden Titelidentitäten aus diesen Gründen durch-

---

[218] Vgl. hierzu auch Schreitmüller (1994a: 326 f).

aus in Erwägung gezogen, wie Alexandra Schlenker, Verlagsleiterin und Lektorin vom Mahnke Verlag, ausführt:

> „Gerade bei Adaptionen von Filmen oder Büchern ist es sinnvoll den Synergieeffekt zu nutzen, eine bereits erfolgreiche Marke weiterzubehalten. Der Bekanntheitswert ist sehr von Vorteil, um den Titel aus der Masse hervorzuheben und schnell für Aufmerksamkeit beim Kunden zu sorgen. Das kann der Originaltitel sein, wenn der Film/das Buch auf dem hiesigen Markt auch darunter erschienen ist, es kann aber auch der entsprechende Titel in der Landessprache sein, wenn denn das vorangegangene Produkt auch in Landessprache betitelt wurde, Hauptsache, die Titel sind entsprechend zuzuordnen und wiedererkennbar."

Trotzdem gibt es im Bereich des Theaters größere Bedenken im Hinblick auf Titelidentitäten als beim Film, was Maren Zindel, Lektorin beim Rowohlt Theater Verlag, folgendermaßen begründet:

> „Theaterstücke haben keine Trailer, die sie schon lange vor der deutschen Premiere unter dem Originaltitel bekannt machen, jedes Stück muss in jeder Stadt neu beworben und verkauft werden, an ein meist älteres Publikum, das Stücken mit englischen Titeln eher misstrauisch gegenübersteht. Der Titel ist hier viel wichtiger als beim Film, über ihn bildet sich der erste Eindruck vom Stück – und fremdsprachige Titel wirken in der Regel schwerer zugänglich, was dann auch dem Stück leicht unterstellt wird."

Je nach Zielgruppe und Genre stehen bestimmte fremdsprachliche Titel beim Film hingegen für besondere Qualität: „Ein wichtiger Faktor ist meines Erachtens die Popularität des jeweiligen Filmlandes. Beispielsweise gibt es eine treue Gemeinschaft der französischen Filmliebhaber, weshalb es sich hier anbietet den Titel original zu belassen", meint Alexandre Dupont-Geisselmann, Geschäftsführer der Farbfilm Verleih GmbH. Angesichts der Ergebnisse der Korpusanalyse scheint diese Tendenz im englischsprachigen Raum mehr noch zu gelten als in Deutschland.

Bei der breiten Masse genießt hierzulande, wie auch in vielen anderen Ländern Europas, vor allem das Englische ein hohes Prestige, sowohl als Sprache, als auch als Hinweis auf das Filmland USA. Die betreffenden Zielgruppen sind hier tendenziell jünger als beim Theater, so dass gewisse Englischkenntnisse in der Regel vorausgesetzt werden können, was vor allem im Hinblick auf die Aussprechbarkeit des Titels wichtig ist. Denn: „Ausspracheschwierigkeiten, z.B. bei englischen Originaltiteln können eine Hemmschwelle an der Kinokasse sein", betont Sven Sturm, Geschäftsführer der Paramount Pictures Germany GmbH.

Ob der Titel wirklich verstanden wird, die Darstellungsfunktion also vollständig erhalten bleibt, ist hingegen weniger wichtig, wie Philipp Hergarden, Marketingleiter der Constanin Film AG beschreibt:

> „Oft reicht ein Reizwort aus, das auf Englisch verstehbar ist, z.B. bei Titeln wie *Dawn of the dead.* Das Reizwort „dead" gibt den entscheidenden Hinweis auf das Genre, in diesem Fall einen Horrorfilm, das Englische verweist auf die Qualität des Films, die gerade im Horrorgenre bei US-amerikanischen Produktionen als besonders hoch gilt."

Sind sich die Verleiher nicht sicher, ob ein solches Reizwort allein zur Einordnung des Films ausreicht, können sie dem Originaltitel zur Absicherung eine Titelinnovation beifügen. Derartige Hybridformen erfreuen sich bei Filmtiteln vor allem in Deutschland größerer Beliebtheit als in allen anderen untersuchten Bereichen, da auf diese Weise die Vorteile von Titelidentität und Titelinnovation, den beiden wichtigsten Strategien beim interkulturellen Transfer englischsprachiger Filmtitel, miteinander kombiniert werden können, während die Entscheidung zwischen beiden letztlich dem Rezipienten überlassen wird. Damit erfüllt diese Transferform im besonderen Maße das, was groupe µ (1970: 96) für Filmtitel ohnehin postulieren: „Les titres de films n'ont qu'un auteur: le marché du cinéma."

4.3.6. Titel in der Bildenden Kunst

Wohl in keinem der anderen untersuchten Bereiche haben die Bedeutung und die Funktion von Titeln einen so tiefgreifenden Wandel erlebt wie in der Bildenden Kunst. Diese Veränderungen bleiben auch beim interkulturellen Transfer nicht ohne Auswirkungen. Daher ist es unerlässlich, anders als in den übrigen Titelsegmenten, die folgenden Korpusanalysen zur Frequenz der Translationsstrategien beim Titel in der Bildenden Kunst auch angesichts der Quellenlage (vgl. Kap. 2.3.2.1) von vornherein nach Epochen zu unterscheiden und zeitlich genauer einzugrenzen. Für das 19. Jahrhundert wurde exemplarisch der Transfer von Titeln der englischen und deutschen Romantik sowie des französischen Impressionismus in die jeweiligen Zielsprachen untersucht. Für das 20. Jahrhundert wurden in den Korpora für alle sechs Sprachenpaare Werke ab

1940 verzeichnet, um so zeitgenössische Kunst im weitesten Sinne erfassen zu können.

4.3.6.1. Einfachtitel im 19. Jahrhundert

Die Translation von Bildtiteln im 19. Jahrhundert wird im Grunde genommen von zwei Strategien dominiert: Titelanalogien und Titelvariationen:[219]

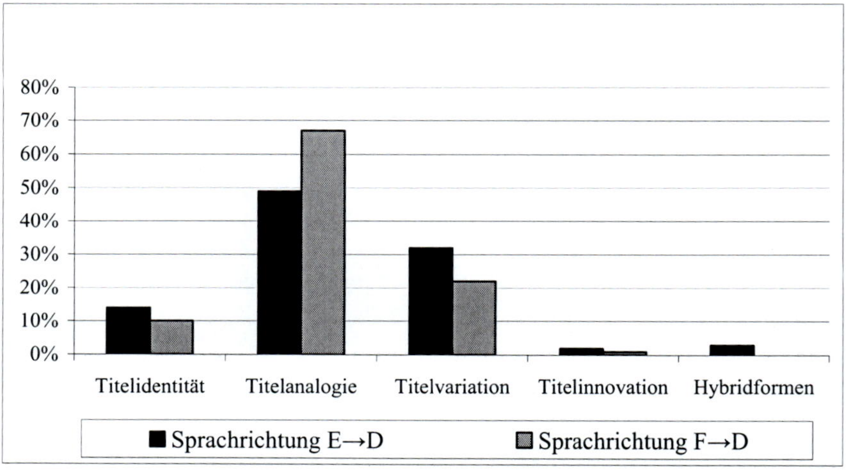

Abb. 55 Transferstrategien bei Einfachtiteln der Bildenden Kunst (19. Jahrhundert) in Deutschland

[219] Eine Tabelle mit den diesen Grafiken zugrunde liegenden Werten findet sich im Anhang, Kap. 6.3.

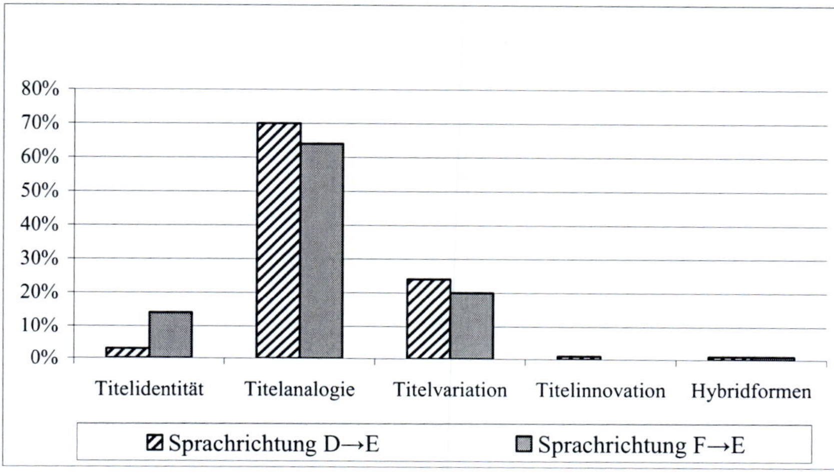

Abb. 56 Transferstrategien bei Einfachtiteln der Bildenden Kunst (19. Jahrhundert) im englischsprachigen Raum

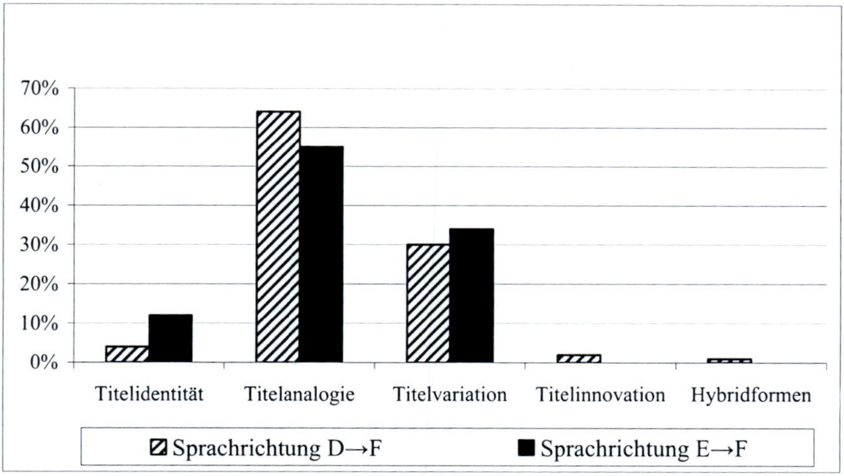

Abb. 57 Transferstrategien bei Einfachtiteln der Bildenden Kunst (19. Jahrhundert) in Frankreich

Mit zum Teil erheblichem Abstand liegen Titelanalogien in allen Sprachräumen, bei allen Übersetzungsrichtungen auf Platz eins und stellen damit für dieses Titelsegment die wichtigste Transferstrategie dar:

> *Mönch am Meer* → *Monk at the Seaside* (BK19/D-E)
>
> *Die Lebensstufen* → *The Stages of Life* (BK19/D-E)
>
> *Morgennebel im Gebirge* → *Brouillard matinal en montagne* (BK19/D-F)
>
> *Mann und Frau den Mond betrachtend* → *Homme et Femme contemplant la lune* (BK19/D-F)
>
> *The Lock* → *Die Schleuse* (BK19/E-D)
>
> *The Thames Near Walton Bridges* → *Die Themse bei Walton Bridges* (BK19/E-D)
>
> *The Battle of Trafalgar* → *La Bataille de Trafalgar* (BK19/E-F)
>
> *The Fifth Plague of Egypt* → *La Cinquième Plaie d'Egypte* (BK19/E-F)
>
> *Les tournesols* → *Die Sonnenblumen* (BK19/F-D)
>
> *Femme à l'ombrelle tournée vers la gauche* → *Frau mit Schirm nach links gedreht* (BK19/F-D)
>
> *Grandes baigneuses* → *Large Bathers* (BK19/F-E)
>
> *Une moderne Olympia* → *A Modern Olympia* (BK19/F-E)

Während sie allerdings bei der Übersetzung deutscher und französischer Titel mit Werten von 64% für die Sprachrichtungen F-E und D-F, über 67% für die Sprachrichtung F-D bis hin zu 70% für die Sprachrichtung D-E in diesen vier Teilkorpora etwa zwei Drittel aller Translate ausmachen, bewegen sie sich bei der Translation englischer Titel mit 49% in Deutschland bzw. 54% in Frankreich lediglich um die 50%-Marke. Weniger deutlich ist bei diesen Übersetzungsrichtungen daher der Abstand zu den Titelvariationen, die in allen Teilkorpora auf dem zweiten Platz rangieren. Während ihr Anteil sich ansonsten im Bereich zwischen 20% und 30% bewegt, sind sie beim Transfer englischer Titel mit 32% in Deutschland und sogar 34% in Frankreich überdurchschnittlich stark vertreten. Abwandlungen, meist in Form kleiner struktureller Veränderungen auf der Basis des analog übersetzten Titels, machen dabei in Deutschland mit 15% den größten Anteil aus und erreichen in Frankreich immerhin 9%:

> *A Boat Passing a Lock* → *Ein Boot passiert die Schleuse* (BK19/E-D)
>
> *Branch Hill Pond, Hampstead Heath* → *Hampstead Heath mit Blick über Branch Hill Pond* (BK19/E-D)

The Leaping Horse → *Le Saut du cheval* (BK19/E-F)

Wichtiger noch als Abwandlungen aber sind in Frankreich bei der Übersetzung englischer Titel Reduktionen. Zwar werden diese meist ebenfalls auf der Basis des zielsprachlichen Titels gebildet, gelegentlich aber finden sich hier auch Reduktionen des originalsprachlichen Titels, was bei Variationen aller Art bei den anderen Sprachrichtungen ansonsten nur in Einzelfällen vorkommt:

Stratocumulus Clouds → *Stratocumulus* (BK19/E-F)

Malvern Hall from the Lake Warwickshire → *Malvern Hall* (BK19/E-F)

The Rectory, East Bergholt, from the Back of Golding Constable's House → *Le Presbytère, East Bergholt* (BK19/E-F)

Study of Clouds over a Landscape → *Étude de nuages* (BK19/E-F)

The Goddess of Discord choosing the Apple of Contention in the Garden of the Hesperides → *La Discorde choisissant la pomme dans le jardin des Hespérides* (BK19/E-F)

Der hohe Anteil an Titelvariationen beim Transfer englischer Bildtitel aber kommt auch durch unterschiedliche Konventionen bei der Artikelverwendung zustande (vgl. Kap. 3.1.3.2). So gibt es im Englischen eine starke Tendenz zur Verwendung des unbestimmten Artikels, was in Frankreich, vor allem aber in Deutschland offensichtlich weniger üblich ist, weshalb es in Frankreich bei 6% aller Translate zu einer Reduktion des unbestimmten Artikels kommt. In Deutschland ist sogar etwa jeder zehnte Titel von einer derartigen Korrektur betroffen:

A Lane near Flatford → *Feldweg bei Flatford* (BK19/E-D)

A Landscape with a River and a Bay in the Distance → *Landschaft mit einem Fluß und einer Bucht im Hintergrund* (BK19/E-D)

A Cottage with a Rainbow → *Cottage avec un arc-en-ciel* (BK19/E-F)

Auch bei den anderen Sprachrichtungen machen Abwandlungen auf der Basis des zielsprachlichen Titels einen Großteil der Variationen aus, erreichen bei der Übersetzung deutscher Titel ins Französische, wo der Anteil an Variationen ohnehin mit 30% insgesamt relativ hoch ist, sogar einen Wert von 17%:

Gebirgige Flußlandschaft → *Fleuve et paysage de montagne* (BK19/D-F)

Mondnacht am Strand mit Fischern → Nuit de lune et pêcheurs sur la grève (BK19/D-F)

Meeresufer mit Segelschiff → Bateaux à voile près du rivage (BK19/D-F)

In den übrigen Teilkorpora fällt nicht nur die Frequenz von Titelvariationen grundsätzlich mit 24% bei der Sprachrichtung D-E, 22% bei der Sprachrichtung F-D und 20% bei der Sprachrichtung F-E niedriger aus, auch Abwandlungen finden sich hier nur bei etwa jedem zehnten Titeltranslat:

Konstruierte Kornblume → Construction of a Cornflower (BK19/D-E)

Autoportrait à l'oreille coupée → Selbstbildnis mit verbundenem Ohr (BK19/F-D)

La cathédrale de Rouen, le portail de la tour Saint-Romain, plein soleil, harmonie bleue et or → Rouen Cathedral, The West Portal and Saint-Romain Tower, Full Sunlight, Harmony in Blue and Gold (BK19/F-E)

Von Relevanz sind daneben hauptsächlich Artikelkorrekturen. So wird bei der Übersetzung französischer Titel ins Deutsche bei 10% der Titel der bestimmte Artikel weggelassen. Im englischsprachigen Raum werden ebenfalls bei je 7% sowohl der französischen als auch der deutschen Titel Artikelreduktionen vorgenommen. Hingegen wird bei der Übersetzung deutscher Titel ins Französische in 4% der Fälle der bestimmte Artikel ergänzt:

La danse à la ville → Tanz in der Stadt (BK19/F-D)

La neige à Louveciennes → Snow at Louveciennes (BK19/F-E)

Der Tod als Freund → Death as Friend (BK19/D-E)

Ruhe auf der Flucht nach Ägypten → Le Repos pendant la fuite en Egypte (BK19/D-F)

Auch jenseits des Artikels kommt es bei allen Sprachrichtungen in einigen Fällen zu Erweiterungen des zielsprachlichen Titels. Einen nennenswerten Anteil von 5% aber erreicht diese Variationsform nur bei Übersetzungen aus dem Deutschen ins Französische:

Madame Rimskij-Korsakow → Portrait de Madame Rimski-Korsakov (BK19/D-F)

Der Heldstein bei Rathen → Le Heldstein de Rathen dans l'Elbsandsteingebirge (BK19/D-F)

Insgesamt machen Titelanalogien und Titelvariationen damit in allen Sprachrichtungen mindestens 80% der Translate aus, bei der Translation deutscher Titel sind es sogar mehr als 90%. Entsprechend wenig Raum bleibt damit für andere Transferstrategien. Die größte Bedeutung kommt dabei Titelidentitäten zu, wobei große Unterschiede in Abhängigkeit von der Ausgangssprache bestehen. So ist die Beibehaltung des Originaltitels beim Transfer deutscher Titel mit 3% im englischsprachigen Raum und 4% in Frankreich kaum, bei englischen Titeln mit 12% in Frankreich und 14% in Deutschland deutlich stärker belegt. Allerdings handelt es sich bei allen vier Sprachrichtungen fast ausschließlich um reine Nomina propria:

Winter → *Winter* (BK19/D-E)

Riesengebirge → *Riesengebirge* (BK19/D-E)

Philippine Huldberg → *Philippine Huldberg* (BK19/D-F)

Neubrandenburg → *Neubrandenburg* (BK19/D-F)

Val D'Aosta → *Val D'Aosta* (BK19/E-D)

Old Sarum → *Old Sarum* (BK19/E-D)

Branch Hill Pond, Hampstead → *Branch Hill Pond, Hampstead* (BK19/E-D)

Maria Constable → *Maria Constable* (BK19/E-D)

Titelidentitäten jenseits reiner Eigennamen-Titel finden sich nur bei der Translation französischer Titel, typischerweise im englischsprachigen Raum mit einem Anteil von rund 40% etwas häufiger als in Deutschland, wo sie etwa 30% der Titelidentitäten ausmachen. Dabei weisen Titelidentitäten für diese Ausgangssprache mit 14% im Englischen gegenüber 10% im Deutschen auch insgesamt eine etwas höhere Frequenz auf:

Portrait de M. et Mme. Auguste Manet → *Portrait de M. et Mme. Auguste Manet* (BK19/F-D)

L'absinthe → *L'absinthe* (BK19/F-E)

Grande Arabesque → *Grande Arabesque* (BK19/F-E)

Le Déjeuner sur l'Herbe → *Le Déjeuner sur l'Herbe* (BK19/F-E)[220]

---

[220] Laut Room (2000: 88) existiert hier zwar mit *Luncheon on the grass* auch ein englischsprachiges Titeltranslat, bekannter aber ist der französische Originaltitel.

Titelinnovationen sind mit maximal 1% bis 2% kaum belegt, ebenso wie Hybridformen. Lediglich in Deutschland lässt sich hier bei der Translation englischsprachiger Titel eine interessante, wenn auch zahlenmäßig unbedeutende Variante der Strategiekombination feststellen, im Rahmen derer ein Einfachtitel in zwei Titelteile aufgespaltet wird, so dass ein Titelgefüge entsteht:

Arundel Mill and Castle → *Arundel: Mühle und Schloß* (BK19/E-D)

Dedham Lock and Mill → *Dedham: Schleuse und Mühle* (BK19/E-D)

4.3.6.2. Einfachtitel im 20. Jahrhundert

Etwas anders gestaltet sich die Translation von Titeln in der Bildenden Kunst im 20. Jahrhundert. Auch hier liegen in allen Teilkorpora Titelanalogien auf Platz eins, gefolgt werden sie aber nicht etwa von Titelvariationen, sondern von Titelidentitäten, die den Variationen in allen Sprachrichtungen den Rang ablaufen:[221]

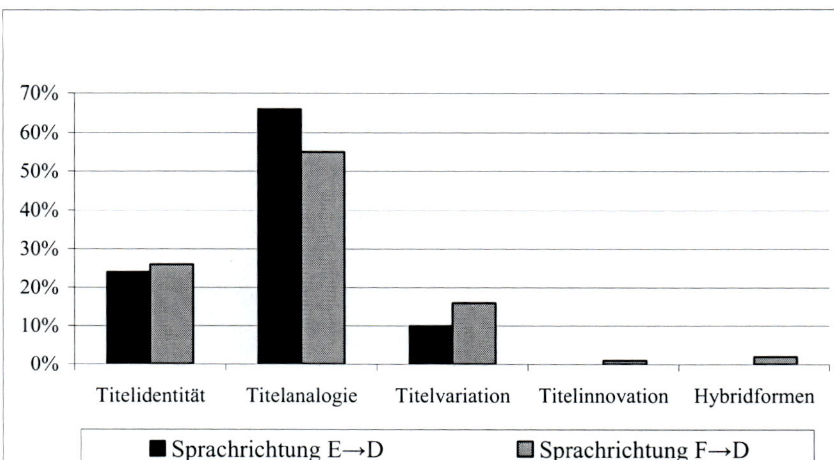

Abb. 58 Transferstrategien bei Einfachtiteln der Bildenden Kunst (20. Jahrhundert) in Deutschland

[221] Eine Tabelle mit den diesen Grafiken zugrunde liegenden Werten findet sich im Anhang, Kap. 6.3.

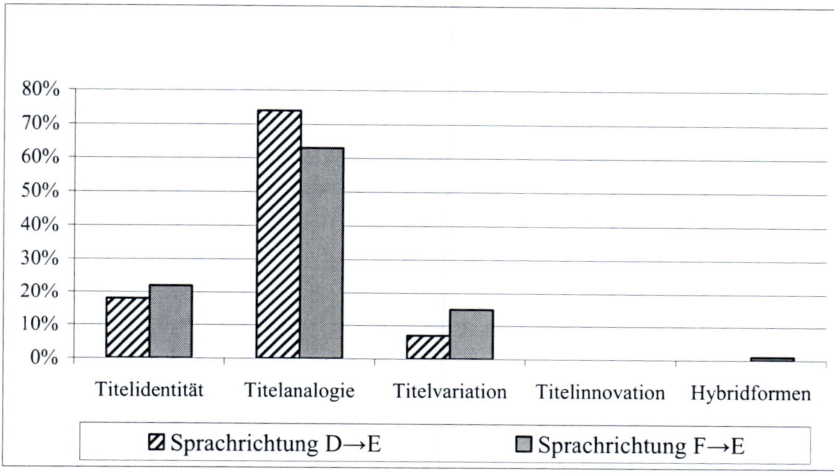

Abb. 59 Transferstrategien bei Einfachtiteln der Bildenden Kunst (20. Jahrhundert) im englischsprachigen Raum

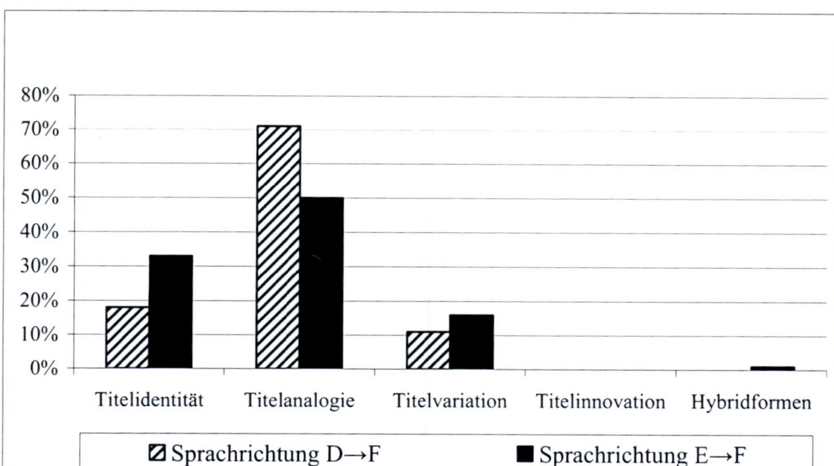

Abb. 60 Transferstrategien bei Einfachtiteln der Bildenden Kunst (20. Jahrhundert) in Frankreich

Interessant ist angesichts der mit Werten zwischen 18% bei der Translation deutschsprachiger Titel im französisch- und englischsprachigen Raum bis hin zu 33% bei der Übersetzungsrichtung E-F insgesamt recht hohen Relevanz von Titelidentitäten die Tatsache, dass unverändert beibehaltene Eigennamen-Titel in diesem Titelsegment nur maximal 5% der Translate insgesamt und damit etwa 10% bis 20% der Titelidentitäten ausmachen, die verbleibenden 80% bis 90% sich aber jenseits von Eigennamen bewegen. Einer der Gründe liegt darin, dass bei der Betitelung von Bildender Kunst im 20. Jahrhundert die Titel in einigen Fällen lediglich aus Ziffern, Buchstaben, Satz- und/oder Sonderzeichen bzw. einer Kombination daraus bestehen, so dass ein interlingualer Transfer überflüssig ist:

16h 20m/-45° → *16h 20m/-45°* (BK20/D-E)
99c → *99c* (BK20/D-F)
 # 051 → *# 051* (BK20/E-D)
1957-D n° 1 → *1957-D n° 1* (BK20/E-F)
T. 21A. 79. 1979 → *T. 21A. 79. 1979* (BK20/F-D)
3 x 3 → *3 x 3* (BK20/F-E)

Relativ häufig sind hier angesichts der Kürze vieler Titel zudem Zufallsidentitäten, insbesondere bei beiden Übersetzungsrichtungen des Sprachenpaars E-F sowie, etwas seltener, des Sprachenpaars D-E. Die geringste Schnittmenge weist das Sprachenpaar D-F auf:

Empire → *Empire* (BK20/E-F)
Rare → *Rare* (BK20/F-E)
Partisan → *Partisan* (BK20/D-E)
Palisade → *Palisade* (BK20/E-D)
Spirale III/px → *Spirale III/px* (BK20/D-F)

Geprägt werden Titelidentitäten in der modernen Kunst zudem durch zahlreiche fremdsprachige Titelformulierungen sowie Neologismen und Onomatopoetika:

Plight → *Plight* (BK20/D-E)
Resurrexit → *Resurrexit* (BK20/D-F)
Whaam! → *Whaam!* (BK20/E-D)

Factum I → *Factum I* (BK20/E-F)

Ach Alma Manetro → *Ach Alma Manetro* (BK20/F-D)

Home, Sweet Home → *Home, Sweet Home* (BK20/F-E)

Aber auch weit darüber hinaus ist der Spielraum für Titelidentitäten bei der Bildenden Kunst im 20. Jahrhundert offensichtlich groß:

Gebreite → *Gebreite* (BK20/D-E)

Rattenkönig → *Rattenkönig* (BK20/D-F)

Great American Nude 26 → *Great American Nude 26* (BK20/E-D)

Twenty-Six Gasoline Stations → *Twenty-Six Gasoline Stations* (BK20/E-F)

La Toilette de Georgette → *La Toilette de Georgette* (BK20/F-D)

Femme douce → *Femme douce* (BK20/F-E)

Relativ gering ist mit Werten zwischen 7% bei der Sprachrichtung D-E bis hin zu 16% bei den Transferrichtungen E-F und F-D hingegen nicht nur die Gesamtfrequenz, sondern auch die Bandbreite von Titelvariationen. Wie so oft finden sich darunter vor allem Abwandlungen des zielsprachlichen Titels, die in allen Teilkorpora mit etwa 5% bis 7% eine fast identische Frequenz aufweisen:

Das Deutschlandgerät → *The German Device* (BK20/D-E)

Kreisweiß → *Cercle blanc* (BK20/D-F)

In the Green Room → *Im Künstlerzimmer* (BK20/E-D)

The Physical Impossibility of Death in the Mind of Someone Living → *L'impossibilité matérielle de se représenter la mort pour un être vivant* (BK20/E-F)

Variations pour deux points No. 2 → *Variation für zwei Punkte Nr. 2* (BK20/F-D)

Châssis plastic tendu → *Stretched Plastic on Chassis* (BK20/F-E)

Daneben spielen auch hier die typischen Artikelkorrekturen eine gewisse Rolle. So werden beim Transfer französischer Titel in je 6% der Fälle sowohl in Deutschland als auch im englischsprachigen Raum Artikelreduktionen vorgenommen:

La Buick jaune → *Gelber Buick* (BK20/F-D)

La Prêtresse aux serpents → *Priestess with Snakes* (BK20/F-E)

Demgegenüber stehen in Frankreich Artikelerweiterungen mit je 3% beim Transfer deutsch- und englischsprachiger Titel:

Sumo-Kämpfer blau → *Le lutteur de Sumo bleu* (BK20/D-F)
Eyes of Oedipus → *Les Yeux d'Œdipe* (BK20/E-F)

Eine nennenswerte Frequenz erreichen darüber hinaus, wenn auch nur für die Sprachrichtung E-F, Titelreduktionen auf der Basis des zielsprachlichen Titels:

Circular Surface Displacement → *Déplacements circulaires* (BK20/E-F)
Confessions of a Justified Sinner → *Confessions d'un pécheur* (BK20/E-F)
Bedroom Ensemble → *Chambre à coucher* (BK20/E-F)

Dominiert wird der interkulturelle Transfer von Einfachtiteln in der Bildenden Kunst im 20. Jahrhundert von Titelanalogien, die etwa die Hälfte bis drei Viertel der Translate ausmachen. Dabei korreliert ein geringerer Anteil an Analogien mit einem hohen Anteil an Identitäten und umgekehrt. So erreichen Titelanalogien bei der Translation deutschsprachiger Titel, bei denen mit je 18% der niedrigste Anteil an Identitäten verzeichnet wurde, den Höchstwert an Analogien mit 71% in Frankreich und 74% im englischsprachigen Raum. Andererseits steht dem mit 33% höchsten Wert an Titelidentitäten bei der Sprachrichtung E-F der niedrigste Wert an Analogien mit nur 50% entgegen:

Café Probe → *Café Rehearsal* (BK20/D-E)
Tränen der Landschaft, ungeweinte → *Tears of the Landscape, Unwept* (BK20/D-E)
Homogene Infiltration für Flügel → *Infiltration homogène pour piano à queue* (BK20/D-F)
Zwei Kerzen → *Deux Bougies* (BK20/D-F)
Leopard Skin Nuclear Bomber No. 2 → *Leopardenfell Atombomber Nr. 2* (BK20/E-D)
Smash the Reds → *Zerschmettert die Roten* (BK20/E-D)
Portrait of Henrietta Moraes → *Portrait d'Henrietta Moraes* (BK20/E-F)
I'm dreaming of a White Christmas → *Je rêve d'un Noël blanc* (BK20/E-F)
Clous 6263 No. 1 → *Nägel 6263 Nr. 1* (BK20/F-D)
Crépuscule de l'esprit → *Dämmerung des Geistes* (BK20/F-D)

La Mariée → *The Bride* (BK20/F-E)

Nature morte à la vitamine C → *Still life with Vitamin C* (BK20/F-E)

Extrem selten, in einigen Teilkorpora gar nicht, treten in diesem Titelsegment schließlich Titelinnovationen und Hybridformen auf, die offensichtlich beim interkulturellen Transfer von Titeln zeitgenössischer Kunst keine Rolle spielen.

Hinsichtlich der Hybridformen sind die Ergebnisse der Korpusanalyse allerdings irreführend, da Kombinationen aus Titelidentitäten und Titelanalogien, wie sie sich in zweisprachigen Ausstellungskatalogen häufig finden, nicht als Hybridform gewertet, sondern zur Erstellung der Korpora aufgeteilt wurden in Originaltitel und Translat, weshalb der tatsächliche Anteil an Hybridformen hier nicht festgestellt werden konnte. Den Angaben der befragten Museen zufolge scheinen allerdings multilinguale Kombinationen aus einem Ausgangstitel und einem oder mehreren Translaten in der Praxis die häufigste Form der Betitelung darzustellen.

4.3.6.3. Mehrgliedrige Titel im 20. Jahrhundert

Betrachtet man die Translation mehrgliedriger Titel in der Bildenden Kunst des 20. Jahrhunderts – und dabei handelt es sich von je einer Ausnahme im deutsch-französischen und im englisch-französischen Teilkorpus abgesehen[222] – ausschließlich um Titelgefüge, stellt sich die Situation, wie so oft bei dieser Form der Titelgliederung, etwas uneinheitlicher dar: [223]

---

[222] Die einzigen Ausnahmen sind hierbei im deutsch-französischen Teilkorpus der Doppeltitel *Drei Normen oder Die Erschaffung der Welt* sowie im englisch-französischen Korpus der Doppeltitel *Cargo Cult from Beauty Knows no Pain, or Body Beautiful*. Zum Doppeltitel in der Bildenden Kunst vgl. auch Rothe (1970: 14).

[223] Eine Tabelle mit den diesen Grafiken zugrunde liegenden Werten findet sich im Anhang, Kap. 6.3.

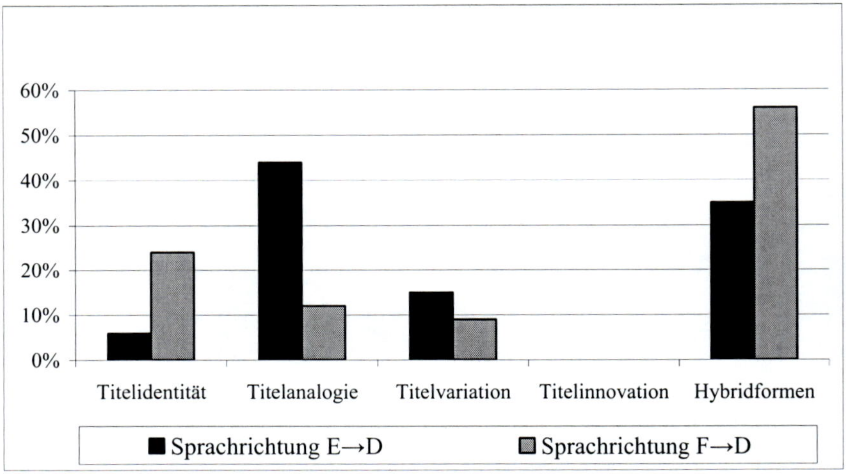

Abb. 61 Transferstrategien bei mehrgliedrigen Titeln der Bildenden Kunst (20. Jahrhundert) in Deutschland

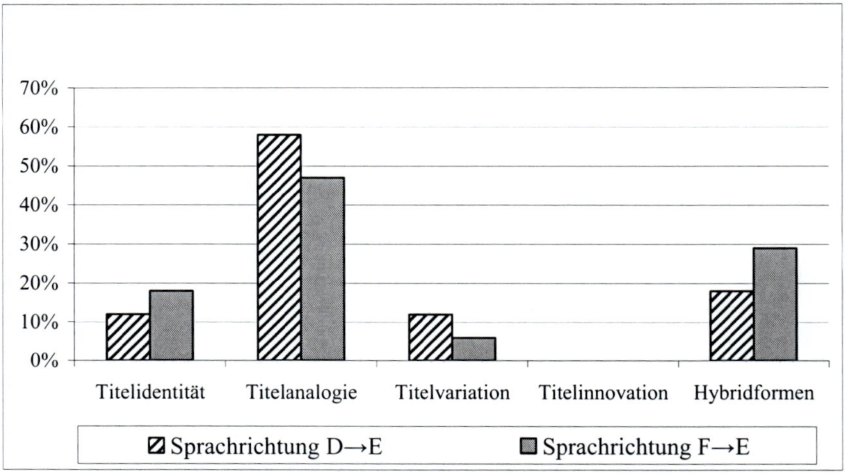

Abb. 62 Transferstrategien bei mehrgliedrigen Titeln der Bildenden Kunst (20. Jahrhundert) im englischsprachigen Raum

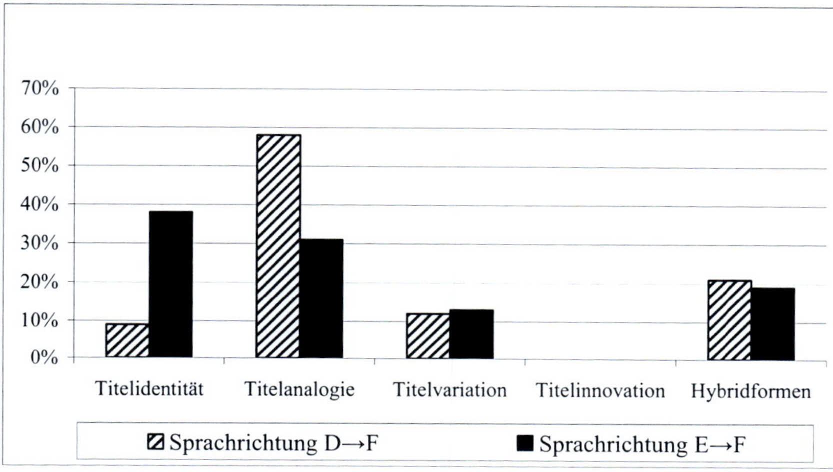

Abb. 63 Transferstrategien bei mehrgliedrigen Titeln der Bildenden Kunst (20. Jahrhundert) in Frankreich

Auch hier ist die Zahl der verzeichneten Titelgefüge eigentlich etwas zu gering, um angesichts der Vielzahl der Möglichkeiten, die sich gerade beim Transfer von Titelgefügen durch die Kombination verschiedener Strategien für Haupt- und Untertitel bieten, wirklich verlässliche statistische Aussagen treffen zu können. Dennoch lassen sich einige Tendenzen feststellen. Einheit herrscht jedenfalls in einem Punkt: Titelinnovationen sind in keiner Sprachrichtung belegt – sind also noch seltener als bei der Translation von Einfachtiteln. Auch ansonsten sind die Unterschiede im Vergleich zum Transfer eingliedriger Titel in der Bildenden Kunst des 20. Jahrhunderts nicht so groß, wie es vielleicht auf den ersten Blick scheinen mag. Denn auch hier wird der Transfer in erster Linie von Titelanalogien und Titelidentitäten geprägt. Dabei fällt die Frequenz von Titelidentitäten in fast allen Sprachrichtungen niedriger aus als bei eingliedrigen Titeln der entsprechenden Sprachrichtung. Zudem treten mit Werten zwischen 6% bei der Übersetzungsrichtung E-D und 38% bei der Übersetzungsrichtung E-F massive sprachenpaarspezifische Differenzen auf. Die Bedeutung von Titelidentitäten in der Bildenden Kunst aber wird vor allem insofern deutlich, als, anders als bei mehrgliedrigen Roman- oder Dramentiteln, diese Strategie hier überhaupt zu finden ist:

> *Brrrd – DDrrr (Café Deutschland – Winter)* → *Brrrd – DDrrr (Café Deutschland – Winter)* (BK20/D-E)
>
> *Ake Parck (Das Rudel)* → *Ake Parck (Das Rudel)* (BK20/D-F)
>
> *Periscope (Hart Crane)* → *Periscope (Hart Crane)* (BK20/E-D)
>
> *Technology/Tranformation: Wonder Woman* → *Technology/Tranformation: Wonder Woman* (BK20/E-F)
>
> *Suggestion Nr. 3: En regardant Velazquez* → *Suggestion Nr. 3: En regardant Velazquez* (BK20/F-D)
>
> *Made in Japan – La Grande Odalisque* → *Made in Japan – La Grande Odalisque* (BK20/F-E)

Was die sprachenpaarspezifischen Unterschiede anbelangt, überrascht vor allem die Tatsache, dass gerade englische Titelidentitäten in Deutschland mit nur 6% einen so geringen Wert erreichen, während französische Titelidentitäten mit 24% deutlich häufiger sind. Dies dürfte in erster Linie auf die verwendeten Quellen zurückzuführen sein, da es sich bei einer der für das englisch-deutsche Teilkorpus verwendeten Quellen um eine Einführung in die Pop Art handelt (vgl. Demilly 2007), die sich auch an Kinder richtet. Im Hinblick auf diese Zielgruppe wurde wohl auf Titelidentitäten weitgehend verzichtet, obwohl sich gerade das Englische ansonsten in besonderem Maße für die Beibehaltung des Originaltitels eignet. In Frankreich und im englischsprachigen Raum hingegen entspricht die Verteilung im Hinblick auf die Ausgangssprachen eher dem üblichen Bild. So wurden in Frankreich mit einem Anteil von 38% in ganz hohem Maße englischsprachige Titel unverändert beibehalten, während dies bei nur 9% der deutschen Titel der Fall war. Auch im englischsprachigen Raum finden sich Titelidentitäten mit 18% typischerweise häufiger bei französischen Titeln denn bei deutschen Titeln, wo sie lediglich einen Anteil von 12% erreichen.

Deutliche sprachenpaarsspezifische Schwankungen treten, mit Werten zwischen 12% für die Übersetzungsrichtung F-D und 58% für die Übersetzungsrichtungen D-E und D-F, auch bei der Frequenz von Titelanalogien auf. Und auch ihr Anteil fällt in allen Sprachrichtungen niedriger, teilweise deutlich niedriger aus als bei eingliedrigen Titeln der entsprechenden Sprachrichtung:

> *Organische Struktur X – Kreisformation A* → *Organic Structure X – Circular Formation A* (BK20/D-E)
>
> *Fingermalerei – Adler* → *Peinture au doigt – Aigle* (BK20/D-F)

Large Interior, W. IX / after Watteau → *Großes Interieur, W. XI / nach Watteau* (BK20/E-D)

Five Deaths Seventeen Times in Black and White, Black and White Disaster n. 4 → *Cinq morts dix-sept fois en noir et blanc, Désastre noir et blanc n° 4* (BK20/E-F)

Les Musiciens, souvenir de Sidney Bechet → *Die Musiker, Erinnerung an Sidney Bechet* (BK20/F-D)

Le Manteau (Demeure 5) → *The Coat (Dwelling 5)* (BK20/F-E)

Hinzu kommen aber, mit in Abhängigkeit von der Übersetzungsrichtung ebenfalls etwas schwankender Frequenz, Hybridformen – und diese enthalten in jedem Fall entweder eine Titelanalogie oder eine Titelidentität, bestehen aber häufig sogar aus einer Kombination von beidem. Die Verteilung auf Haupt- und Untertitel ist dabei relativ variabel. Interessanterweise ist angesichts der Struktur einiger Titel die ansonsten eher weniger gebräuchliche Form Titelanalogie im Haupt- und Titelidentität im Untertitel sogar etwas häufiger als die umgekehrte Reihenfolge:

Maler mit Segelschiff – Munch → *Painter with Sailing Boat – Munch* (BK20/D-E)

Auf dem Dach (Berlin Mitte) → *Sur le toit (Berlin Mitte)* (BK20/D-F)

Large Frog, Version II → *Großer Frosch, Version II* (BK20/E-D)

Book III (Laocoon) → *Livre III (Laocoon)* (BK20/E-F)

Pluie bleue (S 36) → *Blauer Regen (S 36)* (BK20/F-D)

Arrangement: „Le Baiser" → *Arrangement: „The Kiss"* (BK20/F-E)

Titelinnovationen sind auch im Rahmen von Hybridformen nicht belegt. In einigen Fällen wird lediglich eine Titelvariation mit einer Titelanalogie oder, seltener, mit einer Titelidentität kombiniert:

M-Maybe (A Girl's Picture) → *M-Möglicherweise, Bild eines Mädchens* (BK20/E-D)

Jeff and Ilona (made in heaven) → *Jeff et Ilona (Au paradis)* (BK20/E-F)

No Title (To Do What) → *Pas de titre (Pour quoi faire?)* (BK20/E-F)

Le grand paravent bleu (IKB 62) → *Großer Blauer Paravent (IKB 62)* (BK20/F-D)

La Grande Anthropométrie bleue (ANT 105) → *Large Blue Anthropometry (ANT 105)* (BK20/F-E)

Meist handelt es sich, wie die Beispiele zeigen, bei den im Rahmen von Hybridformen verwendeten Titelvariationen, nur um minimale Eingriffe in den weitgehend analog übersetzten Titel – Artikelkorrekturen, Veränderungen bei der Interpunktion, kleinere Reduktionen oder Erweiterungen. Ähnlich gestalten sich auch die Eingriffe, die bei reinen Titelvariationen vorgenommen werden. Auch hier ist in einigen Fällen die Interpunktion betroffen, mittels derer die Trennung der beiden Titelteile voneinander markiert wird:

> *Trophy II (for Jean Tinguely)* → *Trophäe II, für Jean Tinguely* (BK20/E-D)
>
> *Big Torn Campbell's Soup Can (Vegetable Beef)* → *Große kaputte Campbell's-Suppendose, Rindfleisch mit Gemüse* (BK20/E-D)

Hinzu kommen im Rahmen von Titelvariationen, die mit Werten zwischen 6% für die Sprachrichtung F-E und maximal 15% für die Sprachrichtung E-D insgesamt nicht besonders häufig sind, in erster Linie Reduktionen, vornehmlich des zielsprachlichen Titels, gelegentlich aber auch des Originaltitels:

> *Portrait des Kunstkritikers Jean-Louis Ferrier mit Gini (Der gute Hirte)* → *Portrait de Jean-Louis Ferrier* (BK20/D-F)
>
> *Soft Typewriter, "Ghost" version* → *Machine à écrire molle* (BK20/E-F)
>
> *Peinture, 220 cm x 365 cm, 14. mai 1968* → *Peinture, 14. mai 1968* (BK20/F-D)

Auch diese Titelvariationen enthalten damit im Grunde genommen immer eine Titelanalogie oder eine Titelidentität zumindest eines Titelteils. So bestätigen auch mehrgliedrige Titel die Tendenz, die sich bereits beim interkulturellen Transfer von Einfachtiteln in der Bildenden Kunst des 20. Jahrhunderts abgezeichnet hat: Die Nähe zum Originaltitel hat Priorität.

4.3.6.4. Translationsdeterminierende Faktoren: Lyrik versus Bildende Kunst

Vergleicht man den Transfer von Lyriktiteln mit Titeln in der Bildenden Kunst aus dem 19. und 20. Jahrhundert, sind Parallelen unverkennbar:

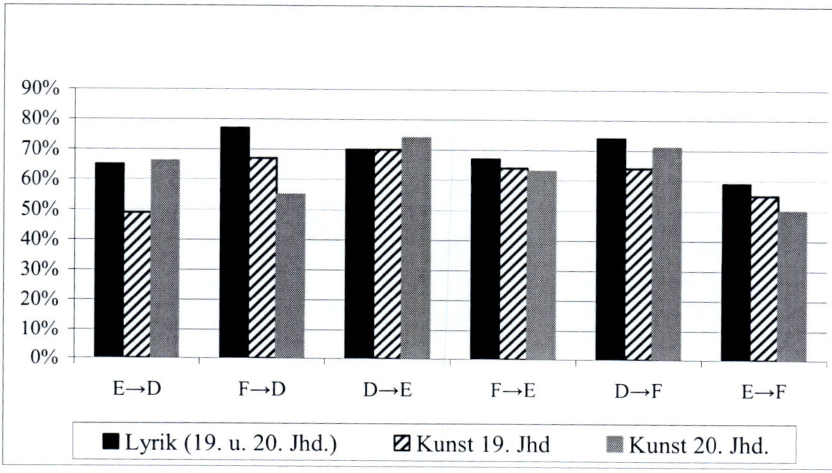

Abb. 64 Titelanalogien in den Bereichen Lyrik und Bildende Kunst im 19. und 20. Jahrhundert

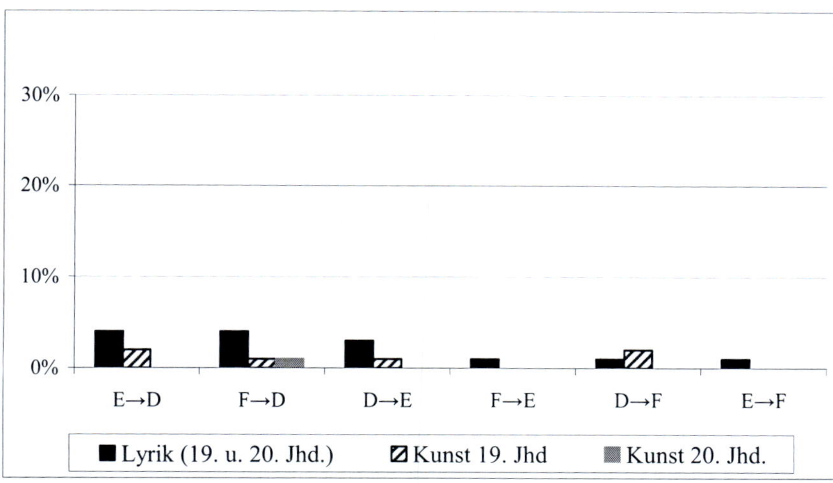

Abb. 65 Titelinnovationen in den Bereichen Lyrik und Bildende Kunst im 19. und 20. Jahrhundert

Klar ist: Titelanalogien spielen in all diesen Titelsegmenten die Hauptrolle. Klar ist aber auch: Titelinnovationen spielen keine Rolle. Letztere Tatsache ist dabei vor allem auf die untergeordnete Rolle der Appellfunktion in diesen medialen Bereichen zurückzuführen. Weder bei Gedichten noch bei Gemälden und Skulpturen fungiert der Titel als „Werber“, wie Rothe (1986: 105) es nennt, jedenfalls nicht im kommerziellen Sinne (vgl. Kap. 3.2.6). Denn wenn Besucher eines Museums den Titel eines Kunstwerkes lesen, haben sie sich nicht nur längst schon für den Besuch der Ausstellung entschieden, sie haben sogar häufig bereits das zugehörige Werk betrachtet und nehmen den Titel also erst in textu oder post textum wahr (vgl. Bruch 2005: 332). Hier steht dann vor allem die Darstellungsfunktion im Vordergrund, der Titel wird als Verständnishilfe, als „légende“ (Bosredon 1997: 93) verstanden:

> „Personne n'ignore en effet que les visiteurs de musées, intrigués par les toiles exposées, ne résistent pas à la tentation et se précipitent d'abord vers les légendes révélant les titres des tableaux, dans l'attente de mieux comprendre ensuite les intentions de l'artiste. “ (Hoek 2001: 3)

Zu gewährleisten ist die Darstellungsfunktion des Titels natürlich nur, wenn der Rezipient die Sprache, in der der Titel verfasst ist, versteht. Angesichts eines oft internationalen Publikums arbeiten viele Museen daher in jüngerer Zeit verstärkt mit mehrsprachigen Titelangaben. So zum Beispiel die Neue Nationalgalerie Berlin, wie Kurator Dr. Dieter Scholz erklärt:

> „Wie Sie in der aktuellen Sammlungspräsentation der Neuen Nationalgalerie *Moderne Zeiten* sehen können, haben wir uns bemüht, alle Werktitel in Deutsch und Englisch aufzuführen. Da unser Museum in Berlin steht und die meisten unserer Besucher aus dem deutschsprachigen Raum stammen, sind deutschsprachige Titel zwingend. Englisch als zweite Sprache liegt nahe, weil die Mehrzahl der Touristen diese Sprache spricht oder zumindest kennt. Hin und wieder erreichen uns Wünsche, die Werke auch in Italienisch, Französisch oder Spanisch auszuschildern, seltsamerweise sind mir keine Forderungen nach Polnisch, Russisch, Japanisch oder Türkisch bekannt, obwohl dies wohl genauso naheliegen würde.[…]. Mehr als zwei Sprachen würden eine Exponatbeschilderung allerdings zu umfangreich machen und auch einen enormen zusätzlichen Arbeitsaufwand bedeuten.“

Ähnlich äußern sich auch zahlreiche andere Museen, beispielsweise Christina Clausen von der Alten Nationalgalerie Berlin: „Innerhalb der Dauerausstellung der Alten Nationalgalerie sind alle Werke in deutscher und in englischer Sprache betitelt.“ Oder auch Dr. Felix Krämer, Leiter der Gemälde- und Skulpturensammlung 19. Jahrhundert und Klassische Moderne des Städel Museums in Frankfurt am Main: „Generell verwenden wir in den von mir kuratierten Ausstellungen deutschsprachige Titel und englischsprachige Übersetzungen." Ebenso Frank-Thorsten Moll, Leiter der Kunstabteilung des Zeppelin Museums Friedrichshafen: „Die Beschriftung ist grundsätzlich Deutsch und Englisch."

Es gibt jedoch auch Museen, die eine noch umfassendere Betitelung ihrer Exponate zur Sicherung der Darstellungsfunktion für notwendig halten. Romina Pieper, wissenschaftliche Assistentin am Wilhelm Lehmbruck Museum Duisburg, beispielsweise beschreibt das Vorgehen ihres Hauses folgendermaßen:

> „Als erste Titelangabe auf den Schildern nennen wir immer den Originaltitel in der Sprache, in der der Künstler dem Kunstwerk den Namen gegeben hat. Als weitere Angaben benennen wir den Titel in den Übersetzungen. Das sind in unserem Falle Deutsch, Englisch und Türkisch. Da wir in Duisburg einen sehr großen Anteil von Migranten in der Bevölkerung haben, übersetzen wir alle Schilder und auch Katalogtexte ins Türkische. [...] Nachteil dabei: die Schilder werden sehr groß. [...] Wir denken aber, dass unseren Besuchern durch mehrsprachige Übersetzungen ein zusätzlicher Service angeboten wird, der durchaus zeitgemäß ist."

Ein grundsätzlicher Unterschied im Umgang mit Titeln ergibt sich in der Bildenden Kunst allerdings je nach Alter der Werke, wie Marcus Andrew Hurttig, wissenschaftlicher Mitarbeiter des Museums der bildenden Künste Leipzig, erklärt. Denn:

> „Im Bereich der Alten Meister (1400-1900) sind die Titel in der Regel nicht vom Künstler gesetzt. Dies erlaubt eine gewisse Handlungsfreiheit, so dass in diesem Falle die Titel der meisten Kunstwerke immer in deutscher und optional in englischer Übersetzung präsentiert werden. [...] Bei Werken moderner Kunst aus dem 20./21. Jahrhundert ist die Sache komplizierter, da viele Werke einen vom Künstler gesetzten Titel erhalten. Bei Kunstwerken aus dem englischen Sprachraum wird der Titel meistens nicht übersetzt mit der Unterstellung, dass er allgemein verständlich ist. Bei anderen Sprachen werden in der Regel Übersetzungen gemacht, wenn uns der Titel in Kombination mit dem Kunstwerk nicht verständlich zu sein scheint."

Diese größere Freiheit im Umgang mit Titeln älterer Werke zeigt sich auch bei der Wahl der Transferstrategie. So belegt die Korpusanalyse eindeutig, dass Titelvariationen bei Bildern und Gemälden aus dem 19. Jahrhundert eher zu finden sind als in der Gegenwartskunst:

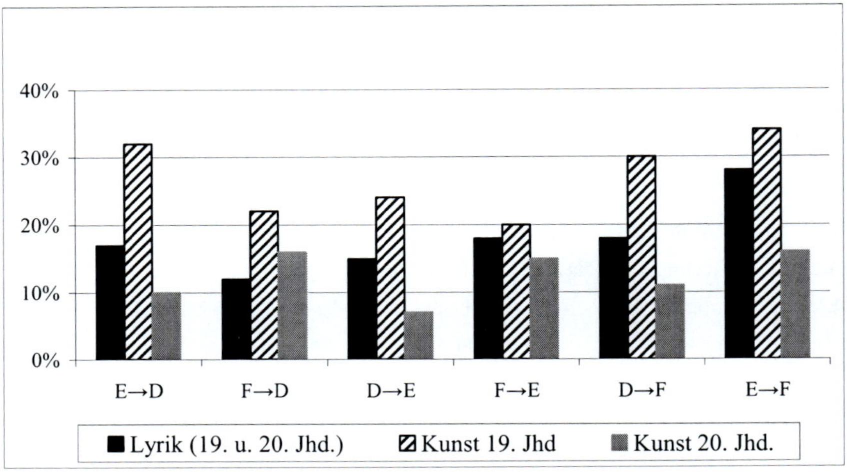

Abb. 66 Titelvariationen in den Bereichen Lyrik und Bildende Kunst im 19. und 20. Jahrhundert

Häufiger als in der Lyrik oder in der zeitgenössischen Kunst werden bei Werken aus dem 19. Jahrhundert, angesichts der Tatsache, dass es einen Originaltitel im engeren Sinne gar nicht gibt, sondern lediglich einen Ausgangstitel, kleinere Eingriffe und Veränderungen im Rahmen einer Titelvariation vorgenommen. Dies geschieht beispielsweise im Hinblick auf eine Anpassung an zielkulturelle Kommunikationskonventionen und -gewohnheiten, wie Dr. Andreas Blühm, Direktor des Wallraf-Richartz-Museums Köln, es beschreibt: „Da *Effet de neige* mit der im Deutschen unglücklich klingenden „Wirkung des Schnees“ zu übersetzen wäre, wählen wir andere Varianten, z.B. *Landschaft im Schnee*.“

In einigen Fällen aber spielen auch pragmatische Gründe eine Rolle, wie sie beispielsweise von Dr. Christiane Lange, Direktorin der Kunsthalle der Hypo-Kulturstiftung München, genannt werden: „Manchmal kann eine Verknappung der Übersetzung aus Platzgründen notwendig und sinnvoll sein, wenn dadurch der Inhalt nicht entstellt wird.“

Eine zu große Distanz zum Ausgangstitel, beispielsweise im Rahmen einer Titelinnovation, ist dennoch zu vermeiden:

„In jedem Fall sollte die Übersetzung möglichst nahe am Original sein, weil bei freieren Übersetzungen unweigerlich Reaktionen der Besucher folgen", betont Dr. Dieter Scholz, Kurator der Neuen Nationalgalerie Berlin. Weicht der zielsprachliche Titel zu stark von der ausgangssprachlichen Version ab, sind Rezipienten, die über Kenntnisse in beiden Sprachen verfügen, irritiert. Schließlich werden ausgangs- und zielsprachlicher Titel gemeinsam präsentiert, ähnlich wie beispielsweise bei zweisprachigen Lyrikbänden, so dass ein direkter Vergleich möglich ist. Genau wie der Leser eines solchen Gedichtbandes, der von der Übersetzung eines Gedichtes, auch seines Titels, vor allem eine möglichst wortgetreue Annäherung an den Originaltext erwartet, sucht der Museumsbesucher im Titeltranslat keinen perfekten, selbständig funktionierenden Titel, sondern vielmehr eine Verständnishilfe, um mögliche mangelnde Fremdsprachenkenntnisse zu überbrücken.

Noch wichtiger wird der Bezug zum Originaltitel allerdings, wenn es sich um einen Titel handelt, der vom Künstler selbst stammt, was in der modernen Kunst verstärkt der Fall ist. Bereits ab dem Impressionismus, also ab jener Epoche, in der Hoek (2001: 117) die Entstehung der modernen Titelgebung verortet, nimmt daher die Zahl der Variationen ab. Bei der Kunst des 20. Jahrhunderts ist jenseits sprachenpaarspezifischer Schwankungen die Frequenz von Titelvariationen nicht nur deutlich geringer als bei den untersuchten Kunsttiteln des 19. Jahrhunderts, sondern fast immer auch niedriger als in der Lyrik. Im Gegensatz dazu erreichen Titelidentitäten bei der zeitgenössischen Kunst mit Abstand die höchsten Werte:

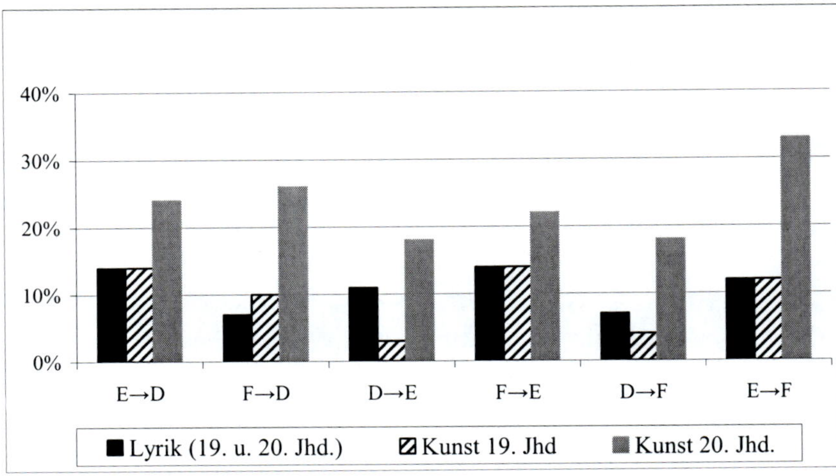

Abb. 67 Titelidentitäten in den Bereichen Lyrik und Bildende Kunst im 19. und 20. Jahrhundert

Anders als im Bereich der Lyrik, wo, weitgehend unabhängig vom Entstehungszeitpunkt des Werkes, der Titel, sofern es sich nicht um einen Eigennamen, eine Zufallsidentität oder ähnliches handelt, meist im Rahmen des gesamten Translationsprozesses gemeinsam mit dem zugehörigen Werk übersetzt wird, kommt es gerade bei zeitgenössischen Werken in der Bildenden Kunst oft zu einem generellen Translationsverzicht. Da sich das Kunstwerk ohnehin als nonverbales Werk der Möglichkeit bzw. der Notwendigkeit eines interlingualen Transfers entzieht, wird auch beim Titel darauf verzichtet. Dies geschieht allerdings nicht nur im Bemühen um Authentizität und Nähe zum Original, sondern auch aus pragmatischen Gründen. Denn angesichts der Unübersetzbarkeit der nonverbalen Kunstwerke ist hier die Gefahr der Spleißung besonders groß (vgl. Kalverkämper 199: 1020). Anders als bei einem sprachlichen Werk, wie z.B. einem Gedicht oder einem Roman, bei dem der Originaltitel dem Originalwerk und das Titeltranslat einem Werktranslat zugeordnet werden, werden in der Bildenden Kunst nicht nur der Originaltitel sowie ggf. bestehende sprachinterne Titelvarianten, wie sie angesichts des nicht vorhandenen Originaltitels bei älterer Kunst oft zu finden sind, sondern auch sämtliche interlinguale Titeltranslate ein und demselben Werk, dem Original, zugeordnet. Dadurch entwickelt sich das eigentlich wünschenswerte eins-zu-eins-Verhältnis von Namenträger zu Name schnell zu einem eins-zu-viele-Verhältnis, so dass eine eindeutige Zuordnung unmöglich wird. Durch einen generellen Translationsverzicht wird deshalb in der Gegenwartskunst von vornherein versucht, das Risiko der Spleißung zu minimieren.

Die Tendenz zur Beibehaltung des Originaltitels in der Gegenwartskunst lässt sich indes nicht nur anhand der erhöhten Frequenz von Titelidentitäten im Rahmen der Korpusanalyse feststellen, sondern wird auch von einigen Museen durch ihren Umgang mit Titeln im interkulturellen Transfer so bestätigt: „In der Gegenwartskunst werden die vom Künstler stammenden Originaltitel in der Originalsprache angegeben und in der Regel nicht ins Deutsche übersetzt“, gibt beispielsweise Dr. Ulrich Luckhardt, Leiter der Galerie Klassische Moderne der Hamburger Kunsthalle, an. Und auch Katharina Vossenkuhl, Direktorin der Sammlung Goetz in München, bestätigt:

> „Wir verwenden immer die Originaltitel, d.h. wir würden nie einen Titel verändern oder übersetzen, und lassen uns zudem für Publikationen die Titel der Arbeiten von den Künstlern gegenprüfen, damit wir die richtige, vom Künstler gewünschte Schreibweise verwenden.“

Sobald der Titel also vom Künstler selbst stammt, was etwa seit der Moderne meist der Fall ist, gewinnt die Ausdrucksfunktion so stark an Bedeutung, dass sich die Loyalität dem Titelsender gegenüber nicht wie in der Lyrik auf eine möglichst wortgetreue Übersetzung beschränkt, sondern häufig zu einem grundsätzlichen Translationsverzicht führt. Es sei denn der Künstler selbst hilft mit. So verwendet der Frankfurter Kunstverein nach Angaben von Direktor Dr. Holger Kube Ventura deutschsprachige Übersetzungen des Titels nur dann, „wenn Künstler selbst diese liefern.“[224]

---

[224] Auf ein interessantes Beispiel für die Mitwirkung des Künstlers bei der Übersetzung verweist auch Dr. Mario Kramer, Kustos des Museums für Moderne Kunst in Frankfurt am Main: „Ein sehr interessanter Fall ist das Werk von Joseph Beuys mit dem nicht unkomplizierten Titel *Blitzschlag mit Lichtschein auf Hirsch*. Hier gibt es tatsächlich eine von Beuys stammende handschriftliche Übersetzung ins Englische, weil das Werk erstmals 1985 in London ausgestellt war. Der Titel im Englischen: *lightining with a glare on a stak*.“

Ein derartiges Vorgehen dürfte ganz im Sinne der Rezipienten sein. Denn für sie ist diese besondere Form der Originaltreue nicht immer nachvollziehbar, wie Dr. Nina Schleif, Konservatorin der Bayerischen Staatsgemäldesammlungen, Museum Brandhorst in München, die aktuelle Entwicklung im Umgang mit Titeln beschreibt: „Es ist häufiger zu beobachten, dass auf Übersetzungen, zumal aus dem Englischen, verzichtet wird. Dies wird von Besuchern zunehmend, wenn auch nicht flächendeckend akzeptiert."

Doch auch wenn die Akzeptanz der Besucher für fremdsprachige Titelidentitäten zunimmt, vielen Museen scheint sie nach wie vor nicht groß genug, um sich allein darauf zu verlassen: „Grundsätzlich nehmen wir die Originaltitel für die Objektbeschilderung. Es wird in Klammern jedoch eine deutsche Übersetzung zum Titel hinzugefügt, wenn der Inhalt der Arbeit sich nicht aus dem Originaltitel erschließen lässt", erklärt beispielsweise Dr. Ulrike Bestgen, Abteilungsleiterin für das Bauhaus-Museum und das Neue Museum der Klassik Stiftung Weimar. Ähnlich auch Iris Lenz, Leiterin der ifa-Galerie Stuttgart: „Wir lassen den Originaltitel in Originalsprache stehen und setzen eine deutsche Übersetzung dahinter, z.B. in Klammer. [...] Übersetzt wird von Übersetzern, ggf. in Rücksprache mit Künstler oder Kurator." Und auch Dr. Barbara Steiner, bis Ende 2011 Direktorin und Kuratorin der Galerie für Zeitgenössische Kunst Leipzig, äußert sich in diese Richtung:

> „Die Titel bleiben in der Originalsprache, werden in Klammer ins Deutsche gesetzt. [...] Übersetzt wird von uns in Zusammenarbeit mit dem jeweiligen Künstler/der Künstlerin. Wenn es schwieriger ist, beraten wir uns zudem mit unseren ÜbersetzerInnen."

So wird auch in der zeitgenössischen Kunst durch besonders sorgfältige Übersetzungen, die Einbindung des Künstlers und Titelsenders in den Transferprozess sowie eine eindeutige Gewichtung von Original und Translat mittels der Setzung von Klammern versucht, im Rahmen von Hybridformen das Spannungsfeld zwischen Original und Übersetzung, zwischen Ausdrucks- und Darstellungsfunktion zu überwinden.

4.4. Zusammenfassung

4.4.1. Kulturenkontrastiver Überblick

Unabhängig von den teils massiven medienspezifischen Differenzen bei Frequenz und Distribution der Transferstrategien in den untersuchten Titelsegmenten fallen aus kulturenkontrastiver Perspektive vor allem zwei Phänomene auf. Zum ersten ist dies die zum Teil deutlich erhöhte Frequenz von Titelvariationen, die für den Transfer englischsprachiger Titel ins Französische in fast allen medialen Bereichen festzustellen ist. Von der Unterhaltungsliteratur über Lyrik, Theater und Musiktheater bis hin zur Bildenden Kunst des 19. Jahrhunderts erreichen Variationen ihren Höchstwert verglichen mit anderen Sprachenpaaren jeweils für die Übersetzungsrichtung E-F. In der Bildenden Kunst des 20. Jahrhunderts wie auch im Bereich des Höhenkamm-Romans wird zwar nicht der Maximalwert erreicht, der Anteil an Titelvariationen ist aber immer noch überdurchschnittlich hoch. Lediglich im Bereich Film spielt diese Strategie keine so große Rolle, da der Transfer englischsprachiger Filmtitel sowohl in Deutschland als auch in Frankreich in erster Linie von Titelidentitäten und -innovationen dominiert wird und Variationen dadurch für diese Sprachrichtungen anders als beim Transfer französischer und deutscher Filmtitel nur selten verwendet werden.

Bedingt wird diese Häufung von Variationen vor allem durch die vergleichsweise deutlichen sprachenpaarspezifischen Unterschiede bei den Titelkonventionen, insbesondere im Hinblick auf die Artikelverwendung in Nominaltiteln (vgl. Kap. 3.1.3.2). Diese Differenzen treten natürlich auch bei der entgegengesetzten Übersetzungsrichtung auf, also beim Transfer französischer Titel ins Englische. Daher fällt auch hier in fast allen Titelsegmenten der Anteil an Titelvariationen im kulturinternen Vergleich für die Sprachrichtung F-E höher aus als für die Sprachrichtung D-E, wo die Differenzen weniger stark sind. Dennoch ist ihre Relevanz bei Übersetzungen aus dem Französischen ins Englische anders als bei Übersetzungen aus dem Englischen ins Französische nicht überdurchschnittlich hoch, was die Vermutung nahelegt, dass möglicherweise im Französischen eine etwas stärkere Tendenz zur Assimilation, zur Anpassung des Fremden an das Eigene besteht.

Besonders deutlich wird die Haltung einer Kultur gegenüber dem Fremden beim interkulturellen Transfer von Titeln in ihrem Umgang mit Titelidentitäten. Und hier fördert ein kulturenkontrastiver Vergleich über alle medialen Differenzen hinweg ein weiteres interessantes Phänomen zutage. Denn eine grundlegende Offenheit gegenüber fremdsprachigen Titelformulierungen, wie sie für Titelidentitäten eine notwendige Voraussetzung ist, kann in allen drei Kulturräumen festgestellt werden, also sowohl in Deutschland als auch in Frankreich und im englischsprachigen Raum. Allerdings konzentriert sich diese Offenheit auf bestimmte Ausgangssprachen. Das ist – wenig überraschend – in Deutschland wie auch in Frankreich in erster Linie das Englische. Denn nur beim Englischen, der derzeit weltweit meist gelehrten und gelernten Fremdsprache,[225] kann davon ausgegangen werden, dass bei der breiten Masse ausreichende Kenntnisse vorhanden sind, damit Ausspracheschwierigkeiten und Verständnisprobleme nicht überhand nehmen. Doch mehr noch: Das Englische genießt als Weltsprache ein besonders hohes Prestige, gilt, wie Fink (1977, 1988 und 1997) im Hinblick auf Deutschland durch mehrere Untersuchungen nachweisen konnte, als besonders attraktive Sprache, so dass durch die Beibehaltung englischsprachiger Titelformulierungen nicht nur der Transferprozess vereinfacht, sondern außerdem angesichts der positiven Wirkung des Englischen die Appellfunktion gestärkt werden kann.[226] In Frankreich ist die Situation offenbar ähnlich. Englischsprachige Titelidentitäten sind hier etwa genauso häufig zu finden wie in Deutschland, in manchen Segmenten wie z.B. beim Film etwas seltener, in anderen, beispielsweise beim Roman minimal häufiger. Der Versuch, den Einfluss des Englischen in Frankreich per Gesetz einzudämmen,[227] scheint also, zumindest im Hinblick

---

[225] Vgl. hierzu die Angaben des französischen Außenministeriums: http://www.diplomatie.gouv.fr/fr/entrees-thematiques_830/langue-francaise-francophonie-diversite-linguistique_1040/colonne-droite_1679/savoir-plus_1986/francophonie-chiffres_65455.html (Stand: Juni 2011).

[226] Zur Marketingwirkung englischsprachiger Titelidentitäten vgl. Bouchehri (im Druck). Zum Englischen in der Werbesprache vgl. zudem Kellerhals (2008), Meder (2006), Kick (2004) sowie Schütte (1996).

[227] Zur „Loi Toubon", dem französischen Sprachgesetz von 1984, das den Umgang mit Fremdwörtern und insbesondere Anglizismen in Frankreich regelt, vgl. Weinrich (2001: 310-314).

auf die Beibehaltung englischer Titelformulierungen, nicht sehr erfolgreich zu sein.

Angesichts der Dominanz des Englischen in unserer heutigen Welt ist es wenig überraschend, dass der Einfluss dieser Sprache auch vor dem interkulturellen Transfer von Titeln nicht haltmacht. Viel interessanter ist daher die Frage, wie im englischsprachigen Raum selbst mit fremdsprachigen Titeln umgegangen wird. Und auch hier zeigen die Ergebnisse der Korpusanalyse eine deutliche Zweiteilung, in diesem Fall zugunsten des Französischen. Auch hier hat das Deutsche als Fremdsprache keine Chance: In allen Titelsegmenten, von Roman, Lyrik und Theater über Musiktheater und Film bis hin zur Bildenden Kunst sind Titelidentitäten bei einem kulturinternen Vergleich im englischsprachigen Raum für die Ausgangssprache Französisch immer deutlich häufiger belegt als für die Ausgangssprache Deutsch. Dabei beschränken sich die Unterschiede in der internationalen Beliebtheit der beiden Sprachen nicht allein auf Titel, sondern zeichnen sich auch bei der weltweiten Zahl der Fremdsprachenlerner ab. So ist nach Angaben des Auswärtigen Amtes „ […] die Zahl der Deutschlerner tendenziell rückläufig (von 17 Millionen 2005 auf 14,45 Millionen 2009/2010).“[228] Dem französischen Außenministerium zufolge stellt das Französische hingegen im Hinblick auf die Lernerzahlen die zweitwichtigste Fremdsprache dar: „Environ 83 millions de personnes apprennent le français. C’est la langue la plus enseignée après l’anglais.“[229] Auch wenn sich diese Zahlen auf die Situation weltweit und nicht konkret auf den englischsprachigen Raum beziehen, kann davon ausgegangen werden, dass zumindest die Tendenz hier eine ähnliche ist. Offenbar sind also zwischen der Zahl der Fremdsprachenlerner und damit der Bedeutung, der Beliebtheit, dem Prestige einer Sprache sowie schließlich der Möglichkeit, bestimmte Fremdsprachen in besonderem Maße bei Titelidentitäten zu berücksichtigen und unverändert in die Zielkultur zu transferieren, klare Zusammenhänge zu erkennen. Titelidentitäten, ihre Frequenz und vor allem ihre

---

228 Siehe: http://www.auswaertiges-amt.de/DE/Aussenpolitik/KulturDialog/Sprache/DeutscheSprache_node.html (Stand: Juni 2011).

229 Siehe: http://www.diplomatie.gouv.fr/fr/entrees-thematiques_830/langue-francaise-francophonie-diversite-linguistique_1040/colonne-droite_1679/savoir-plus_1986/francophonie-chiffres_65455.html (Stand: Juni 2011).

Herkunft können daher durchaus als Spiegel der gesellschaftspolitischen Verhältnisse im Umgang mit Fremdsprachen dienen.

Insgesamt aber zeigt eine kulturenkontrastive Auswertung der Analyseergebnisse, dass, abgesehen von den Bereichen Musiktheater, wo mit Operette und Musical allerdings recht unterschiedliche Gattungen miteinander verglichen wurden, sowie im Bereich Film, wo sich der interkulturelle Transfer der Titel je nach Ausgangssprache ebenfalls außergewöhnlich heterogen gestaltet, die Distribution der Transferstrategien über kulturelle und sprachliche Grenzen hinweg in allen drei untersuchten Kulturräumen letztlich sehr ähnlich ausfällt.

4.4.2. Medienkontrastiver Überblick

Deutlich größer sind die Differenzen, wenn man die Relevanz der unterschiedlichen Transferstrategien unter medienkontrastiven Gesichtspunkten miteinander vergleicht. Zwar wird der interkulturelle Transfer der Titel in den meisten hier untersuchten Bereichen von Titelanalogien geprägt. Vom Höhenkamm-Roman über Lyrik, Theater und Oper bis hin zur Bildenden Kunst macht diese Strategie etwa die Hälfte bis zwei Drittel der Translate aus, was wohl die Ursache dafür ist, dass Titelrezipienten vielfach die analoge Übersetzung auch im Bereich der Titeltranslation für die einzig wahre, richtige Form der Translation halten. Aber es gibt auch Segmente, in denen Titelanalogien nur eine untergeordnete Rolle spielen, und das sind, wie die folgende Grafik zeigt, vor allem die Bereiche Unterhaltungsroman, Musical und Film:[230]

---

[230] Um einen medienkontrastiven Überblick jenseits der kultur- und sprachenpaarspezifischen Unterschiede bieten zu können, wurde anhand der relativen Häufigkeiten, mit denen die jeweiligen Transferstrategien bei den (zumeist sechs) untersuchten Sprachrichtungen auftreten, der Durchschnittswert aus den sechs Einzelergebnissen ermittelt. Lediglich beim Film wurden angesichts sehr massiver kulturspezifischer Differenzen nur die Translation deutscher und französischer Filmtitel zusammengefasst, während für den Transfer englischsprachiger Filmtitel ein separater Durchschnittswert ermittelt wurde. Desgleichen wurde angesichts starker gattungsspezifischer Unterschiede im Bereich Musiktheater auf eine Einbeziehung der Translation französischer und deutschsprachiger Operettentitel verzichtet und

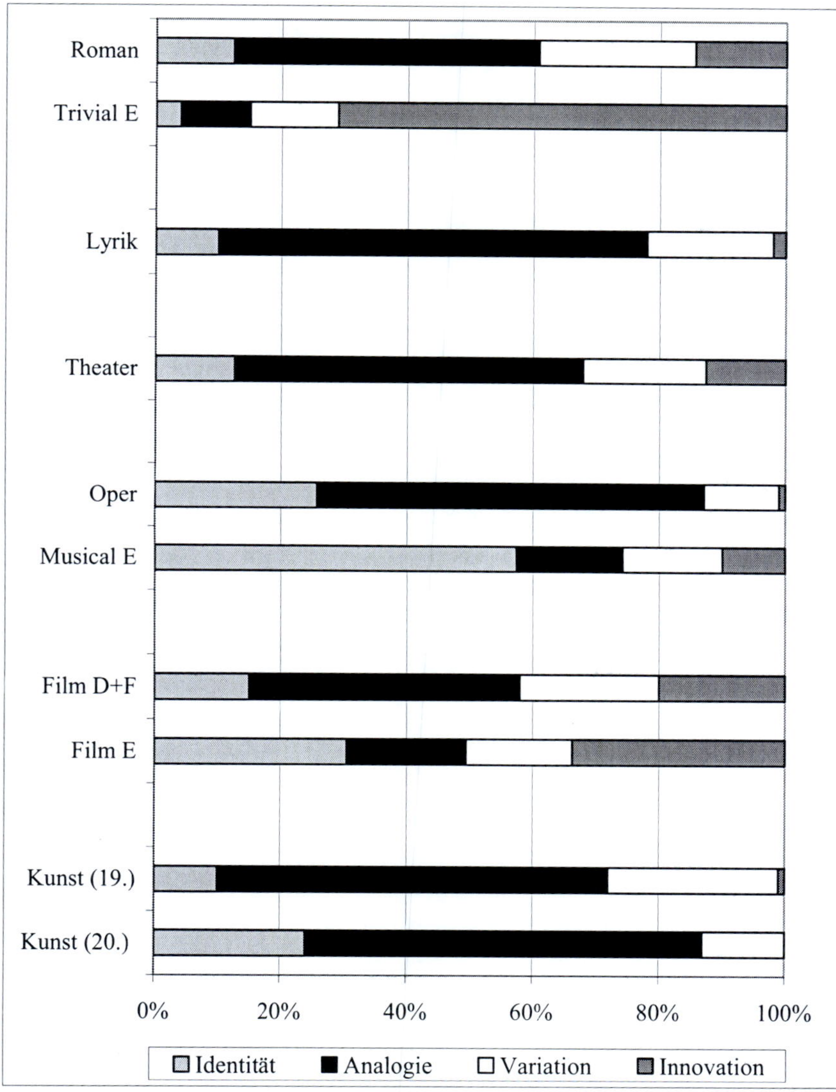

Abb. 68 Überblick über die durchschnittliche Frequenz der Transferstrategien in den unterschiedlichen medialen Bereichen

---

nur für den Umgang mit englischsprachigen Musicaltiteln in Deutschland und Frankreich ein Durchschnittswert ermittelt.

So dominierend Titelanalogien also in vielen Bereichen sein mögen, beim interkulturellen Transfer der Titel englischsprachiger Unterhaltungsromane sind sie mit nur 11% ebenso wenig relevant wie beim Transfer englischsprachiger Musicaltitel mit einem Anteil von 17%. Auch bei der Übersetzung englischsprachiger Filmtitel erreichen sie lediglich einen Wert von 18%, während sie bei der Translation französischer und deutschsprachiger Filmtitel zwar jeweils die wichtigste Strategie darstellen, mit einem Durchschnittswert von 43% aber immer noch deutlich unter der 50%-Marke liegen.

Damit scheinen Analogien als Transferstrategie für die Titel von Werken mit massenkultureller Ausrichtung, und dabei handelt es sich zumindest angesichts der hier untersuchten Bereiche hauptsächlich um Produkte der angloamerikanischen Unterhaltungsindustrie, offensichtlich wenig geeignet. Bevorzugt werden in diesen Titelsegmenten Identitäten und/oder Innovationen, wobei Identitäten, wie der ausschließlich von Innovationen geprägte Bereich der Unterhaltungsliteratur zeigt, für Titel sprachlicher Werke weniger geeignet sind. Sie werden eher beim Transfer von Titeln nicht sprachlicher oder zumindest nicht rein sprachlicher Werke verwendet, also bei Musicals und Filmen. Diese Tendenz bestätigt auch ein Blick auf Titelsegmente der Hochkultur, wo Titelidentitäten bei Werken mit starken nonverbalen Anteilen, wie beispielsweise im Bereich der Oper und der Kunst des 20. Jahrhunderts, zumindest direkt hinter Titelanalogien den zweiten Platz erreichen, der bei verbalen oder vorwiegend verbalen Texten, wie insbesondere Roman, Gedicht und Drama, meist von Variationen belegt wird.

Mit über 60% besonders stark ausgeprägt sind Titelanalogien schließlich bei Werken der Lyrik und der Bildenden Kunst, also bei Titeln unselbständiger Werke, die in der Regel im Verbund mehrerer Texte, sei es in Form einer Lyrikanthologie oder eines Gedichtbandes, sei es im Rahmen einer Ausstellung oder eine Kunstbuches, präsentiert werden. Innovationen sind hingegen bei diesen Bereichen außergewöhnlich selten, zum Teil gar nicht zu finden.

Damit macht ein medienkontrastiver Vergleich von Frequenz und Distribution der Transferstrategien eines deutlich: Das zugehörige Werk, seine Form (Handelt es sich um ein verbales oder ein nonverbales Werk?), seine Funktionen (Stehen künstlerische oder kommerzielle Aspekte im Vordergrund?), sein pragmatischer Kontext (In welcher Form wird das Werk üblicherweise präsentiert?

Handelt es sich um einen selbständigen oder einen unselbständigen Text? Welche Zielgruppe soll erreicht werden?), all diese Faktoren bestimmen nicht nur Form und Funktion der zugehörigen Titel, sondern haben damit auch entscheidenden Einfluss auf ihren interkulturellen Transfer.

5. Schlussbetrachtung

Titelidentität, Titelanalogie, Titelvariation, Titelinnovation – die Strategien der Translation von Medien-Titeln sind vielfältig. Sie decken fast die gesamte Bandbreite der von Prunč (2000) vorgestellten Translationstypen ab, reichen von der Nulltranslation (Titelidentität) über die homologe und analoge Translation (Titelanalogie) sowie die dialogische Translation (Titelvariation) bis hin zur diaskopischen Translation (Titelinnovation) und verlassen damit nicht nur den allzu oft geforderten Rahmen einer „möglichst wortgetreuen" Übersetzung von Titeln (Riesz 1985: 5, ähnlich auch Boehlich 1977: 461), sondern überschreiten, vor allem in Form von Titelinnovationen, bisweilen auch die Grenzen des funktionalen Übersetzungsansatzes (vgl. Nord 1993a: 298).

Angesichts der hohen funktionalen Dichte von Medien-Titeln aber ist ein so großer Spielraum im Transferprozess unverzichtbar. Schließlich erfüllen Titel trotz ihrer Kürze – die formale Analyse der Titel in Kap. 3.1 hat ergeben, dass nur wenige Titel in den hier untersuchten Segmenten mehr als fünf Wörter umfassen – vielfältige Textfunktionen. Wie im Rahmen der Funktionsanalyse in Kap. 3.2 dargestellt wurde, sind dies, in Ahnlehnung an Bühler (1934) und Jakobson (1979), neben der metatextuellen und der phatischen Funktion, die von jedem Titel allein aufgrund seines Titelstatus erfüllt wird, Darstellungs-, Ausdrucks- und Appellfunktion sowie die poetische Funktion. Letztere ist allerdings im Titel vor allem Mittel zum Zweck und muss sich wahlweise der Ausdrucksfunktion im Sinne einer möglichst originellen, individuellen Titelgestaltung und -sprache des Titelautors unterordnen oder dient zur Stärkung der Appellfunktion im Hinblick auf eine möglichst effektive Kommunikation mit dem Rezipienten. Damit bewegen sich Titel jenseits ihrer Grundfunktionen im Bühlerschen Dreieck zwischen Darstellungs-, Appell- und Ausdrucksfunktion.

Nun hat sich aber gezeigt, dass nicht jede Transferstrategie gleichermaßen geeignet ist, diese drei Funktionen zu transportieren. Vielmehr lassen sich zwischen Titelfunktion und Translationsstrategie folgende Zuordnungen herstellen:

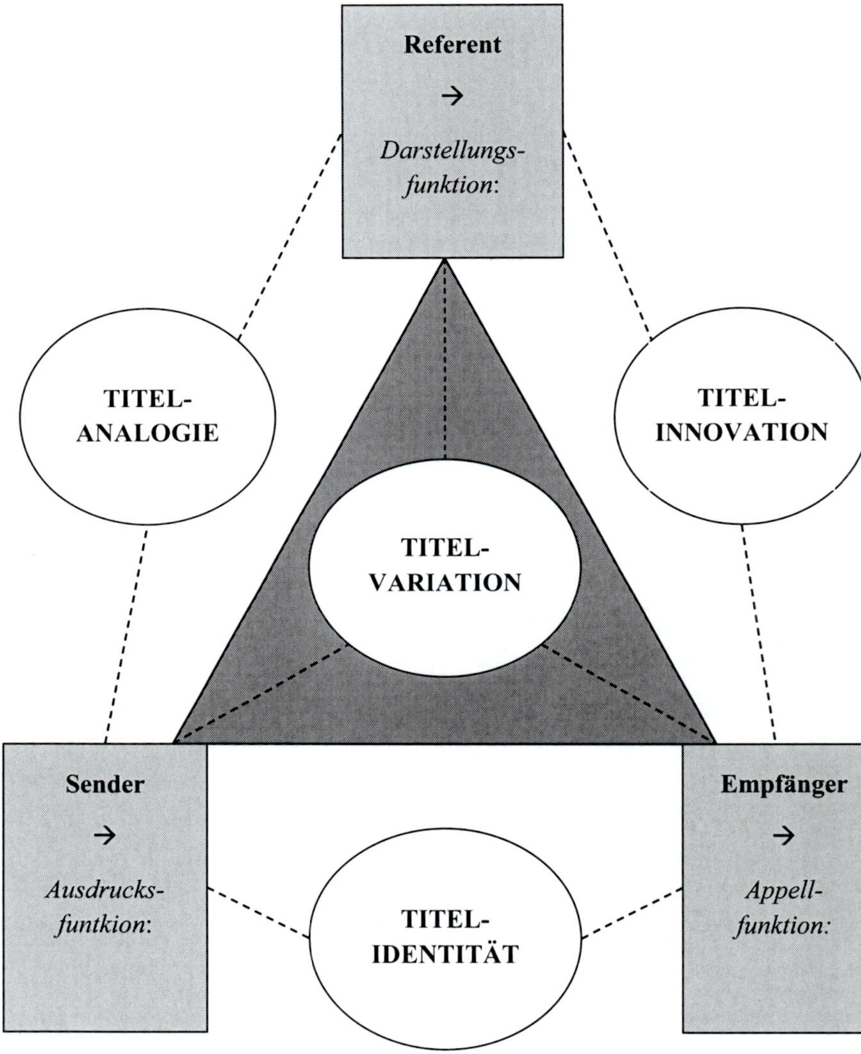

Abb. 69 Modell der Relationen zwischen Transferstrategien und Titelfunktionen

So bedeutet TITELANALOGIE einerseits Nähe zum Originaltitel, Wahrung der ursprünglichen Titelintentionen und -perspektive, signalisiert darüber hinaus aber auch Respekt sowohl vor dem Titelautor und seinen Intentionen als auch vor dem zugehörigen Werk. Andererseits wird durch eine Übertragung in die

Zielsprache der Erhalt der Darstellungsfunktion sichergestellt, da der zielsprachliche Titel in jedem Fall für den zielsprachlichen Rezipienten verständlich ist. Die Appellfunktion wird hingegen weitgehend außer Acht gelassen, kann zwar möglicherweise trotzdem erhalten bleiben, hat jedoch nicht oberste Priorität. Wenn nämlich die Poetizität des Titels durch den homologen/analogen Übertragungsprozess verloren geht, beispielsweise weil ein Sprachspiel nicht übersetzt werden kann und entfällt, wird dadurch die Appellwirkung des Titels eingeschränkt.[231] Im Fokus der Titelanalogie aber stehen Originalität/Authentizität und Informativität.

TITELINNOVATIONEN sind hingegen einerseits auf den Empfänger fokussiert, zielen auf eine besonders hohe Effektivität des Titels durch die Anpassung an die zielkulturellen Konventionen ab, stärken andererseits aber auch die Darstellungsfunktion, weil gewährleistet ist, dass die Information über das zugehörige Werk so formuliert werden kann (meist in der Zielsprache), dass der Zieltextrezipient sie entschlüsseln und einordnen kann. Auf Originalität, also die Nähe zum ursprünglichen Titel, wird bewusst verzichtet, was Nord (1993a: 298) zufolge „vielfach gegen das Loyalitätsprinzip verstößt“ und damit über die Grenzen der funktionalen Translation in die Dimensionen der diaskopischen Translation, des Text-Designs, hineinreicht. Im Fokus dieser Strategie stehen Informativität und Effektivität.

TITELIDENTITÄTEN wiederum garantieren durch die Beibehaltung des Originaltitels einerseits die größtmögliche Ursprünglichkeit, sind gleichzeitig aber auch empfängerorientiert, weil das Prestige der Ausgangssprache und die Appellwirkung des Fremden in Form einer fremdsprachlichen Titelformulierung genutzt werden können, um die Effektivität des Titels zu stärken. Titelidentitäten funktionieren allerdings nur für bestimmte Sprachkombinationen, wobei diese je nach Titelsegment und medialem Bereich unterschiedlich sein können und darüber hinaus auch einem historischen Wandel unterliegen. Die Darstel-

---

[231] Verstärkt wird dieser Effekt dadurch, dass Originaltitel, die eine besonders stark ausgeprägte Appellfunktion aufweisen, beispielsweise in Form von Klangfiguren, Sprachspielen oder anderen poetischen Mitteln, die oft sprach- bzw. kulturspezifisch geprägt sind, aufgrund ihrer hohen formalen Dichte besonders schwer analog zu übersetzen sind.

lungsfunktion wird im Rahmen dieser Strategie u.U. eingeschränkt, weil die Fremdsprachlichkeit der Titelformulierung zu Verständnisschwierigkeiten führen kann. Im Fokus von Titelidentitäten stehen also Originalität und Effektivität.

TITELVARIATIONEN schließlich versuchen, alle drei Aspekte gleichermaßen zu berücksichtigen, also möglichst nahe am Originaltitel zu bleiben, um die Intentionen des Titelsenders, die Originalität/Authentizität der Titelformulierung zu wahren, die Darstellungsfunktion und damit die Informativität des Titels durch die Berücksichtigung des zielkulturellen Wissens- und Verstehenshorizonts sicherzustellen und darüber hinaus die Appellwirkung durch eventuell erforderliche Anpassungen an die zielkulturellen Konventionen zu optimieren. Ähnliches gilt auch für Hybridformen, bei denen mehrere Strategien miteinander kombiniert werden, um so ihre Wirkung zu bündeln.

Da für Titel in Abhängigkeit von dem medialen Bereich, dem sie zugeordnet sind, typische medienspezifische Funktionshierarchien festgestellt werden konnten (vgl. Kap.3.2.7), erklärt dieser Zusammenhang zwischen kommunikativer Funktion und Translationsstrategie die unterschiedliche medienspezifische Distribution der Transferstrategien (vgl. Kap.4.4.2). Dabei darf allerdings nicht übersehen werden, dass interkulturelle Transferprozesse immer einen doppelten Bezugsrahmen aufweisen. So steht auf der einen Seite der Ausgangstext, also der Originaltitel, mit seinen ursprünglichen Ausgangstextfunktionen, auf der anderen Seite der Zieltext, das Titeltranslat, mit seinen Funktionen, die nicht unbedingt mit jenen des Ausgangstextes übereinstimmen müssen. Vielmehr kann durch den Übersetzungsauftrag oder, allgemeiner ausgedrückt, den pragmatischen Kontext einer Translation, die Funktionshierarchie verschoben werden.

Der Zusammenhang zwischen Titelsegment, medienspezifischem Funktionsschwerpunkt und dominierender Strategie stellt sich damit im Hinblick auf die hier untersuchten medialen Bereiche folgendermaßen dar:

Die Translation von Gedichttiteln, die sich durch eine außergewöhnlich hohe Frequenz an Titelanalogien auszeichnet, ist geprägt von dem Bemühen um Informativität und Originalität, also den Erhalt von Darstellungs- und Ausdrucksfunktion, auch im Sinne des oft auf die Schaffung einer Verständnishilfe abzielenden Übersetzungsauftrags.

Auch bei der Übersetzung von Titeln des Höhenkamm-Romans sowie der Dramenliteratur stellen Titelanalogien die wichtigste Transferstrategie dar. Etwas häufiger aber werden hier, vor allem beim Romantitel, auch der Appellwirkung des Titeltranslats und seiner Ausrichtung auf den Empfänger durch Titelinnovationen oder zumindest Titelvariationen Rechnung getragen.

Beim Unterhaltungsroman spielt die Ausdrucksfunktion hingegen keine Rolle. Der Bezug zum Originaltitel wird zugunsten von Darstellungs- und Appellfunktion im Rahmen von Titelinnovationen, die hier die wichtigste Transferstrategie bilden, weitgehend aufgegeben.

Noch stärker empfängerfokussiert sind Filmtitel, vor allem bei Kinofilmen aus dem angelsächsischen Raum. Bei ihrem Transfer wird deshalb versucht, dem potenziellen Rezipienten durch Titelidentitäten und -innovationen ein möglichst attraktives Titeltranslat zu bieten und so die Effektivität des Titels zu garantieren.

Beim Transfer englischsprachiger Musicaltitel wird ähnliches vor allem mit Hilfe von Titelidentitäten versucht. Auch hier geht es in hohem Maße darum, die Appellwirkung des Englischen im Hinblick auf die Effektivität des Titels zu nutzen. Gleichzeitig wird dadurch aber auch die Originalität, also die Rückbindung an den Originaltitel und vor allem das Originalwerk sichergestellt. Auf den Erhalt der Darstellungsfunktion durch zielsprachliche Titelformulierungen in Form von Analogien oder Innovationen kann hingegen weitgehend verzichtet werden, da der sprachliche Aspekt und die Informativität im Titel wie im zugehörigen Werk nur eine untergeordnete Rolle spielen.

Die Ausrichtung auf den Empfänger tritt, wie für Gattungen der Hochkultur typisch, bei der Oper weitgehend in den Hintergrund. Zwar finden sich neben Titelanalogien ebenfalls häufig Titelidentitäten. Beide Strategien zielen hier aber vor allem auf Originalität und Authentizität ab und sollen durch Wahrung der ursprünglichen Titelperspektive auch dem Respekt vor dem Originalwerk Rechnung tragen.

In der Bildenden Kunst schließlich steht, vor allem im 19. Jahrhundert, die Darstellungsfunktion im Vordergrund, sowohl beim Ausgangstext als auch bei den im Rahmen des Transferprozesses festgelegten Kriterien. Deshalb finden sich hier in erster Linie Titelanalogien, die neben der Informativität im Sinne der Darstellungsfunktion auch den Bezug zum Original sichern. Allerdings ist die Bedeutung der Originalität/Authentizität insofern etwas eingeschränkt, als der Titel oft nicht vom Künstler selbst stammt, so dass als Schritt in Richtung Empfänger häufig Variationen gewählt werden.

In der Kunst des 20. Jahrhunderts tritt diese Strategie deutlich seltener auf, da hier nur noch der Künstler mit seinen Intentionen und der meist von ihm stammenden Titelformulierung im Fokus steht. Im Bemühen um größtmögliche Originalität und Authentizität wird daher vor allem mit Titelidentitäten und Titelanalogien gearbeitet.

Angesichts der so unterschiedlichen Ausprägung der Funktionshierarchien in den verschiedenen Titelsegmenten einerseits und der engen Verquickung von Form, Funktion und Transferstrategie andererseits braucht die Titeltranslation, vor allem über mediale Grenzen hinweg betrachtet, Spielraum, braucht die ganze Bandbreite unterschiedlicher Transferstrategien und Translationstypen. Schließlich stellt die Titeltranslation – das dürfte im Rahmen dieser Arbeit deutlich geworden sein – ein mindestens ebenso schwieriges Unterfangen dar, wie die Titelfindung selbst, das nur mit Hilfe eines vielfältigen Instrumentariums translatorischer Methoden bewältigt werden kann. Und auch wenn dies natürlich nicht in jedem Fall gelingt, kann nur auf dieser Basis ein entsprechend des jeweiligen medialen und kulturellen Kontexts optimales Titeltranslat entstehen, das sowohl seiner Rolle als Medien-Titel als auch seiner Rolle als Translat gerecht wird. Mit Lessings Worten: „eine wahre Kleinigkeit."

6. Anhang

6.1. Abkürzungsverzeichnis

D = Deutsch

E = Englisch

F = Französisch

I = Italienisch

Zur Markierung der Teilkorpora, denen die in der Arbeit zitierten Beispiele angehören, wurden neben den entsprechenden Abkürzungen für die Sprachen und Sprachrichtungen folgende Abkürzungen verwendet:

R = Roman

TR = Trivialroman

L = Lyrik

T = Theater

O = Oper

OT = Operette

M = Musical

F = Film

BK19 = Bildende Kunst des 19. Jahrhunderts

BK20 = Bildende Kunst des 20. Jahrhunderts

6.2. Abbildungsverzeichnis

6.3. Wertetabellen

Tab. 1 zu Abb. 1 u. 2: Frequenz der Gliederungstypen

	EINFACH-TITEL (Relative Häufigkeit)	DOPPEL-TITEL (Relative Häufigkeit)	TITEL-GEFÜGE (Relative Häufigkeit)	ANZAHL TITEL GESAMT (Absolute Häufigkeit)
ROMAN D	83%	5%	12%	354
ROMAN E	94%	3%	3%	463
ROMAN F	93%	6%	1%	287
TRIVIAL E	100%	0%	0%	594
LYRIK D	100%	0%	0%	606
LYRIK E	99%	0%	1%	550
LYRIK F	97%	0%	1%	508
THEATER D	93%	5%	2%	624
THEATER E	97%	1%	1%	591
THEATER F	92%	8%	0%	433
FILM D	94%	1%	5%	290
[FILM E]	100%	0%	0%	1537
FILM F	99%	1%	0%	758
OPER D	97%	3%	0%	63
OPER E	96%	4%	0%	27
OPER F	95%	5%	0%	43
OPER I	99%	1%	0%	99
OPERETTE D	100%	0%	0%	71
MUSICAL E	96%	2%	2%	113
OPERETTE F	100%	0%	0%	40
KUNST D (19. Jhd.)	99%	1%	1%	326
KUNST E (19. Jhd.)	86%	14%	14%	277
KUNST F (19. Jhd.)	94%	6%	6%	207
KUNST D (20. Jhd.)	92%	7%	7%	576
KUNST E (20. Jhd.)	91%	9%	9%	535
KUNST F (20. Jhd.)	85%	15%	15%	327

Tab. 2 zu Abb. 4 u. 5: Überblick über die Länge von Einfachtiteln in Wörtern

	EIN-WORT-TITEL (Rel. Häuf.)	ZWEI-WORT-TITEL (Rel. Häuf.)	DREI-WORT-TITEL (Rel. Häuf.)	VIER-WORT-TITEL (Rel. Häuf.)	FÜNF-WORT-TITEL (Rel. Häuf.)	TITEL GESAMT (Abs. Häuf.)
ROMAN D	15%	33%	23%	16%	6%	295
ROMAN E	12%	31%	22%	13%	9%	434
ROMAN F	16%	23%	24%	19%	10%	266
TRIVIAL E	12%	37%	31%	12%	2%	593
LYRIK D	36%	26%	19%	8%	5%	605
LYRIK E	20%	28%	21%	12%	10%	545
LYRIK F	25%	28%	19%	14%	8%	494
THEATER D	20%	33%	20%	14%	5%	583
THEATER E	16%	27%	27%	16%	4%	575
THEATER F	17%	26%	22%	19%	9%	398
FILM D	19%	23%	25%	17%	6%	272
[FILM E]	20%	34%	24%	12%	3%	1537
FILM F	13%	25%	23%	20%	6%	747
OPER D	25%	34%	23%	15%	3%	61
OPER E	0%	23%	42%	12%	23%	26
OPER F	20%	20%	24%	24%	10%	41
OPER I	18%	32%	19%	24%	3%	98
OPERETTE D	14%	37%	27%	20%	1%	71
MUSICAL E	29%	23%	18%	17%	6%	109
OPERETTE F	18%	25%	30%	13%	15%	40
KUNST D (19. Jhd.)	16%	15%	32%	16%	11%	322
KUNST E (19. Jhd.)	4%	14%	13%	16%	23%	238
KUNST F (19. Jhd.)	4%	25%	18%	28%	11%	195
KUNST D (20. Jhd.)	30%	33%	19%	10%	4%	510
KUNST E (20. Jhd.)	22%	31%	19%	13%	6%	485
KUNST F (20. Jhd.)	20%	28%	22%	16%	6%	281

Tab. 3 zu Abb. 6 u. 7: Distribution der syntaktischen Strukturen bei Einfachtiteln

	NO-MI-NAL (Rel. Häuf.)	AD-JEK-TIV. (Rel. Häuf.)	AD-VER-BIAL (Rel. Häuf.)	IN-TER-JEKT. (Rel. Häuf.)	SATZ (Rel. Häuf.)	VER-BAL (Rel. Häuf.)	TITEL GESAMT (Abs. Häuf.)
ROMAN D	88%	1%	5%	0%	5%	0%	295
ROMAN E	90%	1%	4%	0%	5%	0%	434
ROMAN F	92%	0%	5%	0%	3%	0%	266
TRIVIAL E	76%	6%	4%	1%	10%	3%	593
LYRIK D	77%	1%	15%	1%	6%	0%	605
LYRIK E	79%	2%	13%	0%	4%	1%	545
LYRIK F	87%	0%	10%	1%	2%	0%	494
THEATER D	91%	1%	3%	1%	3%	0%	583
THEATER E	83%	3%	3%	1%	7%	2%	575
THEATER F	90%	0%	2%	1%	7%	0%	398
FILM D	86%	1%	4%	2%	7%	0%	272
[FILM E]	80%	4%	3%	2%	8%	3%	1537
FILM F	85%	1%	3%	2%	8%	1%	747
OPER D	95%	0%	2%	0%	3%	0%	61
OPER E	96%	0%	0%	0%	4%	0%	26
OPER F	98%	0%	0%	0%	2%	0%	41
OPER I	99%	0%	0%	0%	1%	0%	98
OPERETTE D	92%	0%	1%	1%	6%	0%	71
MUSICAL E	78%	0%	4%	6%	12%	1%	109
OPERETTE F	100%	0%	0%	0%	0%	0%	40
KUNST D (19. Jhd.)	98%	0%	1%	0%	1%	0%	322
KUNST E (19. Jhd.)	98%	0%	1%	0%	0%	0%	238
KUNST F (19. Jhd.)	97%	0%	3%	1%	0%	0%	195
KUNST D (20. Jhd.)	90%	2%	3%	0%	3%	1%	510
KUNST E (20. Jhd.)	90%	3%	1%	1%	3%	1%	485
KUNST F (20. Jhd.)	92%	2%	3%	2%	2%	1%	281

Tab. 4 zu Abb. 8 u. 9: Frequenz des bestimmten und unbestimmten Artikels bei Nominaltiteln

	BEST. ARTIKEL (Relative Häufigkeit)	UNBEST. ARTIKEL (Relative Häufigkeit)	NULL-ARTIKEL (Relative Häufigkeit)	ANZAHL TITEL GESAMT (Absolute Häufigkeit)
ROMAN D	48%	2%	49%	262
ROMAN E	45%	4%	52%	390
ROMAN F	60%	2%	38%	244
TRIVIAL E	33%	5%	61%	453
LYRIK D	30%	1%	69%	466
LYRIK E	26%	11%	62%	429
LYRIK F	41%	1%	58%	429
THEATER D	49%	2%	50%	531
THEATER E	37%	6%	58%	480
THEATER F	61%	3%	36%	357
FILM D	48%	2%	51%	235
[FILM E]	27%	3%	71%	1236
FILM F	50%	6%	44%	635
OPER D	53%	0%	47%	58
OPER E	60%	4%	36%	25
OPER F	58%	0%	43%	40
OPER I	54%	2%	44%	97
OPERETTE D	60%	6%	34%	65
MUSICAL E	21%	2%	76%	85
OPERETTE F	60%	3%	38%	40
KUNST D (19. Jhd.)	18%	0%	82%	317
KUNST E (19. Jhd.)	21%	14%	65%	234
KUNST F (19. Jhd.)	57%	2%	42%	189
KUNST D (20. Jhd.)	11%	0%	88%	441
KUNST E (20. Jhd.)	7%	1%	91%	435
KUNST F (20. Jhd.)	32%	0%	67%	239

Tab. 5 zu Abb. 10, 11 u. 12: Transferstrategien bei eingliedrigen Romantiteln

	DEUTSCHLAND		ENGL. RAUM		FRANKREICH	
	E→D (Rel. Häuf.)	F→D (Rel. Häuf.)	D→E (Rel. Häuf.)	F→E (Rel. Häuf.)	D→F (Rel. Häuf.)	E→F (Rel. Häuf.)
IDENTITÄT	14%	10%	9%	16%	10%	15%
ANALOGIE	44%	55%	46%	41%	53%	44%
VARIATION	26%	22%	23%	24%	21%	25%
INNOVATION	15%	11%	18%	12%	2%	13%
HYBIRD	1%	3%	4%	6%	14%	2%
TITEL GESAMT	434	266	222	243	295	412

Tab. 6 zu Abb. 13, 14 u. 15 Transferstrategien bei mehrgliedrigen Romantiteln

	DEUTSCHLAND		ENGL. RAUM		FRANKREICH	
	E→D (Rel. Häuf.)	F→D (Rel. Häuf.)	D→E (Rel. Häuf.)	F→E (Rel. Häuf.)	D→F (Rel. Häuf.)	E→F (Rel. Häuf.)
IDENTITÄT	0%	0%	0%	0%	0%	0%
ANALOGIE	17%	10%	14%	0%	19%	14%
VARIATION	41%	14%	31%	12%	17%	43%
INNOVATION	17%	0%	19%	6%	5%	18%
HYBRID	24%	76%	36%	82%	59%	25%
TITEL GESAMT	29	21	42	17	59	28

Tab. 7 zu Abb. 20, 21 u. 22: Transferstrategien bei eingliedrigen Gedichttiteln

	DEUTSCHLAND		ENGL. RAUM		FRANKREICH	
	E→D (Rel. Häuf.)	F→D (Rel. Häuf.)	D→E (Rel. Häuf.)	F→E (Rel. Häuf.)	D→F (Rel. Häuf.)	E→F (Rel. Häuf.)
IDENTITÄT	13%	6%	8%	14%	6%	10%
ANALOGIE	66%	74%	69%	66%	74%	60%
VARIATION	17%	15%	19%	19%	19%	29%
INNOVATION	3%	4%	3%	0%	1%	1%
HYBRID	1%	0%	0%	0%	0%	0%
TITEL GESAMT	306	303	318	228	337	294

Tab. 8 zu Abb. 27, 28 u. 29: Transferstrategien bei eingliedrigen Dramentiteln

	DEUTSCHLAND		ENGL. RAUM		FRANKREICH	
	E→D (Rel. Häuf.)	F→D (Rel. Häuf.)	D→E (Rel. Häuf.)	F→E (Rel. Häuf.)	D→F (Rel. Häuf.)	E→F (Rel. Häuf.)
IDENTITÄT	11%	12%	13%	17%	11%	11%
ANALOGIE	59%	55%	61%	54%	66%	49%
VARIATION	18%	22%	16%	20%	17%	27%
INNOVATION	12%	8%	9%	10%	5%	13%
HYBRID	1%	3%	1%	0%	1%	1%
TITEL GESAMT	462	364	387	321	445	390

Tab. 9 zu Abb. 30, 31 u. 32: Transferstrategien bei mehrgliedrigen Dramentiteln

	DEUTSCHLAND		ENGL. RAUM		FRANKREICH	
	E→D (Rel. Häuf.)	F→D (Rel. Häuf.)	D→E (Rel. Häuf.)	F→E (Rel. Häuf.)	D→F (Rel. Häuf.)	E→F (Rel. Häuf.)
IDENTITÄT	0%	0%	0%	0%	0%	0%
ANALOGIE	10%	23%	8%	15%	26%	9%
VARIATION	30%	10%	33%	18%	19%	18%
INNOVATION	10%	3%	21%	9%	3%	0%
HYBRID	50%	65%	38%	59%	52%	73%
TITEL GESAMT	10	31	24	34	32	11

Tab. 10 zu Abb. 37, 38 u. 39: Transferstrategien bei eingliedrigen Operntiteln

	DEUTSCHLAND			ENGL. RAUM			FRANKREICH		
	E→D (Rel. Häuf.)	F→D (Rel. Häuf.)	I→D (Rel. Häuf.)	D→E (Rel. Häuf.)	F→E (Rel. Häuf.)	I→E (Rel. Häuf.)	D→F (Rel. Häuf.)	E→F (Rel. Häuf.)	I→F (Rel. Häuf.)
IDENTITÄT	24%	14%	32%	38%	46%	37%	23%	8%	21%
ANALOGIE	59%	74%	50%	60%	44%	53%	62%	73%	71%
VARIATION	18%	9%	15%	2%	10%	10%	13%	19%	9%
INNOVATION	0%	3%	3%	0%	0%	0%	2%	0%	1%
HYBRID	0%	0%	0%	0%	0%	0%	0%	0%	0%
TITEL GESAMT	17	35	72	58	41	87	61	26	89

Tab. 11 zu Abb. 40, 41 u. 42: Transferstrategien bei Operetten-/Musicaltiteln

	DEUTSCHLAND		ENGL. RAUM		FRANKREICH	
	E→D (Rel. Häuf.)	F→D (Rel. Häuf.)	D→E (Rel. Häuf.)	F→E (Rel. Häuf.)	D→F (Rel. Häuf.)	E→F (Rel. Häuf.)
IDENTITÄT	51%	19%	13%	37%	5%	64%
ANALOGIE	22%	53%	52%	27%	55%	11%
VARIATION	12%	22%	19%	33%	27%	20%
INNOVATION	15%	6%	17%	3%	11%	5%
HYBRID	0%	0%	0%	0%	2%	0%
TITEL GESAMT	109	32	54	30	55	44

Tab. 12 zu Abb. 48, 49 u. 50: Transferstrategien bei eingliedrigen Filmtiteln

	DEUTSCHLAND		ENGL. RAUM		FRANKREICH	
	E→D (Rel. Häuf.)	F→D (Rel. Häuf.)	D→E (Rel. Häuf.)	F→E (Rel. Häuf.)	D→F (Rel. Häuf.)	E→F (Rel. Häuf.)
IDENTITÄT	30%	12%	13%	25%	8%	28%
ANALOGIE	17%	33%	55%	37%	47%	18%
VARIATION	15%	22%	16%	22%	27%	18%
INNOVATION	28%	29%	16%	16%	17%	33%
HYBRID	10%	4%	0%	1%	1%	2%
TITEL GESAMT	1537	747	272	747	197	1537

Tab. 13 zu Abb. 55, 56 u. 57: Transferstrategien bei Einfachtiteln der Bildenden Kunst (19. Jahrhundert)

	DEUTSCHLAND		ENGL. RAUM		FRANKREICH	
	E→D (Rel. Häuf.)	F→D (Rel. Häuf.)	D→E (Rel. Häuf.)	F→E (Rel. Häuf.)	D→F (Rel. Häuf.)	E→F (Rel. Häuf.)
IDENTITÄT	14%	10%	3%	14%	4%	12%
ANALOGIE	49%	67%	70%	64%	64%	55%
VARIATION	32%	22%	24%	20%	30%	34%
INNOVATION	2%	1%	1%	0%	2%	0%
HYBRID	3%	0%	1%	1%	1%	0%
TITEL GESAMT	94	147	202	152	169	161

Tab. 14 zu Abb. 58, 59 u. 60: Transferstrategien bei Einfachtiteln der Bildenden Kunst (20. Jahrhundert)

	DEUTSCHLAND		ENGL. RAUM		FRANKREICH	
	E→D (Rel. Häuf.)	F→D (Rel. Häuf.)	D→E (Rel. Häuf.)	F→E (Rel. Häuf.)	D→F (Rel. Häuf.)	E→F (Rel. Häuf.)
IDENTITÄT	24%	26%	18%	22%	18%	33%
ANALOGIE	66%	55%	74%	63%	71%	50%
VARIATION	10%	16%	7%	15%	11%	16%
INNOVATION	0%	1%	0%	0%	0%	0%
HYBRID	0%	2%	0%	1%	0%	1%
TITEL GESAMT	295	159	241	144	275	206

Tab. 15 zu Abb. 61, 62 u. 63: Transferstrategien bei mehrgliedrigen Titeln der Bildenden Kunst (20. Jahrhundert)

	DEUTSCHLAND		ENGL. RAUM		FRANKREICH	
	E→D (Rel. Häuf.)	F→D (Rel. Häuf.)	D→E (Rel. Häuf.)	F→E (Rel. Häuf.)	D→F (Rel. Häuf.)	E→F (Rel. Häuf.)
IDENTITÄT	6%	24%	12%	18%	9%	38%
ANALOGIE	44%	12%	58%	47%	58%	31%
VARIATION	15%	9%	12%	6%	12%	13%
INNOVATION	0%	0%	0%	0%	0%	0%
HYBRID	35%	56%	18%	29%	21%	19%
TITEL GESAMT	32	32	21	17	20	16

6.4. Verzeichnis der Befragungsteilnehmer

Kunstmuseen:

Alte Nationalgalerie Berlin (Christina Clausen)

Bayerische Staatsgemaeldesammlungen/Museum Brandhorst, München
(Dr. Nina Schleif)

Bröhan-Museum Berlin (Corinna Päpke)

Brücke-Museum Berlin (Leslie Vettermann)

Frankfurter Kunstverein, Frankfurt am Main
(Dr. Holger Kube Ventura, Direktor)

Galerie für Zeitgenössische Kunst Leipzig (Dr. Barbara Steiner, Direktorin)

Hamburger Kunsthalle, Hamburg (Dr. Ulrich Luckhardt)

Herzog Anton Ulrich-Museum, Braunschweig (Dr. Silke Gatenbröcker)

Horst-Janssen-Museum, Oldenburg (Dr. Jutta Moster-Hoos)

ifa-Galerie, Stuttgart (Iris Lenz)

Kunstforum Ostdeutsche Galerie, Regensburg
(Dr. Gerhard Leistner, Sammlungsleiter)

Kunsthalle Bremen (Prof. Dr. Wulf Herzogenrath, Direktor)

Kunsthalle der Hypo-Kulturstiftung, München
(Dr. Christiane Lange, Direktorin)

Kunsthalle Fridericianum, Kassel (Rein Wolfs)

Kunstsammlung Nordrhein-Westfalen, Düsseldorf (Dr. Anette Kruszynski)

Museen der Stadt Bamberg (Dr. Eva Schurr)

Museum der bildenden Künste Leipzig (Marcus Andrew Hurttig)

Museum für Moderne Kunst, Frankfurt am Main (Dr. Mario Kramer)

Museum Pfalzgalerie Kaiserslautern (Martina Treiber)

Neue Nationalgalerie Berlin (Dr. Dieter Scholz, Kurator)

Neues Museum Weimar (Dr. Ulrike Bestgen)

Sammlung Goetz, München (Katharina Vossenkuhl, Direktion)

Staatliche Kunstsammlungen Dresden, Gemäldegalerie Alte Meister (Prof. Dr. Bernhard Maaz)

Staatliche Kunstsammlungen Dresden/Galerie Neue Meister (Dr. Dietmar Elger)

Staatliche Museen Kassel/Gemäldegalerie Alte Meister (Dr. Justus Lange)

Staatliches Museum für Kunst und Design/Neues Museum, Nürnberg (Andrea Kefer)

Städel Museum, Frankfurt am Main (Dr. Felix Krämer)

Städtische Kunsthalle Mannheim (Dorothee Höfert)

Stiftung Stadtmuseum Berlin (Angelika Reimer)

Wallraf-Richartz-Museum, Köln (Dr. Andreas Blühm, Direktion)

Wilhelm Lehmbruck Museum Duisburg (Romina Pieper)

Wilhelm-Hack-Museum, Ludwigshafen (Nina Gülicher, Sammlungskuratorin)

Zeppelin Museum Friedrichshafen (Frank-Thorsten Moll)

Kunstverlage:

Athena-Verlag, Oberhausen (Rolf Duscha)

Benteli Buchverlag für Kunst, Fotografie und Kulturgeschichte, Sulgen (Cornelia Mechler, Lektorat)

Kehrer Verlag, Heidelberg (Ariane Braun)

Langewiesche Königstein - Verlag der Blauen Bücher, Königstein im Taunus (Hans-Curt Köster)

Belletristik-Verlage:

Arche Literatur Verlag, Hamburg (Nikolaus Hansen)

Peter Hammer Verlag, Wuppertal (Monika Bilstein, Geschäftsführung)

Aufbau Verlag, Berlin (Stefanie Werk, Lektorin/Editor)

Diogenes Verlag, Zürich (Silvia Zanovello, Lektorat)

Edition Nautilus/Verlag Lutz Schulenburg, Hamburg
(Katharina Picandet, Lektorat)

Klöpfer & Meyer, Tübingen (Petra Wägenbaur, Lektorat und Lizenzen)

Rotbuch Verlag, Berlin (Florian Legner, Programmleitung)

Rowohlt Verlag, Reinbek (Thomas Überhoff, Programmleiter Belletristik)

Verlag Antje Kunstmann, München (Dr. Susanne Eversmann, Lektorat)

Verlag Klaus Wagenbach, Berlin (Dr. Susanne Müller-Wolff, Lektorat)

Verlag Bastei Lübbe, Köln (Helmut R. Feller, Leiter Gesamtkoordination Buch)

Verlagsgruppe Random House, München
(Angelika Geese-Heinemann, Unternehmenskommunikation)

Filmverleiher:

Constantin Film Verleih, München (Philipp Hergarden, Marketing Director)

Farbfilm Verleih, Berlin (Alexandre Dupont-Geisselmann, Geschäftsführer)

KOOL Filmdistribution, Freiburg (Ludwig Ammann, Geschäftsführer)

Neue Visionen Filmverleih, Berlin
(Torsten Frehse/Wulf Sörgel, Geschäftsführer)

Paramount Pictures Germany, Unterföhring (Sven Sturm, Geschäftsführer)

Progress Film-Verleih, Berlin (Miriam Mai, Sales & Licensing)

Universal Pictures International Germany, Frankfurt am Main
(Doris Wolf, Marketing Director)

Theaterverlage:

Ahn & Simrock Bühnen- und Musikverlag, Hamburg (Per H. Lauke)

Felix Bloch Erben, Verlag für Bühne Film und Funk, Berlin
(Anna Opel, Dramaturgie)

Gallissas Theaterverlag und Mediaagentur, Berlin (Bettina Migge-Volkmer)

Gerhard Pegler Verlag, München (Eva Giesel)

Gustav Kiepenheuer, Berlin (Dr. Maria Müller-Sommer)

Harlekin Theaterverlag, Tübingen (Volker Quandt)

Hartmann & Stauffacher, Köln (Jessica Hoffmann, Dramaturgie)

Jussenhoven & Fischer, Köln (Helmar Harald Fischer)

Henschel Schauspiel Theaterverlag, Berlin (Frank Kroll)

Österreichischer Bühnenverlag Kaiser & Co., Wien (Zeno Stanek)

Rowohlt Theater Verlag, Reinbek (Maren Zindel, Lektorat)

Theater Verlag Desch, München (Rainer Witzenbacher)

Theaterstückverlag Korn-Wimmer, München (Brigitte Korn-Wimmer)

Theaterverlag Karl Mahnke, Verden (Alexandra Schlenker)

Verlag der Autoren, Frankfurt am Main (Thomas Maagh)

6.5. Quellenverzeichnis

Anderson, James [Hrsg.] (1989): *Dictionary of Opera and Operetta*, London: Bloomsbury Publishing Limited.

Axton, Charles B. / Zehnder, Otto [Hrsg.] (1989): *Reclams Musicalführer*, Stuttgart: Philipp Reclam jun.

Bartosch, Günter (1995): *Das Heyne Musical Lexikon*, München: Wilhelm Heyne Verlag.

Bensimon, Paul [Hrsg.] (2005): *Anthologie bilingue de la poésie anglaise*, Paris: Gallimard.

Bergan, Ronald / Karney, Robyn [Hrsg.] (1992): *Bloomsbury Foreign Film Guide*, London: Bloomsbury Publishing Limited.

Börsch-Supan, Helmut (1987): *Caspar David Friedrich*, München: Prestel.

Börsch-Supan, Helmut (1989): *Caspar David Friedrich*, Paris: Éditions Adam Biro.

Böschenstein, Bernhard / Bollack, Jean [Hrsg.] (1962): *Von Baudelaire bis Saint-John Perse. Französische Gedichte und deutsche Prosaübertragungen*, Frankfurt (Main): Fischer Bücherei.

Böschenstein, Helmut / Köhler, Hartmut [Hrsg.] (1990): *Französische Dichtung 4. Von Apollinaire bis heute*, München: C.H. Beck.

Brown, David Blayney [Hrsg.] (1999): *Turner et les Alpes*, Martigny: Fondation Pierre Gianadda.

Brunel, Pierre / Bailbé, Joseph Marc [Hrsg.] (1980): *L'Opéra*, Paris: Bordas.

Burwick, Frederick / Klein, Jürgen [Hrsg.] (1996): *The Romantic Imagination. Literature and Art in England and Germany*, Amsterdam / Atlanta: Éditions Rodopi.

Campton, Susan [Hrsg.] (1986): *Englische Kunst im 20. Jahrhundert. Malerei und Plastik*, Münschen: Prestel-Verlag.

Centre Georges Pompidou / Guggenheim Museum [Hrsg.] (1998): *Rendez-vous. Materpieces from the Centre Georges Pompidou and the Guggenheim Museums*, New York: The Solomon R. Guggenheim Foundation.

Centre Georges Pompidou [Hrsg.] (1996): *Francis Bacon*, Paris: Éditions du Centre Pompidou.

Chambers, Colin [Hrsg.] (2002): *The Continuum Companion to twentieth century Theatre*. London / New York: Continuum.

Claudon, Francis (1980a): *Lexikon der Romantik*, Köln: Edition Berend von Nottbeck.

Claudon, Francis (1980b): *Encyclopédie du Romantisme*, Paris: Editions Aimery Somogy.

Cogniat, Raymond (1967): *Die Malerei der Romantik*, Lausanne: Éditions Rencontre.

Cogniat, Raymond (1982): *Le Romantisme*, Paris: Septimus Éditions.

Corvin, Michel [Hrsg.] (1995): *Dictionnaire encyclopédique du théâtre*, Paris: Bordas.

Courthion, Pierre (1961): *Malerei der Romantik*, Genève: Éditions d'Art Albert Skira.

Csampai, Attila / Holland, Dietmar [Hrsg.] (2006): *Opernführer*, Freiburg i. Br., Berlin, Wien: Rombach Verlag.

De Keyser, Eugénie (1965a): *Das Abendland der Romantik. 1789-1850*, Genève: Éditions d'Art Albert Skira.

De Keyser, Eugénie (1965b): *L'Occident Romantique. 1789-1850,* Genève: Éditions d'Art Albert Skira.

Demilly, Christian (2007): *Abenteuer Kunst. Pop Art*, München / Berlin / London / New York: Prestel.

Dennison, Lisa (1986): *Angles of Vision. French Art Today. 1986 Exxon International Exhibition*, New York: Solomon R. Guggenheim Museum.

Domino, Christophe (1994): *L'art contemporain au musée national d'art moderne*, Paris: Éditions du Centre Georges Pompidou/Éditions Scala.

Duplaix, Sophie [Hrsg.] (2007): *Collection Art Contemporain*, Paris: Éditions du Centre Georges Pompidou.

Fath, Rolf / Würz, Anton [Hrsg.] (2002): *Reclams Opern- und Operettenführer*, Stuttgart: Philipp Reclam jun.

Ferrier, Jean-Louis [Hrsg.] (1990a): *L'aventure de l'art au XXe siècle*, Paris: Éditions du Chêne-Hachette.

Ferrier, Jean-Louis [Hrsg.] (1990b): *DuMont's Chronik der Kunst im 20. Jahrhundert. Stile, Akteure und Meisterwerke der Moderne*, Köln: DuMont.

Forster, Leonard [Hrsg.] (1957): *The Penguin Book of German Verse*, Harmondsworth: Penguin Books.

Gelfert, Hans-Dieter [Hrsg.] (2000): *Hundert englische Gedichte*, München: Deutscher Taschenbuch Verlag.

Gregor, Joseph / Dietrich, Margret / Greisenegger, Wolfgang [Hrsg.] (1986/89/93/96/99/03/07): *Der Schauspielführer*, Band 13-20, Stuttgart: Anton Hiersemann.

Grimm, Reinhold / Hunt, Irmgard [Hrsg.] (2001): *Germany 20th Century Poetry*, New York / London: Continuum.

Grohmann, Will [Hrsg.] (1966): *Kunst unserer Zeit. Malerei und Plastik*, Köln: DuMont.

Gsteiger, Manfred [Hrsg.] (1977): *Französische Gedichte aus neun Jahrhunderten*, München: Winkler Verlag.

Hamburger, Michael [Hrsg.] (1977): *German Poetry 1910-1975. An Anthology translated and edited by Michael Hamburger*, Manchester: Carcanet New Press.

Hartley, Keith [Hrsg.] (1995): *The Romantic Spirit in German Art 1790-1990*, Edinburgh: National Galleries of Scotland and South Bank Centre.

Hawkins-Dady, Mark [Hrsg.] (1994): *International Dictionary of Theatre – 2. Playwrights*, Detroit / London / Washington D.C.: St James Press.

Helbling, Hanno / Hindermann, Federico [Hrsg.] (1990): *Französische Dichtung 2. Von Corneille bis Gérard de Nerval*, München: C.H. Beck.

Hensel, Georg (1986): *Spielplan. Schauspielführer von der Antike bis zur Gegenwart.* Band 1 und 2, Frankfurt/Main, Berlin: Ullstein.

Hesse, Eva / Ickstadt, Heinz [Hrsg.] (2000): *Englische und Amerikanische Dichtung 4. Amerikanische Dichtung von den Anfängen bis zur Gegenwart*, München: C.H. Beck.

Joachimides, Christos M. / Rosenthal, Norman / Schmied, Wieland [Hrsg.] (1985): *German Art in the 20th Century. Painting and Sculpture 1905-1985*, München: Prestel.

Joachimides, Christos M. / Rosenthal, Norman [Hrsg.] (1993): *Amerikanische Kunst im 20. Jahrhundert. Malerei und Plastik 1913-1993*, München: Prestel-Verlag.

Joachimides, Christos M. / Rosenthal, Norman [Hrsg.] (1997): *Die Epoche der Moderne. Kunst im 20. Jahrhundert*, Stuttgart: Verlag Gerd Hatje.

Joachimides, Christos M. [Hrsg.] (1984): *La Métropole Retrouvée. Nouvelle Peinture à Berlin. Palais des Beaux-Arts Bruxelles 1984*, Berlin: Weidenfeld Kunstbuch.

Kemp, Friedhelm / Koppenfels, Werner [Hrsg.] (1990): *Französische Dichtung 1. Von Villon bis Théophile de Viau*, München: C.H. Beck.

Kemp, Friedhelm / Koppenfels, Werner [Hrsg.] (2000): *Englische und Amerikanische Dichtung 1. Von Chaucer bis Milton*, München: C.H. Beck.

Kemp, Friedhelm / Siepe, Hans T. [Hrsg.] (1990): *Französische Dichtung 3. Von Baudelaire bis Valéry*, München: C.H. Beck.

Kennedy, Dennis [Hrsg.] (2003): *The Oxford Encyclopedia of Theatre & Performance, Vol. 1 und 2*, Oxford: Oxford University Press.

Kienzle, Siegfried (1984): *Schauspielführer der Gegenwart*, Stuttgart: Alfred Körner Verlag.

Kienzle, Siegfried / zur Nedden, Otto C. A. [Hrsg.] (1996): *Reclams Schauspielführer*, Stuttgart: Philipp Reclam jun.

Klammer, Karl [Hrsg.] (1957): *Aus französischer Lyrik*, Wien: Verlag Adolf Holzhausen Nachf.

Koppenfels, Werner / Pfister, Manfred [Hrsg.] (2000): *Englische und Amerikanische Dichtung 2. Von Dryden bis Tennyson*, München: C.H. Beck.

Kruszinsky, Anette [Hrsg.] (2003): *K20K21. Kunstsammlung Nordrhein-Westfalen, Düsseldorf*, München / Berlin / London / New York: Prestel Verlag.

Laclotte, Michel / Lucie-Smith, Edward (1984a): *Meisterwerke der Impressionisten im Jeu de Paume*, Stuttgart: Klett-Cotta.

Laclotte, Michel / Lucie-Smith, Edward (1984b): *Impressionist Masterpieces at the Jeu de Paume, Paris*, London: Thames and Hudson.

Lasne, René / Rabuse, Georg [Hrsg.] (1943): *Anthologie de la Poésie allemande. Des Origines à nos jours*, Paris: Éditions Stock.

Lauter, Marlene [Hrsg.] (2002): *Konkrete Kunst in Europa nach 1945. Concrete art in Europe after 1945*, Ostfildern-Ruit: Hatje Cantz.

Lecomte-Depoorter, Isabelle (2001): *Le Pop Art*, Paris: Flammarion.

Lefèbvre, Jean-Pierre [Hrsg.] (1993): *Anthologie bilingue de la poésie allemande*, Paris: Gallimard.

Lubbock, Mark (1962): *The complete book of light opera*, London: Putnam.

Madeline, Laurence (2005): *Musée d'orsay. 100 impressionistische Meisterwerke*. Paris: Éditions Scala.

McCarthy, David (2001): *pop art*, Ostfildern-Ruit: Hatje Cantz Verlag.

Meller, Horst / Reichert, Klaus [Hrsg.] (2000): *Englische und Amerikanische Dichtung 3. Von R. Browning bis Heany*, München: C.H. Beck.

Museum Ludwig, Köln [Hrsg.] (1986): *Europa/Amerika. Die Geschichte einer künstlerischen Faszination seit 1940. 6. Sptember – 30. November 1986*, Köln: Museum Ludwig.

Neubauer, Silvio / Fickler, Herbert [Hrsg.] (2000): *Videolex. Das aktuelle Filmlexikon,* Neuss: Meinke.

Poderos, Jean (2002a): *Centre Georges Pompidou Paris. Mit 150 Meisterwerken aus den Sammlungen*, München/Berlin/London/New York: Prestel.

Poderos, Jean (2002b): *Centre Georges Pompidou Paris. With a selection of 150 masterpieces*, München / Berlin / London / New York: Prestel.

Prager, Brad (2007): *Aesthetic Vision and German Romanticism. Writing Images*, New York: Camden House.

Rave, Jan [Hrsg.] (2002): *Verein der Freunde der Nationalgalerie Berlin. Zum 25. Jubiläum des Vereins*, Leipzig: E.A. Seemann.

Rewald, Sabine (2001): *Caspar David Friedrich: Moonwatchers*, New York: Metropolitan Museum of Art.

Reynolds, Graham (1983a): *Constable's England*, New York: George Braziller.

Reynolds, Graham (1983b): *Constable's England*, Berlin: Fröhlich & Kaufmann.

Richardson, Joanna [Hrsg.] (1975): *Baudelaire. Selected Poems*, Harmondsworth: Penguin Books.

Room, Adrian (2000): *A Dictionary of Art Titles. The Origins of the Names and Titles of 3,000 Works of Art*, Jefferson (North Carolina) / London: McFarland & Company.

Serodes, Françoise (2001): *Histoire de la peinture allemande*, Paris: Ellipses.

Shapiro, Norman R. [Hrsg.] (2002): *Lyrics of the French Renaissance. Marot, Du Bellay, Ronsard*, New Haven, London: Yale University Press.

Simpson, Louis [Hrsg.] (1997): *Modern Poets of France. A Bilingual Anthology*, Brownsville: Sory Line Press.

Soutif, Daniel [Hrsg.] (2005): *L'art du XXe siècle. De l'art moderne à l'art contemporain. 1939-2002*, Paris: Citadelles & Mazenod.

Steiert, Thomas [Hrsg.] (1999): *Knaurs großer Opernführer*, München: Droemersche Verlagsanstalt Th. Knaur Nachf.

Thomas, John W. [Hrsg.] (1966): *German Verse from the 12th to the 20th Century in English Translation,* New York: AMS Press.

Til, Barbara [Hrsg.] (2006a): *ZERO. Internationale Künstler-Avantgarde der 50er/60er Jahre*, Ostfildern: Hatje Cantz.

Til, Barbara [Hrsg.] (2006b): *ZERO. Avantgarde internationale des années1950 - 1960*, Ostfildern: Hatje Cantz.

Tranchefort, François-René (1978): *L'Opéra*, Paris: Éditions du Seuil.

Vaughan, William [Hrsg.] (1972): *Caspar David Friedrich. 1774-1840. Romantic Landscape Painting in Dresden*, London: The Tate Gallery.

Wagner, Heinz (1997): *Das große Operettenbuch. 120 Komponisten und 430 Werke*, Berlin: Parthas Verlag.

Walker, John (1976): *Joseph Mallord William Turner*, New York: Harry N. Abrams, Inc. Publishers.

Walker, John (1978): *Joseph Mallord William Turner*, Köln: DuMont Buchverlag.

Wat, Pierre (2002): *Constable*, Paris: Éditions Hazan.

Wilpert, Gero von (1993): *Lexikon der Weltliteratur. Autoren und Werke*, Stuttgart: Alfred Kröner Verlag. [CD-Rom].

Woledge, Brian / Brereton, Geoffrey / Hartley, Anthony [Hrsg.] (1961): *The Penguin Book of French Verse*, Harmondsworth: Penguin Books.

Züchner, Eva [Hrsg.] (1991): *BERLIN! The Berlinische Galerie Art Collection Visits Dublin 1991*, Berlin: Berlinische Galerie.

Internetquellen:

http://comedie-musicale.jgana.fr/index.htm (Stand: Oktober 2008).

http://discovery.lib.harvard.edu (Stand: Januar 2009).

http://pagesperso-orange.fr/anao/index.html (Stand: Oktober 2008).

http://www.allocine.fr (Stand: Mai 2006/März 2009).

http://www.bifi.fr (Stand: Mai 2006/März 2009).

http://www.bnf.fr (Stand: Januar 2009).

http://www.droemer-knaur.de/buecher (Stand: Februar 2009).

http://www.imdb.com (Stand: März 2009).

http://www.kino.de (Stand: März 2009).

http://www.musicaltheatreguide.com (Stand: Oktober 2008).

http://www.ofdb.de (Stand: März 2009).

http://www.randomhouse.de/blanvalet (Stand: Februar 2009).

http://www.randomhouse.de/diana (Stand: Februar 2009).

http://www.randomhouse.de/heyne (Stand: Februar 2009).

http://www.theatertexte.de (Stand: Juni 2008).

7. Literaturverzeichnis

7.1. Literatur

Aulich, Bruno (1966): *Mondscheinsonate und Katzenfuge und andere merkwürdige Titel und Geschichten über berühmte Musikwerke aus drei Jahrhunderten*, München: Heimeran.

Baldassari, Roberto (2012): *Il titolo perfetto. Aspetti linguistico-comunicazionali e dinamiche creative die titoli die testi*, Napoli: Scriptaweb.

Barda, I.H. (1804): *Critik der Titel, oder wie soll man Büchertitel einrichten? Ein Versuch zum Vorteil der Litteratur*, Halle.

Baronikians, Patrick (2008): *Der Schutz des Werktitels*, Köln / München: Heymanns.

Barton, Walter (1968): *Denn sie wollen gelesen sein. Kleine Stilfibel des deutschen Buchtitels*, Hamburg: Furche.

Barton, Walter (1984): *Der Zweck zeitigt die Titel. Kleine Kulturkunde des deutschen Buchtitels*, Siegen: MuK.

de Beaugrande, Robert-Alain / Dressler, Wolfgang Ulrich (1981): *Einführung in die Textlinguistik*, Tübingen: Niemeyer.

Bergengruen, Werner (1960): *Titulus. Das ist: Miszellen, Kollektaneen und fragmentarische, mit gelegentlichen Irrtümern durchsetzte Gedanken zur Naturgeschichte des deutschen Buchtitels oder Unbetitelter Lebensroman eines Bibliotheksbeamten*, München: Nymphenburger Verlagsanstalt.

Berkowitz, Freda Pastor (1975^2): *Popular titles and subtitles of musical compositions*, Metuchen: The Scarecrow Press.

Bidermann, Johann Gottlieb (1751): *De insolentia titulorum*, Freiberg.

Bletschacher, Richard (2008): „Zum Problem der Opernübersetzung am Beispiel von Mozarts da Ponte-Opern." In: Bletschacher, Richard (2008): *Essays zu Musik und Musiktheater*, Wien / Köln / Weimar: Böhlau, 73-78.

Boehlich, Walter (1977): „Beliebigkeit der Form. *Die andere Seite des Lebens* von Vargas Llosa." In: *Neue Rundschau* 88 (1977), 461-463.

Bortsnar, Nils / Pabst, Eckhard / Wulff, Hans Jürgen (2002): *Einführung in die Film- und Fernsehwissenschaft*, Konstanz: UVK Verl.-Ges.

Bosredon, Bernhard (1997): *Les titres de tableaux. Une pragmatique de l'identification*, Paris: Presses Universitaires de France.

Bouchehri, Regina (2008): *Filmtitel im interkulturellen Transfer.* Berlin: Frank & Timme.

Bouchehri, Regina (2009): „Titel im TV-Alltag. Zur Translation der Titel amerikanischer Serien im deutschen Fernsehen." In: Kalverkämper, Hartwig / Schippel, Larisa [Hrsg.] 2008): *Translation zwischen Text und Welt – Translationswissenschaft als historische Disziplin zwischen Moderne und Zukunft.* Berlin: Frank & Timme, 365-388.

Bouchehri, Regina (2011): „Titel als bikulturelle Herausforderung. Zur Betitelungspraxis des europäischen Kulturkanals ARTE." In: Baumann, Klaus-Dieter [Hrsg.] (2011): *Fach – Translat – Kultur: Interdisziplinäre Aspekte der vernetzten Vielfalt.* Berlin: Frank & Timme.

Bouchehri, Regina (im Druck): „Nulltranslation als Marketingstrategie. Zur Wirkung anglophoner Titelidentitäten beim Film." [24S].

Bréal, Michel (1897): *Essai de sémantique. Science des significations*, Paris: Hachette.

Bruch (2005): *Der Bildtitel. Struktur, Bedeutung, Referenz, Wirkung und Funktion. Eine Typologie*, Frankfurt (Main) [u.a.]: Peter Lang.

Buder, Guido (1982): *Titel und Text. Information und Wirkung des italienischen Novellentitels vor und während der Textlektüre*, Rheinfelden: Schäuble.

Bühler, Karl (1934): *Sprachtheorie*, Jena: Fischer.

Dietz, Gunther (1995): *Titel wissenschaftlicher Texte*, Tübingen: Narr.

Dressler, Wolfgang (1972): *Einführung in die Textlinguistik*, Tübingen: Niemeyer.

Duchet, Claude (1973): „*La fille abandonnée* et *La bête humaine*, éléments de titrologie romanesque." In: *Littérature* 12 (1973), 49-73.

Eco, Umberto (1972): *Einführung in die Semiotik*, München: Fink Verlag.

Esslin, Martin (1989): *Die Zeichen des Dramas. Theater, Film, Fernsehen*, Reinbek: Rowohlt.

Faust, Manfred (1972): „Diachronie eines Ideolekts. Syntaktische Typen in den Bildtiteln von Klee.", In: *Zeitschrift für Literaturwissenschaft und Linguistik* 8 (1972), 97-109.

Faust, Manfred (1974): „Entwicklungsstadien der Wortwahl in den Bildtiteln von Klee.“ In: Deutsche Vierteljahresschrift für Literaturwissenschaft und Geistesgeschichte 48 (1974), 25-46.

Fink, Hermann (1977): „*Texas-look* und *party-bluse*. Assoziative effekte von englischem im deutschen.“ In: *Wirkendes Wort* 27 (1977), 394-402.

Fink, Hermann (1988): *Socio-Cultural Implications of Some Lexical Interchanges between German and American English*, Paderborn.

Fink, Hermann (1997): *Von Kuh-look bis Fit for fun. Anglizismen in der heutigen deutschen Allgemein- und Werbesprache*, Frankfurt (Main) [u.a.]: Peter Lang.

Fischer-Lichte, Erika (1988²): *Semiotik des Theaters. Das System der theatralischen Zeichen*. Band 1. Tübingen: Narr.

Fleischer, Wolfgang (1964): „Zum Verhältnis von Name und Appellativum im Deutschen.“ In: *Wissenschaftliche Zeitschrift der Marx-Universität Leipzig. Gesellschafts- und sprachwissenschaftliche Klasse* 13 (1964), 369-378.

Furetière, Antoine (1714): *Le Roman Bourgeois. Nouvelle Edition. Tome Second*, Amsterdam: David Mortier.

Genette, Gérard (1987): *Seuils*, Paris: Seuil.

Genette, Gérard (1989): *Paratexte. Das Buch vom Beiwerk des Buches*, Frankfurt (Main) / New York: Campus.

Griesel, Yvonne (2000): *Translation im Theater. Die mündliche und schriftliche Übertragung französischsprachiger Inszenierungen ins Deutsche*, Frankfurt (Main) [u.a.]: Peter Lang.

Griesel, Yvonne (2007): *Die Inszenierung als Translat. Möglichkeiten und Grenzen der Theaterübertitelung*, Berlin: Frank & Timme.

Grivel, Charles (1973): *Production de l'intérêt romanesque. Un état du texte (1870-1880). Un essai de constitution de sa théorie*, La Haye / Paris / New York: Mouton.

groupe μ (1970): „Titres de films.“ In: *Communications* 16 (1970), 94-102.

Hellwig, Peter (1982): „Titulus oder zum Zusammenhang von Titeln und Texten. Titel sind ein Schlüssel zur Textlinguistik.“ In: Detering, Klaus [Hrsg.] (1982): *Sprache erkennen und verstehen. Akten des 16. linguistischen Kolloquiums in Kiel 1981*, Band 2, Tübingen: Niemeyer, 157-167.

Herbst, Thomas (1994): *Linguistische Aspekte der Synchronisation von Fernsehserien*, Tübingen: Niemeyer.

Hesse-Quack, Otto (1969): *Der Übertragungsprozess bei der Synchronisation von Filmen. Eine interkulturelle Unterschung*, München / Basel: Ernst Reinhardt.

Hickethier, Knut (2001): *Film- und Fernsehanalyse,* Stuttgart / Weimar: Metzler.

Hickethier, Knut (2003): *Einführung in die Medienwissenschaft,* Stuttgart / Weimar: Metzler.

Hiller, Susanne (2001): *Übertitelung in der Oper*. [unveröffentlichte Diplomarbeit, Institut für Romanistik und Slawistik, Humboldt-Universität zu Berlin] Berlin.

Hochstädter, Dieter (1991): *Statistische Methodenlehre. Ein Lehrbuch für Wirtschafts- und Sozialwissenschaftler*, Thun/Frankfurt (Main): Deutsch Verlag.

Hoek, Leo H. (1973): *Pour une sémiotique du titre,* Urbino: Centro internationale di Semiotica e di Linguistica.

Hoek, Leo H. (1981): *La marque du titre. Dispositifs sémiotiques d'une pratique textuelle*, La Haye / Paris / New York: Mouton.

Hoek, Leo H. (2001): *Titres, toiles et critique d'art. Déterminants institutionnels du discours sur l'art au dix-neuvième siècle en France*, Amsterdam [u.a.]: Rodopi.

Holz-Mänttäri, Justa (1986): „Translatorisches Handeln – theoretisch fundierte Berufsprofile." In: Snell- Hornby, Mary [Hrsg.] (1986): *Übersetzungswissenschaft. Eine Neuorientierung,* Tübingen / Basel: Francke, 348-374.

Holz-Mänttäri, Justa (1993): „Textdesign – verantwortlich und gehirngerecht." In: Holz-Mänttäri, Justa / Nord, Christiane [Hrsg.] (1993): *Traducere navem. Festschrift für Katharina Reiß zum 70. Geburtstag,* Tampere: Studia Translatologica, 301-320.

Holz-Mänttäri, Justa (2001): „Skopos und Freiheit." In: *TextconText* 15 (2001), 181-196.

Jakobson, Roman (1979): „Linguistik und Poetik." In: Holenstein, Elmar / Schelbert, Tarcisius [Hrsg.] (1979): *Roman Jakobson: Poetik. Ausgewählte Aufsätze 1921-1971*, Frankfurt (Main): Suhrkamp, 83-121.

Janich, Nina (2010): *Werbesprache. Ein Arbeitsbuch. 5., vollständig überarbeitete und erweiterte Auflage*, Tübingen: Narr.

Kaczmarek, Ludger / Wulff, Hans J. (1985): „Der Titel ist ein Trailer. Untersuchungen zu Titeln pornographischer Videofilme." In: Kürschner, Wilfried / Vogt, Rüdiger / Siebert-Nemann, Sabine [Hrsg.] (1985): *Sprachtheorie, Pragmatik, Interdisziplinäres. Akten des 19. Linguistischen Kolloquiums Vechta 1984,* Band 2, Tübingen: Niemeyer, 67-82.

Kade, Otto (1968): *Zufall und Gesetzmäßigkeit in der Übersetzung*, Leipzig: VEB Enzyklopädie.

Kaindl, Klaus (1995): *Die Oper als Textgestalt. Perspektiven einer interdisziplinären Übersetzungswissenschaft.* Tübingen: Stauffenburg.

Kaindl, Klaus (1997): „Die Übersetzung als Inszenierung." In: *Target* 9:2 (1997), 271-287.

Kallmeyer, Werner / Klein, Wolfgang / Meyer-Herrmann, Reinhard / Netzer, Klaus/ Siebert, Hans-Jürgen (1974): *Lektürenkolleg zur Textlinguistik,* Band 1, Frankfurt (Main): Fischer Athenäum.

Kalverkämper, Hartwig (1978): *Textlinguistik der Eigennamen*, Stuttgart: Klett-Cotta.

Kalverkämper, Hartwig (1981): *Orientierung zur Textlinguistik*, Tübingen: Niemeyer.

Kalverkämper, Hartwig (1996): „Namen im Sprachaustausch: Namenübersetzung." In: Eichler, Ernst / Hilty, Gerold / Löffler, Heinrich / Steger, Hugo / Zgusta, Ladislav [Hrsg.] (1996): *Namenforschung – Name Studies – Les noms propres.Ein internationales Handbuch zur Onomastik – An International Handbook of Onomastics – Manuel international d'onomastique.* Band 2, Artikel Nr. 158, Berlin / New York: Walter de Gruyter, 1018-1025.

Kalverkämper, Hartwig (1999): „Translationswissenschaft als integrative Disziplin." In: Gerzymisch-Arbogast, Heidrun / Gile, Daniel / House, Juliane / Rothkegel, Annely [Hrsg.] (1999): *Wege der Übersetzungsforschung*, Tübingen: Narr, 55-76.

Kalverkämper, Hartwig (2004): „Translation – Anforderungen an eine Inter-Kunst." In: Rega, Lorenza / Magris, Marella [Hrsg.] (2004): *Übersetzen in der Fachkommunikation / Comunicazione specialistica e traduzione*, Tübingen: Narr, 21-73.

Kalverkämper, Hartwig (2006): *Eigennamen in der Fachkommunikation. Onomastik der Moderne – eine moderne Onomastik? Ein kritisches Plädoyer für eine interdisziplinäre Methodologie*, Hamburg: Verlag Dr. Kovač.

Kellerhals, Ursina (2008): *„There is no better way to fly". Die Wirkung englischer Slogans in der Deutschschweizer Anzeigenwerbung*, Zürich / Chur: Rüegger Verlag.

Kick, Isabel (2004): *Die Wirkung von Anglizismen in der Werbung*, Paderborn: IFB Verlag.

Kloepfer, Rolf (1975): *Poetik und Linguistik: semiotische Instrumente*, München: Fink.

Knauer, Gabriele (1998): *Grundkurs Übersetzungswissenschaft – Französisch*, Stuttgart / Düsseldorf / Leipzig: Klett.

Koller, Werner (1992): *Einführung in die Übersetzungswissenschaft*, Heidelberg / Wiesbaden: Quelle & Meyer.

Kröll, Christina (1968): *Der Bildtitel Paul Klees. Eine Studie zur Beziehung von Bild und Sprache in der Kunst des 20. Jahrhunderts*, Dissertation Rheinische Friedrich-Wilhelms-Universität Bonn, Bonn.

Kuhnen, Johannes (1953): *Die Gedicht-Überschrift. Versuch einer Gliederung nach Arten und Leistungen*, Dissertation, Frankfurt (Main).

Kupka, Anna (2004): *Der Titelschutz am Beispiel des Films*, Dissertation Wilhelms-Universität Münster, Münster.

Lämmert, Eberhard (1989): *Bauformen des Erzählens*, Stuttgart: Metzler.

Lappenberg, Johann Martin (1865): *Paul Flemings Deutsche Gedichte*, Band 1, Stuttgart: Literarischer Verein.

Leffin, Gudrun (1988): *Bildtitel und Bildlegenden bei Max Ernst. Ein interdisziplinärer Beitrag zur Kunst des 20. Jahrhunderts*, Frankfurt (Main) [u.a.]: Peter Lang.

Lehn, Isabelle (2011): *Rhetorik der Werbung. Grundzüge einer rhetorischen Werbetheorie*, Konstanz: UVK Verl.-Ges.

Lessing, Gotthold Ephraim (1839): *Sämtliche Schriften, Bd. 7*, Berlin: Voß'sche Buchhandlung.

Ludes, Peter (1998): *Einführung in die Medienwissenschaft. Entwicklungen und Theorien,* Berlin: Schmidt.

Mårdhi, Ingrid (1980): *Headlines. On the grammar of English front page headlines*, Malmö: Gleerup.

Meder, Katarzyna (2006): *Anglizismen in der deutschen Werbesprache. Untersucht anhand ausgewählter Frauen- und Männerzeitschriften*, Berlin: Logos.

Miller, George A. (1956): „The magical number seven, plus or minus two. Some limits on our capacity for processing information.“ In: *Psychological Review* 63 (1956), 81-97.

Mit, Geles (2002): *El título en las artes plásticas, la imagen desvelada por el nombre*, Valencia: Institució Alfons el Magnànim.

Moennighoff, Burkhard (2000): *Goethes Gedichttitel*, Berlin / New York: Walter de Gruyter.

Mühlenweg, Regina (1960): *Studien zum deutschen Romantitel 1750-1914*, Dissertation Universität Wien, Wien.

Mühlenweg, Regina (1963): „Studien zum deutschen Romantitel 1750-1914 (Auszüge).“ In: *Muttersprache* 73 (1963), 289-300.

Müller, J.-Dietmar (1982): *Die Übertragung fremdsprachigen Filmmaterials ins Deutsche*, Dissertation Universität Regensburg, Regensburg.

Nies, Fritz (1994): „Erotischer Schnee. Übersetzte Bücher und ihre Titel.“ In: Roloff, Volker [Hrsg.] (1994): *Übersetzungen und ihre Geschichte. Beiträge der romanistischen Forschung*, Tübingen: Narr, 41-54.

Nord, Christiane (1988): *Textanalyse und Übersetzen. Theoretische Grundlagen, Methode und didaktische Anwendung einer übersetzungsrelevanten Textanalyse*, Heidelberg: Julius Groos.

Nord, Christiane (1989): „Der Titel – ein Mittel zum Text?“ In: Reiter, Norbert [Hrsg.] (1989): *Sprechen und Hören. Akten des 23. Linguistischen Kolloquiums in Berlin 1988*, Tübingen: Niemeyer, 519-528.

Nord, Christiane (1991a): „Der Buchtitel in der interkulturellen Kommunikation ein Paradigma funktionaler Translation.“ In: Tirkkonen-Condit, Sonja [Hrsg.] (1991): *Empirical Research in Intercultural and Translation Studies. Selected Papers of the TRANSIF Seminar*, Tübingen: Narr 1991, 121-130.

Nord, Christiane (1991b): „Scopos, Loyalty, and Translational Conventions.“ In: *Target* 3:1 (1991), 91-109.

Nord, Christiane (1993a): *Einführung in das funktionale Übersetzen*, Tübingen/Basel: Francke.

Nord, Christiane (1993b): „Äpfel und Birnen? Überlegungen zur Methode eines funktionalen Textsortenvergleichs am Beispiel spanischer, französischer und deutscher Buchtitel.“ In: Rovere, Giovanni / Wotjak, Gerd [Hrsg.] (1993): *Studien zum romanisch-deutschen Sprachvergleich*, Tübingen: Niemeyer, 141-148.

Nord, Christiane (1998): „Buchtitel und Überschriften.“ In: Snell-Hornby, Mary / Hönig, Hans G. / Kussmaul, Paul / Schmitt, Peter A. [Hrsg.] (1998): *Handbuch Translation*, Tübingen: Stauffenburg, 292-294.

Nutz, Walter (1962): *Der Trivialroman*, Köln / Opladen: Westdeutscher Verlag.

Petöfi, János S. (1971): „Probleme der ko-textuellen Analyse von Texten.“ In: Ihwe, Jens [Hrsg.] (1971): *Literaturwissenschaft und Linguistik. Ergebnisse und Perspektiven*, Band 1, Frankfurt (Main): Athenäum, 173-212.

Prunč, Erich (2000): „Vom Translationsbiedermeier zur Cyber-Translation.“ In: *TEXTconTEXT* 14 (2000), 3-75.

Prunč, Erich (2002²): *Einführung in die Translationswissenschaft*, Band 1, Graz: Institut für Translationswissenschaft.

Reiss, Katharina / Vermeer, Hans J. (1984): *Grundlegung einer allgemeinen Translationstheorie,* Tübingen: Niemeyer.

Riesz, János (1985): „Anglophone und frankophone Roman-Titel in deutscher Übersetzung.“ In: *Die Neueren Sprachen* 84 (1985), 5-18.

Rothe, Arnold (1970): *Der Doppeltitel. Zu Form und Geschichte einer literarischen Konvention*, Mainz: Akademie der Wissenschaften und der Literatur.

Rothe, Arnold (1986): *Der literarische Titel*, Frankfurt (Main): Klostermann.

Sandig, Barbara (1971): *Syntaktische Typologie der Schlagzeile. Möglichkeiten und Grenzen der Sprachökonomie im Zeitungsdeutsch*, München: Hueber.

Sayiner-Fraser of Lovat, Melissa (2010): *Werktitelschutz in Europa. Darstellung der Rechtslage in Deutschland, Großbritannien und Schweden*, Berlin: WVB – Wissenschaftlicher Verlag Berlin.

Scaliger, Julius Caesar (1561): *Poetices libri septem*, Lugduni.

Scheuermann, Birgit (1982): *Titel und Text. Das Beispiel Arthur Rimbaud*, Frankfurt (Main) [u.a.]: Peter Lang.

Schnitzler, Marion (1983): *Die Kapitelüberschrift im französischen Roman des 19. Jahrhunderts – Formen und Funktionen*, Heidelberg: Winter.

Schober, Rita (1982): „Probleme literarischer Übersetzung am Beispiel der Titelübersetzung von Zolas *Rougon Macquart*." In: Schober, Rita [Hrsg.] (1982): *Abbild, Sinnbild, Wertung. Aufsätze zur Theorie und Praxis literarischer Kommunikation*, Berlin / Weimar: Aufbau Verlag, 308-345.

Schreitmüller, Andreas (1988): „Medienspezifik des Titels." [Unveröffentlichtes Manuskript, Vortrag gehalten am 3.10.1988 beim *1. Film und Fernsehwissenschaftlichen Kolloquium in Münster (Westphalen)*], Münster (Westphalen).

Schreitmüller, Andreas (1994a): *Filmtitel*, Münster: Maks Publikationen.

Schreitmüller, Andreas (1994b): „Interlinguale Relationen." In: *Lebende Sprachen* 3 (1994), 104-106.

Schreitmüller, Andreas (2009): „Linguistik des Fernsehens. Zur Sprachbearbeitung von Spielfilmen." In: Albl-Mikasa, Michaela / Braun, Sabine / Kalina, Sylvia [Hrsg] (2009): *Dimensionen der Zweitsprachenforschung / Dimensions of Second Language Research. Festschrift für Kurt Kohn*, Tübingen: Narr, 227-239.

Schröder, Bianca-Jeanette (1999): *Titel und Text. Zur Entwicklung lateinischer Gedichtüberschriften*, Berlin / New York: Walter de Gruyter.

Schütte, Dagmar (1996): *Das schöne Fremde. Anglo-amerikanische Einflüsse auf die Sprache der deutschen Zeitschriftenwerbung*, Opladen: Westdeutscher Verlag.

Trinckaus, Georg (1668) *De ineptis librorum titulis*, Jena.

Udolph, Jürgen / Fitzek, Sebastian (2005): *Professor Udolphs Buch der Namen. Woher sie kommen. Was sie bedeuten*, München: Bertelsmann.

Vermeer, Hans J. (1978): „Ein Rahmen für eine allgemeine Translationstheorie." In: *Lebende Sprachen* 23 (1978) 99-102.

Vermeer, Hans J. (1990): „Texttheorie und Translatorisches Handeln." In: *Target* 2 (1990), 219-242.

Vermeer, Hans J. (1996): *A Skopos theory of translation. (Some arguments for and against)*. Heidelberg: TextconText-Verlag.

Vermeer, Hans J. (1997): *Die Welt, in der wir übersetzen. Drei translatorische Überlegungen zu Realität, Vergleich und Prozeß.* Heidelberg: TextconText-Verlag. Reihe Wissenschaft 2.

Vogt, Tobias (2006): *Untitled. Zur Karriere unbetitelter Kunst in der jüngsten Moderne*, München: Fink.

Volkmann, Herbert (1967): „Der deutsche Romantitel (1470-1770). Eine buch- und literaturgeschichtliche Untersuchung." In: *Archiv für Geschichte des Buchwesens* 8 (1967), 1145-1324.

Weinrich, Harald (1976): *Sprache in Texten*, Stuttgart: Klett.

Weinrich, Harald (2001): *Sprache, das heißt Sprachen*, Tübingen: Narr.

Weiss, Norbert (1970): „Titel moderner absoluter Musik." In: Dahlhaus, Carl / Marx, Hans Joachim / Marx-Weber, Magda / Massenkeil, Günter [Hrsg.] (1970): *Bericht über den Internationalen musikwissenschaftlichen Kongress Bonn 1970*, Kassel / Basel / Tours / London: Bärenreiter, 607-609.

Weiss, Norbert (1971): „Titel moderner absoluter Musik. Entwurf eines Kategoriesystems" In: *Maßstäbe* 1:5 (1971), 1-25.

Welchman, John C. (1997): *Invisible Colors. A visual history of titles*, New Haven / London: Yale University Press.

Wienold, Götz (1972): *Semiotik der Literatur*, Frankfurt (Main): Athenäum.

Wilke, Hans-Jürgen (1955): *Die Gedichtüberschrift. Versuch einer historisch-systematischen Entwicklung*, Dissertation, Frankfurt (Main).

Wulff, Hans Jürgen (1985³): *Zur Textsemiotik des Titels,* Münster: Maks Publikationen.

7.2. Lexika und Nachschlagewerke

Braak, Ivo (1969): *Poetik in Stichworten. Literaturwissenschaftliche Grundbegriffe,* Kiel: Hirt.

Brockhaus (1993): *Der große Brockhaus in 24 Bänden,* Mannheim: Brockhaus.

Duden (1997): *Duden Taschenbücher. Die neue amtliche Rechtschreibung,* Mannheim [u.a.]: Duden.

Duden (2006): *Duden. Die deutsche Rechtschreibung,* Mannheim [u.a.]: Duden.

Duden (2003): *Duden. Das große Fremdwörterbuch. Herkunft und Bedeutung der Fremdwörter*, Mannheim [u.a.]: Duden.

Langenscheidt (2001): *Langenscheidts großes Schulwörterbuch. Deutsch-Englisch,* Berlin [u.a.]: Langenscheidt.

Langenscheidt (2001): *Langenscheidts großes Schulwörterbuch. Englisch-Deutsch,* Berlin [u.a.]: Langenscheidt.

Langenscheidt (2001): *Langenscheidts großes Schulwörterbuch. Französisch-Deutsch,* Berlin [u.a.]: Langenscheidt.

Langenscheidt (2002): *Langenscheidts großes Schulwörterbuch. Deutsch-Französisch,* Berlin [u.a.]: Langenscheidt.

Larousse (2003): *Le petit Larousse,* Paris: Larousse.

7.3. Internetquellen

http://einestages.spiegel.de/ (Stand: Mai 2009).

http://www.auswaertiges-amt.de (Stand: Juni 2011).

http://www.britannica.com (Stand: Mai 2009).

http://www.buehnenverein.de (Stand: Juni 2011).

http://www.deutscheoperberlin.de (Stand: Juni 2011).

http://www.diplomatie.gouv.fr (Stand: Juni 2011).

http://www.ffa.de (Stand: Juni 2011).

http://www.geschkult.fu-berlin.de (Stand: Januar 2011).

http://www.kino.de (Stand: Januar 2010).

http://www.metoperafamily.org (Stand: Juni 2011).

http://www.namestorm.de (Stand: Juni 2011).

http://www.onomastik.com (Stand: März 2010).

http://www.operadeparis.fr (Stand: Juni 2011).

http://www.opernhaus.ch (Stand: Juni 2011).

http://www.pons.eu (Stand: Juli 2011).

http://www.roh.org.uk (Stand: Juni 2011).

http://www.staatsoper-berlin.de (Stand: Juni 2011).

http://www.staatstheater.stuttgart.de/oper (Stand: Juni 2011).

http://www.vornamen.com (Stand: März 2010).

http://www.wiener-staatsoper.at (Stand: Juni 2011).

8. Sachregister

TRANSÜD. ARBEITEN ZUR THEORIE UND PRAXIS DES ÜBERSETZENS UND DOLMETSCHENS

Band 1 Yvonne Griesel: Translation im Theater. Die mündliche und schriftliche Übertragung französischsprachiger Inszenierungen ins Deutsche. Erscheinungsjahr: 2000, lieferbar

Band 2 Susan Aderkas: Interkulturelle Bildsemiotik im Translationsprozeß. Kontrastive Analysen deutscher und spanischer Fachtexte. Erscheinungsjahr: 2000, lieferbar

Band 3 Jörn Albrecht/Hans-Martin Gauger, (Hrsg.): Sprachvergleich und Übersetzungsvergleich. Leistung und Grenzen, Unterschiede und Gemeinsamkeiten. Erscheinungsjahr: 2001, lieferbar

Band 4 Mirjam Appel: Lyrikübersetzen. Übersetzungswissenschaftliche und sprachwissenschaftliche Grundlagen für ein Rahmenmodell zur Übersetzungskritik. Erscheinungsjahr: 2004, lieferbar

Band 5 Alexej Laiko: Intertextualität in der Übersetzung. W. Jerofejews *Moskva – Petuski* in der Übersetzung von N. Spitz – eine kritische Analyse. Erscheinungsjahr: 2004, lieferbar

Die Bände 1 bis 5 sind bei der Peter Lang GmbH erschienen und dort zu beziehen.

Band 6 Przemysław Chojnowski: Zur Strategie und Poetik des Übersetzens. Eine Untersuchung der Anthologien zur polnischen Lyrik von Karl Dedecius. 300 Seiten. ISBN 3-86596-013-8. EUR 34,80

Band 7 Belén Santana López: Wie wird *das Komische* übersetzt? *Das Komische* als Kulturspezifikum bei der Übersetzung spanischer Gegenwartsliteratur. 456 Seiten. ISBN 978-3-86596-006-1. ISBN 3-86596-006-5. EUR 39,80

Band 8 Larisa Schippel (Hg.): Übersetzungsqualität: Kritik – Kriterien – Bewertungshandeln. 188 Seiten. ISBN 978-3-86596-075-7. ISBN 3-86596-075-8. EUR 24,80

Band 9 Anne-Kathrin D. Ende: Dolmetschen im Kommunikationsmarkt. Gezeigt am Beispiel Sachsen. 228 Seiten. ISBN 978-3-86596-073-3. ISBN 3-86596-073-1. EUR 29,80

Frank & Timme

Verlag für wissenschaftliche Literatur

TRANSÜD. ARBEITEN ZUR THEORIE UND PRAXIS DES ÜBERSETZENS UND DOLMETSCHENS

Band 10 Sigrun Döring: Kulturspezifika im Film: Probleme ihrer Translation. 156 Seiten. ISBN 978-3-86596-100-6. ISBN 3-86596-100-2. EUR 24,80

Band 11 Hartwig Kalverkämper: „Textqualität". Die Evaluation von Kommunikationsprozessen seit der antiken Rhetorik bis zur Translationswissenschaft. ISBN 978-3-86596-110-5

Band 12 Yvonne Griesel: Die Inszenierung als Translat. Möglichkeiten und Grenzen der Theaterübertitelung. 344 Seiten. ISBN 978-3-86596-119-8. EUR 34,80

Band 13 Hans J.Vermeer: Ausgewählte Vorträge zur Translation und anderen Themen. Selected Papers on Translation and other Subjects. 282 Seiten. ISBN 978-3-86596-145-7. EUR 29,80

Band 14 Erich Prunč: Entwicklungslinien der Translationswissenschaft. Von den Asymmetrien der Sprachen zu den Asymmetrien der Macht. 442 Seiten. ISBN 978-3-86596-146-4. EUR 39,80 (vergriffen, siehe Band 43 der Reihe)

Band 15 Valentyna Ostapenko: Vernetzung von Fachtextsorten. Textsorten der Normung in der technischen Harmonisierung. 124 Seiten. ISBN 978-3-86596-155-6. EUR 19,80

Band 16 Larisa Schippel (Hg.): TRANSLATIONSKULTUR – ein innovatives und produktives Konzept. 340 Seiten. ISBN 978-3-86596-158-7. EUR 39,80

Band 17 Hartwig Kalverkämper/Larisa Schippel (Hg.): Simultandolmetschen in Erstbewährung: Der Nürnberger Prozess 1945. Mit einer orientierenden Einführung von Klaus Kastner und einer kommentierten fotografischen Dokumentation von Theodoros Radisoglou sowie mit einer dolmetschwissenschaftlichen Analyse von Katrin Rumprecht. 344 Seiten. ISBN 978-3-86596-161-7. EUR 19,80

Band 18 Regina Bouchehri: Filmtitel im interkulturellen Transfer. 170 Seiten. ISBN 978-3-86596-180-8. EUR 24,80

TRANSÜD. ARBEITEN ZUR THEORIE UND PRAXIS DES ÜBERSETZENS UND DOLMETSCHENS

Band 19 Michael Krenz/Markus Ramlow: Maschinelle Übersetzung und XML im Übersetzungsprozess. Prozesse der Translation und Lokalisierung im Wandel. Zwei Beiträge, hg. von Uta Seewald-Heeg. 368 Seiten. ISBN 978-3-86596-184-6. EUR 39,90

Band 20 Hartwig Kalverkämper/Larisa Schippel (Hg.): Translation zwischen Text und Welt – Translationswissenschaft als historische Disziplin zwischen Moderne und Zukunft. 698 Seiten. ISBN 978-3-86596-202-7. EUR 59,80

Band 21 Nadja Grbić/Sonja Pöllabauer: Kommunaldolmetschen/Community Interpreting. Probleme – Perspektiven – Potenziale. Forschungsbeiträge aus Österreich. 380 Seiten. ISBN 978-3-86596-194-5. EUR 39,80

Band 22 Agnès Welu: Neuübersetzungen ins Französische – eine kulturhistorische Übersetzungskritik. Eichendorffs *Aus dem Leben eines Taugenichts*. 506 Seiten. ISBN 978-3-86596-193-8. EUR 49,80

Band 23 Martin Slawek: Interkulturell kompetente Geschäftskorrespondenz als Garant für den Geschäftserfolg. Linguistische Analysen und fachkommunikative Ratschläge für die Geschäftsbeziehungen nach Lateinamerika (Kolumbien). 206 Seiten. ISBN 978-3-86596-206-5. EUR 29,80

Band 24 Julia Richter: Kohärenz und Übersetzungskritik. Lucian Boias Analyse des rumänischen Geschichtsdiskurses in deutscher Übersetzung. 142 Seiten. ISBN 978-3-86596-221-8. EUR 19,80

Band 25 Anna Kucharska: Simultandolmetschen in defizitären Situationen. Strategien der translatorischen Optimierung. 170 Seiten. ISBN 978-3-86596-244-7. EUR 24,80

Band 26 Katarzyna Lukas: Das Weltbild und die literarische Konvention als Übersetzungsdeterminanten. Adam Mickiewicz in deutschsprachigen Übertragungen. 402 Seiten. ISBN 978-3-86596-238-6. EUR 39,80

Band 27 Markus Ramlow: Die maschinelle Simulierbarkeit des Humanübersetzens. Evaluation von Mensch-Maschine-Interaktion und der Translatqualität der Technik. 362 Seiten. ISBN 978-3-86596-260-7. EUR 39,80

TRANSÜD. ARBEITEN ZUR THEORIE UND PRAXIS DES ÜBERSETZENS UND DOLMETSCHENS

Band 28 Ruth Levin: Der Beitrag des Prager Strukturalismus zur Translationswissenschaft. Linguistik und Semiotik der literarischen Übersetzung. 152 Seiten. ISBN 978-3-86596-262-1. EUR 19,80

Band 29 Iris Holl: Textología contrastiva, derecho comparado y traducción jurídica. Las sentencias de divorcio alemanas y españolas. 526 Seiten. ISBN 978-3-86596-324-6. EUR 59,80

Band 30 Christina Korak: Remote Interpreting via Skype. Anwendungsmöglichkeiten von VoIPSoftware im Bereich Community Interpreting – Communicate everywhere? 202 Seiten. ISBN 978-3-86596-318-5. EUR 24,80

Band 31 Gemma Andújar/Jenny Brumme (eds.): Construir, deconstruir y reconstruir. Mímesis y traducción de la oralidad y la afectividad. 224 Seiten. ISBN 978-3-86596-234-8. EUR 29,80

Band 32 Christiane Nord: Funktionsgerechtigkeit und Loyalität. Theorie, Methode und Didaktik des funktionalen Übersetzens. 338 Seiten. ISBN 978-3-86596-330-7. EUR 36,00

Band 33 Christiane Nord: Funktionsgerechtigkeit und Loyalität. Die Übersetzung literarischer und religiöser Texte aus funktionaler Sicht. 302 Seiten. ISBN 978-3-86596-331-4. EUR 34,80

Band 34 Małgorzata Stanek: Dolmetschen bei der Polizei. Zur Problematik des Einsatzes unqualifizierter Dolmetscher. 262 Seiten. ISBN 978-3-86596-332-1. EUR 29,80

Band 36 Montserrat Cunillera/Hildegard Resinger (eds.): Implicación emocional y oralidad en la traducción literaria. 230 Seiten. ISBN 978-3-86596-339-0. EUR 29,80

Band 37 Ewa Krauss: Roman Ingardens „Schematisierte Ansichten“ und das Problem der Übersetzung. 226 Seiten. ISBN 978-3-86596-315-4. EUR 29,80

Band 38 Miriam Leibbrand: Grundlagen einer hermeneutischen Dolmetschforschung. 324 Seiten. ISBN 978-3-86596-343-7. EUR 39,80

TRANSÜD. ARBEITEN ZUR THEORIE UND PRAXIS DES ÜBERSETZENS UND DOLMETSCHENS

TRANSÜD. ARBEITEN ZUR THEORIE UND PRAXIS DES ÜBERSETZENS UND DOLMETSCHENS

Band 48 Martin B. Fischer / Maria Wirf Naro (eds.): Translating Fictional Dialogue for Children and Young People. 422 Seiten. ISBN 978-3-86596-467-0. EUR 49,80

Band 49 Martina Behr: Evaluation und Stimmung. Ein neuer Blick auf Qualität im (Simultan)Dolmetschen. 362 Seiten. ISBN 978-3-86596-485-4. EUR 34,80

Band 50 Anna Gopenko: Traduire le sublime. Les débats de l'Église orthodoxe russe sur la langue liturgique. 228 Seiten. ISBN 978-3-86596-486-1. EUR 29,80

Band 51 Lavinia Heller: Translationswissenschaftliche Begriffsbildung und das Problem der performativen Unauffälligkeit von Translation. 332 Seiten. ISBN 978-3-86596-470-0. EUR 39,80

Band 52 Claudia Dathe / Renata Makarska / Schamma Schahadat (Hg.): Zwischentexte. Literarisches Übersetzen in Theorie und Praxis. 300 Seiten. ISBN 978-3-86596-442-7. EUR 39,80

Band 53 Regina Bouchehri: Translation von Medien-Titeln. Der interkulturelle Transfer von Titeln in Literatur, Theater, Film und Bildender Kunst. 334 Seiten. ISBN 978-3-86596-400-7. EUR 39,80

Frank & Timme

Verlag für wissenschaftliche Literatur